高中物理片断教学案例参考

——“导、研、展、练、评”五段教学模式的运用

张　鹁　主编

苏州大学出版社

图书在版编目(CIP)数据

高中物理片断教学案例参考："导、研、展、练、评"五段教学模式的运用 / 张鹉主编. --苏州：苏州大学出版社，2024.8. -- ISBN 978-7-5672-4837-3

Ⅰ. G633.72

中国国家版本馆 CIP 数据核字第 2024SP6175 号

书　　名：高中物理片断教学案例参考
——"导、研、展、练、评"五段教学模式的运用

主　　编：张　鹉
责任编辑：周建兰
装帧设计：吴　钰

出版发行：苏州大学出版社(Soochow University Press)
社　　址：苏州市十梓街 1 号　**邮编**：215006
印　　装：广东虎彩云印刷有限公司
网　　址：www.sudapress.com
邮　　箱：sdcbs@suda.edu.cn
邮购热线：0512-67480030
销售热线：0512-67481020

开　　本：787 mm×1 092 mm　1/16　**印张**：23　**字数**：545 千
版　　次：2024 年 8 月第 1 版
印　　次：2024 年 8 月第 1 次印刷
书　　号：ISBN 978-7-5672-4837-3
定　　价：69.00 元

《高中物理片断教学案例参考》

编 写 组

主　　编：张　鹧

顾　　问：陈水源

副 主 编：任亚杰　林　钦　王素云

编委成员：郑渊方　戴　颖　许芙蓉　康贤明　李小雯　林泽炜　温　博
吴栋梁　蔡育惠　刘妙婷　缪巧芳　谢丽欣　王一凡　林晓敏
黄荣愉　黄思思　彭承斌　陈思鑫　陈丽侠　黄彬宏　付剑仁
洪燕凤　留庆祝　张桂瑜　梁新颖　肖满捷　张港华　吴福金
缪于清　陈毓华　黄睿哲　蔡秀华　陈加滨　吴　健　张小超
马牧野　王　焜　刘　斌　廖汭婧　蔡　伟　林德墅　杨清泉
李雪蓉　林志艺　关天赐　韩焱培　苏清水　王振波　季清华
何志远

统　　稿：张　鹧　郑渊方　戴　颖　彭承斌　缪于清　林瑞河　陈森林

文稿插图：蔡庆星

前言 Preface

片断教学是近十年来兴起的一种时间短、效率高且能准确反映一名教师语言表达、教材处理、教学方法应用、重点突破、实验技能、信息技术运用、师生互动、应变反应等综合性能力的考核方法，目前已被运用在教师的教学技能竞赛、职称晋升、新教师面试等方面。一套完整的片断教学过程包括了教学、随堂提问、观评课三个环节。把握好这三个环节的相关要求，可迅速提升教师的教学水平、综合能力，也是一所学校培养教师、帮助教师成长的重要途径之一。为此，笔者结合自主创新提出的“导、研、展、练、评”五段教学模式，再结合笔者主持的教育部重点课题“基于可视化理论创新高中物理教学实践的研究”的研究成果，为便于同仁们参考，以鲁科版必修教材(2019 年版)为蓝本，将现行高中物理 2019 鲁科版必修教材进行了梳理，组织“泉州市高中物理‘张鹁’名师工作室”成员、研修人员及特聘人员，同时也邀请福建师范大学物理与能源学院林钦老师、王素云老师、郑渊方老师、戴颖老师，陕西理工大学物理与电信工程学院任亚杰老师，以及福建教育学院许芙蓉老师等一批高校教师一起完成了此书的撰写，并审核了高中物理必修一、必修二和必修三的片断教学的所有案例设计。笔者的初衷是通过这些案例起到抛砖引玉的作用，为广大一线教师在参加教学技能竞赛、职务晋升或面试等方面提供参考。

再次感谢参与本书编写的同仁们所给予的支持和帮助。鉴于本人水平有限，若有不妥之处，敬请批评指正！

张鹁

2024 年 2 月

目录 Contents

第一章 片断教学

第一节 片断教学的内涵

一、片断教学的概念

所谓片断教学，是一种相对于一节完整的课堂教学而言的局部教学。一般来说，截取某节课的某个局部的教学内容，让教师进行教学，时间限定在 10 min 左右。也就是说，片断教学是截取某节课的某个局部内容让教师开展的教学，执教者通过完成指定的教学任务，来表现自己的教学思想、教学能力和教学基本功。

片断教学与正常的课堂教学不同：前者是局部的、虚拟的，功用是教研或评价，听课者通常是领导、同行或专家、评委；而后者是整体的、实际的，功用是传道、授业、解惑，听课者是学生。片断教学也不同于教学片断：前者是根据指定的片断进行教学，教学设计和实施过程都是独立的；而后者只是课后从完整的课堂教学过程中截取某一部分记录。片断教学更不同于说课，前者是实施（或模拟）课堂教学，而后者只是谈论课堂教学。片断教学具有很强的独立性，但与说课联系比较密切。不少的教研活动和教学水平的考核，往往先让教师进行说课，然后要求教师在说课的基础上进行片断教学，把教学设想及其理论依据跟教学实施有机地联系起来，以克服教学理论脱离实际的弊端。

二、片断教学的分类

1. 从教学内容看，片断教学可分为节选类与专题类两种类型

节选类是指从教材中选取某些片断进行教学。教师根据节选的内容确定教学目标，设计教学方案，然后实施课堂教学。比如，选取鲁科版高中物理必修第一册第 5 章第 1 节中“力与运动的关系”进行片断教学，就属于节选类的片断教学。

专题类是指从某节课中抽取一个专题（或一个知识点、能力点，或一个教学环节）让教师施教，教师以此为目标进行教学。比如，专门讲述鲁科版高中物理必修第一册第 1 章第 2 节中“位移与路程”的区别，就属于专题类的片断教学。

2. 从选题来源看，片断教学可分为自定型和他定型两种类型

自定型是由教师自己选择片断教学的内容；他定型则由他人（专家、评委、组织者）指定选题，教师按要求进行片断教学。教研活动多采用自定型片断教学。教师事先做好充分的

准备，有利于开展教研活动，展示教师的风采。竞赛活动和评价工作多采用他定型片断教学。教师临时抽签，当场限时准备，依次上课，这可以检测教师的素质和教学水平，能够比较客观地评判其教学能力。

三、片断教学的基本特征

片断教学的基本特征主要有以下几个：

第一，片断教学的实践性。这是片断教学最基本也是最重要的特征，因为从本质上说，片断教学就是一次教学实践活动。如果说课是教师向听众展示其对某节课教学设想的一种方式，重点在于比较系统地介绍教学设计及其理论依据，那么片断教学就是将此教学构想具体化、实践化的过程，目的在于体现其教学设计的合理性、可行性和实效性。片断教学将课堂教学实践与教育教学理论有机地结合起来，做到实践与理论的统一。

第二，片断教学的完整性。前面说过，片断教学相对而言在内容上只是局部的，因此这里所谓完整性是指教学步骤的完整。片断教学不是宣讲教案，也不是浓缩课堂，而是如同平时授课那样实现教学重点和教学难点的突破，完成教学计划，所以也要有清晰而又完整的教学步骤实施过程。另外，片断教学也要确定教学重点和难点，也要进行教学设计，然后才是课堂实施，这一过程同样体现了完整性。

第三，片断教学的虚拟性。这是虚境型片断教学所具有的一种特征。片断教学虽然在本质上是教学活动，但又与正常的教学活动有所不同。平时教学实践的实施对象是学生，而片断教学面对的是同事、同行，甚至是评委，因此在教学实施过程中就带有浓重的虚拟色彩。

第四，片断教学的预设性。由于片断教学不可能面对真正的学生，学生的发言、学生的活动、师生的交流根本没有办法进行，而片断教学的虚拟性又决定这些是必不可少的，因此教师只有加以预设，片断教学才能顺利进行。这就要求教师不但要做到眼中有学生，还要做到心中有课堂，按预设进行有声有色的虚拟教学。

四、片断教学在实际课堂中的运用

片断教学作为一种教学方法，其内涵是将教学内容分成独立的片断进行教学。每个片断都包含一个特定的概念、知识点或技能，并通过独立的学习活动来教授。该方法强调学生短时间的专注学习，从而提高学习效率。

片断教学的核心理念是将复杂的知识和技能分为小块进行教学。在每个片断中，教师可以针对不同的学习目标选择不同的教学策略，并提供相关的教学材料和资源。这种方式使学生能够集中精力理解和掌握每个片断，从而逐步构建完整的知识和技能体系。

片断教学能够帮助学生更好地消化、吸收知识，增强学习效果，帮助学生缓解在面对复杂和抽象概念时的焦虑，并提供更多的练习机会和反馈意见，促进学生深入学习和深刻理解。

然而，需要注意的是，在实施片断教学时，教师也必须确保各个片断之间的连贯性和整体性，避免知识的碎片化和孤立化。整合和联系不同的片断，将其融合为一个有机的整体，是片断教学成功的关键。

第二节　片断教学的意义

片断教学不受时间和场地的限制，人数可多可少，时间可长可短，非常灵活。运用的范围也很广，领导检查教学情况、评价教师的教学水平，教师之间研讨教学、开展教学技能竞赛等，均可采用片断教学的方法。片断教学不但具有教研作用，而且具有评价教师业务水平的功能。正是基于此，片断教学成为提高课堂教学质量和检测教师业务水平的有效途径之一。片断教学对教师来说具有多方面的意义，主要体现在以下几个方面：

1. 更好地理解和挖掘教材

通过片断教学的实施，教师能够从一个较集中的角度去分析和理解教材的内涵和实质，并能在具体情境下预设学生的表现和反应，深入了解学生对知识的理解程度和应用能力。这样的观察和了解能够让教师更有针对性地调整教学策略和方法，满足学生个体差异的学习需求，增强教学效果。

2. 提高片断教学能力

对教师而言，片断教学要求其在一定的教学思想的指导下，从教学内容的局部入手，寻求最佳的角度切入，安排恰当的教学活动。这与平时的教学完全一致，但片断教学内容更集中、更精练，更需要教师讲究教学艺术，对教师更富有挑战性。对听者而言，片断教学对自己的启发不亚于整节课。片断教学的精短使自己更容易吸取精华和发现问题，作为自己今后教学工作的借鉴。如果教师再加以真切地研讨并听取中肯的评点，那么片断教学对提高教师的教学水平是非常有益的。

3. 提高情景化教学水平

片断教学提供了一种情境化的教学方式，让教师能够更加生动地展示和传达教学内容。教师可以通过虚拟场景的设置，将抽象的概念和知识具体化，使学生更容易理解和接受。同时，教师可以根据教学目标和学生需求，设计能够激发学生思考和参与的情境，提高教学的吸引力和效果。

4. 鼓励创造性教学

片断教学提供了一种创造性的教学方法，让教师能够灵活运用不同的教学资源和工具。虚拟场景可以通过多媒体技术、模拟软件等方式来呈现，因此教师可以根据自己的教学目标和资源条件，选择合适的技术手段。这样的创新教学方式能够充分激发学生的学习兴趣和参与性。

5. 提高教学效率

教师通过片断教学，可以进一步明确教学的重点、难点，理清教学的思路，这样就可以克服教学中重点不突出、训练不到位等问题，提高课堂教学的效率。片断教学重点突出，节奏紧凑，容不得拖沓，这正是高效率课堂所追求的。其实课堂教学无非是若干个片断教学的有机组合。片断教学效率提高了，整节课的效率自然而然也就提高了。

6. 培养教学设计和组织能力

片断教学需要教师精心设计和安排虚拟场景，确保教学内容的逻辑性和连贯性。教师需要根据学习目标、教材内容和学生背景等要素，准确描述场景并制定相应的学习任务。这样的教学设计和组织能力是教师教学中不可或缺的一部分，能够提高教学的灵活性和有效性。

7. 提高教研活动的实效

听评课是常规的教研活动形式，在一定的时间和地点往往只能听到个别教师的课，虽然不乏针对性，但形式单一、容量不大。教学片断比武（或观摩）不失为一种多样化、高密度、大容量的教研活动形式，它不受教学进度、教育对象的限制，使最优化的教学片断得以展示。半天时间就可安排多个教师进行片断教学。这给教师们提供了广泛的学习机会，极大地提高了教研活动的实效。

8. 提高教学的可信度

众所周知，片断教学产生于说课之后，以弥补说课坐而论道的不足。这两种形式相辅相成，共同成为考核教师业务水平的重要手段。说课之后再通过片断教学，进一步考察教师的教育教学理论功底、专业知识掌握程度、课堂教学的调控和应变能力，进而综合评价教师的教学水平，显然远比仅凭说课定高下客观得多。

9. 提高教学水平和专业水平

通过设计和实施片断教学，教师只有对学科知识进行更深入的挖掘和理解，才能够更好地组织和呈现教学内容，提高教学的针对性和有效性。同时，教师需要不断反思和改进自己的教学方式和方法，从而提高专业素养和教学能力。

10. 增强评价和反思能力

教师通过观察自己在片断教学中的表现，能了解自己在教学中存在的问题。教师还可以结合反馈和自身的观察，进行深入的反思和分析，发现教学中的不足和改进的空间。这样的评价和反思，有助于教师不断优化自己的教学过程和方法，提高教学质量。

第三节　片断教学的原则

片断教学主要应遵循以下原则：

1. 内容完整

片断教学除了内容少、时间短外，与一节课的教学并没有什么区别，它是一节课中对重点知识和规律的浓缩。不管要教学的是哪一部分内容，一定要有几个基本的程序：课题导入、新知学习、师生互动、读写练习、拓展延伸与评价等，要保证教学内容的完整。当然，教师在备课及编写教案时，不仅要确立恰当的教学目标，明确本片断教学的重点和难点，还要注意尊重听者的主体地位，发挥听者的主体作用，从而为今后真正走向课堂教学时能加强学生自主学习、研讨交流的能力打下基础。

2. 尊重教材

片断教学要立足现行教材，但又不能拘泥于教材。教师在教学设计的过程中要善于把握教材中的重点和难点，设计出有创新又易于同行接受的科学的教学方法，从而完成教学任务。

3. 创设情境

片断教学没有学生，新课程强调的师生平等对话的理念就无从实现，但是我们仍然要努力创设一种正常的教学情境。教师有时候也要充当学生，绝不能只做教师的事，如果仅仅是引导、评价的话，那么会给评委一种空洞无物的感觉，让评委会觉得片断教学太简单、随意，甚至有听不明白的感觉。比如，教师说："对教师提出的问题，请大家谈谈自己学习后是怎么理解的。"如果学生回答完毕后，教师马上评价说"你学习很认真"或"你能较好地理解教材中的知识，很不错"就不恰当。虽然这两句评价本身都没有问题，但是用于片断教学就不太合适了。我们应该根据备课时的预设，考虑到学生也会说出的一些重点内容，把这些假设也就是我们要强调的重点内容，借学生的嘴重复一遍，然后进行评价。比如可以这样说："你通过自主学习，对牛顿第一定律的认知比较到位，较深刻地理解了力不是维持物体运动的原因这一观点。"这样评委就会觉得你抓住了文章的重点进行教学。

4. 及时评价

恰到好处的评价是保证片断教学顺利进行的关键，比如教师提出"请同学们默读教材中第几页某个自然段，思考这一自然段主要告诉了我们什么物理概念和规律"之后，可及时做出评价："我发现有的同学边默读边划圈，这种动笔默读的习惯真好。""有的同学读完后还和同桌交换看法，这是合作学习，应该坚持。"这种评价是学习方法的指导。又如："老师想听你们读读这段文字，看看谁能读出对这一物理规律的理解。"在学生读完之后教师可马上评价："老师觉得你对这段文字中的重点内涵理解是比较到位的，你能再用实例进行补充说明吗？"

总之，片断教学的教学情境相当大一部分都是通过评价来体现的。教师在备课时应充分地进行这方面的预设。

5. 自我展示

片断教学时间很短。教师除了要通过理解教材、处理教材，展示自身学科素养外，还应充分地展示自己的教学基本功，让评委对你有一个良好的印象。因此要做到以下几点：

第一，要自信，充满热情。这是重要的教学基本功。教师走进教室时，要面带微笑，步伐有力，先向同行、专家深鞠躬，问候一声，声音要洪亮，精力要充沛。在接下来的时间里，要展示生命活力，用亲和的微笑和自信的手势，充分展示教学风采，充满激情地进行教学。

第二，扬长避短，展示才华。若你粉笔字漂亮，不妨把板书写得尽可能好；若你绘画有功底，就可在片断教学中用简笔画形象地展现物理概念；等等。总之，在片断教学过程中，充分发挥自己的特长，将才华与教学结合起来，才能让同行、专家觉得你的功底很好，从而为你的片断教学加分。

第三，想办法表现你的教学机智，让评委感受你的教学智慧。你可以有意地假设一位学生提了一个偏难的问题，比如："哦，你提的问题老师还没想到呢，我们一起思考吧。"还有，当你的内容设计得太多、讲不完时，你要镇定自若地进行小结，及时而体面地结束教学；当你准备的内容太少、一下子就讲完而时间还很充裕时，你应巧妙地补充一些延伸的内容；等等。

第四节 片断教学的设计

每个学科有每个学科的特点。第一，执教者要树立"大学科""大课堂"的教育理念，从知识积累入手，关注学生的内心需求，将兴趣作为学科学习的起点。第二，教师要准确地把握本单元和本课的知识点，恰到好处地引导学生进行合作、探究式学习，在较短的时间内以最优化的组合完成既定的教学任务，把教学的亮点展示出来，这也是片断教学的精髓。如果片断教学前要求说课，那么教师可先简要介绍片断教学设计，然后用较多时间进行片断教学（一般可按规定时间安排）。教师要善于创设（虚拟）课堂教学情境，力求教学生动、简练，富有流动感和层次感。如果要求片断教学后进行说课，那么片断教学就可以用足给定的时间。

1. 要表现自己的教学理念

在课改的背景下进行片断教学，必须表现出新的教学理念。比如：教学目标，就要根据核心素养四大维度来确定；教学方法，就要采用启发式、讨论式，要充分发挥学生的主体作用，积极倡导自主、合作、探究的学习方式，而不能满堂灌；教学内容，也要采用新视角挖掘教材，体现新课程理念下的教学价值取向，而不能老生常谈。只有用新理念来指导片断教学，才能跟得上教育教学新形势，片断教学才有学术价值。

2. 要体现出独特的教学设计

片断教学的内容或由教师自定，或由评委指定，但无论如何，教师都要吃透教材，做好片断教学设计，只有这样，才能在教学时胸有成竹，做到有的放矢，从容不迫。片断教学设计涉及教学目标、教学重点和难点、教学方法、教学步骤等。其中最应重视的是教学方法和教学步骤。教学方法可以体现教师的教学理念，是突破重点和难点、实现教学目标的途径。教学步骤则是教学方法的具体操作程序。安排好教学步骤可以使教学过程合理流动，有条不紊，富有层次感。教学设计还要注意导入语的设计、问答设计、活动设计、板书设计等，可以考虑将平时自行设计、制作并已被教学实践证明是十分有效的实验仪器、可动式幻灯片等道具融入教学片断之中，使之增色添彩。

3. 善于用“虚拟情境”展现“真实课堂”

片断教学没有真正的学生，教师必须采用虚拟教学情景，让教学逼真地进行到底。教师可以让同行或专家阅读，停顿片刻后，通过评价该同行或专家阅读的长处与不足来完成虚拟的朗读情境。教师可以提出一个问题让同行或专家回答，停顿片刻后，通过评析该同行或专家的回答来完成虚拟的答题情境。教师可以让同行或专家进行讨论，并在课堂上巡视，通过对不同观点的评论来完成虚拟的讨论情境。还可以通过虚拟争论、虚拟质疑、虚拟辩论、虚拟活动等，实现师生互动、生生互动，给人置身其境的感觉。虚拟教学情境可以通过教师的口头语言、肢体语言、间歇停顿等来建构，再现真切的教学情境，忌用提示语加以说明。

4. 让教学语言准确简洁

既然片断教学是教学活动，不是说课，也不是课后总结，那么语言应注意准确性，如“我在教学中采取了什么样的教学方法”和“准备采取的方法”在片断教学时是十分忌讳的。特别要强调的是，片断教学要运用课堂教学语言，要像上课那样，有声有色，灵活多变，前后连贯紧凑，过渡流畅自然。片断教学中，教师要把听评课的教师看成自己班上的学生，有问有讲，有读有说，用自己的语言变化将他们带入自己的课堂教学中，感受课堂教学效果。也就是说，虽然片断教学不能像在真实的课堂上那样进行实际操作，但是要用好教学语言，让听者犹如置身于真正的课堂之中。

5. 保持良好的心态

片断教学中的角色与说课中的角色不同，与讲课中的角色也不尽相同。这种角色的移位需要教师迅速适应，特别在片断教学实施过程中，因其虚拟性，教师也需要具备较强的表演能力和应变能力，能够及时调整自己的心态，让自己尽快地进入片断教学中的角色。

6. 展示自身优势

如同说课和课堂教学一样，片断教学也能展示教师的基本素质。教师可以用板书来表现书法、绘画等功力，可以用范读来表现朗读水平，可以用广征博引来显示自己的知识面，还可以用自然的教态、饱满的精神、洋溢的激情，去获取同行或评委的好感，进而感染他们，引起他们的共鸣，最终获得他们的好评。

第五节 片断教学的评价

一、关于片断教学的评价

评价虽然是对评委来说的，但作为一名“选手”，教师可以从评委的角度了解评价的内容，这样对自己片断教学的设计或实际教学都有一定的指导意义。

评价片断教学的要点：

一看导向性，是否抓住重点，突出主要矛盾，从教学和科研方向上去评，给教师指出努力的方向。

二看客观性，即从教师、教材、学生的实际出发，准确客观地评价，肯定成绩，找出不足，给教师以激励作用。

三看整体性，既要依据片断教学内容去分项评析，又要从整体上给片断教学下结论，写评语，更要指导教师、培训教师，使之尽快地提高专业理论水平和业务能力。

四看科学性，评价的关键是制定和把握科学的评价标准。

优秀的片断教学应做到以下几点：

(1) 目标明确。

能从一节课乃至一个单元，并联系选题的特点来确定片断教学的目标，能以局部目标体现整体教学的核心素养目标，做到具体明确。

(2) 分析透彻。

能正确认识所选片断在教材中的地位、作用，能准确确定教学重点、难点，能充分挖掘教材资源，并选好教学的切入点和突破口。

(3) 科学实用。

教学的总体设计合理，富有新意，表现自己独立的见解。教学程序的设计科学，能实现教学目标。导入、转换、收尾等教学环节，以及重点、难点突破符合学科特点，能调动学生的学习积极性，并把能力的培养与思想教育有机地结合起来。教法设计的依据科学，教学手段的选用有助于提高课堂教学效率。板书设计精要、简洁、有艺术感。

(4) 对策恰当。

对学生学习本课前的原有基础和现有困难分析准确，采取的教学对策有助于学生克服学习困难和心理障碍。

(5) 训练到位。

训练目的明确、具体，与本课的教学目标一致。训练题的设计，面向全体学生，体现层次性。训练方法得当，有助于学生能力的形成和思维品质的培养。总而言之，好的片断教学要做到目标明确，内容充实，逻辑性强，层次清楚，语言简明扼要，有改革意识，有见地，有特点。

二、在对片断教学进行评价时避免出现误区

无论是教师还是评委，参与片断教学都应该了解片断教学与以前常用的其他教学方式的区别，走出认识误区，从而用好片断教学这一有效检验教师教学水平的工具。

1. 混淆片断教学与说课

说课是教师口头表述具体课题的教学设想及理论依据，也就是授课教师在备课基础上，面对同行或教研人员，讲述自己的教学设计，然后由听者评说，达到互相交流、共同提高的一种教学研究和师资培训的活动。它是教师针对某一节课或观点、问题或具体课题，口头表述其教学设想及理论依据。说课其实就是说说你是怎么教的，你为什么要这样教。而片断教学是从一节课的教学内容中截取其中一部分教学内容组织的教学活动。它比说课更具有实践性，比上课更具有灵活性。片断教学的对象是虚拟的学生，听课的对象是同行教师或专家评委。有些地方会同时用这两种教学方法来评价教师的教学水平。它们之间的关系往往是说课在先，片断教学在后；说课是片断教学的蓝本和依据，而片断教学是说课设想的实施过程。

片断教学与说课是属于两个范畴的活动。说课是静态的研究，而片断教学是动态的实施。片断教学顾名思义就是教学，因此它的核心不在于说理，不在于说清为什么要这样教，而在于教学步骤的实施、教学计划的实现。但不少教师仍然不知二者的区别，在片断教学时只是简单复述说课中的“说教学程序”这个环节，或者在教学过程中仍然不断强调和解释教学的目的和依据，把片断教学与说课混为一谈。

2. 容易忽视虚拟课堂的双边活动

课堂教学是教师与学生的双边活动，在教师的指导下，以学生为主体，通过师生读、讲、议、练等活动来完成。由于片断教学缺少学生这一主体，有些执教者便淡化或放弃师生的双边活动，代之以满堂灌的教法，而不懂得以虚拟的双边活动来表现先进的教学理念。

3. 易将片断教学设计方案当成说课稿

备课、写教案的重要性在平时的教学中是毋庸置疑的。但设计片断教学方案似乎一直被人忽视。大多数人都把片断教学的设计方案变成了说课稿，以致把片断教学变成了说课，在片断教学时出现仓促混乱的尴尬情况。

4. 掌握不好片断教学时间

如果片断教学与说课同时进行，往往造成说课用时过多，片断教学时间不够的现象，这与重说课而轻片断教学有关；如果单独进行片断教学，往往出现虎头蛇尾或有头无尾的情况，这是因为教学内容和节奏没有调控好。

教师们通过学习，多了解一些片断教学的相关内涵，多参考一些片断教学案例，就可以比较清楚地分清片断教学与其他教学方式的区别，走出误区，上好自己的片断教学。

第二章 “导、研、展、练、评”五段教学模式

第一节 “导、研、展、练、评”五段教学模式的内容

一、建构“导、研、展、练、评”五段教学模式基本框架，以问题为导向，增强科学思维能力

“导、研、展、练、评”五段教学模式是由侨声中学张鹉老师在从教 30 多年的教学实践中提炼出来的，先在物理学科试行，后逐步向侨声中学其他学科推广。它采用问题驱动，即以问题为任务和途径，以评价为手段，驱使学生在教师的指导、帮助下完成学习任务，实现高效教学。教师通过对学生问题意识的培养，达到增强学生思考能力的目的。思考能力包括提出问题、发现问题、分析问题、解决问题的能力。只有带着思考去学习，才有意义、有价值。“导、研、展、练、评”五段教学模式基本框架如图 2-1 所示。

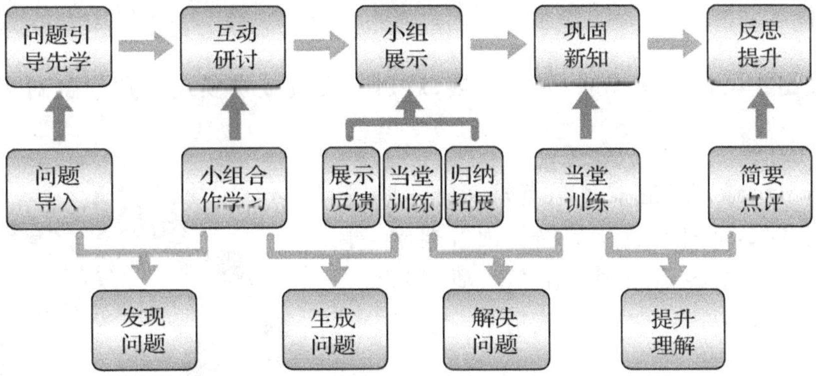

图 2-1 “导、研、展、练、评”五段教学模式基本框架

此框架的基本流程如下：

第一，“导”。教师在备课时，首先提炼出本节课的教学重点和难点，并在课前抛给学生，让学生在教师所抛出的问题引导下，先行自学，实现问题导学。

第二，“研”。在课堂上教师直接以问题为引导，让各小组同学根据自己先前自学的情况，在组内开展交流与研讨。此过程是教师发现问题的过程。

第三，“展”。教师通过各小组对学习结果的展示，总结和梳理新知识内容。此过程是教师解决问题和生成问题的过程。

第四,"练"。通过教师一定量的课堂练习,了解学生对新知识的掌握情况,对学生不太理解的知识点再进行补充讲解和加强。这是解决问题的过程。

第五,"评"。教师对本节课学生在自学、研讨、展示、练习中的表现及对问题解决的程度进行点评,鼓励学生再接再厉,为下一堂课做好准备。

二、建构独特的课堂教学模式

在"导、研、展、练、评"五段教学模式基本框架的指导下,我们建构了"导、研、展、练、评"课堂教学模式(图 2-2)。

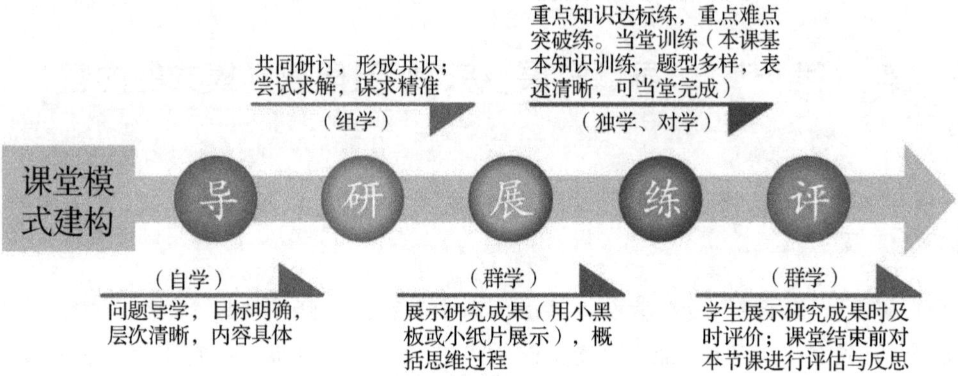

图 2-2 "导、研、展、练、评"课堂教学模式

运用此模式,刚开始教师的工作量稍大一些,但经过一段时间,在学生掌握了方法步入正轨之后,其教学过程就会流畅起来。在近 10 年的教学实践中,此模式的教学成果显著,此教学方法不但获省级立项,而且在晋江市的潘径中学、云峰中学等学校得以推广使用,受到师生的好评。

三、提出在具体可操作的"导、研、展、练、评"五段教学模式下师与生对应的教与学行为

"导、研、展、练、评"五段教学模式在每一阶段不但有时间要求,而且有具体的操作内容要求,对学生和教师的要求各不相同。在"导、研、展、练、评"五段教学模式中,每一个环节又有 5 个要求,可概括为 50 个字。

1. 教师教学五段要求

教师教学五段要求如图 2-3 所示。

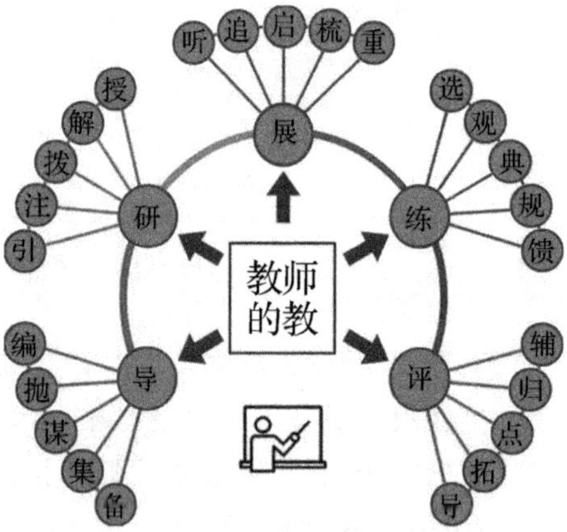

图 2-3 教师教学五段要求

(1) 导:备、集、谋、抛、编。

备:教师在课前备课过程中,要认真分析教材,掌握教材中的重点、难点和易错点。以本章节的核心问题为重点,分别提炼出预习、课堂导入和课中学生研讨的问题。

集:在集体备课中,同一备课组成员要善于集思广益,取长补短,分析学情,相互探讨,发挥集体的智慧。

谋:同一备课组成员间共同谋划每节课的核心问题之所在,寻求有效的解决办法。同一备课组成员间要针对同一节课内容提炼出的问题展开讨论、提出建议,使提炼出的问题更有效,更能激发学生的学习兴趣。

抛:将提炼出的问题提前抛给学生,同一备课组成员要在课前做好相应的学习、理解等工作。

编:同一备课组成员要发挥统一认识,发挥集体的作用,分工合作编制教案、导学案。

如果教师在教学过程中,关注到了以上的五个问题,就可以逐步适应新的教学方式,提升教学层次。

(2) 研:引、注、拨、解、授。

引:学生在课堂上自学、小组合作学习时,教师要注意针对不同学生和小组进行启发引导。

注:在学生小组开展互动研讨的过程中,教师要随时关注每一个小组和每一个学生参与讨论的情况。

拨:教师在巡视小组研讨的过程中,若发现某小组讨论的问题偏离核心,要及时点拨,并把学生引回“正途”。

解:教师对小组讨论中出现的个别疑惑问题要给予相应的指导性意见,提供一定的思路。

授:教师发现某一个小组或某一个学生有问题时,应及时参与该小组的研讨,在研讨中授课。

(3) 展:听、追、启、梳、重。

听:在学生展示阶段,教师要认真倾听学生的表述,注意其逻辑思维是否顺畅,语言是否规范,内容是否完整,有无遗漏,为点拨、答疑、指导做好准备。

追:对学生展示的学习成果,教师要善于通过追问的方式,了解学生是否真正掌握所学,使学生深入理解知识、掌握技能。

启:在学生展示阶段,学生在表述和展示习题解答的过程中,若遇到困难,教师则要把握时机启发、引导和点拨,帮助学生理清思路,完成展示。

梳:对学生展示出的学习成果,教师要恰当地结合自己的备课,做系统化的知识梳理。

重:在梳理学生学习成果的同时,教师要结合本章节的重点知识,做重点强调,以强化学生的认知。

(4) 练:选、观、典、规、馈。

选:当堂训练的题目选取数量要恰当、难度要适中,既关注基础,又体现一定的技能。

观:在学生训练阶段,教师应巡视观察,及时发现典型问题,但不要急于指导。

典:教师在巡视过程中,既要关注典型性优秀代表,也要关注典型性错误。

规:本阶段既是训练巩固时期,也是规范化答题时期,教师要注意规范指导。

馈:当堂训练后,教师根据所观察到的典型问题,通过规范化的示范向全体学生做反馈。

（5）评：辅、归、点、拓、导。

辅：课堂中的评价、归纳与总结过程也是对学生知识和技能的辅导过程。

归：教师要善于做好本节课的归纳与总结，为学生提供一个系统化的知识体系。

点：教师要观察每一个小组和成员的讨论过程，对各小组特别是对表现积极、有新思想的学生及时评价、表彰。

拓：在本阶段除对本节课进行评价、归纳与总结外，教师还要给学生在思路、知识、技能等各方面进行拓展性指导，避免学生出现“死读书、读死书”的现象。

导：在完成本节课的评价、归纳与总结后，教师要及时布置下一节课的导入问题。

2. 学生学习五段要求

学生学习五段要求如图 2-4 所示。

（1）导：预、读、查、思、问。

预：学生要根据教师所给的问题预习，避免盲目无序和泛泛而读。

读：学生要针对教师所提出的问题，自主阅读课本中的核心知识。

查：学生要依据导学问题，查阅相关知识背景、运用条件和辅助资料等。

思：对教师提出的问题，学生要在自学的基础上认真思考，理解其因果关系。

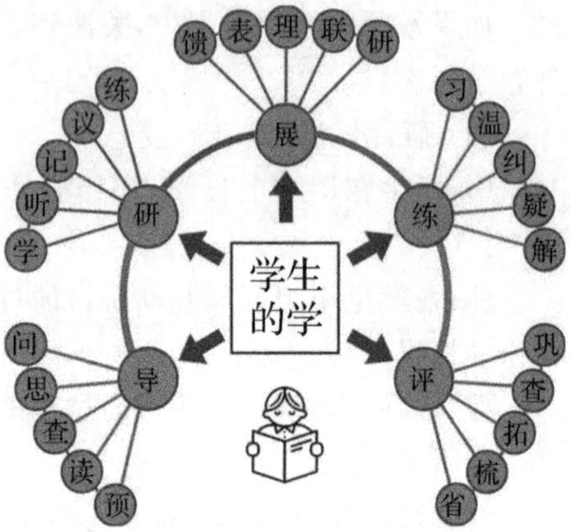

图 2-4　学生学习五段要求

问：对预习中存在的不清楚或有疑惑的问题，学生可做好在课堂上问的准备。

（2）研：学、听、记、议、练。

学：学生在课堂上以自学为主，同时能积极与小组间成员展开讨论，学会合作学习。

听：学生在小组合作学习和共同研讨过程中，要善于聆听其他同学的看法和意见。

记：学生要在小组讨论过程中对自己有启发或有帮助的相关知识及时记录。

议：学生能主动和积极地参与小组的讨论、评议，勇于发现问题，善于表达看法。

练：对易错问题和新知识，学生要在小组讨论中多问多练，巩固提升。

（3）展：馈、表、理、联、研。

馈：学生在自学、小组研讨学习中要及时反馈学习情况，对不懂的知识，可向小组反馈，寻求组内解决。若组内解决不了，学生可将问题提交教师解决。

表：学生在研讨活动后，要及时整理学习成果，积极主动地在组内或在班级中公开表达，展示自己的学习成果。即使有错误之处，也要抓住课堂上这一最好时机来解决问题。

理：学生在研讨学习中，要及时梳理好相关知识，做好个性化笔记，将知识和技能融入自己熟悉的体系。

联：学生通过小组成员间的相互交流，要学习他人好的学习方法和思路，能联系自己的优势进行合理化吸收。在知识整理上要学会联想和融合，进行对比学习。

研：研讨的过程是一个思想碰撞与交流的过程。学生要善于交流，在研讨中学习、提高，在研讨中完成学习任务。

（4）练：习、温、纠、疑、解。

习:学生在互动研讨之后要做适量的当堂作业,进行训练巩固。

温:学生通过练习要达到温故而知新、学新而巩固旧知的目的。

纠:学生当堂训练,当堂由同组同学互改,当堂纠错,强调及时性。

疑:学生在自主学习和小组合作学习中要敢于质疑。

解:解答过程要限时、独立完成。对必做题、选择题,学生可在教师指导下选择完成。

(5) 评:巩、查、拓、梳、省。

巩:学生在课堂后期要进行评价、归纳与总结,这是对本节知识和技能的再次巩固。

查:对在课堂中经教师归纳与总结仍有疑问之处,学生要做好标记,以便课后及时查询。

拓:通过教师的评价、归纳与总结,学生要学会“举一反三”,自觉拓展思路。

梳:经过教师的梳理总结,学生要把知识自我消化,梳理成自己的知识体系,巩固技能。

省:在教师的评价、归纳与总结过程中,学生要反省自己学习过程中的不足,不断优化学习方法。

第二节 “导、研、展、练、评”五段教学模式的核心

“导、研、展、练、评”五段教学模式是一场课堂教学模式改革,就是要把学生从传统课堂和题海的“牢笼”中解放出来,让教育回归本性。在相关教育理论指导下,该模式反映出一个核心、两个理念、三项原则、四大(教与学)支柱、五段要求(图 2-5)。

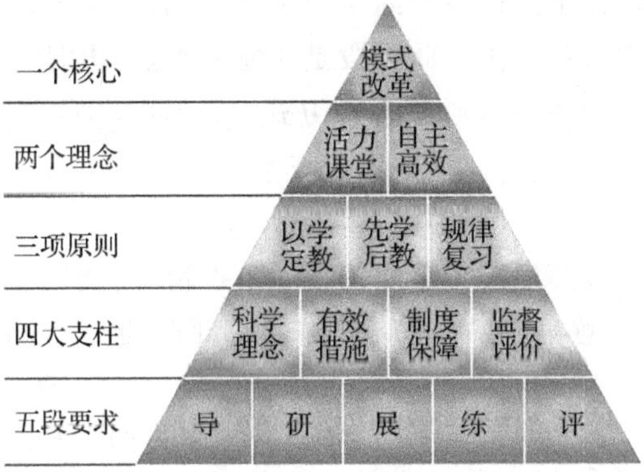

图2-5 “导、研、展、练、评”五段教学模式核心理念图

依托福建师范大学,本研究团队与福建师范大学物理与能源学院、心理学院、教师教育学院等,以多学科的视角共同研究物理学习的思维堵点和场景建模特征,深入探索问题形成的过程、缘由及机制。早在 2012 年,团队组建以大学物理学专家、教育心理学专家、高校教材教法研究人员为核心的“物理新思维工作室”,针对物理难学理问题进行系统的研究。本研究在廖伯琴教授关于物理表征实证研究的成果和孟昭辉教授关于物理思维呈现“形式-具体”左右摆动特征的观点的基础上,结合本团队发现的物理学习“三个堵点”现象,进一步将物理问题进行微型建模,揭示其“具物+具象+数形”的三段式特征,从而刻画出体现物理思维律动特点和规律的“坐标系”,并据此提出有效减轻认知负荷的四重物理表征嵌套,以及通过建构三重物理模型来帮助学习者建立科学物理思维的整体理论叙事。团队提出破解物理

之“难”的具物化、具象化、数形化三项教学新主张。其中，具物化教学主张提出有针对性的 9 条教学策略；具象化教学主张提出 8 条策略；数形化教学主张提出 9 条策略。

“导、研、展、练、评”五段教学模式各环节间的相互关系如图 2-6 所示。

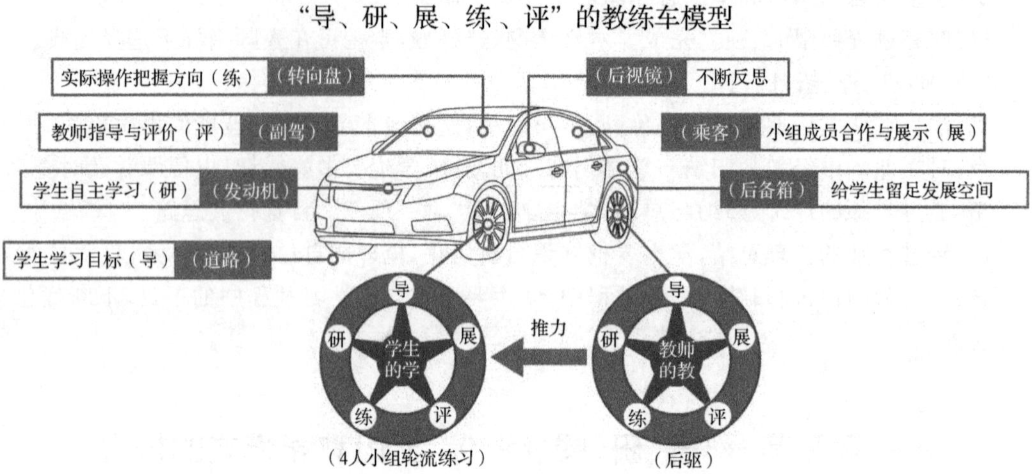

图 2-6 “导、研、展、练、评”五段教学模式各环节间的相互关系

课堂教学按青少年学习注意力集中时间的长短可划分为五个阶段。

第一阶段，问题导学。要求教师提出的问题目标明确、重点突出、层次清晰、有价值。此阶段作为课堂引入过程，历时 5 min 左右。

第二阶段，研讨群学。让学生在各自的学习小组(前后排 4 人即可构成一个学习小组)，围绕问题展开研讨，相互学习和交流。此阶段是课堂的重点，历时 10 min 左右。

第三阶段，成果展示。让各小组通过各种方式(如小黑板、投影、口头语言、实践等)，向全班学生展示小组研讨得出的结论。这是考查学生是否掌握知识的关键环节，历时 15 min 左右。

第四阶段，练习巩固。教师根据本节课的教学重点精心组织一定量的习题，安排学生当堂练习，以检查学生的学习效果，并巩固所学知识。此阶段要达到学以致用的目的，历时 8 min 左右。

第五阶段，评价总结。教师在总结一节课的教学重点时，对学生的自学、小组研讨、展示、练习的过程进行点评，对不足之处提出建议，对表现好的同学进行表扬。此阶段历时 7 min 左右。

此外，在对“导、研、展、练、评”五段教学模式的研究与实践中，本研究团队积极与高校合作，在高校的理论引航下，在教学实践中不断发展和创新。在合作研究思维可视化的基础上，福建师范大学和本研究团队独创提出物理新思维具象法，即借助拟人化或拟物化的图形表征，将物理概念、规律间的内在逻辑关联、结构脉线、思维路径转化为具象化的图形表达，因其形与神表达的一致性，实现了物理知识的逻辑架构与图形的外在轮廓和内在结构的统一。

值得指出的是，新思维具象法定义中提出的“借助拟人化或拟物化的图形表达”，是基于学科知识本身的逻辑关联来决定其图形的外在轮廓及其内在联系的。因此，它首先是贴切的，并且是能够发散的，既可以是交叉的，也可以是闭合的，充分呈现出它的灵活性和灵动性，因而它不仅保持和延展了传统可视化图形手段的优点、长处，同时又避开和克服了它们的缺点、短处。可以说，新思维具象图是对传统图示手段“扬优补缺”的结果，真正体现了形和神的统一，达到了内隐知识外显化、外显知识生动化的两个重要目标。

例如，图 2-7 中的“声光对比”新思维具象图是侨声中学与福建师范大学合作开展“物理新思维校本课程”的成果。

耳朵和眼睛是人类感知世界的两个重要通道，声音的本质是机械波，光的本质是电磁波。利用新思维具象图可帮助学生从产生、传播、接收、应用四个方面进行学习，成功将类比、对比、统一等物理思想方法进行显性化教育，将课程思政和学科内容深度融合。

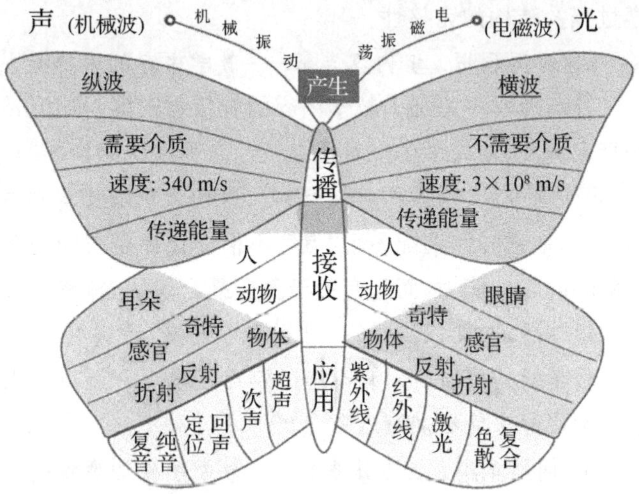

图 2-7 “声光对比”新思维具象图

第三节 “导、研、展、练、评”五段教学模式运用于片断教学的价值

一、厘清“导、研、展、练、评”五段教学模式与片断教学的认知

完整课堂教学可真实地展现教学全过程，直观地显现教师的教学水平和课程实施能力，考评结果可信度较高。但当需要集中评价教师时，受限于客观条件及时长，逐一展示完整课堂存在运作上的困难。说课省去学生，大大压缩时间，在一定程度上可以呈现完整的设计思路，便于运作，但说课无法体现教师的课堂表现力和组织能力。为确保评价的可信度，提高操作性，片断教学便应运而生。

片断教学不是从常态的教学设计中截取片断加以实施，更不是常态完整课删枝剪叶的缩微版，而是内容特定、课时长度特殊的微型课。了解其产生的背景，把握其实质，片断教学的特征便逐渐从混沌中清晰起来。

1. 麻雀虽小，但五脏俱全——教学结构的完整性

课堂教学结构是指在一定的教育思想、教学理念指导下展开教学活动进程的结构形式。无论是不同教师教同一教学内容，还是同一教师教不同教学内容，教学结构都较难完全一致，但概括起来，不外乎就是导入、新课、结课三大部分。高水平的课堂教学，绝不满足于具体教学任务的完成和显性教学计划的实现，还致力追求教学结构之美，力求构造出主线清晰、起承转合天衣无缝的教学环节链，给人以行云流水般的美感。常态教学如此，片断教学亦然。由于对片断二字产生误解，不少教师容易将其视为常态完整课的一个片断，导致教学

结构不完整，甚至出现导入和结课的残缺。须知，片断教学也需要有相对完整的结构，导入、结课也是其重要的组成部分，是营造教学结构美的不可或缺的要素。“导、研、展、练、评”五段教学模式运用于片断教学，其过程是将一节课的内容按五段进行合理划分，充分体现了教学过程及结构的完整性。

2. 时间虽短，但内容丰富——教学内容的多样性

片断教学不是加大教学内容的容量和密度，将45 min的教学容量浓缩成短课，而是合理选择和调配，使教学内容呈现多样性。物理课的片断教学内容同样应包括问题导学、文本阅读、合作探究、实验操作、当堂练习、过程评价等完整的内容。高水平的片断教学，总是合理地、艺术地选择和调配各个“点”，不但能让评委或同行透过这个窗口感受到执教者对课程的理解和教学的能力，而且有助于营造跌宕起伏、疏密有致、具有艺术感的教学节奏，让听者时而静思默想，时而议论纷纷，时而奋笔疾书，始终处于积极的学习状态。“导、研、展、练、评”五段教学模式可以针对教学中的难点或重点开展点对点的问题研讨，针对性更强，在片断教学中运用起来能更加突出重点。

3. 问题虽小，但方法多样——教学手段的聚拢性

片断教学容量虽小，但不能因此忽视教学手段、方法的灵活性和丰富性。根据教学内容的需要，采用丰富而恰当的教学手段，能高效地实现教学目标。教学手段的优化组合，巧妙、灵活运用，既是创造教学美的重要条件，具有一定的审美性，也是教学评价的重要指标之一。片断教学与常态教学相比，切入点类型更多样，因此各种教学手段、方法也应相应聚拢。“导、研、展、练、评”五段教学模式中的问题导学、学生小组的合作研讨过程都可以充分运用多种教学方法和手段。

4. 虽无学生，但处处有学生——教学情景的准现场性

教师、学生、教材是教学不可或缺的三要素，没有学生就无所谓教学。因此，片断教学必须营造出学生在现场的氛围，让评委或同行有置身现场的感受。课堂中师生互动主要凭借言语来实现，学生言语的存在就象征着或在相当程度上代表着学生的存在。“导、研、展、练、评”五段教学模式运用于片断教学中，通过问题“导入”，给“学生”以思考的空间；通过虚拟小组“研讨”，让“准课堂”充满生机；通过虚拟小组“展示”活动，让学生展示成果和思想；通过当堂“练习”巩固新知；教师在整个过程及课程结束前的“评价”，为整个片断教学做一圆满的总结。这样下来，一个片断教学的过程既丰富又严谨。“导、研、展、练、评”五段教学模式的恰当运用，可以让片断教学不会出现较大的偏差。

5. 虽无先知，但应全知全觉——教学预设与生成的全面性

布鲁姆曾说过，人们无法预料到教学所产生的成果的全部范围。任何形式的教学都无法回避预设与生成的问题。常态教学尽管也有精心的预设，但总是充满变数，难以完全预知，这就需要教师机智应对，灵活变通。因而，关注学情、恰当处理预设和生成的关系，便成为教学评价的重要内容之一。但片断教学没有学生，没有情境中的学情，没有任何变数，教学完全按预设进行，无须进行任何变通。学生说什么，教师怎么说，一切都依计划而行。“导、研、展、练、评”五段教学模式的恰当运用正好运用“问题导学”，先按照学生可能出现的

问题来设计教学，在新课教学中又运用合作研讨与展示活动的方式，让学生把各种可能出现的问题展现出来，最后教师再进行有针对性评价，点出不足或错误，引导学生得出正确的结果。

二、认识“导、研、展、练、评”五段教学模式运用于片断教学的优势

1. “导、研、展、练、评”五段教学模式能更好地体现崭新的教学理念

在新课改的背景下进行片断教学，必须体现新的教学理念。比如：教学目标，就要根据学科核心素养来确定；教学方法，就要采用启发式、讨论式，就要充分发挥学生的主体作用，积极倡导自主、合作、探究的学习方式，而不能满堂灌；教学内容，体现新课程理念下的教学价值取向，而不能老生常谈。采用“导、研、展、练、评”五段教学模式来指导片断教学，才跟得上教育教学新形势，片断教学才有学术价值。

2. “导、研、展、练、评”五段教学模式更注重片断教学的设计感

“导、研、展、练、评”五段教学模式让教师在设计片断教学时注重步骤明确（五段），教学措施得当（合作研讨），过程体现学习主体（小组展示），对教学成果进行检查（当堂练习），对学习过程与学习成果及时确认（教师的评价），板书（运用新思维具象图进行设计）简洁、有新意，重点突出。

3. “导、研、展、练、评”五段教学模式让虚拟教学情景更流畅

片断教学时没有真正的学生，但教师必须虚拟教学情境，让教学逼真地进行。五段教学模式按“导、研、展、练、评”五个阶段组织教学过程。教师可以在每个环节引导学生思考问题，指导学生合作研讨（教师在此期间还可以稍作巡视状），组织学生进行组内及组与组之间的交流展示活动（教师可以让学生进行讨论，并在课堂上，通过对不同观点的评论来完成虚拟的讨论情境，实现师生互动、生生互动，给人置身其境的感觉），布置相关课堂练习（书面作业、实验操作、口头回答等），对学习过程中学生和小组的学习情况进行评价，通过评析学生的回答来完成虚拟的答题情境。虚拟教学情境可以通过教师的口头语言、肢体语言、间歇停顿等来建构，再现真切的教学情境，而每一个环节之间均可做片刻停顿。所以利用“导、研、展、练、评”五段教学模式，教师可以在片断教学中恰到好处地处理这些关系。

4. “导、研、展、练、评”五段教学模式能帮助教师展现自身素质

片断教学能较好地展示教师的基本素质，可以通过导入问题的设置展示教师把握教材重点和难点的能力，用小组合作研讨的过程展示教师对课堂教学过程的组织能力，通过小组研讨后对学习结果的展现体现教师对课堂的把控作用，用课堂现场学习结果的检测体现教师对学习效果的掌握程度，用及时性评价展现教师对学生学习兴趣的激励作用。在此过程中，教师再运用新思维具象图来板书，则可以表现个人的绘画、书法功力等。所以，“导、研、展、练、评”五段教学模式在片断教学中运用得好，可以让教师在比赛、面试等过程中更加胸有成竹。

三、从“导、研、展、练、评”五段教学模式看片断教学评价

评委在对片断教学成功与否进行评价时一般会关注三个方面，即导向性、客观性和整体

性。评委在写评语时，会本着指导教师、培训教师的目的，使之尽快提高专业理论水平和业务能力，所以评委也应做必要的准备。从对片断教学的评价看，评价的关键是制定和把握科学的评价标准，优秀的片断教学应做到以下几点：

(1) 教材分析透彻，教学目标明确。能从一节课乃至一个单元，并联系选题的特点来确定片断教学的目标，能正确认识所选片断在教材中的地位、作用，能准确确定教学重点、难点，能充分挖掘教材资源，并选好教学的切入点和突破口。这一点可通过“导、研、展、练、评”五段教学模式中的“导学”很好地实现。

(2) 教法科学实用，教学对策恰当。教法设计的依据科学，教学手段的选用有助于课堂教学提质增效。板书设计精要、简洁、艺术。“导、研、展、练、评”五段教学模式中的“研讨”和“展示”环节均可提供好的方法。

(3) 能力训练到位。训练目的明确、具体，与本课的教学目标一致。“导、研、展、练、评”五段教学模式中的“练习”环节可开展进行。

(4) 对学生学习本课前的原有基础和现有困难分析准确，采取的教学对策有助于学生克服学习困难和心理障碍。“导、研、展、练、评”五段教学模式中的“评价”环节可对学生进行引导和鼓励。

总而言之，“导、研、展、练、评”五段教学模式能与片断教学有机结合起来，为片断教学提供好的思路和设计方法，让片断教学的设计目标明确，内容充实，逻辑性强，层次清楚，语言简明扼要，有改革意识，有见地，有特点。

第三章　高中物理片断教学参考案例

第一节　《物理》必修第一册案例

一、空间位置的描述

课程信息	《物理》必修第一册第 1 章第 1 节中的“空间位置的描述”。
课标要求	选取参考系，并在参考系上建立坐标系，用位置矢量对物体（质点）的位置进行描述。
片断教学目标	会用坐标描述物体的位置，体会用数学方法来描述物理问题。
教材分析	教材在介绍完机械运动和参考系后，直接提出问题：怎样描述物体的位置？教材以汽车位置的描述为情境，先在一维坐标系下描述汽车的位置，再在二维坐标系下描述汽车的位置。在“科学书屋”栏目中，介绍卫星定位导航系统。教材强调借助数学方法描述位置。
学情分析	学生在初中阶段已经学习了运动学知识，知道描述物体的运动应该先假设一个不动的物体（参照物），用来判断物体是运动还是静止，看物体与参照物之间的相对位置是否发生了变化；知道用距离、路程表示物体的位置和物体运动的距离；也知道用尺度、比例和数量来描述物体的大小和位置的变化。
片断教学重难点	重点：用坐标系描述物体的位置。 难点：通过建立坐标系来描述物体空间的位置，建立空间的观念。
教学流程图	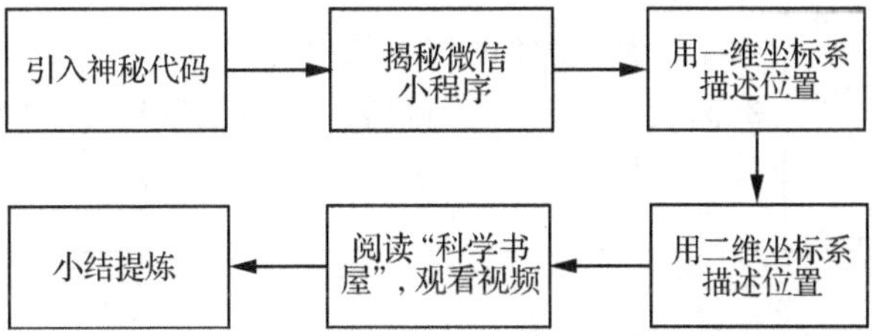

续表

设计流程	导(学):体现思维引导及主动学习	建议4 min	【导入新课】利用PPT呈现一串神秘的代码,如下图所示,讨论这串代码的意思。  教师利用希沃白板,手机同屏,打开微信小程序,查询经纬度,如右图所示。学生看图后自然明白,代码表示经纬度,也就是说,可以利用一组数据表示位置。 讨论:这个例子中分别用哪些不同的表达方式描述位置? 总结:位置的三种表达方式为用文字描述、用图形描述、用数字描述。可以借助数学方法,建立坐标系来描述物体的位置。 
	研(学):体现合作探究精神	建议6 min	【探究活动】 1. 请学生用数学语言描述自己在所在排的位置。 2. 请学生用数学语言描述自己在班级的位置。 要求学生在完成任务的同时思考以下问题:如何建立坐标?坐标有哪些要素?如何测量位置?如何确定人所在的位置坐标?描述位置时,会遇到什么困难?
	展(示):体现合作学习成果	建议6 min	【展示活动】 1. 让学生展示在坐标纸上画的坐标轴,并标明自己的位置。 当以不同的位置定位坐标原点时,学生的具体位置不一样。 结论:选点不同,观察到的结果不一样,参考系选择不同,物体的位置也不一样,物体的位置具有相对性。 2. 阅读“科学书屋”材料。观看视频“大国工程:北斗卫星导航系统”,了解中国的北斗卫星导航系统。融合课程思政,体会大国工程。

续表

<table>
<tr><td rowspan="3">设计流程</td><td>展(示)：体现合作学习成果</td><td>建议 6 min</td><td>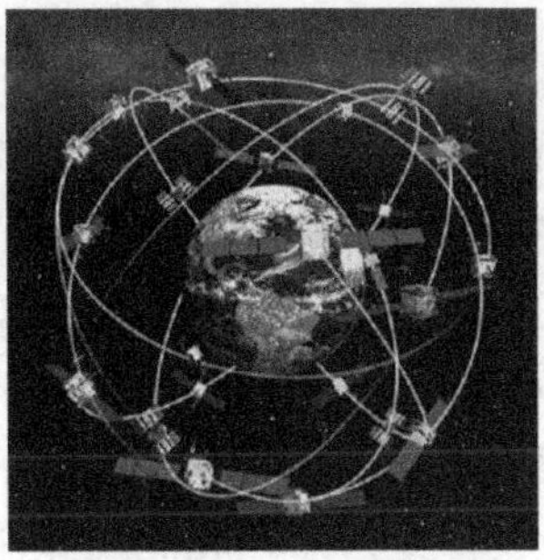</td></tr>
<tr><td>练(习)：体现教学效果</td><td>建议 3 min</td><td>【练习】某同学以天安门东公交车站为起点、中国国家博物馆西 3 门为终点，设置的手机导航图如右图所示。该同学按导航图先沿长安街向正西方向走 160 m，再沿广场东侧路向正南方向走 280 m，最后向正东方向走 80 m 到达终点。若以起点为坐标原点，正东方向为 x 轴正方向，正北方向为 y 轴正方向，请画出坐标系并确定该同学行走到第一个转弯处及终点的位置坐标。
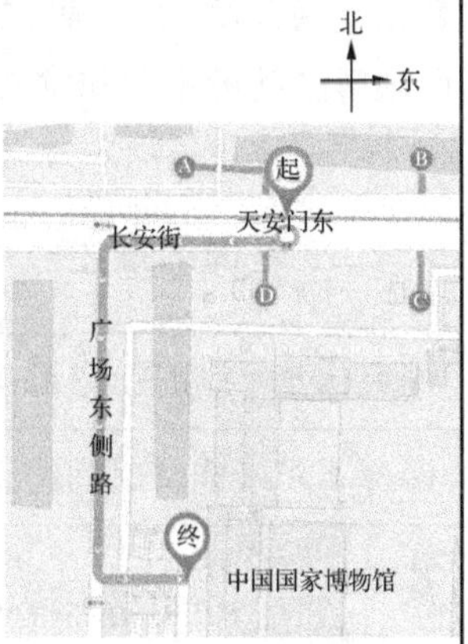
</td></tr>
<tr><td>评(价)：体现激励性评价作用</td><td>建议 2 min</td><td>【教师课堂总体评价】以前我国没有自己的卫星导航系统，只能用美国的 GPS 导航系统，处处受制于人。现在我们有了自己的卫星导航系统，不再受美国控制了。同学们，我们应该更加努力学习科学文化知识，将来为祖国的发展做出自己的贡献。</td></tr>
<tr><td colspan="2">板书设计</td><td colspan="2">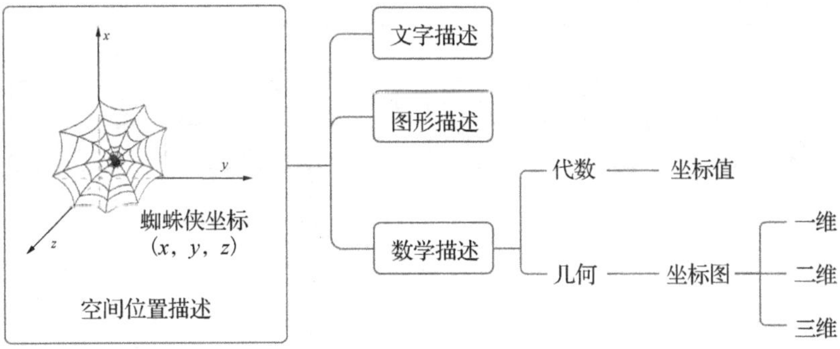
</td></tr>
</table>

附：可能涉及的专题性问题

你能从物理学的角度阐述一下空间存在的意义吗？

【参考答案】空间是人们常常提到的一个概念，但是很多人对于空间的定义和意义并不很清楚。若单从物理学角度看空间的话，空间是指一个物体所占据的位置和范围。空间可以用三维坐标系来描述，即长、宽、高。物理学家通过对空间的研究，探索宇宙的本质和规律。物理学家认为，空间是一个连续的、无限大的物理范畴，它是物质存在的基础。空间中存在着物体和物体之间的相互作用，而这些相互作用构成了我们所看到的世界。物理学中的空间概念也有一些争议。爱因斯坦在相对论中提出了“时空”的概念，他认为空间和时间是相互联系的，不是独立存在的。这种观点颠覆了牛顿力学中对空间和时间的认识，对于人们理解空间的本质和意义产生了重要影响。

福建省泉州市城东中学　康贤明

二、时间的描述

课程信息	《物理》必修第一册第1章第1节中的“时间的描述”。
课标要求	能将时间概念与生活中的相关现象联系起来。
片断教学目标	会用坐标描述时间和时刻，体会用数学方法描述物理问题。
教材分析	教材以“神舟五号”航天飞船飞行中的重要时刻为情境，指出时刻与时间的定义，并用坐标轴的点和线段分别表示时刻和时间。在“科学书屋”栏目中，介绍空间和时间的尺度。教材没有给出时间的定义。
学情分析	学生对时间有初步的认识。不清楚生活中的时间概念指的是时刻还是时间。
片断教学重难点	重点：用时间坐标系描述时间和时刻。 难点：区分时刻与时间。
教学流程图	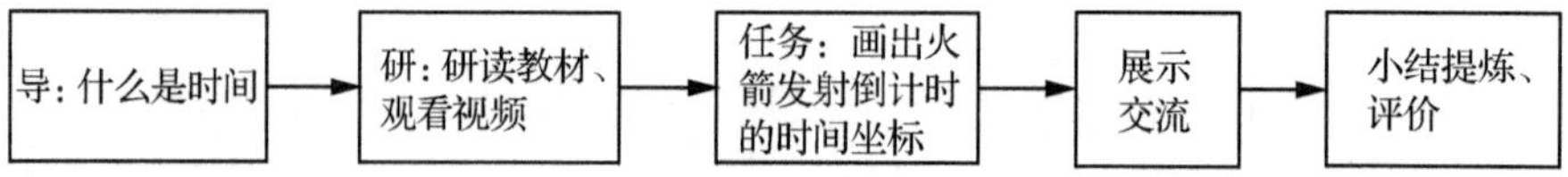

续表

<table>
<tr>
<td rowspan="3">设计流程</td>
<td>导(学)：体现思维引导及主动学习</td>
<td>建议2 min</td>
<td>【导入新课】
1. 利用PPT投屏：××中学上午冬季作息时间表和××站列车时刻表。

××中学冬季作息时间表
2023年10月1日执行
<table>
<tr><td>起床</td><td>6:40</td></tr>
<tr><td>晨读（住宿生）</td><td>7:30—7:55</td></tr>
<tr><td>第一节</td><td>8:00—8:45</td></tr>
<tr><td>第二节</td><td>8:55—9:40</td></tr>
<tr><td>课间操</td><td>9:40—10:10</td></tr>
<tr><td>第三节</td><td>10:10—10:55</td></tr>
<tr><td>眼保健操</td><td>10:55—11:00</td></tr>
<tr><td>第四节</td><td>11:05—11:50</td></tr>
<tr><td>午休</td><td>13:00—13:40</td></tr>
</table>

××站列车时刻表
2020年4月10日零时起实行
<table>
<tr><th>车次</th><th>车种</th><th>运行区段</th><th>到达</th><th>发车</th></tr>
<tr><td>Z271</td><td>直快</td><td>西宁-青岛</td><td>2:03</td><td>2:05</td></tr>
<tr><td>K285</td><td>快速</td><td>北京-烟台</td><td>2:13</td><td>2:19</td></tr>
<tr><td>Z169</td><td>直快</td><td>广州东-青岛</td><td>2:44</td><td>2:47</td></tr>
<tr><td>D4959</td><td>高峰</td><td>北京南-青岛北</td><td>2:54</td><td>3:06</td></tr>
<tr><td>K1135</td><td>快速</td><td>南宁-青岛</td><td>3:16</td><td>3:20</td></tr>
<tr><td>D335</td><td>动车</td><td>北京-青岛北</td><td>4:04</td><td>4:10</td></tr>
<tr><td>K1391</td><td>快速</td><td>佳木斯-烟台</td><td>4:18</td><td>4:20</td></tr>
<tr><td>K5508</td><td>高峰</td><td>烟台-菏泽</td><td>4:25</td><td>4:43</td></tr>
<tr><td>K1293</td><td>快速</td><td>太原-烟台</td><td>4:28</td><td>4:31</td></tr>
<tr><td>K1025</td><td>快速</td><td>兰州-青岛北</td><td>4:41</td><td>4:47</td></tr>
<tr><td>K286</td><td>快速</td><td>烟台-北京</td><td>5:14</td><td>5:22</td></tr>
<tr><td>K207</td><td>快速</td><td>成都-青岛</td><td>5:20</td><td>5:22</td></tr>
<tr><td>K1215</td><td>快速</td><td>石家庄-青岛北</td><td>5:35</td><td>5:38</td></tr>
<tr><td>K881</td><td>快速</td><td>太原-青岛北</td><td>6:07</td><td>6:10</td></tr>
<tr><td>K8262</td><td>快速</td><td>威海-济南</td><td>6:07</td><td>6:24</td></tr>
<tr><td>D9467</td><td>高峰</td><td>济南-青岛北</td><td>6:22</td><td>6:26</td></tr>
<tr><td>D6085</td><td>周末</td><td>济南-荣成</td><td>6:29</td><td>6:34</td></tr>
<tr><td>D6001</td><td>动车</td><td>济南-青岛</td><td>6:10</td><td>6:14</td></tr>
<tr><td>D6073</td><td>动车</td><td>济南-荣成</td><td>6:53</td><td>6:56</td></tr>
<tr><td>D6020</td><td>动车</td><td>潍坊-济南西</td><td>7:00</td><td>7:03</td></tr>
<tr><td>Z349</td><td>直快</td><td>包头-青岛</td><td>7:03</td><td>7:07</td></tr>
<tr><td>K8279</td><td>快速</td><td>济南-淄博</td><td>7:08</td><td>终到</td></tr>
<tr><td>D4960</td><td>高峰</td><td>青岛北-北京南</td><td>7:15</td><td>7:17</td></tr>
<tr><td>7053</td><td>普客</td><td>淄博-泰山</td><td>始发</td><td>7:19</td></tr>
<tr><td>K411</td><td>快速</td><td>北京-威海</td><td>7:20</td><td>7:24</td></tr>
</table>

2. 学校为什么把确定上下课时间用的表叫作时间表，而列车站把表示到达和发车时间的表叫作时刻表？二者是同一个意思吗？
3. 为什么有的时间表示的是瞬时，有的时间表示的却是一段过程？怎样区分时刻与时间？
4. 怎样表示时刻与时间？</td>
</tr>
<tr>
<td>研(学)：体现合作探究精神</td>
<td>建议6 min</td>
<td>【探究活动】
1. 发现生活中有各种时间的说法，如何鉴别它们？讨论并归纳出时刻、时间的定义。
2. 观察作息时间表和列车时刻表，包括时刻与时间间隔的关系。
3. 通过数形结合，用数学方法表示时间和时刻。画出时间轴，在时间轴上用点表示时刻，用一段线段表示时间。
总结：我们平常说的时间，有时候指时刻，有时候指时间间隔。学生们要根据具体情境区分它们的含义。
4. 播放火箭发射倒计时视频，融合课程思政内容。如果以航天发射时刻为坐标原点，请画出坐标轴，并标注出航天发射倒计时10 s内读秒的各个时刻。</td>
</tr>
<tr>
<td>展(示)：体现合作学习成果</td>
<td>建议6 min</td>
<td>【展示活动】学生交流讨论，画出坐标轴，如下图所示。
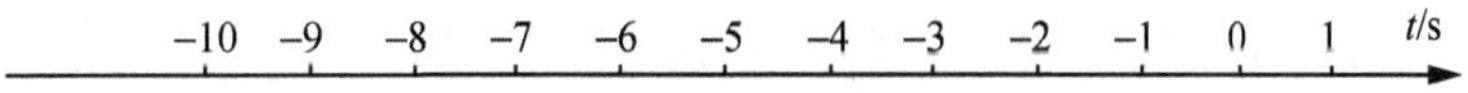

1. 时间有没有负值？时刻有没有负值？
2. 时间轴上正负号的意义是什么？
总结：时刻可以有负值，时间没有负值。时刻的负值表示事件发生在计时零点之前，时刻的正值表示事件发生在计时零点之后。</td>
</tr>
</table>

续表

<table>
<tr><td rowspan="2">设计流程</td><td>练(习)：体现教学效果</td><td>建议3 min</td><td>【练习】
1. 在涉及时刻与时间的讨论中，常有以下说法：前 2 s、第 2 s 内、第 2 s 末、第 3 s 初。它们分别指的是时刻还是时间？请在时间轴上把它们标示出来。
2. 下列各种说法中，哪些指时间间隔？哪些指时刻？
(1) 列车员说：“火车 8 时 42 分到站，停车 8 分钟。”
(2) “您这么早就来啦，抱歉！让您等了这么久。”</td></tr>
<tr><td>评(价)：体现激励性评价作用</td><td>建议2 min</td><td>【教师课堂总体评价】通过本节的学习，我们学会了用建立坐标系的方法描述位置和时间。同学们基本能掌握所学的内容。某同学在展示环节表现得非常好，讲解清晰。</td></tr>
<tr><td>板书设计</td><td colspan="3">
时间的描述
文字描述：时刻——点；时间——线
数学描述：代数——正负值的意义——正——计时零点之后；负——计时零点之前
几何——时间轴</td></tr>
</table>

附：可能涉及的专题性问题

请从物理学角度说说什么是时间。

【参考答案】从物理学角度看，时间是一个概念，也是一个物理量，是人发明的物理量。时间的物理意义使我们能够确定事件发生的先后顺序。时间分为时刻和时间间隔。时刻指事件发生的先后。时间间隔指事件经历的长短，是两个时刻的差值。

福建省泉州市城东中学　康贤明

三、质点

课程信息	《物理》必修第一册第 1 章第 2 节中的“质点”。
课标要求	经历质点模型的建构过程，了解质点的含义。知道将物体抽象为质点的条件，能将特定实际情境中的物体抽象为质点。体会建构物理模型的思维方式，认识物理模型在探索自然规律中的作用。

续表

<table>
<tr><td colspan="3">片断教学目标</td><td>经历质点模型的建构过程，理解质点的概念。知道将物体抽象为质点的条件。</td></tr>
<tr><td colspan="3">教材分析</td><td>教材通过上一节描述汽车位置的实例，进一步提出问题，导入课堂，又通过创设篮球运动的情境，以研究篮球整体飞行轨迹为线索，建立质点的概念，明确质点是理想化模型，体现质点模型的建构过程。</td></tr>
<tr><td colspan="3">学情分析</td><td>经历初中阶段的物理学习，学生的思维大多处于以生动的自然现象和直观现实为依据的具体形象思维阶段，认识内容的广度和深度比较浅，其研究方式主要是从日常生活和实验出发，几乎不涉及物理模型，对概念进行分析及建立模型没有经过训练。</td></tr>
<tr><td colspan="3">片断教学重难点</td><td>重点：质点概念的形成及其条件。
难点：建构质点模型的方法。</td></tr>
<tr><td colspan="3">教学流程图</td><td>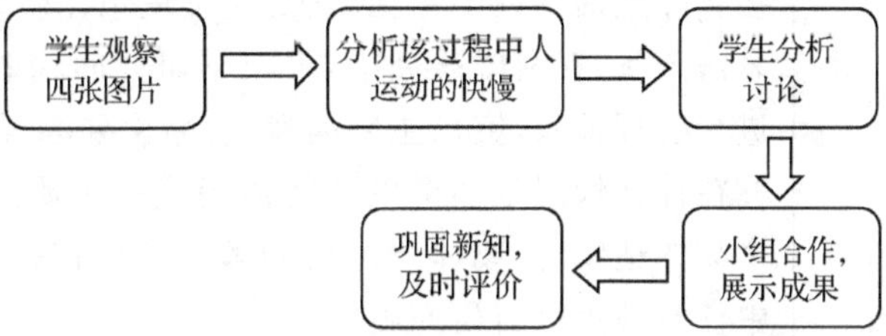
</td></tr>
<tr><td rowspan="2">设计流程</td><td>导(学)：体现思维引导及主动学习</td><td>建议2 min</td><td>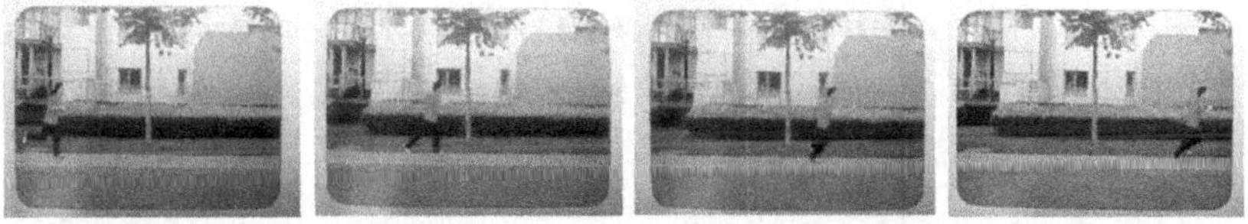
【导入新课】这是某一摄影爱好者间隔相同时间拍摄下来的四张照片。观察照片可以发现，照片上的人在不同的时刻处于不同的位置，因此人处于运动状态。假设此时我们想要讨论某人做的运动是越来越快还是越来越慢，如何进行呢？这就是今天我们要学习的内容。</td></tr>
<tr><td>研(学)：体现合作探究精神</td><td>建议6 min</td><td>【探究活动】
1. 四张照片中的人处在不同的位置，如何观察会更加方便？
2. 在研究人运动的快慢时，是否需要考虑人在运动过程中手臂的摆幅大小呢？
3. 如果此时研究人运动的快慢问题需要考虑手臂的摆幅大小，原因是什么呢？如果不需要，理由是什么？还有在什么情境下我们考虑问题可以仿照这种方式进行呢？
4. 这个人做的运动是越来越快还是越来越慢？
（若比赛有现场实验要求，则此项时间建议增加 5 min）</td></tr>
</table>

续表

设计流程	展(示)：体现合作学习成果	建议6 min	【展示活动】 1.为了研究人在做什么运动，如何观察会更加方便？请同学们展示一下讨论的结果。在研究运动的时候，是否需要考虑手臂的摆幅等情况呢？提出这一观点的理由是什么？ 2.通过观察发现四张图片的背景相同。为了研究问题方便，我们可以将四张图片的人投影在同一张照片上，并将第一个点的位置作为坐标起点，建立坐标系。由于手臂的摆幅对研究的问题影响不大，我们不需要考虑手臂摆幅等情况。为方便研究，人可以用一个点来表示。 教师点睛：本题只需研究人运动的快慢，可以忽略人体上各点运动的差异，把人抽象为一个只有质量、没有大小的点。 结论：如果物体的大小和形状对所研究的问题影响可忽略不计，那么我们就可以把物体简化为一个具有质量的点，该点称为质点。而质点在实际生活中并不存在，它是一个理想化模型。 方法点拨：在科学研究中，可根据研究问题的需要将复杂的实际问题进行合理抽象，突出主要因素，忽略次要因素，建构理想化模型。 3.在什么情况下还可以把物体当成一个质点来研究问题呢？如果一个物体运动时，物体上各点的运动情况都一样，是不是可以只选取其中任意一点进行研究呢？ 教师点睛：物体能看成质点的条件为物体大小对所研究的问题影响不大。如果研究对象各点运动情况均相同，那么就可以把它抽象为一个质点来进行分析。
	练(习)：体现教学效果	建议2 min	【练习】研究地球绕太阳公转时，能不能将地球看成质点？研究地球自转时，能不能把地球看成质点？
	评(价)：体现激励性评价作用	建议2 min	【教师课堂总体评价】 今天同学们通过集体研讨学习，体会了模型建构的过程，得出了质点的概念及条件。其中某同学在讨论过程中交流充分、回答准确、逻辑严谨，某同学善于沟通、学习态度好，他们是同学们学习的榜样。希望同学们再接再厉，上好每一节课。

续表

板书设计	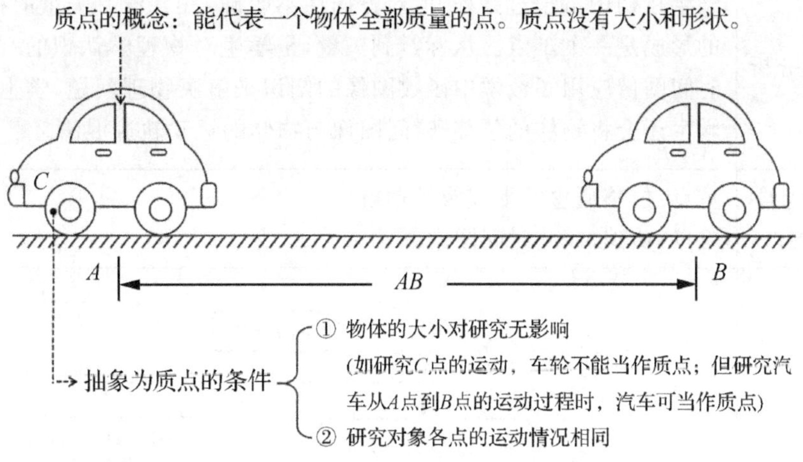

附：可能涉及的专题性问题

1. 体积大的物体不能看成质点，体积小的物体才能看成质点吗？

【参考解答】质点与物体的体积大小无关，主要看它的大小与形状对所研究问题的影响大不大。当物体的大小与形状对研究问题产生的影响可以忽略不计时，即可将物体看成质点。

2. 如何理解物体的平动与转动，平动与转动的判断方法是什么？

【参考解答】在任何时刻，物体上各点的运动速度、位移都相同，也就是说，它们的运动状态都相同，这样的运动称为平动。判断方法：在运动物体上任意两点连一条直线，如果这条直线的空间方位始终保持不变，那么这种运动就是平动。

如果物体上各个点绕同一条直线做圆周运动，那么这种运动称为转动。物体做转动时，各点的运动情况不相同。

福建省南安市第一中学　李小雯

四、位移

课程信息	《物理》必修第一册第 1 章第 2 节中的“位移”。
课标要求	能理解位移是表示质点位置变化的物理量，知道它是矢量，初步认识位移-时间图像。
片断教学目标	初步形成位移的概念，并能解决实际问题；能通过位移-时间图像了解物体的运动情况。
教材分析	教材先介绍了位移的概念及在直线运动中确定位移的方法，再介绍矢量和标量，最后介绍位移-时间图像。

续表

<table>
<tr><td>学情分析</td><td colspan="3">学生在初中虽学过路程，但对方向性不明确，并且没有矢量的概念。位移概念的形成是一个难点。从标量到矢量，是学生对物理学认识的一次飞跃。位移-时间图像应用了数学中函数图像的知识来解决物理问题，学生不太熟悉，有些学生还会将物体的位移-时间图像与物体的运动轨迹混淆。</td></tr>
<tr><td>片断教学重难点</td><td colspan="3">重点：位移概念的形成及其理解。
难点：认识位移-时间图像。</td></tr>
<tr><td>教学流程图</td><td colspan="3">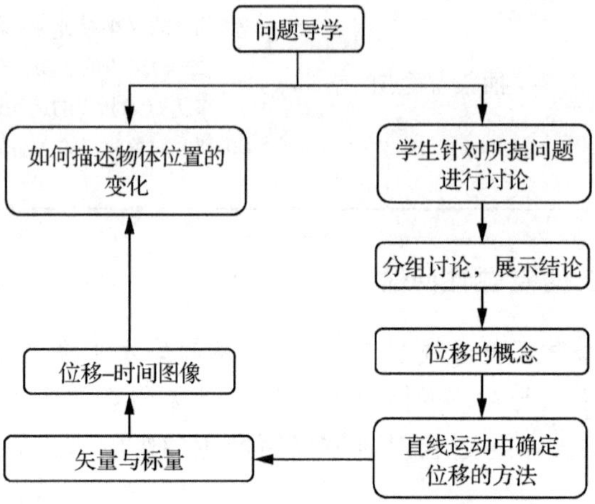
</td></tr>
<tr><td>设计流程</td><td>导(学)：体现思维引导及主动学习</td><td>建议2 min</td><td>【导入新课】
1. 观察右面图片，图片展示了什么内容？
2. 图片中的方案①、方案②、方案③有什么相同点与不同点？
3. 能否利用初中学习的路程描述物体位置的变化？
教师点睛：路程不足以描述物体位置的变化，因此，物理学中用位移来描述物体位置的变化。

</td></tr>
</table>

续表

设计流程	研(学)：体现合作探究精神	建议6 min	【探究活动】 1.结合上一节课中的四张图片，人在做直线运动过程中如何确定位移呢？如何用数学方式来表示位移？ 2.位移这一物理量与我们此前学习的物理量有何不同？不同的地方在哪里？ 3.有没有其他更为直观的方式来描述物体位置随时间变化的关系呢？(若比赛有现场实验要求，则此项时间建议增加5 min)
	展(示)：体现合作学习成果	建议5 min	【展示活动】 1.请各小组选出代表，简述本小组关于课堂中提出的三个问题的讨论结果，得出共同的结论。 2.可以利用坐标系来确定物体的位置，利用坐标来计算物体的位移。位移的正负表示位移的方向。 教师点睛：①位移与我们之前学习的时间等物理量不同，位移是指初位置指向末位置的有向线段，所以它是一个既有大小又有方向的物理量。②对于直线运动的物体，可以借助一维坐标系来确定物体的位移。位移的正负表示位移的方向。 3.将上一节中人运动过程中的四张照片投影到同一背景下。以第一张图中人的位置作为计时起点及坐标起点绘制一维坐标系，通过观察发现，每隔相同时间人的位置变化相同，结合数学中的函数图像，就可以绘制出位移随时间变化的关系图。通过这个图像我们可以很快知道某一时刻物体所处的位置，某一段时间内物体的位移是多少。
	练(习)：体现教学效果	建议2 min	【练习】判断下列说法是否正确。 1.位移取决于运动的始末位置，路程取决于实际运动的轨迹。(　) 2.物体经过一段时间发生的位移为零，则路程也一定为零。(　) 3.位移是矢量，有方向；路程是标量，没有方向。(　) 4.矢量有正负，标量只有正值。(　)
	评(价)：体现激励性评价作用	建议2 min	【教师课堂总体评价】通过同学们的分组讨论，我们得到了位移的概念，还学习了可以利用位移-时间图像来直观地描述物体位置随时间变化的情况。其中，某同学在讨论过程中观察仔细、见解独到，某同学善于总结与沟通、学习态度好，他们是同学们学习的榜样。希望同学们再接再厉，上好每一节课。

续表

板书设计	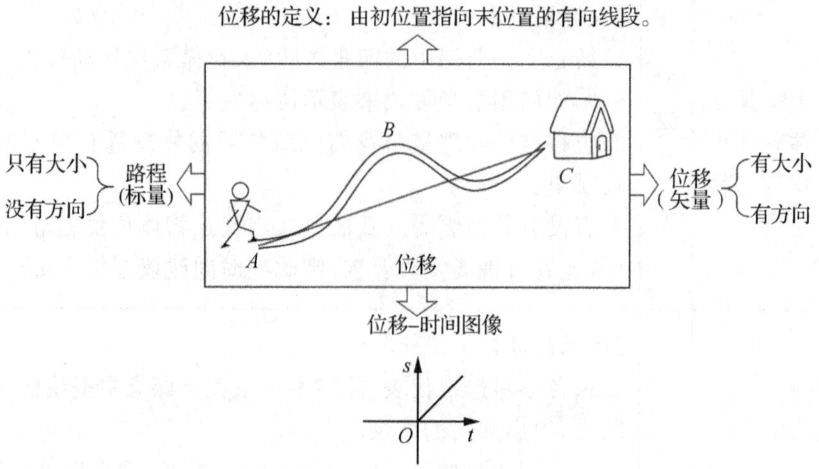

附：可能涉及的专题性问题

位移-时间图像可以描述曲线运动吗？是物体的运动轨迹吗？

【参考回答】位移-时间图像只能描述做直线运动的物体的位移随时间变化的规律，无法描述曲线运动，也不是物体的运动轨迹。

福建省南安市第一中学　李小雯

五、平均速度

课程信息	《物理》必修第一册第 1 章第 3 节中的“平均速度”。
课标要求	理解平均速度的概念及确切含义，能运用其解决实际问题，体会抽象思维方法。
片断教学目标	通过平均速度的学习，体会用比值定义法来定义物理量的方法，掌握平均速度公式及其推导过程，理解平均速度的矢量性及平均速度的物理意义，认识平均速度的概念，并能与生活中的相关现象联系起来。知道物理学研究的很多问题就在身边，提升对自然界的好奇心，体会探索自然的兴趣。
教材分析	介绍了平均速度和瞬时速度的概念及它们在描述物体运动快慢上的区别和联系，介绍速度是矢量。
学情分析	平均速度是在学生学习了位移、时间与时刻、参考系等之后学习的又一个描述物体运动的物理量。平均速度是对初中所学速度这一概念的延伸，用位移代替路程，并首次利用比值定义法来定义速度。

续表

<table>
<tr><td colspan="3">片断教学
重难点</td><td>重点：理解平均速度的概念及确切含义。
难点：理解一段时间（一段过程）的速度的含义、速度的矢量性。</td></tr>
<tr><td colspan="3">教学
流程图</td><td>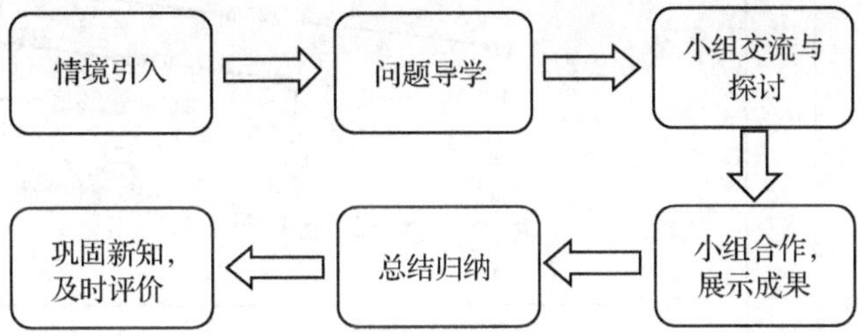
</td></tr>
<tr><td rowspan="2">设计流程</td><td>导（学）：体现思维引导及主动学习</td><td>建议2 min</td><td>【导入新课】通过下图呈现的蜗牛爬行、飞机起飞的移动情境，引起学生对物体运动快慢（速度）的思考。

提问：如何比较物体运动的快慢呢？什么是速度？速度与时间、位移有什么关系？
知识概述：简要介绍平均速度的定义和计算方法。</td></tr>
<tr><td>研（学）：体现合作探究精神</td><td>建议6 min</td><td>【探究活动】
1. 有四个交通工具沿平直道路行驶，测得的数据如下表所示，比较它们运动的快慢。
<table>
<tr><th>交通工具</th><th>初始位置/m</th><th>经过时间/s</th><th>末了位置/m</th></tr>
<tr><td>A. 自行车</td><td>0</td><td>20</td><td>100</td></tr>
<tr><td>B. 公共汽车</td><td>0</td><td>10</td><td>100</td></tr>
<tr><td>C. 火车</td><td>500</td><td>30</td><td>1 250</td></tr>
<tr><td>D. 飞机</td><td>500</td><td>10</td><td>2 500</td></tr>
</table>
将学生分成几个小组，每个小组由 3～4 名学生组成，探讨如何比较 A 和 B、B 和 C、B 和 D 的运动快慢。</td></tr>
</table>

续表

<table>
<tr><td rowspan="3">设计流程</td><td>研(学)：体现合作探究精神</td><td>建议6 min</td><td>2. 小球沿斜槽滚下，测得的数据如下表所示。它在 OA、OB、OC 三段中哪一段运动得最快？
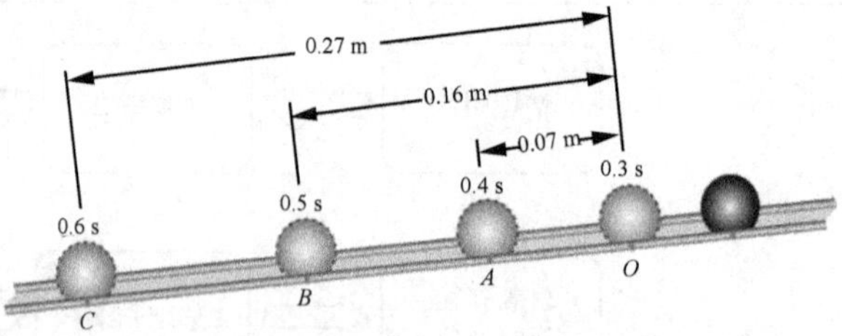

<table><tr><td>线段</td><td>OA</td><td>OB</td><td>OC</td></tr><tr><td>s/m</td><td>0.07</td><td>0.16</td><td>0.27</td></tr><tr><td>t/m</td><td>0.10</td><td>0.20</td><td>0.30</td></tr><tr><td>$\overline{v}$/(m·s^{-1})</td><td>0.07</td><td>0.80</td><td>0.90</td></tr></table>组织学生利用表格中数据计算出小球在各段平均速度的大小。
总结：引导学生总结平均速度的物理意义、特点和计算公式，并将其应用于实际生活中。
(若比赛有现场实验要求，则此项时间建议增加 5 min)</td></tr>
<tr><td>展(示)：体现合作学习成果</td><td>建议4 min</td><td>【展示活动】
1. 现在请各小组选出代表，简述小组探讨物体运动快慢的方法。
A. 位移相同，时间越短，运动越快；
B. 时间相同，位移越大，运动越快；
C. 位移与所用时间之比大的运动快；
D. ……
2. 请各小组代表展示计算结果(在视屏展台上展示)。各小组在分析、计算、讨论后，得出共同的结论：小球在 OC 段运动得最快。
定义：物体运动的位移与所用时间之比，称为这段位移(这段时间)内的平均速度。
3. 物体在做变速直线运动过程中，不同位移(不同时间)内的平均速度一般不相等。因此，描述平均速度时，需要指明是哪一段位移(哪一段时间)内的平均速度。</td></tr>
<tr><td>练(习)：体现教学效果</td><td>建议2 min</td><td>【练习】一个运动员在百米赛跑中，50 m 处的速度为 6 m/s，16 s 末到达终点时的速度为 7.5 m/s，则整个赛跑过程中他的平均速度的大小为(　　)。
A. 6 m/s　　B. 6.25 m/s　　C. 6.75 m/s　　D. 7.5 m/s</td></tr>
</table>

续表

设计流程	评(价):体现激励性评价作用	建议2 min	【教师课堂总体评价】今天通过小组合作、研讨和探究,我们得出了平均速度的概念,总结了平均速度的特点和计算公式,并将其应用于实际生活中。其中,某组同学在探究过程中表现优异、认真、配合默契,某组同学特别善于交流、学习态度好,他们是同学们学习的榜样。希望同学们再接再厉,上好每一节课。
板书设计	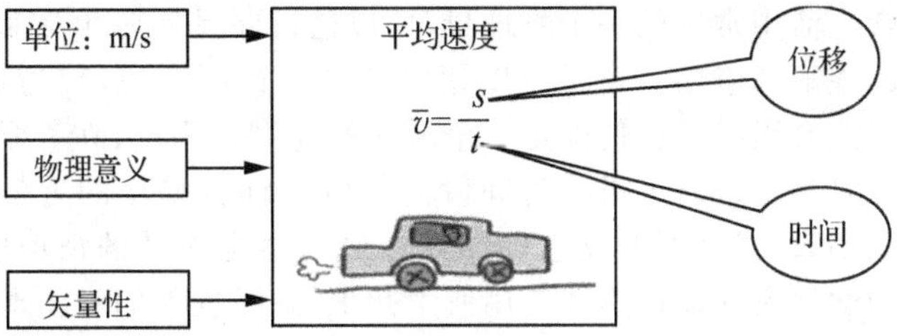		

附:可能涉及的专题性问题

1. 为什么要大致描述一段时间内物体运动的快慢用平均速度,而不用平均速率?

【参考解答】平均速度是矢量,平均速率是标量,它们的含义不一样。平均速度描述物体运动平均快慢程度和运动方向,平均速率是物体通过路程与它通过这段路程所用的时间的比值。当位移为 0 的时候平均速度大小一定为 0,平均速率则不一定为 0。

2. 物理量的变化量和物理量的变化率有什么区别?

【参考解答】变化量是末值与初值的差值,即因变量的变化量,而变化率是因变量的变化量与自变量的比值。例如,速度变化量是末速度与初速度的差,而速度变化率(即加速度)是速度变化量与时间的比值。

福建省安溪县铭选中学　吴栋梁

六、瞬时速度

课程信息	《物理》必修第一册第 1 章第 3 节中的"瞬时速度"。
课标要求	理解瞬时速度的概念及确切含义,知道平均速度和瞬时速度在描述物体运动快慢方面的区别和联系,了解速率的概念,能够区别平均速率与平均速度的大小。结合瞬时速度概念的建构,体会研究物理问题的极限方法。会用光电门测量瞬时速度的大小。
片断教学目标	通过在实践中主动探究瞬时速度的概念和计算方法,体会研究物理问题的极限方法,培养合作学习和主动学习的能力,并通过评价激励来提高学习兴趣。

续表

<table>
<tr><td>教材分析</td><td colspan="3">瞬时速度是学生学习了位移、时间与时刻、参考系等之后学习的又一个描述物体运动的物理量。利用极限思想引出瞬时速度的概念，是学生学习极限思想方法很好的途径，它为学生对瞬时速度的理解做好了铺垫。本节主要介绍了瞬时速度的概念、物理意义、矢量性及其大小的测量方法，以及平均速度的大小与平均速率的区别。</td></tr>
<tr><td>学情分析</td><td colspan="3">学生在学习此节内容之前，已经掌握了位移和时间的概念，并且了解了位移和时间的关系，在初中已经学过匀速直线运动的基本知识。由于速度是我们日常生活中常见的一个物理量，可以通过联系实际生活和运动场景，加深对速度的理解和应用。瞬时速度相对于平均速度来说，较为抽象和难以理解。学生可能会困惑于如何确定一个瞬间的速度。因此，在教学过程中，需要重点强调瞬时速度是通过极小时间段内的位移计算得出的近似值，通过例子和实际应用场景，将速度的概念和计算方法与学生熟悉的情境联系起来。这样可以帮助学生更好地理解和应用所学知识，并激发他们对物理的兴趣。</td></tr>
<tr><td>片断教学重难点</td><td colspan="3">重点：理解瞬时速度的概念及确切含义。
难点：理解瞬时速度及其研究的极限方法，理解某一时刻（或某一位置）的速度的含义。</td></tr>
<tr><td>教学流程图</td><td colspan="3">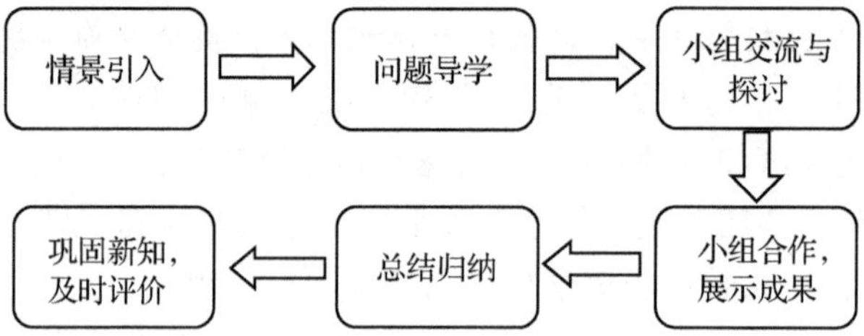
</td></tr>
<tr><td>设计流程</td><td>导(学)：体现思维引导及主动学习</td><td>建议 2 min</td><td>【导入新课】通过展示下图中小球的运动轨迹图片，引起学生对速度的兴趣和探究欲望。
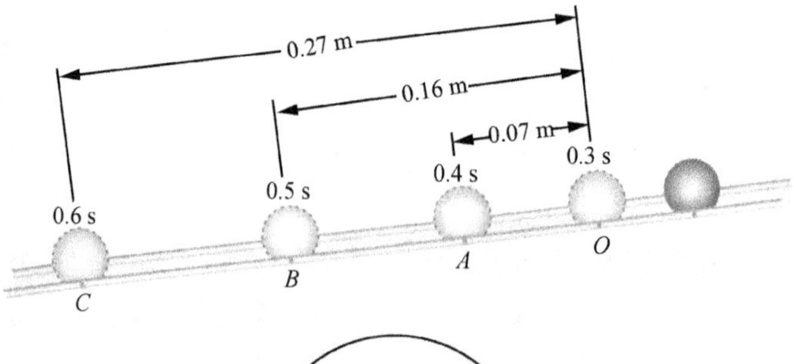

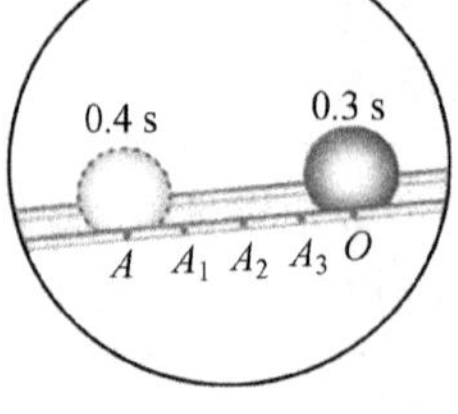
</td></tr>
</table>

续表

<table>
<tr>
<td rowspan="2">设计流程</td>
<td>导(学)：体现思维引导及主动学习</td>
<td>建议2 min</td>
<td>问题：一段位移(一段时间)内物体运动的快慢可以用平均速度来表示吗？某个位置(某个时刻)运动的快慢又如何表示呢？</td>
</tr>
<tr>
<td>研(学)：体现合作探究精神</td>
<td>建议6 min</td>
<td>

【探究活动】

1. 引出瞬时速度的概念。

问题：上图中 OA、OB、OC、OA_1、OA_2、OA_3 这六段位移中哪一段的平均速度更接近 O 点这一位置的瞬时速度？

学生通过思考和比较，得出 OA_3 段的平均速度更接近 O 点的瞬时速度，利用极限思想得到瞬时速度，即当位移足够小(时间足够短)时，小球的速度变化很小，可近似认为小球在这段位移(时间)内的运动是匀速的，对应的平均速度可用来描述小球经过 O 点时的瞬时速度。

2. 把测得的很短时间内平均速度的大小近似作为瞬时速率。下图展示了一种测量瞬时速率的装置。其中，光电门 A 端安装发光装置，B 端安装接收装置并与光电计时器连接。一旦光线被遮光板 C 遮挡，遮挡的时间便能被光电计时器测出。由于遮光板宽度较小，遮光的时间极短，根据遮光板的宽度和测得的遮光时间，求出遮光板经过光电门这一极短时间内的平均速度大小，可近似认为这就是遮光板运动到光电门时的瞬时速率。

分组合作：用不同宽度遮光板合作完成这一实验。

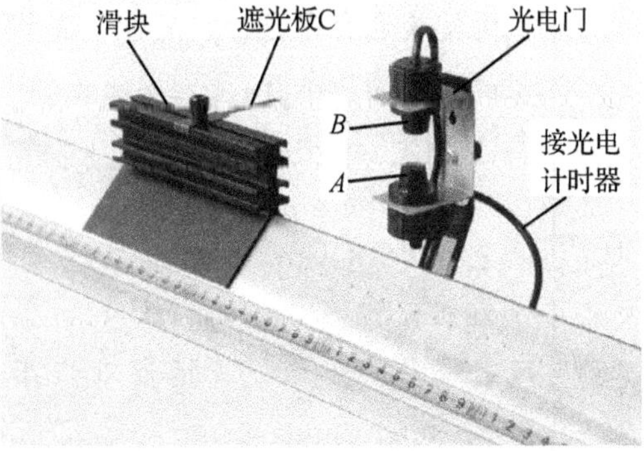

将学生分成几个小组，每个小组由 3～4 名学生组成。

3. 每个小组准备一个小车模型、三个宽度不同的遮光板和计时器，并设计一个三次运动情况一样的简单实验来测量小车在不同时间段内的位移。学生需要记录数据并计算瞬时速度。

</td>
</tr>
</table>

续表

设计流程	研(学)：体现合作探究精神	建议6 min	讨论：学生就实验结果进行讨论，分享彼此的观察和想法，总结出瞬时速度的定义和计算方法。 (若比赛有现场实验要求，则此项时间建议增加 5 min)
	展(示)：体现合作学习成果	建议2 min	【展示活动】每个小组选出代表向全班同学呈现自己小组的实验过程、观察结果和瞬时速度计算方法。 讨论：学生互相提出问题并进行讨论，进一步加深对瞬时速度概念的理解。
	练(习)：体现教学效果	建议5 min	【练习】 1. 关于瞬时速度，下列说法正确的是(　　)。 A. 瞬时速度是物体在某一段时间内或在某一段位移内速度的平均值 B. 瞬时速度可以看成时间趋于无穷小时的平均速度 C. 瞬时速度是物体在某一位置或某一时刻的速度 D. 物体做匀速直线运动时，瞬时速度等于平均速度 2. 下列对各种速率和速度的说法正确的是(　　)。 A. 平均速率就是平均速度 B. 瞬时速率是指瞬时速度的大小 C. 匀速直线运动中任何一段时间内的平均速度都相等 D. 匀速直线运动中任意一段时间内的平均速度都等于其任一时刻的瞬时速度 3. 为使交通有序、安全，高速公路设立了许多交通标志，甲、乙两幅图是高速公路指示牌，下列说法正确的是(　　)。 A. 甲图中“25 km”指从此处到下一个出口的位移是 25 km B. 甲图中“25 km”指从此处到下一个出口的路程是 25 km C. 乙图中“80 km/h”指要求汽车在该路段行驶的瞬时速度不超过 80 km/h D. 乙图中“80 km/h”指要求汽车在该路段行驶的平均速度小于 80 km/h  甲 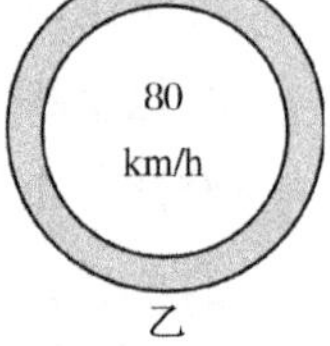 乙

续表

<table>
<tr><td>设计流程</td><td>评(价)：体现激励性评价作用</td><td>建议2 min</td><td>【教师课堂总体评价】今天同学们通过集体研讨和探究实验，得出了有关瞬时速度的正确结论。其中某组同学在探究过程中表现优异、实验认真、测量准确，某组同学特别善于交流、学习态度好，他们是同学们学习的榜样。希望同学们再接再厉，上好每一节课。</td></tr>
<tr><td>板书设计</td><td colspan="3">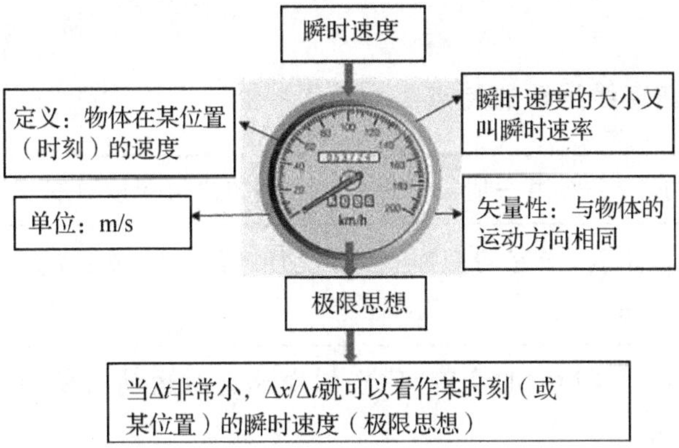

平均速率：物体运动的路程与所经历的时间之比，它并不是平均速度的大小。</td></tr>
</table>

附：可能涉及的专题性问题

1. 在处理实际运动时，如何更好地帮助学生理解平均速度和瞬时速度的差异？

【参考解答】为了帮助学生理解平均速度和瞬时速度的差异，可以使用以下方法：

(1) 图形比较：通过绘制运动图表，将位置随时间变化的曲线与平均速度和瞬时速度联系起来，让学生观察在不同时间间隔内的平均速度和在某一具体时刻的瞬时速度之间的关系。

(2) 实际案例：举例说明平均速度和瞬时速度在日常生活中的应用，如汽车行驶、跑步比赛等。从实际案例中引导学生思考平均速度和瞬时速度的区别。

(3) 数学表达：利用数学公式对平均速度和瞬时速度进行定义和计算，让学生通过运动方程式$\left(\overline{v}=\frac{s_{路程}}{t}\text{和}\ v=\frac{\Delta x}{\Delta t}\right)$和瞬时速度的极限概念来理解二者之间的关系。

这些方法可以帮助学生更全面地理解平均速度和瞬时速度的差异，同时将抽象的物理概念与实际问题相结合，使学习更加直观和有趣。

2. 本节课从哪些方面培养学生的核心素养？

【参考解答】

(1) 让学生亲历探究实验活动，旨在培养学生的物理概念、科学思维、科学探究、科学态度与责任心等方面的核心素养。从观察现象着手，继而提出问题、分析问题、解决问题，沿着这样一条思路展开教学。在教学设计中，充分考虑学生的实际认知水平和学习能力，将本节内容设计为教师引导下的探究性课堂，通过设问、讨论、解疑，循序渐进，让学生达到一定的知识和能力目标。培养学生的科学探究兴趣和学习成就感，体现“从生活走向物理，从物理走向社会”的理念。

（2）物理学是一门以实验和逻辑推理为核心的自然科学，其中的每个概念、规律都经得起理论的推敲和实验的检验。要想让学生真正地学好物理，必须充分利用演示实验和探究实验。这些都是为学生掌握物理概念和建立规律服务的。本节课结合学生的具体情况进行情境创设，活动步步为营，问题环环相扣，引导学生自主建构概念及其应用，发挥了学生的主动性，激发了学生的学习兴趣，培养了学生的核心素养。

福建省安溪县铭选中学　吴栋梁

七、匀变速直线运动的特点

<table>
<tr><td>课程信息</td><td colspan="3">《物理》必修第一册第2章第1节中的“匀变速直线运动的特点”。</td></tr>
<tr><td>课标要求</td><td colspan="3">通过实验，探究匀变速直线运动的特点，能用公式、图像等方法描述匀变速直线运动。</td></tr>
<tr><td>片断教学目标</td><td colspan="3">通过汽车运动的实例，建立匀变速直线运动的模型，理解匀变速直线运动的特点。</td></tr>
<tr><td>教材分析</td><td colspan="3">本节内容是前一章内容与本章内容联系的纽带，引导学生在实际情境中抽象出物理模型，建立匀变速直线运动的概念。本节内容具有承上启下的作用。</td></tr>
<tr><td>学情分析</td><td colspan="3">通过前面对描述运动的物理量的学习，学生已掌握速度和加速度的计算方法，为学习匀变速直线运动的知识奠定了基础。</td></tr>
<tr><td>片断教学重难点</td><td colspan="3">重点：建立匀变速直线运动的模型，探究匀变速直线运动的特点。
难点：理解匀变速直线运动的特点。</td></tr>
<tr><td>教学流程图</td><td colspan="3">创设情境，提出问题 → 分组讨论，探究问题 → 总结规律，得出结论 → 巩固新知，及时评价</td></tr>
<tr><td>设计流程</td><td>导（学）：体现思维引导及主动学习</td><td>建议2 min</td><td>【导入新课】
1. 列举生活中的变速运动，说明速度如何变化。
2. 展示汽车启动和刹车的两段视频，让学生从物理的角度观察、思考、讨论直线运动的速度与时间有什么关系。</td></tr>
</table>

续表

<table>
<tr>
<td rowspan="4">设计流程</td>
<td>研(学):体现合作探究精神</td>
<td>建议6 min</td>
<td>【探究活动】汽车沿直线运动。分析某段汽车启动和刹车过程中速度随时间变化的数据,如表 1 和表 2 所示,分析汽车运动的特点。
表 1 汽车启动过程中速度随时间变化的数据
<table><tr><td>t/s</td><td>0</td><td>1</td><td>2</td><td>3</td><td>4</td><td>5</td><td>6</td></tr><tr><td>$v/(\mathrm{m\cdot s^{-1}})$</td><td>0</td><td>2</td><td>4</td><td>6</td><td>8</td><td>10</td><td>12</td></tr></table>表 2 汽车刹车过程中速度随时间变化的数据
<table><tr><td>t/s</td><td>0</td><td>1</td><td>2</td><td>3</td><td>4</td><td>5</td><td>6</td></tr><tr><td>$v/(\mathrm{m\cdot s^{-1}})$</td><td>6</td><td>5</td><td>4</td><td>3</td><td>2</td><td>1</td><td>0</td></tr></table>学生通过观察表中的数据发现,两个过程中速度随时间均匀地变化。学生分组计算两个过程的加速度,交流讨论运动的特点。</td>
</tr>
<tr>
<td>展(示):体现合作学习成果</td>
<td>建议2 min</td>
<td>【展示活动】请各小组选出代表,简要说明加速度的计算过程,分析计算结果并总结规律。
教师点睛:在两个运动过程中任意选择一段时间,计算出的加速度均相同,汽车启动过程中的加速度 $a_1=2\ \mathrm{m/s^2}$,汽车刹车过程中的加速度$a_2=-1\ \mathrm{m/s^2}$。
思考:计算出的加速度的“+”“−”表示什么意义?匀加速运动和匀减速运动的条件是什么?
总结:物体加速度保持不变的直线运动叫作匀变速直线运动。此过程中加速度的大小和方向都不改变。当加速度与速度同向时,物体做匀加速直线运动;当加速度与速度反向时,物体做匀减速直线运动。</td>
</tr>
<tr>
<td>练(习):体现教学效果</td>
<td>建议2 min</td>
<td>【练习】一辆汽车在平直的高速公路上行驶,在某段时间内其加速度方向与速度方向相同。关于在这段时间内该车的运动情况,下列说法正确的是(　　)。
A. 一定做匀加速直线运动　　B. 可能做匀加速直线运动
C. 可能做匀变速直线运动　　D. 一定做加速直线运动</td>
</tr>
<tr>
<td>评(价):体现激励性评价作用</td>
<td>建议2 min</td>
<td>【教师课堂总体评价】今天通过分组研讨,同学们总结出了匀变速直线运动的特点,其中某些同学的计算过程正确,某些同学的表述清晰准确,他们是同学们学习的榜样。希望同学们再接再厉,上好每一节课。</td>
</tr>
</table>

续表

板书设计	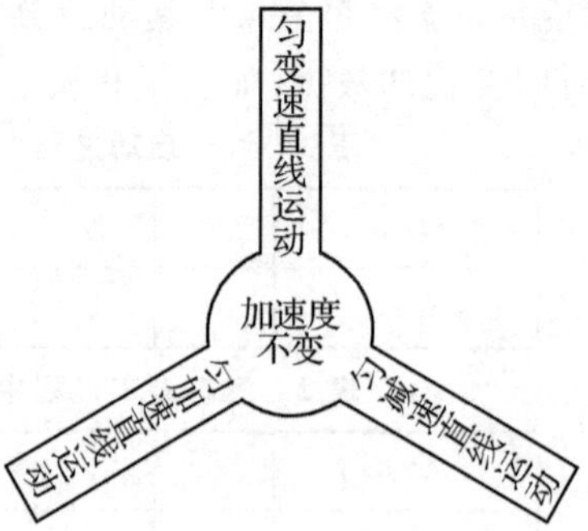

附：可能涉及的专题性问题

1. 匀变速直线运动是理想化模型吗？

【参考解答】匀变速直线运动是理想化模型，自然界并不存在，但某些物体的运动（或其中的一段运动）可近似视为匀变速直线运动。

2. 如何建立物理的过程模型？

【参考解答】把具体物理过程纯粹化、理想化后所抽象出来的一种物理过程称为过程模型。实际的物理过程一般都较复杂。例如，列车沿平直轨道运动时，其中还有车轮的转动，车厢的振动、左右晃动等各种不同的运动形态。对应不同的运动形态可以有不同的研究课题。在中学物理阶段，当仅研究列车的整体平动特性时，就可以不考虑车轮的转动、车厢的振动和晃动，把列车的运动过程纯粹化、理想化，视为一个质点（对象模型）做单一的某种运动。

福建省晋江市陈埭民族中学　温　博

八、匀变速直线运动的速度-时间关系

课程信息	《物理》必修第一册第 2 章第 1 节中的“匀变速直线运动的速度-时间关系”。
课标要求	能用公式、图像等方法描述匀变速直线运动，理解匀变速直线运动的规律，能运用其解决实际问题。
片断教学目标	能根据加速度的概念，推导出匀变速直线运动的速度公式；理解速度-时间图像的物理意义，会运用图像研究匀变速直线运动。
教材分析	匀变速直线运动是运动学的重要组成部分，是学生学习运动学的基础。本节内容是在学习速度、加速度等概念的基础上对匀变速直线运动速度变化规律的推导和应用，让学生初步形成运动的观念。本节内容具有承上启下的作用。
学情分析	高一学生的逻辑思维能力较薄弱，推理能力有待增强。学生可通过运用图像等数学工具解决物理问题，培养思维能力。

续表

<table>
<tr><td colspan="3">片断教学重难点</td><td>重点：理解速度公式和速度-时间图像的物理意义。
难点：运用公式和图像进行分析、推理，获得结论，并形成初步的运动观点。</td></tr>
<tr><td colspan="3">教学流程图</td><td>自主探究，推导公式 → 分组讨论，交流成果 → 总结规律，得出结论 → 巩固新知，及时评价</td></tr>
<tr><td rowspan="2">设计流程</td><td>导(学)：体现思维引导及主动学习</td><td>建议2 min</td><td>【导入新课】
1. 请用加速度的定义式推导匀变速直线运动的速度公式。
2. 根据汽车启动过程中如下表所示的速度随时间变化的数据，描绘出运动过程的 v-t 图像。
<table><tr><td>t/s</td><td>0</td><td>1</td><td>2</td><td>3</td><td>4</td><td>5</td><td>6</td></tr><tr><td>$v/(\mathrm{m\cdot s^{-1}})$</td><td>0</td><td>2</td><td>4</td><td>6</td><td>8</td><td>10</td><td>12</td></tr></table></td></tr>
<tr><td>研(学)：体现合作探究精神</td><td>建议6 min</td><td>【探究活动】
1. 学生分小组完成“导入新课”中的任务，小组内进行交流、讨论。
(1) 展示优秀小组的公式推导过程。
根据加速度的定义式，可得 $v_t=v_0+at$。
(2) 展示优秀小组的 v-t 图像，如下图所示。
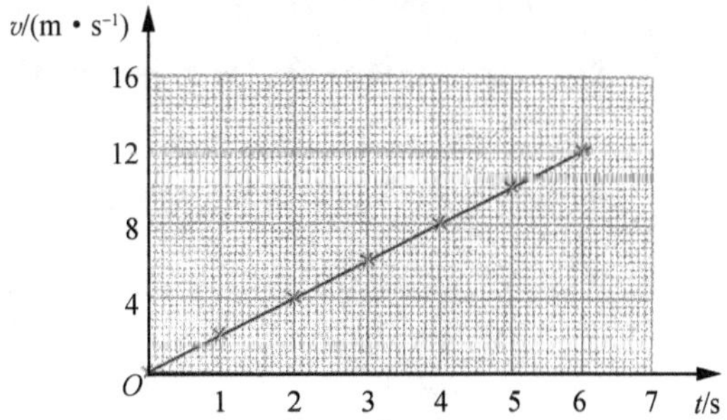

教师点睛：
①公式中各符号的含义：v_t 是末速度，v_0 是初速度，a 是加速度，t 是时间。
②公式的矢量性：速度和加速度都是矢量，选定正方向后，注意正负号的含义。
③公式的适用条件：匀变速直线运动。
④结合一次函数的表达式，说明直线的斜率、截距表示的物理意义。</td></tr>
</table>

续表

设计流程	研(学)：体现合作探究精神	建议 6 *min*	总结：匀变速直线运动的 v-t 图像是一条倾斜的直线。直线的斜率表示加速度，斜率的正负表示加速度的方向，斜率的大小表示加速度的大小；截距表示初速度。 2. 计算汽车启动过程中的加速度，并画出 a-t 图像。 总结：做匀变速直线运动的汽车，在任意时刻加速度都不变，其 a-t 图像为平行于时间轴的直线。
	展(示)：体现合作学习成果	建议 2 min	【展示活动】右图中 a、b、c 图线分别表示什么运动？比较 a、d 图线所表示运动的加速度的大小。 学生分组讨论，选派小组代表发言回答，教师总结。 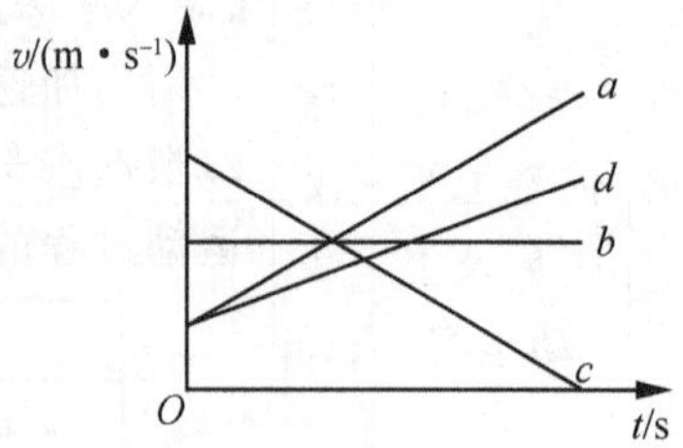
	练(习)：体现教学效果	建议 2 min	【练习】一辆汽车以 54 km/h 的速度在平直公路上行驶。司机看见前方路口红灯亮时立即刹车。若汽车刹车时的加速度大小为 3 m/s，求刹车后 4 s 末和 6 s 末的速度。 注意：以本道例题引导学生规范作答和书写，展示一维矢量运算的方法，强调关注问题的物理情境，而不是盲目代入公式。
	评(价)：体现激励性评价作用	建议 2 min	【教师课堂总体评价】今天各小组都表现得不错，其中，某同学注重尺规作图，坐标轴和单位标记规范，某同学积极回答问题、勇于思考，他们是同学们学习的榜样。希望大家再接再厉。
板书设计			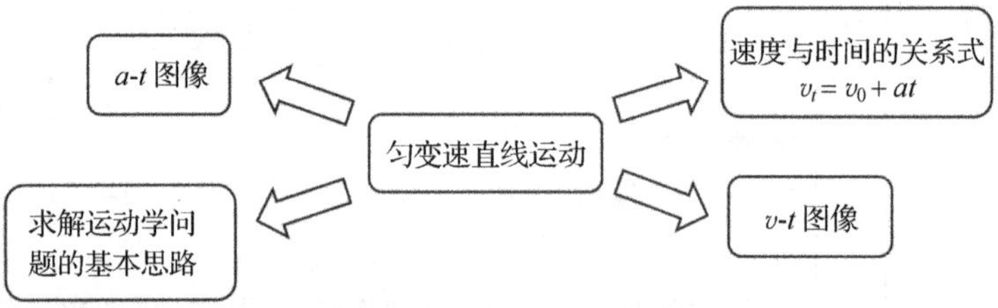 或用具象图板书：一只叫“匀变速直线运动的速度-时间关系”的毛毛虫在草地上开心地爬着，它的头是加速度的定义式，它长出来的第一截身子是匀变速直线运动的速度-时间关系公式，它长出来的第二截身子是匀变速直线运动的 v-t 图像及跟在它后面的 k、b 的含义。

续表

板书设计	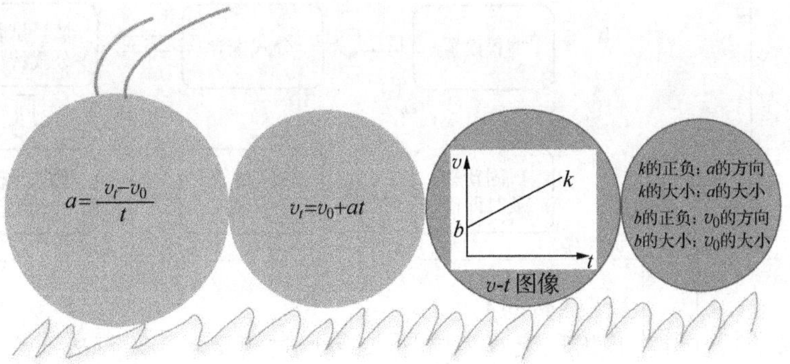

附：可能涉及的专题性问题

1. 用图像描述物体运动有哪些优点？

【参考解答】图像法在研究复杂运动时比较直观、形象。不同的图像优势不同。研究具体问题时为了研究方便可用不同的图像。

2. 速度、加速度和位移都是矢量。如何把矢量计算转化为代数运算？

【参考解答】应该先规定正方向，这样公式中的各个物理量就可以用含正负号的代数式表示，代入公式求解即可。注意计算结果中的符号表示方向，物理量的大小应取绝对值。

福建省晋江市陈埭民族中学　温　博

九、匀变速直线运动的位移变化规律

课程信息	《物理》必修第一册第 2 章第 2 节“位移变化规律”。
课标要求	能用 $v^2-v_0{}^2=2as$ 解决实际问题。
片断教学目标	通过推导，认识并掌握匀变速直线运动的速度-位移公式；通过“中国系列”情境的设置，掌握利用公式解决实际问题的技巧，感悟物理在生活中的应用。
教材分析	教材利用公式 $s=v_0t+\frac{1}{2}at^2$ 和 $v=v_0+at$ 推导出了位移与速度的关系：$v^2-v_0{}^2=2as$，然后通过例题分析物理情境并画出运动示意图，在培养学生规范书写习惯的同时，引导学生发现解题规律，理解交通法规，提升科学思维、科学价值观等核心素养。
学情分析	由于物理公式多，选择哪些公式进行解题，对高一学生来说是一项挑战。教学中通过推导让学生知道公式的来龙去脉和公式的适用条件，通过情境化试题的设置和分析，由浅入深，逐步引导，可促进学生思维品质的提高。
片断教学重难点	重点：匀变速直线运动的位移-速度公式的推导。 难点：灵活运用位移-速度公式解决实际问题。

续表

<table>
<tr><td colspan="3">教学
流程图</td><td>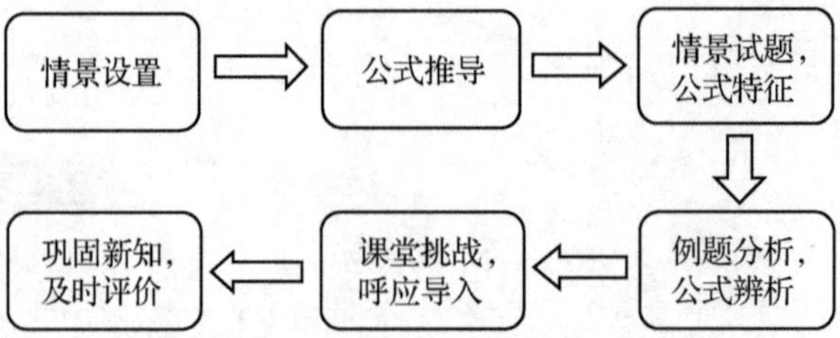
</td></tr>
<tr><td rowspan="2">设计流程</td><td>导(学)：体现思维引导及主动学习</td><td>建议1 min</td><td>【导入新课】
1. 出现交通事故时，交警通过测量刹车距离来判断驾驶员驾驶时有没有超速行驶。他是怎么判断的呢？
2.《中华人民共和国道路交通安全法》规定：机动车因故障在高速公路临时停车时，需在故障车来车方向 150 m 以外设置警告标志。为什么要这样设定？</td></tr>
<tr><td>研(学)：体现合作探究精神</td><td>建议5 min</td><td>【探究活动】
1. 位移-速度公式的推导。
前面我们学习了匀变速直线运动的速度-时间公式与位移-时间公式，把两式中的 t 消去，可得出什么表达式？
推导 1：
$$\left.\begin{array}{l} v=v_0+at \Rightarrow t=\dfrac{v-v_0}{a} \\ s=v_0 t+\dfrac{1}{2}at^2 \end{array}\right\} \Rightarrow s=v_0\cdot\frac{v-v_0}{a}+\frac{1}{2}a\cdot\left(\frac{v-v_0}{a}\right)^2$$
$$=\frac{vv_0-v_0{}^2}{a}+\frac{v^2-2vv_0+v_0{}^2}{2a}$$
$$=\frac{2vv_0-2v_0{}^2}{2a}+\frac{v^2-2vv_0+v_0{}^2}{2a}=\frac{v^2-v_0{}^2}{2a}$$
$$\Downarrow$$
$$2as=v^2-v_0{}^2$$
推导 2：
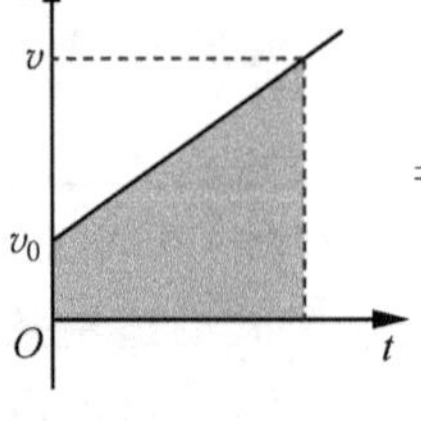

$$\Rightarrow \left.\begin{array}{l} s=\dfrac{1}{2}(v_0+v)t \\ t=\dfrac{v-v_0}{a} \end{array}\right\} s=\frac{1}{2}\cdot(v_0+v)\cdot\frac{v-v_0}{a}$$
$$=\frac{v^2-v_0{}^2}{2a}\Rightarrow 2as=v^2-v_0^2$$</td></tr>
</table>

续表

设计流程	研(学)：体现合作探究精神	建议 5 min	2.位移-速度公式的理解。(四选一答题或分组答题) **例 1**　在东京奥运会上，中国队以 38 枚金牌、32 枚银牌、18 枚铜牌，位居奖牌榜次席，让全国人为之自豪。在射击 10 m 气步枪比赛中，中国选手杨倩以决赛 251.8 环的成绩夺得冠军，拼下了东京奥运会的首枚金牌。射击时，火药在枪筒中燃烧，燃气膨胀，推动弹头做匀加速运动，设子弹的加速度 $a=5\times10^5\,\mathrm{m/s}$，枪筒长 $s=0.64\,\mathrm{m}$，计算子弹射出枪口时的速度。 解析：由 $v^2-{v_0}^2=2as$，可得 $$v=\sqrt{{v_0}^2+2as}=\sqrt{0+2\times5\times10^5\times0.64}=800(\mathrm{m/s})。$$ **例 2**　2023 年 4 月，国产航空母舰“山东舰”出海训练，在连续 16 天的训练中合计起降舰载机 610 架次以上，刷新国内航母训练的最佳纪录。假设航空母舰静止在海面上，设“歼-15”舰载机在航空母舰跑道上做匀加速直线运动，加速度为 $8\,\mathrm{m/s^2}$，需要达到 60 m/s 的速度才可安全起飞。假如“歼-15”舰载机能够借助弹射器，只需滑行 150 m 便可起飞，则弹射器使“歼-15”舰载机获得了多大的初速度？ 解析：以子弹射出枪口时速度 v 的方向为正方向，由 $v^2-{v_0}^2=2as$，可得 $v_0=\sqrt{v^2-2as}$，代入数据可得 $v_0=20\sqrt{3}\,\mathrm{m/s}$。 **例 3**　2023 年 9 月 28 日，设计时速 350 km、全长 277 km 的跨海高铁——福(州)厦(门)高铁正式开通运营，从此福州、厦门将形成“一小时生活圈”，厦门、漳州、泉州闽南“金三角”将形成半小时交通圈。若高铁进站的过程可近似看作匀减速直线运动，测得车头经过 A 处时的速度为 16 m/s，继续前进 16 m 后停下，则高铁的加速度大小为(　　)。 A. $7\,\mathrm{m/s^2}$　　B. $8\,\mathrm{m/s^2}$　　C. $4\,\mathrm{m/s^2}$　　D. $11\,\mathrm{m/s^2}$ 解析：根据 $2as=v^2-{v_0}^2$，可得 $a=\dfrac{v^2-{v_0}^2}{2s}=\dfrac{0-16\times16}{2\times16}=-8(\mathrm{m/s^2})$，则列车加速度大小为 $-8\mathrm{m/s^2}$，方向与列车运动方向相反。 **例 4**　2023 年 10 月 31 日 8 时 11 分，“神舟十六号”载人飞船返回舱在东风着陆场成功着陆，至此，3 名航天员在轨驻留 154 天，进行了 1 次出舱活动和中国空间站第 4 次太空授课活动，配合完成空间站多次货物出舱任务，为空间站任务常态化实施奠定了基础。在距地面 10 km 左右高度，返回舱打开降落伞，速度将下降至 10 m/s 左右。在快接近地面时启动反推发动机向下喷气再次减速，最终使返回舱实现安全着陆。设最后减速为匀减速直线运动，加速度大小为 $50\mathrm{m/s^2}$ 且到达地面时速度恰好为零，请问：启动反推发动机时飞船距离地面多高？

续表

<table>
<tr>
<td rowspan="3">设计流程</td>
<td>研(学)：体现合作探究精神</td>
<td>建议5 min</td>
<td>解析：根据 $2as=v^2-v_0^2$，可得 $s=\frac{v^2-v_0^2}{2a}=\frac{0-10\times10}{2\times(-50)}=1(\mathrm{m})$。
引导学生审题、思考、答题，并请学生代表分享答题思路。
教师点睛：对于公式 $v^2-v_0^2=2as$ 的几点说明。
①适用条件：只适用于匀变速直线运动。
②矢量性：v、v_0、a、s 均为矢量。
a. 应先选取正方向，一般以 v_0 的方向为正方向。
b. 加速时，a 取正值；减速时，a 取负值。
③单位：v、v_0、a、s 统一用国际单位。
④当不涉及时间 t 时，
已知 v、v_0、a，求 s；
已知 v、v_0、s，求 a；
已知 v、s、a，求 v_0；
已知 s、v_0、a，求 v。</td>
</tr>
<tr>
<td>展(示)：体现合作学习成果</td>
<td>建议4 min</td>
<td>【展示活动】汽车从开始制动到停止所行驶的距离是衡量汽车制动性能的参数之一。某汽车以 100 km/h 的速度在柏油路面上行驶，急刹车后做匀减速直线运动。若匀减速时的加速度大小为5 m/s^2，则开始制动后 2 s 内汽车行驶的距离是多少？从开始制动到完全停止，汽车行驶的距离是多少？
教师点睛：引导学生梳理三个公式的区别。
①在已知量和所求量都不涉及位移时，利用公式 $v=v_0+at$ 求解。
②在已知量和所求量都不涉及时间时，利用公式 $v_t^2-v_0^2=2as$ 求解。
③在已知量和所求量都不涉及末速度时，利用公式 $s=v_0t+\frac{1}{2}at^2$ 求解。
注意：五个物理量知道三个就能求出其他两个。
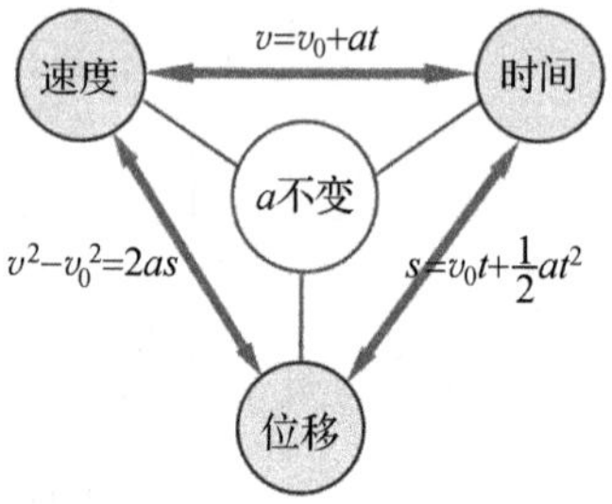
</td>
</tr>
<tr>
<td>练(习)：体现教学效果</td>
<td>建议4 min</td>
<td>【练习】某司机驾驶汽车以 120 km/h 的速度在高速公路上匀速行驶，发现前方警告标志时刹车，使汽车减速至停止。该司机从发现警告标志到汽车开始制动的反应时间为 0.6 s，制动时汽车的加速度大小为 5 m/s^2。假设制动后，汽车做匀减速直线运动，那么从司机发现警告标志到汽车停下，行驶的距离是多少？</td>
</tr>
</table>

续表

设计流程	评(价)：体现激励性评价作用	建议 1 min	【教师课堂总体评价】今天我们一起通过公式推导得出了位移-速度公式，并通过课本例题总结了公式的使用要求。在展示环节同学们分组分别完成了 1 道情境题，体现出了较强的学习能力。希望同学们再接再厉，上好每一节课。
板书设计	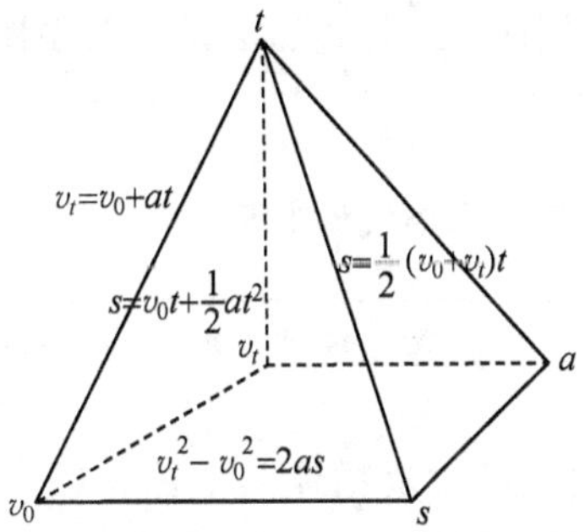		

附：可能涉及的专题性问题

1. 如果不用公式推导，而是用实验探究得出 $v_t^2-{v_0}^2=2as$，如何设计？

【参考解答】

(1) 通过回顾所学知识，探求新问题，进入课题。

(2) 教师给出实际物体运动的匀变速直线运动的数据(如频闪照相照片或打点计时器打出的纸带)，量出各位置所处坐标，并算出在相应位置的速度。

(3) 引导学生观察，猜想 s-v 之间的关系。

(4) 利用 Excel 处理数据，拟合 s-v 曲线。

(5) 引导学生总结、思考，用 Excel 处理数据，拟合 s-v^2 曲线，渗透化曲为直思想。

(6) 显示曲线方程，处理方程，思考并分析误差原因。

2. 在实际教学中，你是如何引导学生学会用 ${v_t}^2-{v_0}^2=2as$ 解决实际问题的？

【参考解答】

(1) 情境化教学：物理实用。

① 问题情境：通过编制“中国系列”情境，突出物理与生活的联系，让学生感悟科技的进步对生活、对社会的作用，激发爱国热情。

② 导入情境：交警为什么能通过对刹车距离的测量来判断驾驶员是否超速行驶？为什么机动车因故障在高速公路上临时停车时，需在故障车来车方向 150 m 以外设置警告标志？引导学生思考位移和速度之间的关系。

③ 结束情境：将课本第 44 页“迁移”内容调整为课堂练习，与情境导入的问题前后呼应，在理解如何应用公式的同时，渗透交通安全教育。

(2) 选编题目合理化：由浅入深，层层递进。

①“中国系列”情境：看似复杂，其实简单。找出题目的已知量和待求量，对照公式，一目了然。

② 课本例题：看似简单，其实易错。对刹车问题，时间往往是一个“骗局”，求出停车所用时间，分情况选用不同公式求解。这个问题重在引导学生选择不同公式解题。

③ 课本“迁移”题：在教学过程中融入交通安全教育，用物理规律解决实际问题，用物理的眼光理解交通法规。

（3）答题规范化：题多善变，核心不变。面对情境题，引导学生学会审题，抓住关键词，寻找物理量，思考、把握题中的有用信息，尝试画关系图，选择合适的公式求解。

福建省安溪县铭选中学　林泽炜

十、匀变速直线运动的位移-速度关系

<table>
<tr><td colspan="3">课程信息</td><td>《物理》必修第一册第 2 章第 2 节中的“匀变速直线运动的位移-速度关系”。</td></tr>
<tr><td colspan="3">课标要求</td><td>能用公式、图像等方法描述匀变速直线运动，理解匀变速直线运动的规律，能运用其解决实际问题，体会抽象思维方法和物理问题研究中的极限方法。</td></tr>
<tr><td colspan="3">片断教学目标</td><td>先明确要解决的问题，再自行推导位移-速度公式，增强自主学习的能力；利用所学的物理规律解决问题，了解物理规律与社会现实的联系，逐步形成与直线运动相关的运动观念。</td></tr>
<tr><td colspan="3">教材分析</td><td>运用匀变速直线运动的规律解决实际问题，需要在分析清楚运动过程的基础上，选择合适的关系式，建立方程并求解。教材内容旨在让学生了解物理规律与社会现实的联系，逐步形成与直线运动相关的初步的运动观念。</td></tr>
<tr><td colspan="3">学情分析</td><td>引导学生总结并理解第 1、2 节中相关概念和规律，提出合适的问题，引导其自行推导位移-速度公式。</td></tr>
<tr><td colspan="3">片断教学重难点</td><td>位移-速度公式的推导及应用，利用位移-速度公式解决问题。</td></tr>
<tr><td colspan="3">教学流程图</td><td>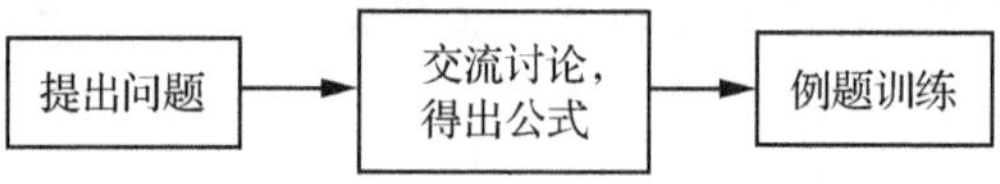</td></tr>
<tr><td>设计流程</td><td>导（学）：体现思维引导及主动学习</td><td>建议 2 min</td><td>【导入新课】根据 v_0、a、t 这三个已知量，利用相关公式即可得到该段时间内的位移。
问题：若已知 v_0、a、v_t 这三个已知量，如何求该过程内的位移？</td></tr>
</table>

续表

设计流程	研(学)：体现合作探究精神	建议 6 min	【探究活动】请同学们利用所学的位移公式，结合速度公式，自行解决以上问题。 教师点睛：同学们也可以结合 v-t 图像，用面积代表位移，来推导结论。 (若比赛有现场实验要求，则此项时间建议增加 5 min)
	展(示)：体现合作学习成果	建议 2 min	【展示活动】学生推导完成并投影展示学习成果。以下罗列两种可能的推导方法。 推导 1： $s=v_0\cdot t+\frac{1}{2}at^2$ $v_t=v_0+at$ $s=v_0\cdot\frac{v_t-v_0}{a}+\frac{1}{2}a\left(\frac{v_t-v_0}{a}\right)^2$ $=\frac{v_t^{\ 2}-v_0^{\ 2}}{2a}$ 推导 2： 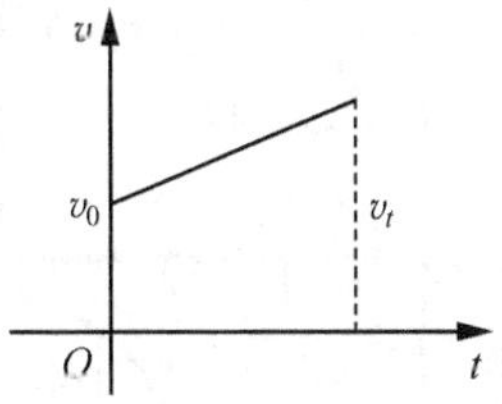 $s=\frac{1}{2}\cdot\left(\frac{v_t-v_0}{a}\right)(v_t+v_0)$ $s=\frac{v_t^{\ 2}-v_0^{\ 2}}{2a}$ 总结： ①适用条件：公式 $v_t^{\ 2}-v_0^{\ 2}=2as$ 表述的是匀变速直线运动的速度与位移的关系，适用于匀变速直线运动。 ②意义：公式 $v_t^{\ 2}-v_0^{\ 2}=2as$ 反映了初速度 v_0、末速度 v_t、加速度 a、位移 s 之间的关系。当其中三个物理量已知时，可求另一个未知量。 ③矢量性：公式中 v_0、v_t、a、s 都是矢量，应用时必须选取统一的正方向，一般选 v_0 方向为正方向。 a. 物体做加速运动时，a 取正值；物体做减速运动时，a 取负值。 b. $s>0$，说明物体通过的位移方向与初速度方向相同；$s<0$，说明位移的方向与初速度的方向相反。 ④两种特殊形式：当 $v_0=0$ 时，$v_t^{\ 2}=2as$(初速度为零的匀加速直线运动)；当 $v_t=0$ 时，$-v_0^{\ 2}=2as$(末速度为零的匀减速直线运动)。
	练(习)：体现教学效果	建议 2 min	【练习】汽车从开始制动到停止这段时间内所行驶的距离是衡量汽车制动性能的参数之一。某型号的汽车以 100 km/h 的速度在柏油路面上行驶，急刹车后做匀减速直线运动。若匀减速时的加速度大小是 5 m/s²，开始制动后 2 s 内汽车行驶的距离是多少？从开始制动到完全停止，汽车的行驶距离是多少？

续表

<table>
<tr><td>设计流程</td><td>评(价)：体现激励性评价作用</td><td>建议 2 min</td><td>【教师课堂总体评价】今天同学们通过自行推导和交流，得出了匀变速直线运动中的位移-速度公式，并应用于解决刹车问题。同学们的表现不错。学习时注意培养物理概念，学会用已有知识推导新知识，这样才能学得更好。希望大家再接再厉，上好每一节物理课。</td></tr>
<tr><td>板书设计</td><td colspan="3">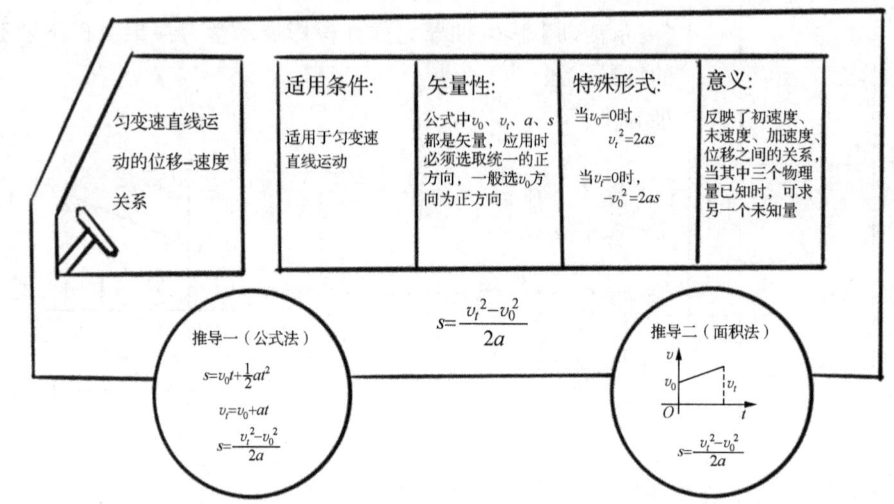

解释：设计一辆小车，将“匀变速直线运动的位移-速度关系”这节课的逻辑关系与小车的结构紧密串联起来。这节课主要用两种方法分别推导得出位移与速度关系的表达式，并探讨了这个表达式的适用范围、矢量性、特殊形式和意义。将两种推导方式放在小车的车轮里，这是因为这两种推导方式是这节课的重点，推导得出的公式是接下来探讨内容的理论基础。小车的形象能使学生联想到小车运动过程的动态效应，与位移和速度这两个物理量相契合。</td></tr>
</table>

附：可能涉及的专题性问题

汽车超速容易引发交通事故，如何解释呢？

【参考解答】汽车从制动到停止行驶的距离与速度的平方成正比。一旦汽车速度变成原来的两倍，从制动到停止行驶的距离就要变成原来的四倍。

福建省泉州市实验中学　蔡育惠

十一、科学测量中的误差

<table>
<tr><td colspan="3">课程信息</td><td>《物理》必修第一册第 2 章第 3 节中的“科学测量中的误差”。</td></tr>
<tr><td colspan="3">课标要求</td><td>学会分析和处理实验数据的方法，增强科学探究能力。</td></tr>
<tr><td colspan="3">片断教学目标</td><td>知道绝对误差、相对误差，了解系统误差、偶然误差，知道减少误差的方法。</td></tr>
<tr><td colspan="3">教材分析</td><td>教材中的内容以如何定量分析、判断匀变速直线运动为线索，通过讲授和结合实例的形式提出如何获得有效、可信的实验数据，阐述系统误差和偶然误差的区分方法和相对误差的计算，培养学生严谨的科学态度。</td></tr>
<tr><td colspan="3">学情分析</td><td>高一学生已学习过初中物理，已掌握关于测量和误差的初步知识，但处于感性水平阶段。后面从理性角度提升对误差的认识水平，学生刚开始可能不适应。</td></tr>
<tr><td colspan="3">片断教学重难点</td><td>重点：知道绝对误差、相对误差，了解系统误差、相对误差。
难点：理解相对误差的含义和作用。</td></tr>
<tr><td colspan="3">教学流程图</td><td>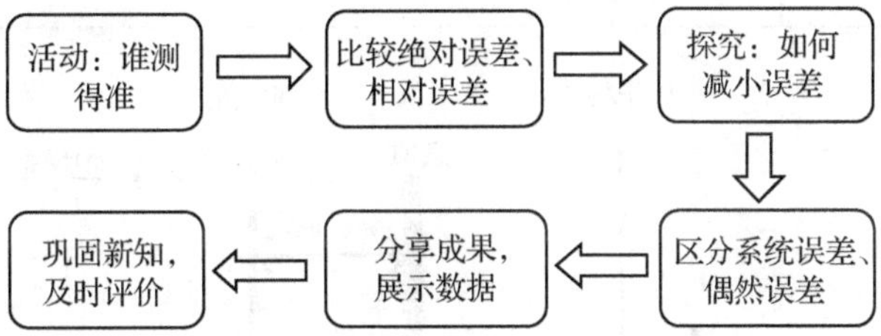
</td></tr>
<tr><td rowspan="3">设计流程</td><td>导(学)：体现思维引导及主动学习</td><td>建议 2 min</td><td>【导入新课】两位同学用同一把毫米刻度尺测量教科书的长和宽，读数是多少？两次测量误差分别多大？谁测得准？</td></tr>
<tr><td>研(学)：体现合作探究精神</td><td>建议 6 min</td><td>【探究活动】收集多位同学测量的数据并比较。数据误差总是偏大还是总是偏小？多次测量一定可以减小误差吗？</td></tr>
<tr><td>展(示)：体现合作学习成果</td><td>建议 2 min</td><td>【展示活动】现在请各小组选出代表，说明各小组的探究结果并简述你们得出的有关误差的结论。
教师点睛：在绝对误差相同的情况下，被测量的数值越大，测量结果的相对误差就越小，测量结果的可靠性就越大。强调以下几点：①在重复性条件下，对同一被测量进行无限多次测量所得结果的平均值与被测量的真值之差就是系统误差。②偶然误差(又称随机误差)是指测量结果与同一待测量的大量重复测量的平均结果之差。③绝对误差</td></tr>
</table>

续表

设计流程	展(示):体现合作学习成果	建议2 min	是指某次测量值与真值之间的差值,通常简称为误差。其表达式:绝对误差=测量值-真值(真值常用约定真值来表示)。④相对误差是指绝对误差与真值之比,其表达式:相对误差=绝对误差/真值×100%。
	练(习):体现教学效果	建议2 min	【练习】关于测量误差、有效数字问题,下列说法正确的是(　　)。 A. 若仔细地多测量几次,就能避免误差 B. 系统误差的特点是测量值与真值相比总是偏大或总是偏小 C. 实验中的绝对误差是实验中的错误 D. 要减小系统误差,就得多次测量取平均值
	评(价):体现激励性评价作用	建议2 min	【教师课堂总体评价】今天同学们通过集体研讨和探究实验,进一步认识了绝对误差和相对误差。其中,某同学在探究过程中表现优异、实验认真、测量准确,某同学特别善于交流、学习态度好,他们是同学们学习的榜样。希望同学们再接再厉,上好每一节课。
板书设计	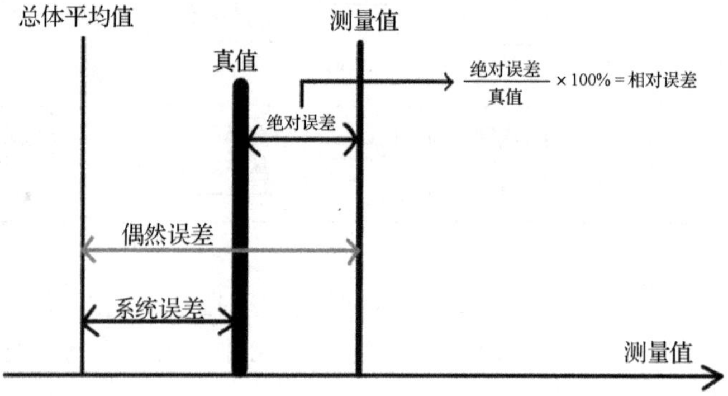 将系统误差、偶然误差、绝对误差、相对误差具象到数轴上,直观地表示出其概念。		

附:可能涉及的专题性问题

1. 偶然误差有什么样的特点?

【参考答案】偶然误差的特点是大小和方向都不固定,也无法测量或校正。随着测定次数的增加,正负误差可以相互抵偿,误差的平均值将逐渐趋向于零。

2. 有效减小各类误差的方法有哪些?

【参考答案】在有效减小误差方面,我们可以从以下四个方面入手:

(1) 在测量结果中进行修正。对于已知的恒值系统误差,可以用修正值对测量结果进行修正;对于变值系统误差,可以设法找出误差的变化规律,用修正公式或修正曲线对测量结果进行修正;对于未知系统误差,则按随机误差进行处理。

(2) 消除系统误差的根源。在测量之前,仔细检查仪表,正确调整和安装;防止外界干扰;选好观测位置消除视差;选择环境条件比较稳定时读数;等等。

(3) 在测量系统中采用补偿措施。找出系统误差规律,在测量过程中自动消除系统误差。

(4) 实时反馈修正。由于自动化测量技术及计算机的应用,可用实时反馈修正的办法来消除复杂的变化的系统误差。在测量过程中,用传感器将这些误差因素的变化转换成某种物理量形式(一般为电量),及时按照其函数关系,通过计算机算出影响测量结果的误差值,并对测量结果做实时的自动修正。

福建省安溪县龙门中学　刘妙婷

十二、科学测量中的有效数字

<table>
<tr><td>课程信息</td><td colspan="3">《物理》必修第一册第 2 章第 3 节中的“科学测量中的有效数字”。</td></tr>
<tr><td>课标要求</td><td colspan="3">了解测量物理量的方法,增强科学探究能力。</td></tr>
<tr><td>片断教学目标</td><td colspan="3">了解有效数字的含义,会用有效数字表示测量结果。初步具有使用测量器材规范获取数据、处理数据的科学态度。</td></tr>
<tr><td>教材分析</td><td colspan="3">教材中的内容以学生熟悉的长度测量为线索,通过讲授并结合实例的形式提出如何获得有效、可信的实验数据,阐述有效数字的含义与应用,培养学生严谨的科学态度。</td></tr>
<tr><td>学情分析</td><td colspan="3">高一学生对测量和误差的认识还处于笼统、感性阶段,第一次接触有效数字的概念可能会不适应。</td></tr>
<tr><td>片断教学重难点</td><td colspan="3">重点:了解有效数字的含义,会用有效数字表示测量结果。
难点:形成使用测量器材规范获取数据、处理数据的科学态度。</td></tr>
<tr><td>教学流程图</td><td colspan="3">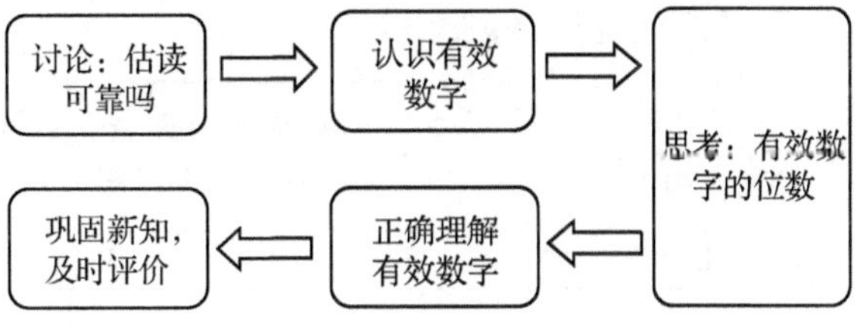
</td></tr>
<tr><td>设计流程</td><td>导(学):体现思维引导及主动学习</td><td>建议 2 min</td><td>【导入新课】利用同一把毫米刻度尺测量教科书的宽和长,获得数据。有人认为估读的数字不准确,故估读的数字是一位无效数字,应舍弃,这种说法对吗?</td></tr>
</table>

续表

<table>
<tr><td rowspan="4">设计流程</td><td>研(学)：体现合作探究精神</td><td>建议4 min</td><td>【探究活动】收集多位同学的讨论结果，从具体的问题中分析、推理、得出记录结果的合理方式，并得出有效数字的概念。即我们把通过测量工具直接读得的准确数字叫作可靠数字；把通过估读得到的那部分数字叫作存疑数字，也叫作估读数字；把测量结果中能够反映被测量大小的带有一位存疑数字的全部数字称为有效数字。有效数字是指从一个数的左边第一个非零数字起，到末位数字止所有的数字。有效数字的最后一位数值是可疑值。</td></tr>
<tr><td>展(示)：体现合作学习成果</td><td>建议3 min</td><td>【展示活动】现在请各小组选出代表，展示数据并分析数据中有几位有效数字。从该数左方第一个不为零的数算起到最末一个数字(包括零)的个数，即为有效数字的位数，它与小数点的位置无关。</td></tr>
<tr><td>练(习)：体现教学效果</td><td>建议2 min</td><td>【练习】下列测量值有 3 位有效数字的是(　　)。
A. 0.003 m　　B. 6.01 kg　　C. 2.30 s　　D. 4.00×10^{8} m</td></tr>
<tr><td>评(价)：体现激励性评价作用</td><td>建议2 min</td><td>【教师课堂总体评价】今天同学们通过集体研讨，得出了有效数字的正确结论。其中，某同学在探究过程中表现优异、实验认真、测量准确，某同学特别善于交流、学习态度好，他们是同学们学习的榜样。希望同学们再接再厉，上好每一节课。</td></tr>
<tr><td colspan="2">板书设计</td><td colspan="2">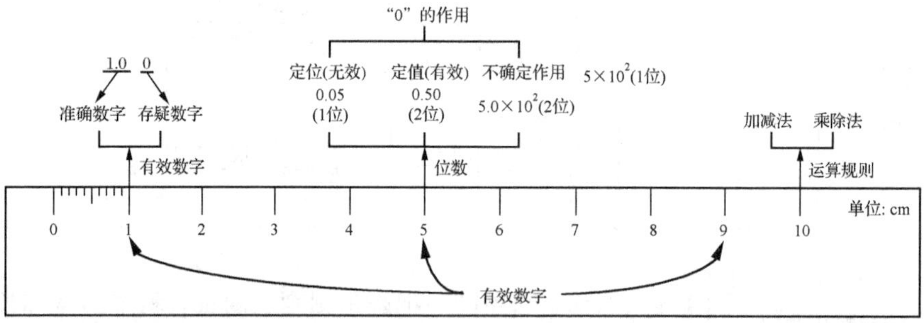

说明：有效数字主要分为三部分内容，一是它的概念与组成；二是有效数字位数的确定，在位数的确定中，不同位置的“0”有着不同的作用；三是有效数字的运算规则，常见的有加减法和乘除法。</td></tr>
</table>

附：可能涉及的专题性问题

1. “0”在有效数字中有什么样的作用？

【参考解答】“0”作为一个特殊的数字，在数值的不同位置有着不同的作用。只有明确了“0”在数字中的作用，才能更好地掌握有效数字及其加减乘除的运算规则。根据“0”在数值中不同的位置，将“0”的作用分为三种：定位（无效）、定值（有效）及不确定作用。

(1) 定位（无效）。“0”在小数点后，又在不为“0”的数字之前（前提：小数点前为“0”）时起定位作用。例如，0.000 1 中的前 4 个“0”、0.020 40 中的前 2 个“0”均起定位作用。

(2) 定值（有效）。“0”在不为零的数字之后，均为有效数字。例如，0.002 04 中的第 4 个“0”为有效数字；1.000 中的 3 个“0”均为有效数字。

(3) 不确定作用。整数末位为“0”的数字，应根据测量精度写成指数形式。例如，4 500，写成 4.5×10^3，有两位有效数字；写成 4.50×10^3，有三位有效数字。

2. 有效数字如何参与运算？

【参考解答】常用的有效数字运算，特别是在物理中的运用有加减法和乘除法。

(1) 加减法：几个数相加或相减时，它们的和或差有效数字的保留，应以小数点后位数最少的数为依据，只保留 1 位可疑数字。例如，要计算 $50.1+1.4+0.581\ 2$，可修约为 $50.1+1.4+0.6=52.1$。

(2) 乘除法：以有效数字最少的数据为基准，其他数据修约至具有相同的有效数字位数，再进行乘除运算，计算结果仍保留最少的有效数字位数。例如，要计算 $0.012\ 1\times25.64\times1.057\ 28$，可修约为 $0.012\ 1\times25.6\times1.06=0.328\ 345\ 6$，结果仍保留三位有效数字，即 0.328。要计算 $2.504\ 6\times2.005\times1.52$，修约为 $2.50\times2.01\times1.52=7.64$，结果保留三位有效数字。当把 $1.135\ 32\times10^{10}$ 保留 3 个有效数字时，结果为 1.14×10^{10}。

福建省安溪县龙门中学　刘妙婷

十三、运动时间和位移的记录

课程信息	《物理》必修第一册第 2 章第 4 节中的“运动时间和位移的记录”。
课标要求	了解用打点计时器测量运动物体的位移和时间的原理，了解频闪照相及其应用。
片断教学目标	能理解打点计时器的工作原理；会对实验数据进行处理，得到物体运动的速度。
教材分析	本节是在学习了实验误差、有效数字和运动的描述的基础上，认识电磁打点计时器和电火花打点计时器的基本原理、操作方法，理解一种能同时记录时间和位移的方法。拓展频闪照相等科学实验中其他记录时间和位移的方法，为测量小车的瞬时速度实验做铺垫。

续表

<table>
<tr><td colspan="2">学情分析</td><td colspan="2">学生通过高中物理近两章的学习，已对匀变速直线运动及其规律有了较为深刻的理解，已具备动手探索、验证所学知识的能力。通过练习使用打点计时器、频闪照相等，体会在科学实验中，人们为了收集更加准确的信息，不断地创新实验方法、改进实验仪器。</td></tr>
<tr><td colspan="2">片断教学重难点</td><td colspan="2">重点：打点计时器的原理及操作方法。
难点：通过打点计时器获得位移和时间数据。</td></tr>
<tr><td colspan="2">教学流程图</td><td colspan="2">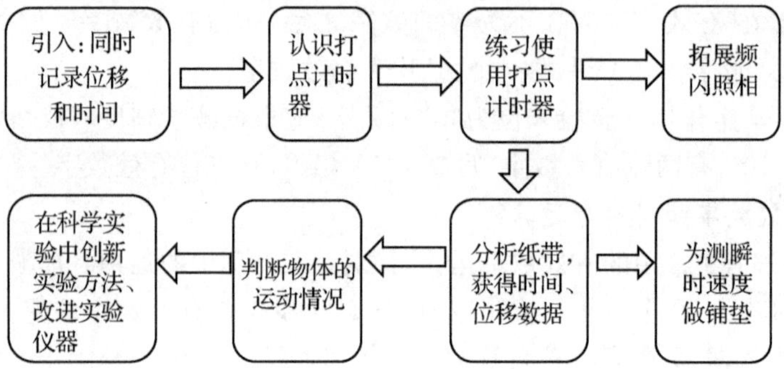
</td></tr>
<tr><td rowspan="2">设计流程</td><td>导(学)：体现思维引导及主动学习</td><td>建议2 min</td><td>【导入新课】
1. 如何测量小车在运动过程中的时间和位移？
生：通常使用计时工具如秒表、手机等测量时间，长度测量工具如刻度尺、米尺测量位移。
2. 当物体运动较快时，利用这些测量工具测量，可靠性如何？
生：误差大。
总结：为了获得精确度更高的测量数据，中学物理实验中常使用打点计时器，它能同时记录连续短暂时间内物体发生的位移和时间信息。</td></tr>
<tr><td>研(学)：体现合作探究精神</td><td>建议6 min</td><td>【探究活动】
1. 准备已经拆好的电磁打点计时器零件，如下图所示，介绍并组装成一台电磁打点计时器，让其工作。
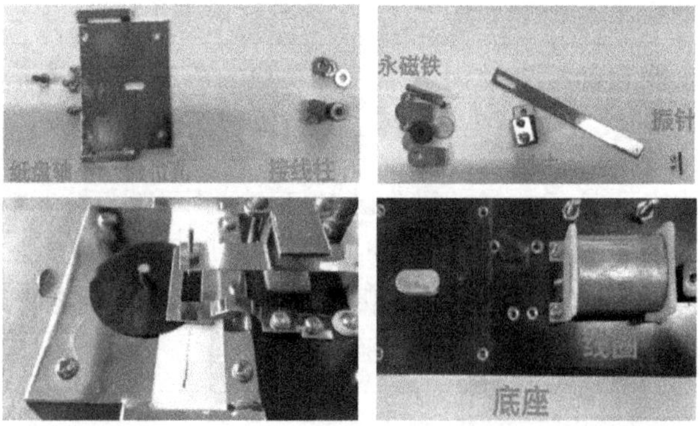
</td></tr>
</table>

续表

设计流程	研(学)：体现合作探究精神	建议 6 min	如右图所示，打点计时器的工作原理：打点计时器每隔相等的时间 T 在纸带上打下一点；间隔时间 T 与打点计时器使用交流电的频率 f 有关，$T=\frac{1}{f}$，当 $f=50$ Hz 时，$T=0.02$ s。 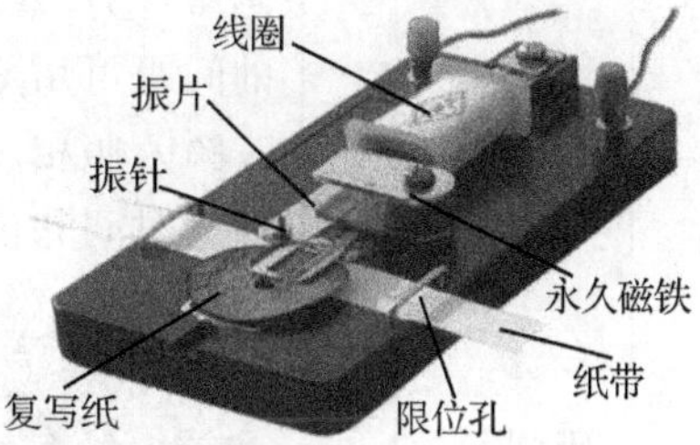 在打点计时器打出的纸带上，每两点的距离表示牵动纸带的物体在 T 时间内发生的位移的大小，因而纸带能同时记录连续短暂时间内物体发生的位移和时间信息。 2. 认识电火花式打点计时器(下图)，思考并比较两种打点计时器的共同点与区别。 (1) 相同点：打点频率相同。 (2) 不同点： 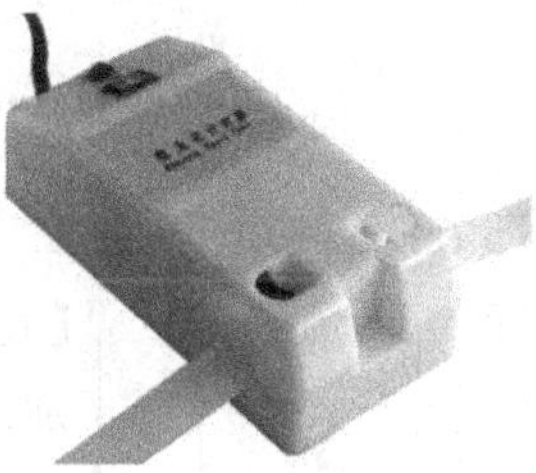 ①打点方式不同。电磁打点计时器利用振动的振针打点；电火花计时器利用火花放电打点。 ②电源电压不同。电磁打点计时器使用 10 V 以下交流电；电火花打点计时器使用 220 V 交流电。 ③振针打点时与纸带接触，会对纸带产生阻碍作用；而火花放电基本不会阻碍纸带的运动。 3. 练习使用打点计时器。 操作步骤如下：固定计时器—穿纸带—启动电源—拉纸带—关电源。 4. 了解使用打点计时器的注意事项。 (1) 实验前，应将打点计时器固定好，以免拉动纸带时晃动。先轻轻试拉动纸带，纸带应无明显的阻滞现象。 (2) 使用打点计时器打点时，应先接通电源，待打点计时器打点稳定后，再拉动纸带。 (3) 手拉动纸带时速度应适中，以防点迹太密或太疏。 (4) 使用电火花打点计时器时，应注意把两条纸带穿好，使墨粉纸盘位于两条纸带中间；使用电磁打点计时器时，应让纸带穿过限位孔，压在复写纸下面。 (5) 打点计时器不能连续工作太长时间，打完点后应立即关闭电源。观察纸带，并结合其工作原理，思考从纸带上可以获得哪些运动信息。

续表

设计流程	研(学): 体现合作 探究精神	建议 6 min	总结:①任意相邻两点对应间隔的时间均为 0.02 s。②相邻两点之间的间距可用刻度尺测量。 5. 频闪照相。除打点计时器外,人们还用频闪照相技术来记录物体运动的时间和位移,如下图所示。  与打点计时器记录的信息类比,频闪灯的闪光频率相当于打点计时器交变电源的频率,而间隔相等时间出现的影像相当于打点计时器打出的点。因此,运动物体的频闪照片既记录了物体运动的时间信息,也记录了物体运动的位移信息。
	展(示): 体现合作 学习成果	建议 2 min	【展示活动】为了解某同学竞走的加速过程,老师课前让该同学拿着底部穿孔、滴水比较均匀的饮料瓶竞走,然后通过留在地上的水印分析他的速度变化情况,并说明其中的道理。  此实验模拟打点计时器,巩固加深学生对打点计时器工作原理的理解和应用。 结论:频闪照相与打点计时器均能记录物体运动的时间和位移信息。
	练(习): 体现教学 效果	建议 2 min	【练习】某同学练习使用打点计时器。 (1) 电磁打点计时器接________(选填“直流电”“交流电”“四节干电池”)的电源。 (2) 如下页图所示,A、B、C、D 四条纸带是同学们刚才练习使用打点计时器时得到的(纸带的左端与物体相连)。从点痕的分布情况可以断定:____纸带匀速通过打点计时器,____纸带越走越快,____纸带匀速通过打点计时器,____纸带开始时越走越快,后来又越走越慢。(选填“A”“B”“C”“D”)

续表

<table>
<tr><td rowspan="2">设计流程</td><td>练(习)：体现教学效果</td><td>建议 2 min</td><td>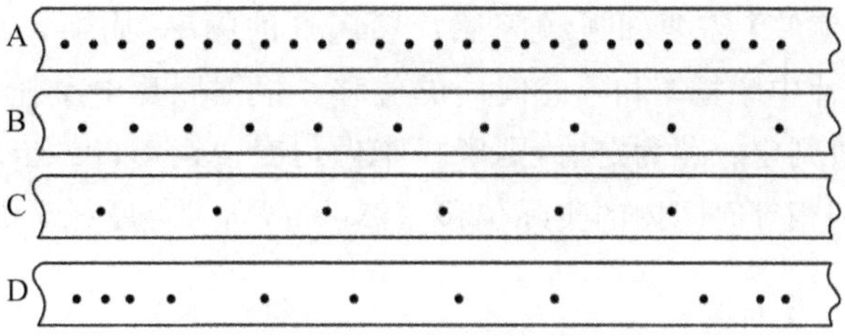
</td></tr>
<tr><td>评(价)：体现激励性评价作用</td><td>建议 2 min</td><td>【教师课堂总体评价】今天同学们通过集体研讨和探究实验，学习了一种同时记录时间和位移的仪器——打点计时器。在科学实验中，为了收集更加准确的信息，人们不断创新实验方法、改进实验仪器。这些创新思想与方法值得我们学习。今天某同学在探究过程中表现优异、实验认真、测量准确，某同学特别善于交流、学习态度好，他们是同学们学习的榜样。希望同学们再接再厉，上好每一节课。</td></tr>
<tr><td>板书设计</td><td colspan="3">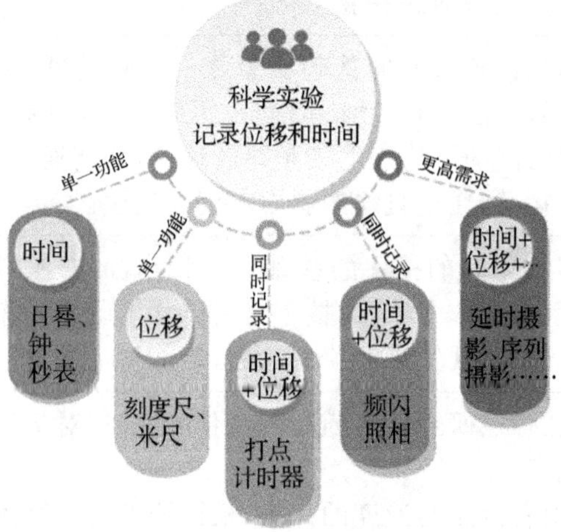
</td></tr>
</table>

附：可能涉及的专题性问题

1. 从右图的频闪照片可大致判断摩托车的运动情况吗？

【参考解答】从频闪照片可明显看出，在相等间隔的时间里，图①中的摩托车越隔越远，因此其做加速直线运动；图②中的摩托车做匀速直线运动；图③中的摩托车做减速直线运动。

2. 图①和图③中的摩托车是否在做匀变速运动，需要实际测量和计算哪些物理量？如果是，如何计算其加速度？

【参考解答】需要知道频闪照片频闪灯的频率(周期)、测量物品(如摩托车)的实际长度、测量照片中摩托车相等时间内的位移。根据照片中摩托车在相邻相等时间内的位移差是否为定值判定。若为定值，则摩托车做匀变速运动；反之，摩托车做变速运动。通过计算摩托车相邻相等时间内的实际位移差 $\Delta s=aT^2$，可得摩托车的加速度。

福建省泉州市第一中学　缪巧芳

十四、测量小车的瞬时速度

课程信息	《物理》必修第一册第 2 章第 4 节中的“测量小车的瞬时速度”。
课标要求	体会科学思维的方法，渗透物理研究中的极限方法。
片断教学目标	通过实验探究物体运动的速度随时间变化的规律，提升学生实验设计、信息处理等科学探究方面的能力；描绘物体运动的 v-t 图像，并通过对拟合成的图线的观察、思考，找出物体速度变化的规律；探究小车速度随时间变化的规律，体会研究直线运动的一般思路。
教材分析	本节课是比较重要的基础实验之一。通过第一章的学习，学生了解了瞬时速度的求解方法，当运动的时间极短时，就可以近似认为物体做匀速直线运动，这一段时间的平均速度就是瞬时速度，并能通过 v-t 图像来判定物体是否做匀速直线运动，通过直线的斜率求解加速度。
学情分析	在学习了运动的描述的基础上，用实验的方法，让学生经历探究过程，学会数据处理的方法。本节的核心是引导学生研究小车在运动过程中速度随时间变化的规律，重视知识的获取过程，培养学生处理数据、总结规律的能力。
片断教学重难点	重点：图像法研究速度随时间变化的规律，对运动物体的速度随时间变化规律的探究。 难点：对各点瞬时速度的计算，根据纸带判断物体的运动情况。
教学流程图	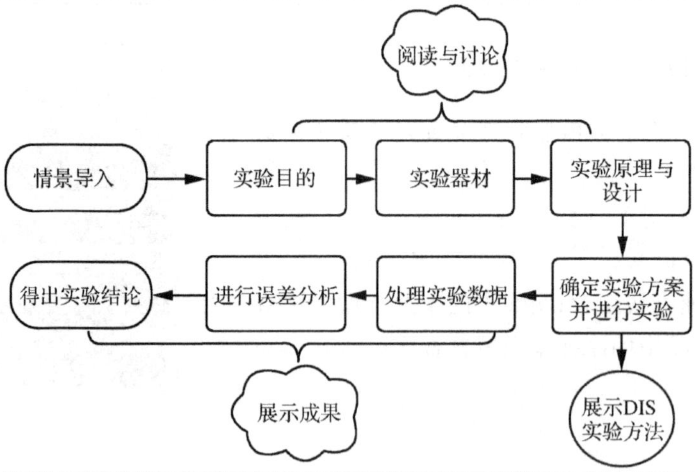

续表

<table>
<tr>
<td rowspan="2">设计流程</td>
<td>导(学):
体现思维引导及主动学习</td>
<td>建议
2
min</td>
<td>【导入新课】放眼所见,物体的运动规律各不相同。在生活中,跳远助跑、驾车行驶、水中嬉戏、高山滑雪;在自然界里,雨点下落、猎豹捕食、鸽子飞翔、蜗牛爬行、蚂蚁搬家……这些运动中都有速度的变化。物体的速度变化存在规律吗?怎样探索复杂运动蕴含的规律呢?
要想探究一个物体随时间变化的规律,必须知道物体在一系列不同时刻的速度。直接测量瞬时速度是比较困难的,我们可以借助打点计时器先记录物体在不同时刻的位置,再通过对纸带的分析、计算,得到各个时刻的瞬时速度。</td>
</tr>
<tr>
<td>研(学):
体现合作探究精神</td>
<td>建议
6
min</td>
<td>【探究活动】
1.使用打点计时器。
(1) 实验前,让学生先回顾打点计时器操作的注意事项。
指导学生根据已学打点计时器的知识,阅读教科书 50～51 页实验过程,分组讨论实验方案。
(2) 教师及时评价学生的讨论结果,适时指出不当之处,肯定学生的创新和正确的地方。
教师投影参考实验过程,如下图所示。

(3) 教师引导学生摆好器材,进行合理、准确的操作,得到一条点迹清晰的纸带。学生进行实验。教师巡回指导,引导学生“三思而后行”,注意实验逻辑性、合理性及其相关注意事项,确保数据准确。教师巡视全场,对出现的问题及时予以纠正。
(4) 由于存在实验误差,教师要提醒学生必须尊重数据,实事求是地分析误差产生原因,并选择有效减小误差的办法。
教师点睛:
①选择所打纸带中最清晰的一条,舍掉开头一些过于密集的点(目的是减小测量长度时的误差),找一个适当的点看作计时起点。
②选择相隔 0.1 s,即中间空四个点的时间间隔的若干计数点进行测量,把数据填入表格。</td>
</tr>
</table>

续表

<table>
<tr>
<td rowspan="2">设计流程</td>
<td>研(学)：
体现合作探究精神</td>
<td>建议6 min</td>
<td>③测量长度时不要用短刻度尺分别测量相邻两个计数点间的长度，最好用长刻度尺对齐各计数点(不移动尺子)读出各计数点间长度值，这样可以避免测量误差的积累。
④计算各点的瞬时速度，填入书本表格中，作出 v-t 图像。
(5) 在课本图 2-21 坐标纸中描点、连线。
教师点睛：要注意选择合适的标度，要使图像尽量分布在坐标平面的大部分面积。
2. 拓展 DIS 实验室。
我们也可试用 DIS 系统测量瞬时速度和加速度，并比较用 DIS、打点计时器和频闪照相进行实验的特点。
无线测速传感器如下图所示，可通过 v-t 图像求加速度。
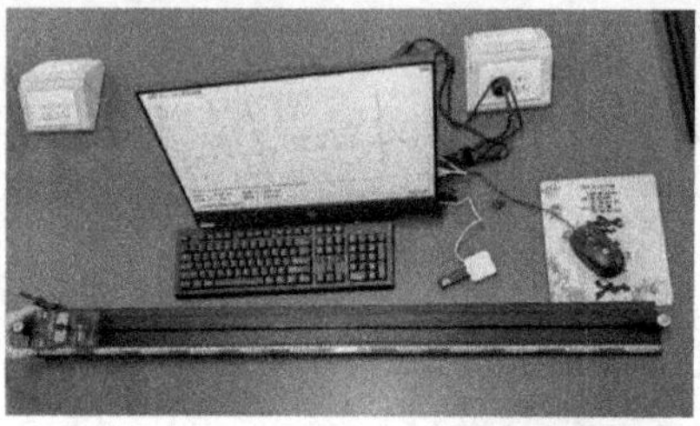 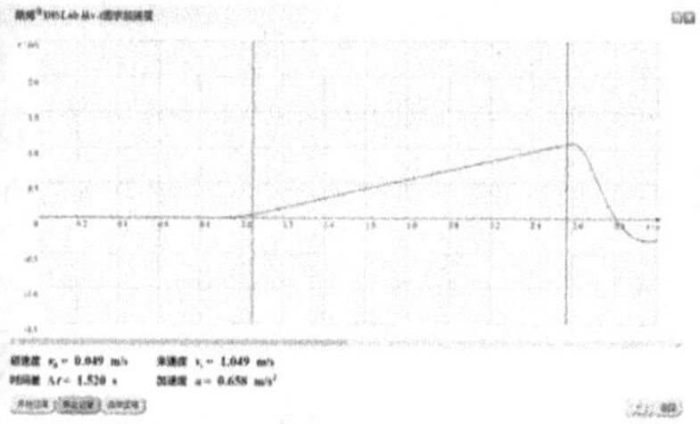
也可用位移传感器，如下图所示，得出 v-t 图像，求加速度。
</td>
</tr>
<tr>
<td>展(示)：
体现合作学习成果</td>
<td>建议2 min</td>
<td>【展示活动】
1. 屏幕上投影几组学生分组实验处理好的纸带、v-t 图像，由每组学生代表向大家展示、分享数据处理过程和实验结论。
如果 v-t 图像为一条倾斜的直线，则物体做匀变速直线运动。v-t 图像中斜率的大小代表物体做匀变速直线运动的加速度。
2. 引导学生尝试使用提高实验数据利用率、减小偶然误差的另一种处理纸带的方法——逐差法。</td>
</tr>
</table>

续表

<table>
<tr><td rowspan="2">设计流程</td><td>练(习)：体现教学效果</td><td>建议2 min</td><td>【练习】某同学做“探究小车速度随时间变化的规律”实验，装置如图 a 所示，得到的一条纸带如图 b 所示，已知打点计时器打点的周期为 T，黑色点为计时点，下列说法正确的是(　　)。
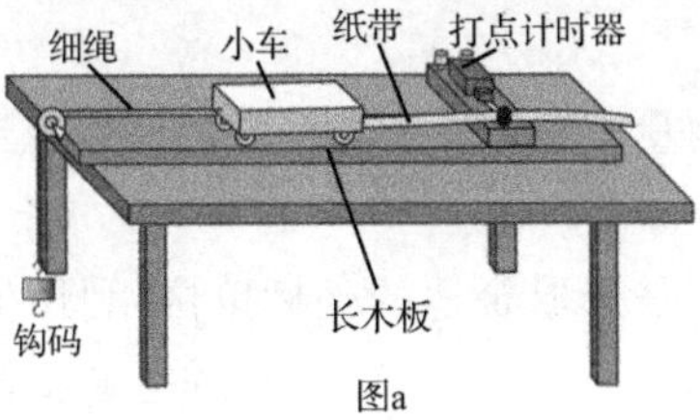

图a
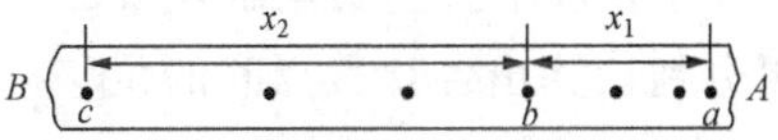

图b
A. 计数点 b 处纸带的速度为$\frac{x_2-x_1}{2T}$
B. 小车的加速度为$\frac{x_2-x_1}{3T^2}$
C. 打点时与小车相连的是图 b 中纸带的 A 端
D. 应先释放小车，再启动打点计时器</td></tr>
<tr><td>评(价)：体现激励性评价作用</td><td>建议2 min</td><td>【教师课堂总体评价】这节课用打点计时器测得小车的速度，并作出 v-t 图像，由图像求出小车在斜面上的加速度。今天某同学实验严谨、分享实验结果时表达精准和流畅，某同学特别善于交流、学习态度好，他们是同学们学习的榜样。希望同学们再接再厉，上好每一节课。</td></tr>
<tr><td>板书设计</td><td colspan="3">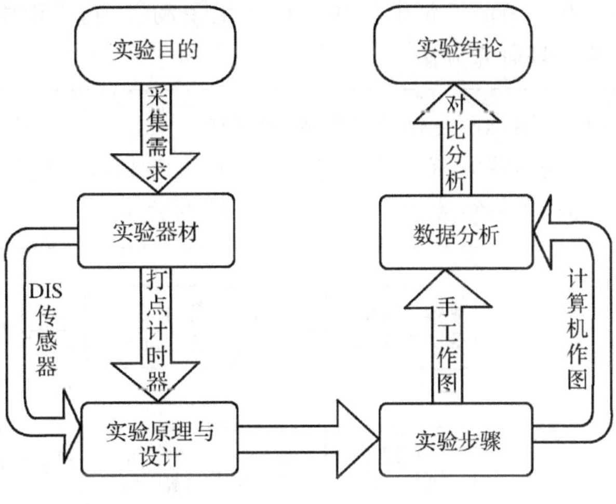
</td></tr>
</table>

附：可能涉及的专题性问题

1. 如何减小由于位移 Δx 的选取而带来的系统误差？

【参考解答】可以选择以计数点为中心的较小位移 Δx 来求平均速度。

2. 如何减小由于位移的测量而带来的偶然误差？

【参考解答】

（1）减小测量误差的方法是一次测量完成，即一次测出各计数点到起始计数点的距离，再分别计算出各计数点间的位移。

（2）减小坐标单位选取误差的方法是选取合适的坐标单位，利用坐标纸作图。

福建省泉州市第一中学　缪巧芳

十五、自由落体运动的特点

课程信息	《物理》必修第一册第 2 章第 5 节中的"自由落体运动的特点"。
课标要求	知道什么是自由落体运动，理解自由落体运动的本质。
片断教学目标	经历探究落体运动演示实验的思考和讨论过程，引导学生掌握建构物理模型的方法，培养学生初步的逻辑思维能力和实验能力。
教材分析	教材中的内容以生活中的落体运动和在真空环境下不同质量落体运动的下落快慢为线索进行研究，让学生掌握自由落体运动的特点，同时引导学生掌握正确的认识事物的思维方法，培养学生自主探究的能力。
学情分析	在本节之前学生已经学习了利用打点计时器或频闪照相研究物体的运动情况，也初步了解了建构物理模型的方法，具备了初步的逻辑思维能力和实验能力。在本节的教学中教师应让学生主动参与，进而掌握观察、分析、猜想和验证的物理研究方法。
片断教学重难点	重点：正确理解自由落体运动的本质。 难点：经历探究落体运动演示实验的思考和讨论过程，引导学生学会透过现象看本质，了解事物的普遍性与特殊性的关系。
教学流程图	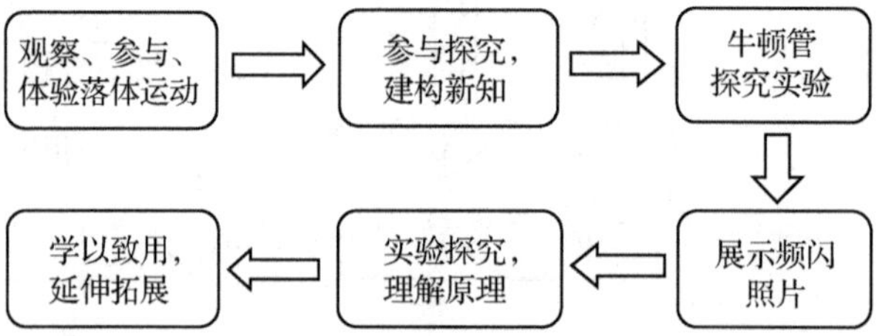

续表

<table>
<tr>
<td rowspan="2">设计流程</td>
<td>导(学)：体现思维引导及主动学习</td>
<td>建议2 min</td>
<td>【导入新课】
1. 了解反应时间尺。

请两位同学上台，在尺子下落之后捏住尺子，测试一下各自的反应时间。注意只能用惯用手的拇指和食指捏住尺子，另一只手不能帮忙。
2. 认识生活中的落体运动。
在日常生活中，物体脱离支撑之后会往下落，比如说粉笔，脱手之后它就会下落。水珠滑落、飘雪、下雨、高空跳伞、蹦极等，这些运动都有共同特点，物体脱离支撑的时候都要落回地面，我们称这样的现象为落体运动。但这些物体下落快慢并不相同。物体下落的快慢与哪些因素有关呢？
思考：什么样的物体下落得快？是轻的物体还是重的物体？亚里士多德跟我们日常的观念一样，也认为重的物体下落得快。但是伽利略依据逻辑推理，推断出重的物体跟轻的物体下落得一样快。那么，究竟是重的物体下落得快还是轻的物体下落得快呢？实践是检验真理的唯一标准。</td>
</tr>
<tr>
<td>研(学)：体现合作探究精神</td>
<td>建议6 min</td>
<td>【探究活动】
1. 探究钩码和纸下落的快慢。
教师展示钩码和纸下落情况。将纸卷成纸团，情况如何？
现象：钩码和纸相比，钩码下落得快；将纸卷成纸团后，纸团跟钩码相比，两者下落得几乎一样快。
思考：什么因素影响了物体的下落？
教师点睛：通过分析得出生活中的物体在下落过程中，空气阻力影响了物体的下落情况。
2. 牛顿管实验演示。
教师分别演示在空气中和真空中，羽毛和金属片在牛顿管中的下落快慢。
猜想：下落快慢可能与物体的形状、材质、空气阻力等因素有关。
学生观察牛顿管的实验，验证自己的猜想：物体的下落运动与空气阻力有关，并得出结论：空气阻力是影响物体下落快慢的因素。
3. 观看美国航空航天局(NASA)全球最大的真空实验室实验——羽毛与保龄球自由落体实验。
如果忽略空气阻力，轻重不同的物体下落快慢一样吗？通过思考和讨论，学生培养对事物的规律迁移及应用的能力。</td>
</tr>
</table>

续表

设计流程	研(学): 体现合作探究精神	建议 6 min	真空环境在教室里是很难做到的,接下来我们看一段实验视频。这个实验是在 NASA 的全球最大的真空实验室里完成的。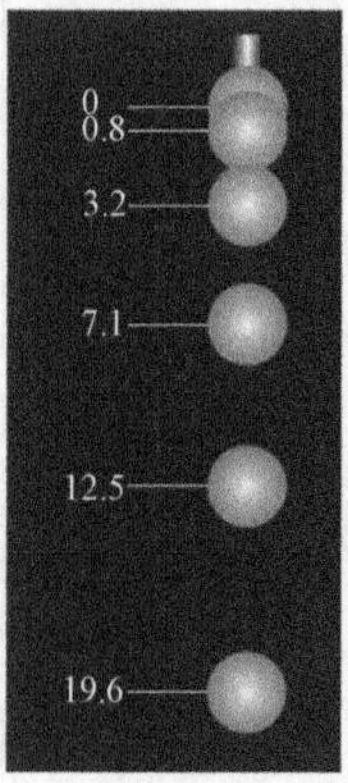将羽毛和保龄球从同一高度同时由静止释放,分别在有空气的环境和真空环境中进行。发现在不计空气阻力的情况下,轻重不同的物体下落的快慢一样,由此引出自由落体运动。我们把不考虑空气阻力,物体只在重力作用下从静止开始下落的运动叫作自由落体运动。 4.探究自由落体运动的运动性质。 判断物体是否做匀变速直线运动的条件:$\Delta x=aT^2$,右图是书上利用频闪照相拍出的做自由落体运动的一组照片,频闪仪每隔 0.04 s 闪光一次。请大家根据相邻相等时间间隔内位移差,判断物体的运动性质。 结论:计算出在连续相等时间间隔内的位移差,可知在连续相等时间间隔内位移差近似相等,因此自由落体运动是一个匀加速直线运动。由于自由落体运动初速度为零,因此自由落体运动的运动性质为初速度为零的匀加速直线运动。 教师点睛:通过判断物体做匀变速直线运动的条件,判断出自由落体运动的运动性质,渗透事物的普遍性与特殊性的关系。
	展(示): 体现合作学习成果	建议 2 min	【展示活动】用手机上的“Sensor Kinetics”App 测量自由落体加速度,用希沃授课助手投屏。 用手机上的“Sensor Kinetics”App,记录手机沿三维坐标轴方向的加速度变化图线,用红色、绿色、蓝色三种颜色分别表示 x 轴、y 轴和 z 轴的加速度变化情况。把手机放在桌面上,让手机左右移动,会发现红色图线出现一个波峰;让手机前后移动,会发现绿色图线出现一个波峰;将手机平放在手掌上,让手机在竖直方向移动,可以看到蓝色图线会发生变化。蓝色图线代表在竖直方向的加速度。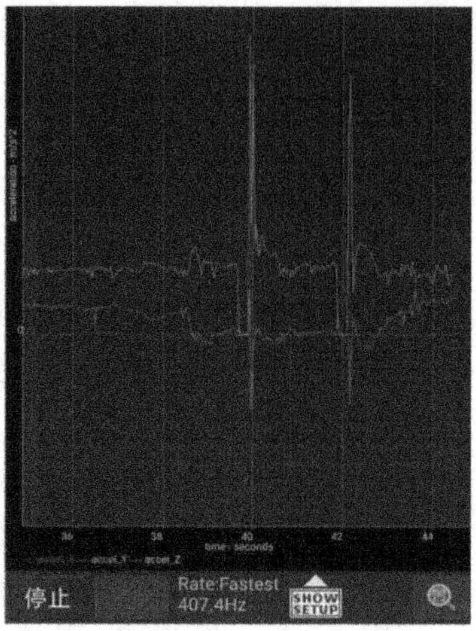用手托着手机,让手机脱离手掌而自由下落,然后接住手机,会看到手机屏幕上显示加速度图线。刚开始的一小段时间加速度数值是 $-10\ \mathrm{m/s^2}$,说明加速度为 $-10\ \mathrm{m/s^2}$,方向与规定的正方向相反,即方向竖直向下,大小为 $10\ \mathrm{m/s^2}$,这就是自由落体运动的加速度。

续表

设计流程	练(习)：体现教学效果	建议2 min	【练习】回顾课前的反应时间尺。 (1) 如果忽略空气阻力，尺子做的是什么运动？ (2) 讨论反应时间尺的原理。手的位置不动，根据直尺从手指间下落的高度，来计算出反应时间。 (3) 某位同学玩游戏时，直尺下落了 19.6 cm，求该同学的反应时间。($g=9.8\ m/s^2$) 教师点睛：据统计，一般人的反应时间是 0.14～0.4 s，顶级运动员的反应时间也不会低于 0.1 s。在东京奥运会男子百米赛跑的半决赛中，中国选手苏炳添以 9 秒 83 打破亚洲纪录。他在半决赛上的反应时间为 0.142 s。 你能根据反应时间尺的原理自制一个反应时间尺吗？
设计流程	评(价)：体现激励性评价作用	建议2 min	【教师课堂总体评价】今天我们通过同学们的集体研讨和探究实验，知道了自由落体运动的特点。其中某同学在探究过程中表现优异、观察认真、懂得批判性地思考和透过现象看本质，某同学特别善于交流、学习态度好，他们是同学们学习的榜样。希望同学们再接再厉，上好每一节课。
板书设计			

附：可能涉及的专题性问题

1. 在研究落体运动中，如何引导学生理解忽略空气阻力这一条件？

【参考解答】空气阻力是指空气对运动物体的阻碍力，是运动物体受到空气的弹力而产生的。汽车在运行时，由于前面的空气被压缩，两侧表面与空气摩擦，汽车尾部后面的空间成为部分真空，这些作用引起了阻力。在现实生活中，自由落体也受空气阻力的影响，其速度、接触面积、空气密度等都会影响空气阻力的大小。

2. 在实际教学中，如何引导学生理解“理想模型”这一物理思想？

【参考解答】所谓理想模型，就是为了便于抓住事物本质解决问题，而对事物取其枝干、去其蔓叶后建立的抽象模型。它是对客观实体的一种抽象,包括物体本身理想化和物体所处条件理想化两个方面。前者如质点、匀速直线运动等,后者如光滑接触面、自由落体运动模型等。它们在客观世界中并不存在,但是以客观存在为原型的,是对客观事物的一种近似反映,突出了事物的主要特征,忽略了次要的、非本质因素。抓住其核心,观察整个现象和过程就会更加纯粹和简单。另外,研究对象时哪些因素是主要的、不能忽略的,哪些因素是次要的、可以忽略的,这些都由物体运动的实际情况决定,并随研究范围和条件的变动而变动。

福建省安南市华侨中学　谢丽欣

十六、自由落体运动

课程信息	《物理》必修第一册第 2 章第 5 节“自由落体运动”。
课标要求	通过实验,认识自由落体运动规律。结合物理学史的相关内容,认识物理实验与科学推理在物理学研究中的作用。
片断教学目标	通过实验,经历科学探究过程,知道自由落体运动是初速度为零的匀加速直线运动;通过物理学史,体会伽利略研究自由落体运动的思路和方法。
教材分析	教材先介绍重力加速度的大小及方向,根据其运动形式得出位移公式与速度公式,计算反应时间。通过介绍不同地区的重力加速度,得出重力加速度与纬度有关。通过介绍伽利略对落体运动的研究过程,突出实验和逻辑推理(包括数学演算)相结合的科学思维方式。
学情分析	自由落体运动作为匀变速直线运动的特例,其运动规律对学生来说并不难掌握,关键是让学生经历实验探究过程,学习运用科学思维方法研究物理问题,进而培养探究能力和创新精神。
片断教学重难点	重点:自由落体运动的性质及自由落体运动加速度的测定。 难点:自由落体运动理想模型建构。
教学流程图	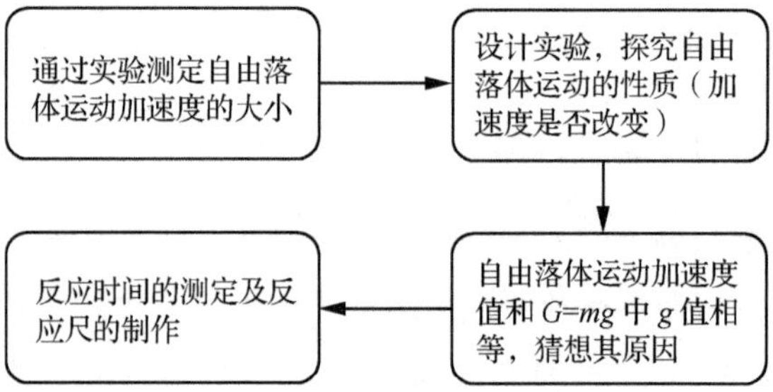

续表

设计流程	导(学)：体现思维引导及主动学习	建议 2 min	【导入新课】通过前面的学习，我们知道不同物体从同一高度做自由落体运动，它们的运动情况是相同的，自由落体运动是初速度为零的加速直线运动。它的加速度在下落过程中是否会变化呢？怎样对这个问题进行深入研究呢？
	研(学)：体现合作探究精神	建议 6 min	【探究活动】利用打点计时器、重物、纸带来进行实验，通过实验研究自由落体运动。首先让两个纸带与打点计时器的限位孔处于同一竖直面上，纸带一端连接重物，另一端穿过打点计时器。用手捏住纸带上端，使重物靠近打点计时器。先启动打点计时器，再松手让重物下落，打点计时器便在纸带上打出一系列的小点。由于重锤下落时受到的空气阻力影响比较小，可以近似看作重物做自由落体运动。得到纸带后，运用已经学过的方法，在纸带上每两个点取一个计数点，时间间隔为 0.04 s。 数据处理：将各计数点的瞬时速度填入表格中，用 Excel 进行拟合，在误差允许的范围内，v-t 图像是一条直线，这说明重物下落是在做匀加速直线运动。再重复进行上述操作，多次实验，得到三条纸带。通过处理纸带上的实验数据，计算出各个时刻物体的瞬时速度，再通过 Excel 处理后，可得到三次实验的加速度，进而得出物体下落的加速度。通过三条纸带数据拟合出图像，测得加速度的数值。
	展(示)：体现合作学习成果	建议 2 min	【展示活动】 1. 三次的 v-t 图像都是直线，说明重物下落是在做匀加速直线运动。三次测得的加速度值相差并不大，取它们的平均值，即为实验测得的重物下落的加速度。因此对于同一物体，其自由落体运动是匀加速直线运动，下落过程中加速度是一定的。 结论外推：我们已经知道，不同物体从同一高度做自由落体运动，它们的运动情况是相同的，也就是说，它们的加速度值应该也是相同的，这个结果是通过逻辑推理得到的。后人通过大量的实验得到了相同的结论，因此可以下这样的结论：在同一地点，一切物体自由下落的加速度都相同，这个加速度叫作自由落体加速度，也叫重力加速度，通常用 g 来表示。重力加速度的方向竖直向下，就是物体从静止状态释放后开始运动的方向。 历史回顾：历史上伽利略是如何利用实验定量探究自由落体运动的规律的呢？由于落体运动速度太快，伽利略采用“转换法”，设想自由落体运动是在竖直方向上的运动，能否通过小球在有一定倾角的斜面上下滑的规律进而研究呢？

续表

<table>
<tr>
<td>设计流程</td>
<td>展(示)：体现合作学习成果</td>
<td>建议2 min</td>
<td>
伽利略想出来一个验证方案：如果小球在不同倾角的斜面上滑下都具有相同的运动规律(右图)，那就可以把斜面的倾角拓展到90°的竖直面，这时应该也有相同的规律。
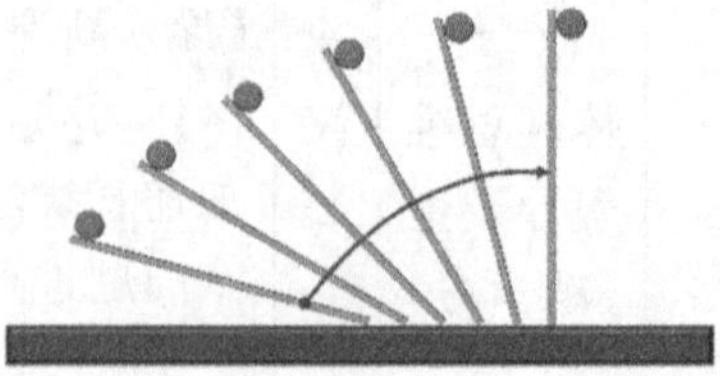
伽利略相信世界是简洁的，小球运动的规律也应该是简洁的，球的速度应该随时间均匀增大。伽利略没有今天先进的计时工具，也没有常用的打点计时器。
2. PPT里展示的是伽利略基于速度随时间均匀变化这一特点的推理。他推理得到位移应该与时间的二次方成正比。他设想只要测量经过不同的位移所对应的时间，就能验证运动距离与时间的二次方是否成正比。
距离可用刻度尺测量，运动时间如何测量呢？伽利略设计了一架水钟。他将一个巨大的水箱放在高处，其下端接一个细管。当球运动时，立即用杯子接水。当小球下滑经过某一距离时，移开水杯停止计时。测量起始位置的距离，就得到小球下滑的距离。由于水箱是巨大的，短时间内水的流速可视为保持不变。测量水的质量，就可以得到时间。
下图展示了400多年前伽利略当时的实验数据。伽利略的数据是否经得起检验呢？利用图像法，采用Excel的拟合功能，通过拟合运动距离与时间的二次方的数据，观察到图像是一条几乎过原点的直线。伽利略又通过改变斜面的倾角，做了上百次的实验，都得到相同的规律，从而将斜面倾角拓展到90°，进而得到这一结论：自由落体运动是初速度为零的匀变速直线运动。
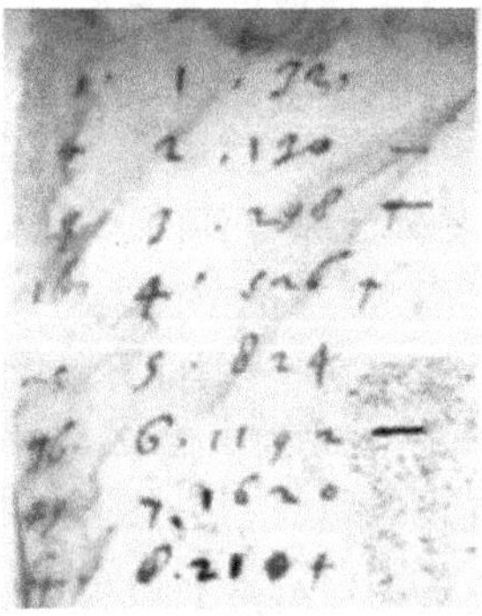
<table>
<tr><th>运动时间/按水滴计时</th><th>时间平方/按水滴计时</th><th>运动的距离/cm</th></tr>
<tr><td>1</td><td>1</td><td>32</td></tr>
<tr><td>2</td><td>4</td><td>130</td></tr>
<tr><td>3</td><td>9</td><td>298</td></tr>
<tr><td>4</td><td>16</td><td>526</td></tr>
<tr><td>5</td><td>26</td><td>824</td></tr>
<tr><td>6</td><td>36</td><td>1 192</td></tr>
<tr><td>7</td><td>46</td><td>1 600</td></tr>
<tr><td>8</td><td>64</td><td>2 104</td></tr>
</table>
爱因斯坦在《物理学的进化》一书中这样说道，伽利略的发现以及他所运用的科学推理方法是人类思想史上最伟大的成就之一，标志着物理学的真正开端。
</td>
</tr>
</table>

续表

设计流程	展(示)：体现合作学习成果	建议2 min	新知拓展：教材提供了一些地点的重力加速度。从表格中能发现什么规律？可以发现，地球上不同地点的重力加速度的大小是不一样的，纬度越高的地方，重力加速度的数值越大。在赤道，g 为9.780 m/s^2；在北京，g 为 9.801 m/s^2；在北极，g 为 9.832 m/s^2。为什么不同地点的重力加速度的数值不同呢？这个问题留给同学们课后查阅相关资料来了解。 g 的标准值为 9.806 65 m/s^2，在一般计算中我们可以取 $g=9.8\ m/s^2$，粗略计算时取 $g=10\ m/s^2$。 温故知新：由于自由落体运动是匀变速直线运动，并且初速度为零，加速度为 g，相应的公式可以简化为：$v=gt$，$h=\frac{1}{2}gt^2$，$v^2=2gh$。而且自由落体运动属于匀变速直线运动。因此匀变速直线运动的基本公式及其推论都适用于自由落体运动。 铺垫新知：为什么自由落体运动加速度的值大约为 9.8 m/s^2，与重力的公式 $G=mg$ 中 g 的值大小完全相同？请推测：物体的加速度与所受合力、质量之间可能满足的关系。 猜想：物体的加速度与所受合力成正比，与自身的质量成反比。列举生活中的实例定性说明观点：用力推动一辆静止的小车，力越大，加速越快，即加速度越大。车越重越难推动，即质量越大，加速度越小。
	练(习)：体现教学效果	建议2 min	【练习】测定反应时间。 1.请一位同学用两个手指捏住直尺的顶端，另一位同学用一只手在直尺下部做捏住直尺的准备，但手不能碰到直尺，记下这时手指在直尺上的对应位置。当看到直尺放开时，立即捏直尺，测出直尺下落的高度。根据自由落体运动的知识，可以算出这位同学作出反应所用的时间。 2.把直尺做成一把反应时间测量尺，把反应时间标注在尺上，要求标出0 s、0.1 s、0.158 s、0.25 s、0.35 s五个读数。各组互相校对时间反应尺。
	评(价)：体现激励性评价作用	建议2 min	【教师课堂总体评价】通过本次实验探究，结合前面逻辑推理过程，我们得到了自由落体运动的性质，测定了自由落体运动的加速度，体会到实验对物理学发展的重大意义。不仅学习到自由落体运动的规律，还经历了科学探究过程。相信同学们的思维水平都有了提升。

续表

板书设计	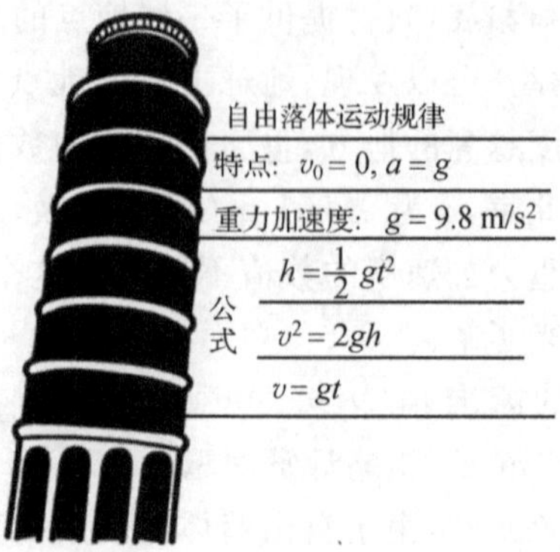

附：可能涉及的专题性问题

1. 从科学方法上讲，伽利略的一个重要贡献是在对自然的研究中引入了实验的方法。什么是实验？它与日常的观察有什么不同？

【参考解答】实验是根据一定的目的，运用必要的手段，在人为控制的条件下，观察研究事物本质和规律的一种实践活动。通过人为控制条件，使自然现象以纯化的形式出现，便于我们找到各因素之间的必然联系；通过人为改变条件，加快或减慢自然过程，使我们能观察得更清楚些。

2. 你认为科学研究的基本要素有哪些？

【参考解答】科学研究的基本要素有提出问题、观察或搜集有关资料、提出假设、利用逻辑（包括数学）得出推论、利用实验验证推论、对假说进行修正和推广等。

福建省泉州市第五中学　王一凡

十七、力的描述

课程信息	《物理》必修第一册第 3 章第 1 节中的“力的描述”。
课标要求	知道矢量和标量，建构力这一重要物理概念。
片断教学目标	通过实例分析，掌握力的物质性、相互性、矢量性和独立性，在具体问题中能画出力的图示与力的示意图，增强运用几何图形表达物理概念的能力。
教材分析	本节内容在初中的基础上深化力的概念，是本章的一个重点。它扩展了学生的视野，让学生学会用力的图示描绘力，从而为学习后续内容做好必要的准备。
学情分析	学生在初中已学习了力的概念，但由于力的概念的抽象性，认识上还需加强；对于力的描述，因为初中学过力的示意图，所以本节重点是力的图示。

续表

<table>
<tr><td colspan="3">片断教学重难点</td><td>重点：力的图示。
难点：力的性质。</td></tr>
<tr><td colspan="3">教学流程图</td><td>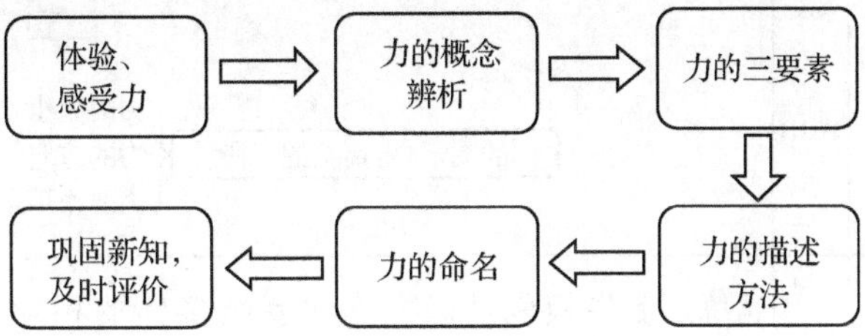</td></tr>
<tr><td rowspan="2">设计流程</td><td>导(学)：体现思维引导及主动学习</td><td>建议2 min</td><td>【导入新课】
1.将两根弹簧秤钩在一起水平拉开，观察现象。
现象：两根弹簧秤均被拉开，并显示相等的示数。
2.两手各拿一个气球，让它们水平接触，然后用手挤压其中的一个，最后停止挤压，观察现象。
现象：两个气球均发生压缩形变，停止挤压时两个气球的形变同时消失。
引导学生认识力的概念、力产生的效果。</td></tr>
<tr><td>研(学)：体现合作探究精神</td><td>建议6 min</td><td>【探究活动】
1.理解作用的概念。作用是物体之间相互拉、压、挤、推、吸等过程的统称。
2.以两个演示实验为例，分析“力是物体之间的相互作用”这句话的含义。深入辨析力的性质：物质性、相互性、矢量性和独立性。
3.认识施力和受力过程。施力和受力过程同时产生，同时存在，同时消失，没有先后之分。
4.分析足球场上人对球的各种作用，总结力使物体的运动状态改变的几种表现形式。
5.分析力的作用效果与哪些因素有关？要想画力的图示，需要了解哪几个问题？力的图示与力的示意图有何区别？
6.根据提供的情境，依次找出各种力，思考它们是依据什么命名的。结合生产和生活实际，说说你所知道的力的分类情况。性质相同的力的作用效果一定相同吗？作用效果相同的力的性质一定相同吗？
教师点睛：按性质分类，力有重力、弹力、摩擦力等；按效果分类，力有拉力、压力、支持力、动力、阻力等。</td></tr>
</table>

续表

设计流程	展(示)：体现合作学习成果	建议2 min	【展示活动】学生画力的示意图和力的图示，辨析两者区别。 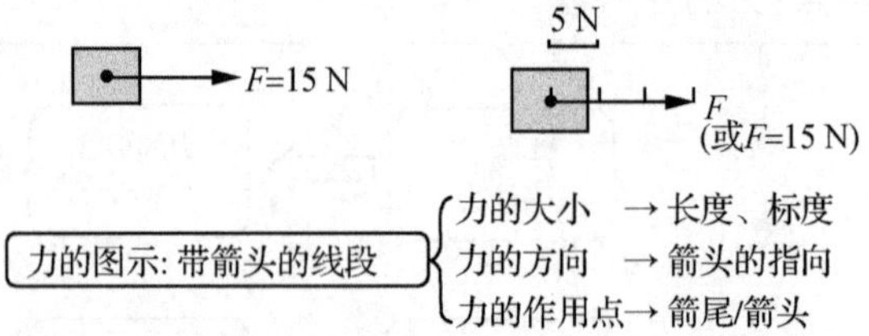
	练(习)：体现教学效果	建议2 min	【练习】牛顿最早将物体间复杂多样的相互作用抽象为“力”，下列关于力的说法正确的是(　　)。 A. 每一个力都必然存在对应的施力物体和受力物体 B. 力只能在相互接触的物体间存在 C. 施力物体施力在先，受力物体受力在后 D. 力是一个物体就能产生的，并不需要其他物体的存在
	评(价)：体现激励性评价作用	建议2 min	【教师课堂总体评价】今天同学们通过集体研讨，仔细辨析了力的相关概念，回顾了力的示意图，学习了力的图示两种不同描述方式。同学们课中能认真思考、讨论。希望同学们再接再厉，上好每一节课。
板书设计			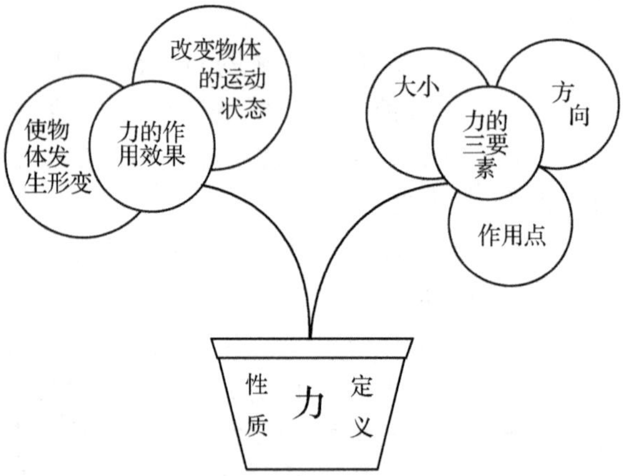

附：可能涉及的专题性问题

简述力的图示与力的示意图的优缺点。

【参考解答】力的图示和力的示意图的区别在于力的图示可以精确表示力的三要素，而力的示意图一般只是粗略表示力的三要素。力的图示三要素包括大小、方向和作用点，需要用一定长度的线段表示特定的力的数值；力的示意图仅表示出每个力的方向和作用点，长度为示意值即可。实验研究作图时应采用力的图示；分析问题时可用力的示意图，这样更为简便。

福建省石狮市第一中学　林晓敏

十八、重力及其测量

<table>
<tr><td colspan="3">课程信息</td><td>《物理》必修第一册第 3 章第 1 节中的“重力及其测量”。</td></tr>
<tr><td colspan="3">课标要求</td><td>能理解重力的内涵，会测量重力的大小，能用示意图描述力，知道重力大小与质量的关系。</td></tr>
<tr><td colspan="3">片断
教学目标</td><td>能用重力的概念与规律说明生产和生活中的相关现象，解决相关问题。</td></tr>
<tr><td colspan="3">教材分析</td><td>教材中的感性材料丰富，由观察或实验引入知识点，还具有启发性的插图。这些是探究“重力的大小跟质量的关系”“重心的概念建构”的基础。</td></tr>
<tr><td colspan="3">学情分析</td><td>重力在力学中处于基础的地位。对物体进行受力分析时，必须先研究重力对物体的运动有无影响。要求学生参与知识的建构，培养分析能力。</td></tr>
<tr><td colspan="3">片断教学
重难点</td><td>重点：了解重力的内涵，测量其大小。
难点：会判断重心位置。</td></tr>
<tr><td colspan="3">教学
流程图</td><td>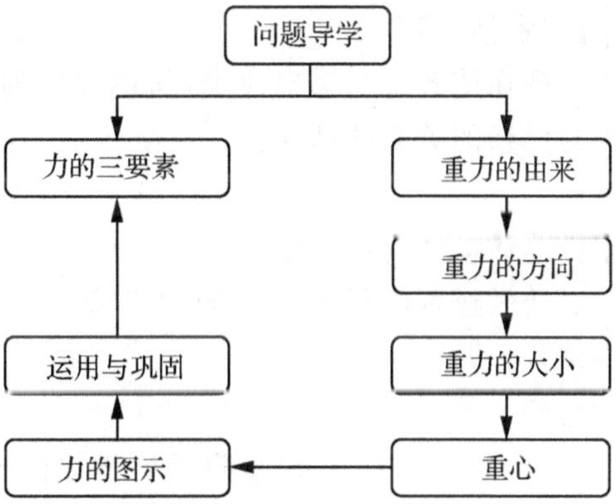
</td></tr>
<tr><td>设计流程</td><td>导(学)：体现思维引导及主动学习</td><td>建议 2 min</td><td>【导入新课】
1. 观察现象：泡泡下落(教师吹泡泡演示)。
提问：大家猜猜泡泡为什么都会落向地面，而不是其他地方？重力的施力物体是什么？
2. 怎样度量重力的大小呢？
3. 根据力的三要素，如何确定重力的作用点？</td></tr>
</table>

续表

设计流程	研(学): 体现合作 探究精神	建议 6 min	【探究活动】 1.了解重力的定义。物体下落,是因为受到地球的吸引。物理学中把地面附近的物体由于地球的吸引而受到的力叫作重力。 2.探究重力的方向。 (1)用一根线把物体悬挂起来(重垂线),观察静止时悬线的方向。 (2)实验证实重力的方向总是竖直向下的。把桌面一侧垫高,现在的地面变为一斜面,请大家再观察重垂线与水平面和地面的关系,并用量角器测得斜面的倾角。 3.测量、探究影响重力大小的因素。 介绍弹簧测力计,并演示其用法。影响重力大小的因素有哪些?要探究重力与质量的关系,需要测量哪些物理量? 请小组合作完成实验,收集数据,然后根据数据绘制图像,再对图像进行分析,得出结论,并完成实验报告的填写。实验时大家要分工好,看哪组做得最快最好,并绘制 G-m 图。 4.寻找重力的作用点——重心。 试着用一根手指顶稳圆形、正方形、无规则形状的盘子,找一找,哪一个位置可以正好顶稳?
	展(示): 体现合作 学习成果	建议 2 min	【展示活动】 1.现在请各小组选出代表,简述你们的实验结果,并简述得出的重力与质量的关系的结论。 结论:$G=mg$,$g=9.8\ \text{N/kg}$(这个比例系数就是前面学过的物体做自由落体运动的加速度)。 2.让已经可以顶稳盘子的同学来讲台上展示,并说明如何确定这个位置。 总结: ①重力的由来——地面附近的物体由于地球的吸引而受到的力叫作重力。 ②重力的三要素。 • 大小:与质量成正比,即 $G=mg$。 • 方向:竖直向下。 • 作用点:重心。
	练(习): 体现教学 效果	建议 2 min	【练习】一辆汽车的质量是 3 t,则这辆汽车受到的重力是多少?($g=10\ \text{N/kg}$)

续表

设计流程	评(价)：体现激励性评价作用	建议 2 min	【教师课堂总体评价】今天同学们通过集体研讨和探究实验，得出了重力的三要素。其中某同学在探究过程中积极思考、实验认真，某同学特别善于猜想，他们是同学们学习的榜样。希望同学们再接再厉，上好每一节课。
板书设计	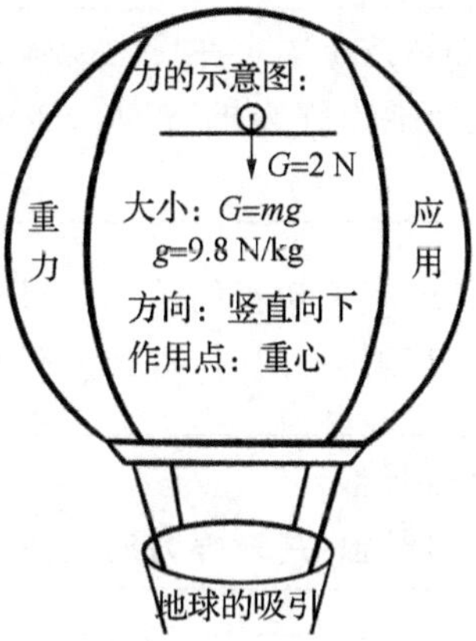		

附：可能涉及的专题性问题

1. 柏拉图认为重力是物体的一种固有属性，你认为对吗？

【参考解答】这个观点是错误的。由已知的实验测得自由落体运动的加速度和月球做圆周运动的向心加速度之间满足 $g=3\ 600a_{月}$。牛顿发现了重力的引力本质，并重新定义了重力。重力除了与物体本身的质量有关外，还与地球的质量和地球的半径有关，并不是物体的固有属性。

2. 重力属于四种基本相互作用的引力相互作用，有人认为重力就是万有引力，你认为对吗？

【参考解答】这个观点是错误的。由地球自转导致的重力与万有引力之间的差别无论是在大小上还是在方向上都很小。在精确程度要求不是特别高的物理模型中二者的差别可以忽略，可以认为重力是万有引力。但是重力与万有引力之间还是存在一定的差异，不能直接认为重力就是万有引力。

福建师范大学物理与能源学院 2023 级　林诺盈

十九、形变与弹力

<table>
<tr><td>课程信息</td><td colspan="3">《物理》必修第一册第3章第2节中的“形变与弹力”。</td></tr>
<tr><td>课标要求</td><td colspan="3">认识弹力，理解它的内涵。知道弹力的方向总是与物体的形变方向相反。</td></tr>
<tr><td>片断教学目标</td><td colspan="3">掌握弹力的概念，会通过实验判断弹力的方向。</td></tr>
<tr><td>教材分析</td><td colspan="3">教材通过列举小球按压固定在墙上的弹簧，使弹簧发生弹性形变的例子，得出弹力的概念，进而推出弹力的方向。这对弹力概念及其方向的理解带来了非常直观的感受。</td></tr>
<tr><td>学情分析</td><td colspan="3">学生对于弹力已经有了初步的认识，但是还停留在定性认识阶段，对弹力方向和弹力大小还比较陌生，同时，对弹力有无的判断也是学习的难点。</td></tr>
<tr><td>片断教学重难点</td><td colspan="3">重点：理解弹力的概念。
难点：根据弹力的概念，判断弹力的方向。</td></tr>
<tr><td>教学流程图</td><td colspan="3">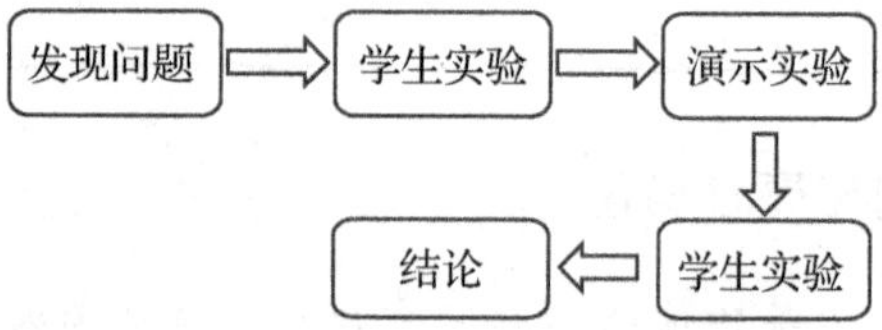
</td></tr>
<tr><td rowspan="2">设计流程</td><td>导(学)：体现思维引导及主动学习</td><td>建议2 min</td><td>【导入新课】当物体发生弹性形变时，它有什么样的特点呢？发生弹性形变的物体在撤去外力后由于要恢复原状，它会给予它接触的物体一个什么样的作用呢？</td></tr>
<tr><td>研(学)：体现合作探究精神</td><td>建议6 min</td><td>【探究活动】可以用小弹簧探究一下，能发生弹性形变的物体是不是在任何大小的力的作用下，发生的都是弹性形变。
1. 先轻轻地拉一下小弹簧，然后将手放开，再用力拉一下弹簧，比较两次的不同之处。(弹性体的形变不能无限增大，若超过一定的限度，撤去外力时物体就不能恢复原状，这个限度称为弹性限度)
2. 把压缩型弹簧的一端固定在小木板上，另一端可以自由收缩。将它竖直放置，用一个乒乓球向下压缩弹簧。当把手放开时发现乒乓球向上运动，弹簧向上恢复了原来的形状。
3. 将弹簧沿水平方向放置，用乒乓球向左压缩弹簧，放手后，观察到乒乓球向右运动，弹簧向右恢复原状。</td></tr>
</table>

续表

<table>
<tr><td rowspan="4">设计流程</td><td>研(学)：
体现合作
探究精神</td><td>建议
6
min</td><td>结论：相互接触的两个物体发生弹性形变时，由于物体要恢复原状，物体会对与它接触的另一个物体产生力的作用，这种力称为弹力。弹力的方向总是与物体形变的方向相反。通常所说的压力、支持力、拉力都是弹力。例如，将书放在水平桌面上，书本会受到支持力，桌面会受到压力。由于书和桌面都是坚硬的物体，形变不容易被观察。
4. 四个人为一组，用气球、海绵、钩码模拟书本放在水平桌面上的过程，探究压力、支持力的方向，并得出压力、支持力分别是由谁发生弹性形变产生的。
(若比赛有现场实验要求，则此项时间建议增加 5 min)</td></tr>
<tr><td>展(示)：
体现合作
学习成果</td><td>建议
2
min</td><td>【展示活动】书本对水平桌面的压力是由谁发生形变产生的，方向如何？
1. 用水气球模拟书本放在水平桌面上。水气球在自然状态下底部呈椭圆形。将其放在桌面上后，水气球的底部变平了。由于要向下恢复原状，于是水气球会给桌面一个向下的压力。
2. 将钩码放在海绵上，发现海绵向下凹陷。海绵由于要向上恢复原状，于是会对钩码产生一个向上的支持力。
教师点睛：把上述两个实验结合一下，将水气球放在海绵上，就可以产生这样的一个现象，水气球向上凸，海绵向下凹。它们相互接触都发生弹性形变，都要恢复原状，都会对双方产生一个与形变方向相反的弹力。</td></tr>
<tr><td>练(习)：
体现教学
效果</td><td>建议
2
min</td><td>【练习】下列说法正确的是(　　)。
A. 同学们坐在椅子上学习，椅子不形变，所以大家没有受到弹力
B. 汽车行驶在松软的地上，地受到向下的弹力，这是因为地发生形变而下陷
C. 汽车行驶在水泥路上，轮胎发生形变，从而产生对地面的压力
D. 汽车静止在水平路面上，对地面的压力就是重力</td></tr>
<tr><td>评(价)：
体现激励
性评价
作用</td><td>建议
2
min</td><td>【教师课堂总体评价】这节课发挥集体的智慧，得到了弹力的概念和弹力的方向。尤其是同学们认真地思考，小组合作探究，得出了弹力的施力物体和受力物体及方向，这是值得表扬的。希望同学们在今后的课堂中能够再接再厉，不断进步。</td></tr>
</table>

续表

<table>
<tr><td>板书设计</td><td>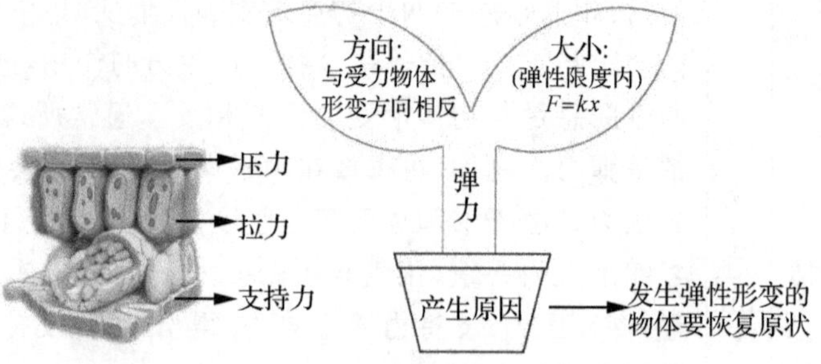

发生弹性形变的物体要恢复原状,从而产生弹力。图中花盆中的土壤代表形变程度。形变程度“滋养”产生了弹力。弹力拥有两个主要的叶片:一个是大小,一个是方向。而罩在“弹力”小草周围的玻璃罩是小草生长的最大限度空间,小草生长的范围不可超过这个空间。“拔苗助长”的做法会使叶片失去生机,即弹性限度被破坏。而“大小”和“方向”两个叶片结构都拥有上表皮、下表皮及栅栏组织,分别代表压力、拉力和支持力,压力、拉力和支持力都属于弹力范畴。</td></tr>
</table>

附:可能涉及的专题性问题

1. 如何确定弹力的方向?

【参考解答】根据形变方向判断。要明确被分析的弹力,确定施力物体并分析施力物体的形变方向,从而确定弹力的方向。支持力和压力总是垂直于接触面指向受力物体。绳的拉力总是沿着绳指向绳收缩的方向。

2. 对于形变不明显的物体,如何判断弹力的有无?

【参考解答】用假设法进行判断,假设将与研究对象接触的物体“拿走”,判断物体能否保持原来的运动状态:如果运动状态不变,则此处不存在弹力;如果运动状态改变,则此处一定存在弹力。

福建省南安市南星中学　黄荣愉

二十、胡克定律

课程信息	《物理》必修第一册第3章第2节中的“胡克定律”。
课标要求	认识重力、弹力与摩擦力。通过实验,认识胡克定律。
片断教学目标	通过探究弹簧弹力和弹簧形变量的关系,了解科学探究的基本方法。

续表

<table>
<tr><td>教材分析</td><td colspan="3">“探究弹簧弹力的大小与伸长量的关系”是普通高中物理课程标准实验教科书《物理》必修第一册第 3 章第 2 节中的一个探究性实验，是学生了解弹簧弹力大小与形变量之间的关系和培养探究式学习的一个很好的机会。弹力是“第 3 章 相互作用”中介绍的第二种性质的力，是学生学习摩擦力的基础，而本章又是力的基础知识，是静力学和动力学所必需的预备知识。弹簧的弹力与形变量的关系在生产和生活中的应用十分广泛。以胡克定律为原理制作的弹簧测力计是定量测量力、研究相互作用的重要仪器。本章的内容与初中学过的力学知识联系密切，是初中知识的扩展与深化。</td></tr>
<tr><td>学情分析</td><td colspan="3">学生在学习了弹力的产生条件及方向以后，能很自然地想到物体产生弹力的大小应该与形变的程度有关，在初中阶段也学习过弹簧测力计的使用方法，但对弹力大小与形变量的定量关系还不了解。教师可以引导学生设计实验，通过实际测量的数据来探究两者之间的关系。</td></tr>
<tr><td>片断教学重难点</td><td colspan="3">重点：探究弹簧的弹力与弹性形变的关系。
难点：实验数据的处理方法。</td></tr>
<tr><td>教学流程图</td><td colspan="3">问题引入 → 设计实验与制订计划 → 分组实验 → 交流与讨论</td></tr>
<tr><td rowspan="2">设计流程</td><td>导(学)：体现思维引导及主动学习</td><td>建议 2 min</td><td>【导入新课】力的大小可以用弹簧测力计测量。请仔细观察弹簧测力计，思考以下几个问题：弹簧测力计主要由哪些部分组成？它是根据什么原理制成的？为什么弹簧测力计的表盘刻度是均匀的？
学生观察并思考讨论。
教师点睛：弹簧测力计的表盘刻度是均匀的，说明内部的弹簧在弹性限度范围内，每拉长一格，弹力就增加相同的数值。</td></tr>
<tr><td>研(学)：体现合作探究精神</td><td>建议 6 min</td><td>【探究活动】利用桌面上已有的弹簧测力计，两人一组分工合作进行实验：测量弹簧自由悬挂时的长度、挂钩码后的长度及每增加一次钩码弹簧对应的长度。列表记录数据，尽可能多测几组数据。
思考：
①弹簧既可以被压缩也可以被伸长，如何选择？弹簧应该水平放置还是应该竖直放置？
②哪些是需要直接测量的物理量，如何测量？哪些物理量可通过间接测量得到？
③本实验有哪些注意事项？请画出实验装置草图。
④得到的实验数据如何处理？</td></tr>
</table>

续表

设计流程	展(示)：体现合作学习成果	建议2 min	【展示活动】 1.如右图所示，将弹簧上端固定在铁架台上，在弹簧旁边固定一刻度尺，刻度尺的零刻度线与弹簧的上端重合，读出弹簧的原长。 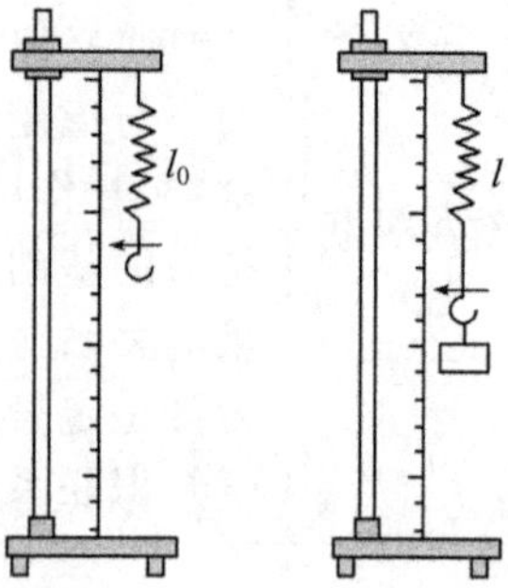 2.在弹簧下挂一个钩码，测出弹簧的总长度，再在弹簧下挂一个钩码，测出弹簧的总长度……将各次弹簧总长度记入相应的表格内。 3.根据每个钩码的质量计算出其重力。弹簧弹力的大小等于所挂钩码的重力，将各次弹簧弹力大小填入相应表格内。(利用课本第75页的表格记录数据) 4.利用图像法处理实验数据。 结论：每增加一个钩码，弹簧就伸长一定的长度，且弹簧弹力 F 与伸长量 x 的关系的图像是一条过原点的倾斜的直线。 教师点睛： ①在使用刻度尺测量弹簧长度时，要注意估读数字。 ②挂钩码时要注意不要超过弹簧的弹性限度。 ③弹簧和刻度尺要竖直放置并固定在铁架台上。 ④实验表明，在弹性限度范围内，弹簧弹力的大小 F 与弹簧伸长(或压缩)的长度 x 成正比，即 $F=kx$。式中，比例系数 k 称为弹簧的劲度系数，单位是牛[顿]每米(N/m)。而劲度系数与弹性体的材料、形状等因素有关。生活中常说的“软”和“硬”反映的是弹簧劲度系数的不同。劲度系数越大，则表明弹簧越“硬”。 思考：本实验的误差来源有哪些？
	练(习)：体现教学效果	建议2 min	【练习】一根轻质弹簧的长度由原来的5.00 cm伸长到6.00 cm时，手受到的弹力为10.0 N。当这根弹簧伸长到6.20cm时(在弹性限度内)，手受到的弹力有多大？
	评(价)：体现激励性评价作用	建议2 min	【教师课堂总体评价】今天同学们通过实验找到了弹簧弹力与形变量的关系，验证了胡克定律。大家在做实验的过程中保持了良好的纪律，同桌之间互帮互助，完成实验后能及时整理实验器材。有些小组同学在完成本组实验后，还帮助其他小组同学解决了困难。希望大家都能学习这种乐于助人的精神。

续表

板书设计	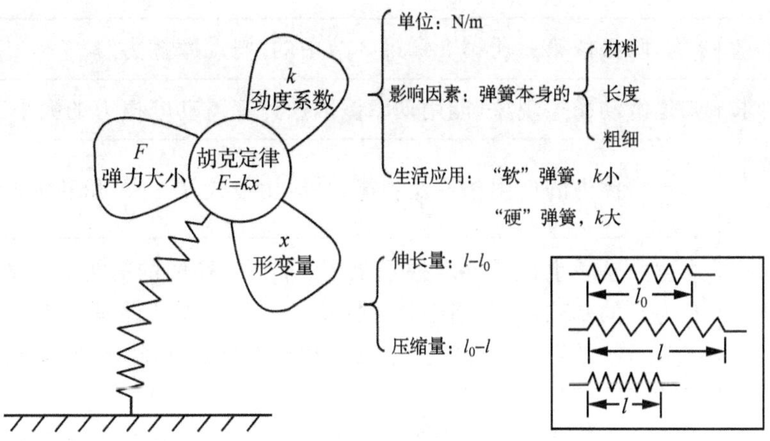

附：可能涉及的专题性问题

1. 该实验中有哪些难点？

【参考解答】弹簧的自由端受到微扰时会发生晃动，弹簧上端的固定点不易牢靠地固定，导致实验过程中弹簧可能转动，从而引起弹簧指针旋转不指向刻度尺。若在固定刻度尺时不沿竖直方向固定，刻度尺的刻度线与弹簧指针距离较远，弹簧指针松动，就容易导致读数误差等。所以实验装置的安装、固定是本实验的第一个难点。第二个难点是因为弹簧不是理想弹簧，学生的操作过程也各不相同，处理数据时，学生按照教材上的建议描绘 F-x 图像，很多时候得到的图像不是一条过原点的直线。此时，如何分析图像，得出实验结论，是实验中必须要突破的问题。

这个实验的原理并不复杂，仪器也比较简单，但如果不注意安装和操作的细节，也会对实验结果造成较大的影响。针对一些操作中的典型问题，教师可以将以往学生的错误操作拍照留存，在介绍器材安装时展示错误操作，让学生分析这样操作将会导致什么后果。例如，若弹簧上端挂在横杆上不加固定，会导致弹簧转动、刻度尺倾斜、刻度尺固定不稳、刻度尺离弹簧过远（过近）、横杆高度过低（过高）等各种问题。教学中也可将实验器材做适当改进，从而减少学生的操作错误。

2. 弹力大小与形变量的关系最早是由谁发现的？

【参考解答】郑玄（公元 127—200）。早在我国东汉时期，郑玄在对《考工记》做注解时就说过，"假令弓力胜三石，引之中三尺，驰其弦以绳缓擐之，每加物一石，则张一尺"。意思是说弓有弹力，随着弦上重物每增加一石，弓就伸张一尺。这一现象非常明显地揭示了"力和形变成正比"的线性关系。郑玄的发现比胡克的发现早了约 1 500 年。

福建省石狮市第一中学　黄思思

二十一、滑动摩擦力

<table>
<tr><td>课程信息</td><td colspan="3">《物理》必修第一册第 3 章第 3 节中的“滑动摩擦力”。</td></tr>
<tr><td>课标要求</td><td colspan="3">知道滑动摩擦现象，能用动摩擦因数计算滑动摩擦力的大小。</td></tr>
<tr><td>片断教学目标</td><td colspan="3">滑动摩擦力的产生条件及规律，会应用公式 $f=\mu N$ 解决实际问题。</td></tr>
<tr><td>教材分析</td><td colspan="3">摩擦力是学生在充分掌握了重力、弹力后接触的另外一种性质的力。本节既是力学的基础，也是高中物理知识的基石。本节课是重力和弹力学习的延伸，又为后续学习受力分析及牛顿运动定律打好基础，具有承前启后的作用。</td></tr>
<tr><td>学情分析</td><td colspan="3">本节内容是初中摩擦力知识的延伸和拓展。由于摩擦力的不可观察性，在许多情形下似乎方向不定，学生对于滑动摩擦力的学习有一定的难度。</td></tr>
<tr><td>片断教学重难点</td><td colspan="3">重点：滑动摩擦力的产生条件及规律，会应用公式 $f=\mu N$ 解决实际问题。
难点：自主设计探究方案，进行科学探究。</td></tr>
<tr><td>教学流程图</td><td colspan="3">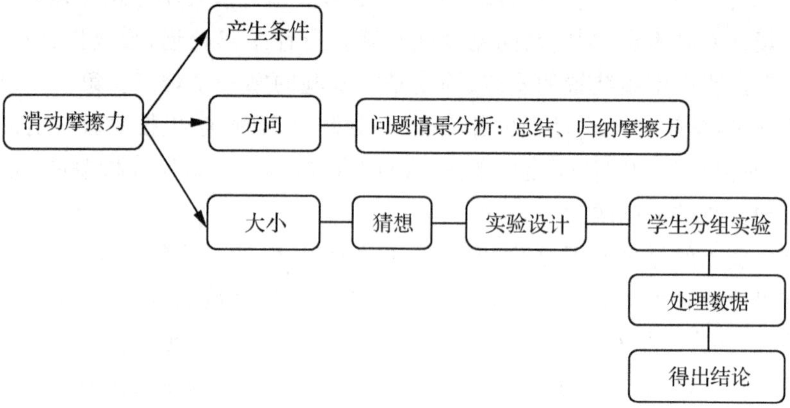
</td></tr>
<tr><td>设计流程</td><td>导(学)：体现思维引导及主动学习</td><td>建议 2 min</td><td>【导入新课】
1. 通过初中的学习，我们已经初步了解了摩擦力。什么是摩擦力呢？(回顾初中的知识)
2. 滑动摩擦力的产生条件是什么？
3. 影响滑动摩擦力大小的因素是什么，如何计算滑动摩擦力的大小？</td></tr>
</table>

续表

设计流程	研(学)：体现合作探究精神	建议 6 min	【探究活动】请同学们用准备好的实验器材探究“滑动摩擦力的大小与物体间压力大小的关系”。 实验器材：计算机、轨道、摩擦台、固定柱、摩擦块、力传感器、采集器、USB 数据线、连接线、棉线。 实验步骤：将固定柱安装在轨道上，将力传感器安装到固定柱上，将细线的一端连接滑块，另一端绕在匀速电机转轮上，连接力传感器、采集器、计算机。用细线连接摩擦块、力传感器。打开 DISLab 软件，选择相应实验“摩擦力”，输入第一个摩擦块的重力，点击“开始记录”“传感器调零”。打开电源开关，摩擦块由静止变为做匀速直线运动，点击“停止记录”，点击“选择区域”，选取一段需要研究的区域，得到相应的摩擦力的数值。在摩擦块上添加不同质量的滑块，重复实验，得到几组实验数据。点击“f-N”图像，得到一些数据点；点击“直线拟合”，得到一条过原点的直线。
	展(示)：体现合作学习成果	建议 2 min	【展示活动】请各小组选出代表，简述你们的实验结果，并简述得出的“滑动摩擦力大小与物体间压力大小的关系”的结论：随着压力 N 的增大，滑动摩擦力 f 也增大，但滑动摩擦力与压力的比值保持不变，即滑动摩擦力大小与物体间压力大小成正比。
	练(习)：体现教学效果	建议 2 min	【练习】重为 100 N 的木箱放在水平地板上，用 30 N 的水平推力，可使木箱继续做匀速直线运动。由此可知木箱所受的滑动摩擦力 f=________，木箱与地板之间的动摩擦因数 μ=________。
	评(价)：体现激励性评价作用	建议 2 min	【教师课堂总体评价】今天通过探究实验，得出了“滑动摩擦力大小与物体间压力大小的关系”的结论。部分同学在探究过程中表现优异、实验认真、测量准确，某同学在实验过程中善于交流、与同学们分享自己的观点。希望同学们再接再厉，认真上好每一节课。
板书设计	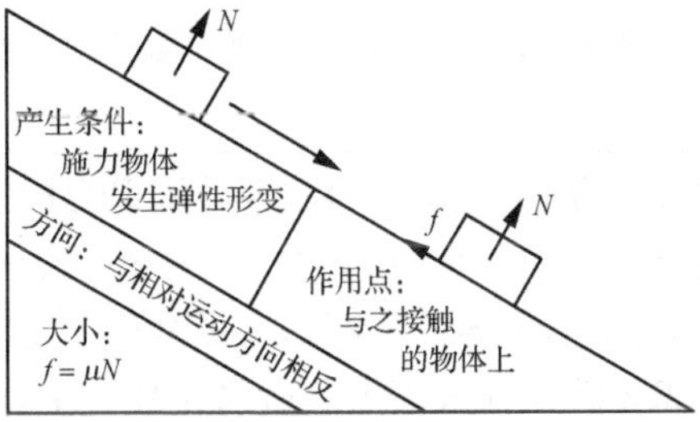 		

附：可能涉及的专题性问题

1. 除了利用比值的方法，你还有其他方法来验证滑动摩擦力与压力之间的关系吗？

【参考解答】

（1）力矩平衡法。力矩平衡法是一种常用的测量滑动摩擦力的方法。实验时，可以在平面上放置一个木块或其他物体，使其与摩擦体相接触，然后在木块上施加一个力矩，使得木块保持平衡。通过测量施加力矩的力臂长度和受力物体的质量，可以计算出滑动摩擦力的大小。

（2）斜面法。斜面法是另一种常用的测量滑动摩擦力的方法。实验时，可以将一个物体放在斜面上，然后逐渐增加斜面的倾斜角度，直到物体开始滑动。通过测量物体开始滑动时的斜面角度和物体的质量，可以计算出滑动摩擦力的大小。

2. 在实际教学中，如何理解运动方向与相对运动方向？

【参考解答】运动方向是指在一个特定坐标系下物体运动的方向。相对运动方向指以某一特定人或物作为参照物，相对于它的运动方向。运动方向其实也属于相对运动方向，只是一般默认大地为参考系。

滑动摩擦力的方向与物体的相对运动方向相反，而不是跟物体的运动方向相反。“相对”二字取决于参照物的选取。由于滑动摩擦力发生在相对运动的两物体之间，因此在分析物体受到的滑动摩擦力的方向时，只能选择与它接触的物体做参照物。教师在教学时可创设多种情境，让学生判断滑动摩擦力的方向，体会滑动摩擦力的方向并不总是与物体的运动方向相反，而是与物体的相对运动方向相反。

福建省南安市南星中学　黄荣愉

二十二、静摩擦力

课程信息	《物理》必修第一册第 3 章第 3 节中的“静摩擦力”。
课标要求	认识静摩擦力，知道静摩擦现象和最大静摩擦力的概念。
片断教学目标	知道静摩擦力产生的条件，能根据物体的平衡知识来判断静摩擦力的大小和方向。知道最大静摩擦力，能通过实验得出最大静摩擦力大小与物体间压力的定性关系。具有与摩擦力相关的、初步的相互作用观念。
教材分析	本节内容是初中摩擦力知识的加深和拓展。本节从生活实例“拉静止的木箱”入手，引导学生发现生活中的静摩擦力；接着从实验的角度分析最大静摩擦力大小与压力大小的关系，整个过程清晰完整；最后设置了例题与迁移，培养学生应用知识解决问题的能力。
学情分析	高一学生已经学习过重力、弹力，对认识力的方法有了一定的了解，初中对摩擦力也进行过定性分析，知道了二力平衡，还具备初步的实验技能和实验探究能力，这都为本节内容的学习奠定了基础。学生由于受到认知水平的限制，对事物的认识还停留在表面上。所以在教学中，教师应当循序渐进，从简单情境入手，慢慢过渡到理性分析。

续表

<table>
<tr><td colspan="3">片断教学重难点</td><td>重点：静摩擦力的定义，静摩擦力方向的判断及大小计算。
难点：静摩擦力产生的条件及规律，最大静摩擦力的概念。</td></tr>
<tr><td colspan="3">教学流程图</td><td>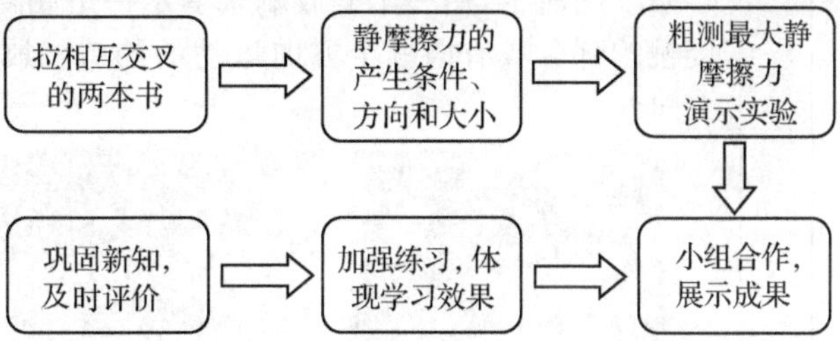
</td></tr>
<tr><td rowspan="2">设计流程</td><td>导(学)：体现思维引导及主动学习</td><td>建议 2 min</td><td>【导入新课】
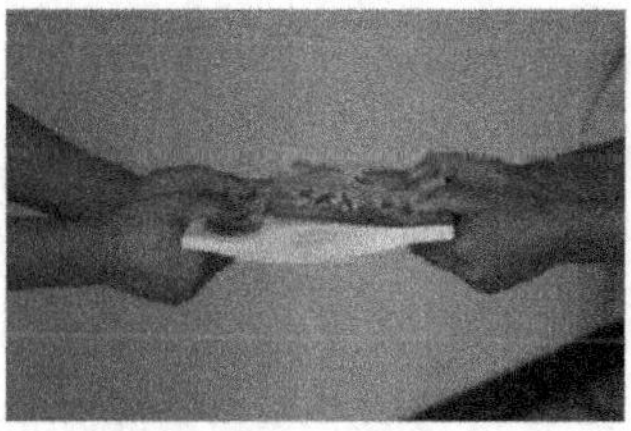
1. 把两本书每页相互交叉。如右图所示，找两位同学来拉这两本书，他们会把书分开吗？为什么？
2. 列举生活中的摩擦现象。例如：手拿杯子喝水；推箱子，箱子未动；小朋友静止在滑梯上；等等。
这就是我们要研究的静摩擦力现象。</td></tr>
<tr><td>研(学)：体现合作探究精神</td><td>建议 10 min</td><td>【探究活动】

1. 为什么手握杯子，杯子掉不下来？引出静摩擦力的产生条件。
可做对比实验：①手刚好接触杯子，不施加挤压的力，不能提起杯子；②手接触杯子且对杯子施加挤压的力后，能提起杯子。
结论：要想拿起杯子，手不仅要接触杯子，还需要挤压杯子，由此得出产生静摩擦力的第一个条件。
2. 让学生用手掌用力压桌面，并向前用力，但手掌相对桌面静止。
提问：如果只是将手掌用力压在桌面上，手掌能感受到阻碍手掌前进的力吗？只有将手向前用力，想要向前运动时才能感受到静摩擦力。我们将这种想运动但没有运动的情况称为相对运动趋势。这是静摩擦力产生的第二个条件。
3. 一位同学使用接触面粗糙的筷子，另一位同学使用接触面光滑的筷子，二人进行夹弹珠比赛。
学生通过观察比赛，可发现产生静摩擦力的第三个条件为两物体之间的接触面粗糙。
教师点睛：静摩擦力产生的三个条件为两个物体相互接触且挤压、两个物体有相对运动趋势、两个物体的接触面粗糙。</td></tr>
</table>

续表

<table>
<tr><td rowspan="2">设计流程</td><td>研(学):
体现合作探究精神</td><td>建议
10
min</td><td>静摩擦力的定义:两个彼此接触、挤压的物体之间没有发生相对运动,但具有相对运动趋势时,在接触面上会产生一种阻碍相对运动趋势的力。
4.如下图所示,用一个硅胶刷来演示一下相对运动趋势。刷毛与桌面接触的部分具有向哪个方向运动的趋势?刷毛受到的摩擦力向哪个方向?

总结:静摩擦力的方向与相对运动趋势的方向相反。
5.如右图所示,一个 $G=2$ N 的杯子在手的作用下在空中处于静止状态,请问手对杯子的摩擦力为多大呢?

分析:结合平衡条件对物体进行受力分析,学生可以发现,物体所受的静摩擦力与物体所受的重力是一对平衡力,静摩擦力的大小刚好等于重力大小。
总结:静摩擦力会随着外力的改变而改变。由二力平衡可知,静摩擦力大小总等于使物体发生相对运动趋势的外力的大小。
6.(演示实验)如下图所示,将物块放在水平桌面上,用弹簧测力计水平拉物块,从零开始逐渐增大拉力,直到物块滑动,记录下此时弹簧测力计的示数(即最大静摩擦力的大小)。改变滑块上的砝码数量来改变压力,重复操作。
思考:物块与桌面之间的最大静摩擦力与压力有什么关系?物块滑动前后弹簧测力计的示数有无变化?这表明什么?
</td></tr>
<tr><td>展(示):
体现合作学习成果</td><td>建议
2
min</td><td>【展示活动】
1.现在请各小组选出代表,阐明你们的实验结果,并简述你们得出的有关最大静摩擦力的结论。
(1) 静摩擦力有一个最大的限度,即最大静摩擦力 $f_{\max}$。静摩擦力的大小范围是 $0<f\leqslant f_{\max}$。
(2) 最大静摩擦力与两物体间的压力成正比,并与接触面的性质有关。
(3) 最大静摩擦力略大于滑动摩擦力。</td></tr>
</table>

续表

设计流程	展(示)：体现合作学习成果	建议2 min	讨论： ①静摩擦力的大小随物体间的压力增大而增大，对吗？ ②手推桌子没推动，是因为手的推力小于摩擦力，对吗？ 结论：根据力的平衡条件进行分析，物体所受的静摩擦力随着产生运动趋势的外力的变化而变化，跟物体间接触面的压力大小无关，最大静摩擦力跟物体间的压力、接触面的材料及粗糙程度有关。 2. 请小组代表结合生产和生活中的自身体验，谈谈何时需要加大摩擦力及如何增大摩擦力，何时希望把摩擦力减到最小及怎样减小摩擦力。
	练(习)：体现教学效果	建议2 min	【练习】如下图所示，人推箱子，箱子静止，箱子受到多大的静摩擦力？ 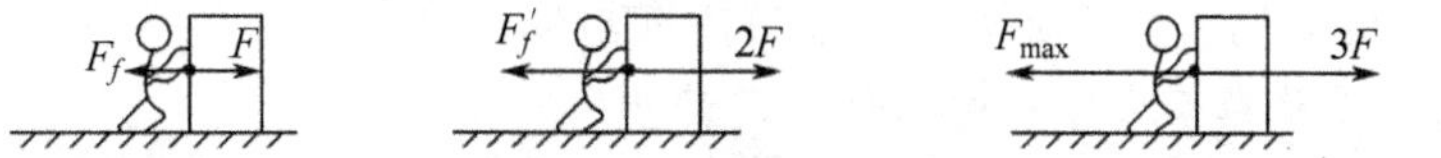 人推箱，箱静止　增大推力，箱仍静止　增大推力，箱子恰好开始滑动 总结：静摩擦力的大小不是一个固定值，可以用二力平衡条件来确定它的大小。物体静止时，物体受到的拉力大小和地面对它的静摩擦力大小相等。当拉力大小超过最大静摩擦力大小时，物体将会相对运动，此时摩擦力为滑动摩擦力。
	评(价)：体现激励性评价作用	建议2 min	【教师课堂总体评价】今天同学们通过集体研讨和探究活动，学习了静摩擦力的相关知识。通过科学探究过程，感受了静摩擦力的存在，探究了其大小和方向。同时学会了用物理思维去分析生活中的摩擦力。其中某同学在探究过程中实验认真、测量准确，某同学特别善于交流、学习态度好，他们是同学们学习的榜样。希望同学们再接再厉，上好每一节课。
板书设计	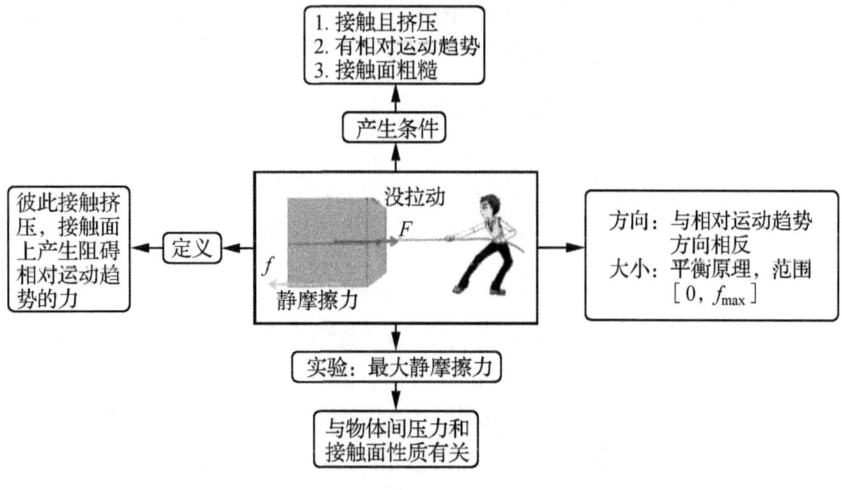 		

附：可能涉及的专题性问题

1. 静摩擦力一定是阻力吗？它的方向一定与运动方向相反吗？

【参考解答】

（1）相对运动是以相互接触的物体作为参照物。"物体运动"则是以其他物体作为参照物。

（2）静摩擦力阻碍的是物体间的相对运动趋势，但不一定阻碍物体的运动，即静摩擦力不一定是阻力. 静摩擦的方向与物体的运动方向可能相同，也可能相反，还可能成一定的夹角。如右图所示，用手握住一根竖直棒，若使手与棒一起沿不同方向匀速运动，棒所受的静摩擦力竖直向上，而手与棒的运动方向可以是任意的，所以 f 的方向与匀速运动中速度的方向可成任意夹角。

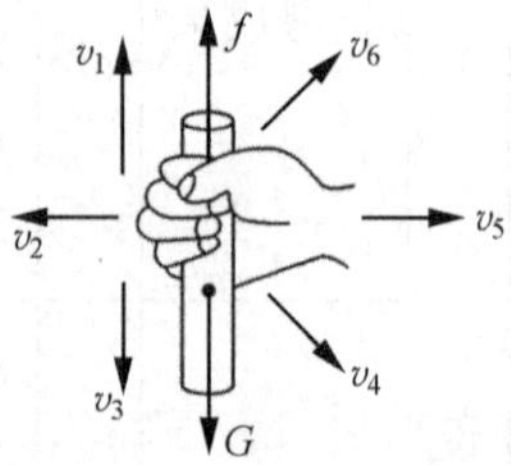

2. 受静摩擦力作用的物体一定静止吗？

【参考解答】受静摩擦力作用的物体不一定静止，关键取决于相对另一物体是否有运动趋势。比如我们用手贴住教室的黑板并推动它的时候，手和黑板是有相对运动趋势的，但手和黑板处于相对静止状态，故黑板受到手施加的静摩擦力作用。

福建省晋江市第二中学　彭承斌

二十三、科学探究：力的合成

课程信息	《物理》必修第一册第 4 章第 1 节"科学探究：力的合成"。
课标要求	通过实验，了解力的合成与分解，知道矢量和标量。
片断教学目标	通过演示实验及日常生活情境，认识共点力、合力、分力、力的合成、力的分解等概念；通过实验探究，得出力的合成和分解所遵从的法则——平行四边形定则；增强设计实验方案、基于证据进行猜想假设、运用图形法分析和处理实验数据、归纳总结得出物理规律等科学探究能力；知道矢量相加遵从平行四边形定则，标量运算遵从算术运算法则，能区分矢量和标量；通过合力、分力概念的学习及物体运动状态的分析，体会等效替代的思想。
教材分析	教材通过生活中用力提起购物篮的情境进行导入，并引出相关概念。 本节先回顾同一条直线上力的合成规律，进一步提出了互成角度的一般情况，引发学生思考，再通过实验进行探究，得出共点力合成所遵循的平行四边形定则。接着，从运算的角度，明确矢量和标量的区别，进行拓展，介绍了力的合成的三角形定则。
学情分析	学生之前的认知里只有算术运算法则，处理数据一般利用列表法、描点作图法，而对用图形法发现物理规律比较陌生。根据三力的图示，学生很难想到添加辅助线构成平行四边形，因此利用实验数据作图推断得出平行四边形定则成为本节课学习的难点。

续表

<table>
<tr><td colspan="2">片断教学重难点</td><td colspan="2">重点：合力、分力的概念，探究两个互成角度的力的合成规律。
难点：利用获得的实验数据推理得出平行四边形定则。</td></tr>
<tr><td colspan="2">教学流程图</td><td colspan="2">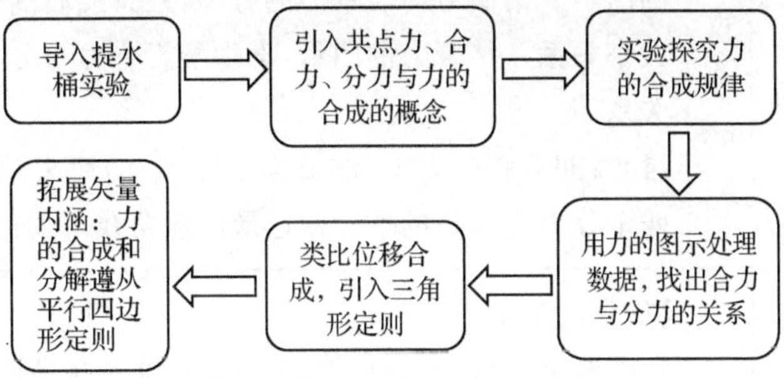
</td></tr>
<tr><td rowspan="2">设计流程</td><td>导(学)：体现思维引导及主动学习</td><td>建议2 min</td><td>【导入新课】
1. 两个人可以提水桶，一个人也可以提水桶。两个人提水桶时，水桶受到两个向上的力。如果一个人提水桶，这一个力跟那两个力的作用效果是一样的。那么这一个力跟那两个力有何关系呢？
分析：为了研究力的合成，需要引入合力与分力的概念。当物体同时受到几个力的作用时，我们可用一个力来代替它们，且产生的作用效果相同。可通过实例来加以说明。一个人向上提水桶的这个力就叫作合力，两个人向上提水桶的这两个力就叫作这个合力的分力。用两个力拉橡皮筋，使它发生一定长度的形变，也可以用一个力拉橡皮筋使它发生一样长度的形变，这一个力就叫作合力，而那两个力就叫作这个力的分力。
2. 求几个力的合力叫作力的合成。力的合成规律是什么呢，存在什么定量的关系？</td></tr>
<tr><td>研(学)：体现合作探究精神</td><td>建议6 min</td><td>【探究活动】力的作用效果可以使物体发生形变，或者改变物体的运动状态，而合力与分力能够等效替代的关键在于二者的作用效果相同。请从力的作用效果出发，设计可行的实验方案，探究两个分力与合力的定量关系。可分组实验。
实验仪器：木板、橡皮筋、细线、弹簧测力计、图钉、白纸、铅笔、刻度尺、三角板。
实验步骤：用图钉将白纸固定在木板上，将橡皮筋的一端套在一个固定的图钉上 A 点，另一端与两条细线打一个节点 B 点。先用两只弹簧测力计同时拉动两条细线，使节点 B 被拉到某一位置 O，并记下这个 O 点的位置，记下此时两只弹簧测力计的示数 F_1、F_2，同时沿两条细线标记出力的方向。接着再只用一只弹簧测力计，同样将节点 B 拉到 O 处，记下示数 F 的大小，并沿细线标出力的方向。</td></tr>
</table>

续表

设计流程	研(学)：体现合作探究精神	建议6 min	分析：复习之前学习过的力的图示，用一定长度的有向线段来表示力，可以同时表示力的大小和方向。规定比例尺度，作出合力与分力的力的图示。箭头方向表示力的方向，三条线段的长度关系反映三个力的大小关系。结合力的图示，学生猜想合力与分力之间可能存在的图形关系。 猜想：如果将拉力 F_1 的箭头端与 F_2 的箭头端连接，发现合力像是以两个分力为邻边的平行四边形的对角线。如何验证这一猜想？
设计流程	展(示)：体现合作学习成果	建议2 min	【展示活动】 1. 以两个分力为邻边，借助三角板，通过规范的尺规作图，作出一个标准的平行四边形，并找到它的对角线，与合力的测量值进行比较，发现 F 与 F' 大小近似相等，方向几乎重合。根据多组同学的数据，都能得到相同的结论。 结论：大量实验表明，在两个力合成时，以表示这两个力的有向线段为邻边作平行四边形，这两个邻边之间的对角线就代表合力的大小和方向。这个规律叫作平行四边形定则。力的合成只适用于共点力的情况。 讨论：要使得测量尽可能精确，需要注意哪些实验操作细节呢？ 2. 通过情境引入位移的合成，通过作图会发现，这个人全程的位移(合位移)与 A 到 B 和 B 到 C 两个分位移构成三角形。位移的合成和二力的合成是否遵守同样的规律——平行四边形定则呢？ 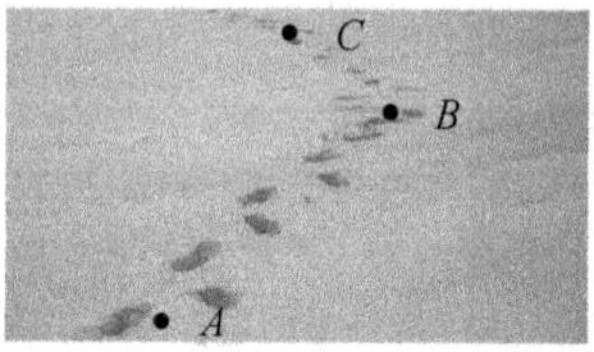 平行移动有向线段 BC，使它的始端与第一次位移的始端 A 重合，两个表示位移的有向线段构成平行四边形的一组邻边，过 C 点作这两个邻边的平行线，构成平行四边形，则合位移正好是两分位移所夹的一条对角线，说明位移的合成和力的合成一样，也遵守平行四边形定则。 类比求合位移的方法，求两个力的合力时，也把表示两个力的有向线段首尾相接，合力就是由一个力的起始端指向另一个力的箭头端的有向线段，这就是二力合成的三角形法则。

续表

设计流程	展(示):体现合作学习成果	建议2 min	思考:位移的合成和力的合成为什么会遵循相同的运算法则呢?它们之间有哪些相同之处?是不是有大小、有方向的物理量的运算都遵守平行四边形定则呢?电流也有大小、有方向,那么电流的运算是否也满足平行四边形定则呢? 教师点睛:之前学习的矢量定义"有大小、有方向的物理量叫矢量"是不严谨的,如果一个物理量是矢量,那么它还要满足其运算遵循平行四边形定则。
	练(习):体现教学效果	建议2 min	【练习】如果一个物体受到多个力的作用,是否也可以利用类似的方法求出这几个力的合力?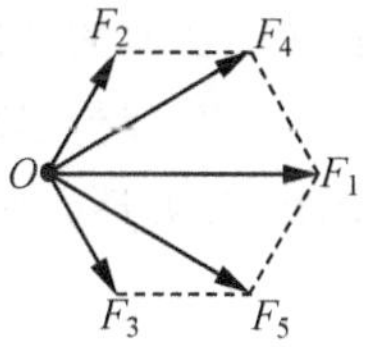 讨论:尝试利用三角形定则、平行四边形定则求解这个题目。如右图所示,有五个力作用于同一点O,表示这五个力的有向线段恰好分别构成一个正六边形的两邻边和三条对角线。已知$F_1=10$ N,则这五个力的合力大小为多少?
	评(价):体现激励性评价作用	建议2 min	【教师课堂总体评价】本节课中同学们积极主动设计方案,探究得到力的合成遵循平行四边形定则。虽然部分同学实验数据不太理想,但是实验误差在所难免。在实验中,同学们尊重实验事实,体会到了科学探究的乐趣,也感受到了等效替代这一思想的奇妙。
板书设计	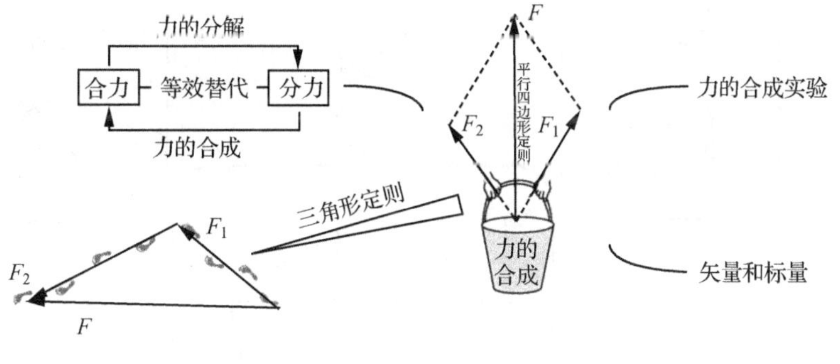		

附:可能涉及的专题性问题

1. 如何理解合力与分力的作用效果是相同的?

力的作用效果有两种:力可以改变物体的运动状态,力可使物体发生形变。物体在不同力的作用下其运动状态相同,或者形变相同,我们就称之为力的作用效果相同。两个人可以向上提起水桶,一个人也可以把水桶向上提起来,两次水桶都保持静止状态,因此力的作用效果相同。用两个力拉橡皮筋,使它发生一定长度的形变,用一个力拉橡皮筋使它发生相同长度的形变,两次橡皮筋的形变量相同,因此力的作用效果相同。

2. 教学中,你是如何引导学生理解力的合成遵循平行四边形定则的?

教学中,通过引入实际场景,如两人举起水桶的情境,探讨两种提起方式对水桶的作用效果。引导学生思考一个人提水桶与两个人提水桶的力的关系,启发学生对力的合成问题的认识。

引入合力与分力的概念,解释物体受力时可以用一个力替代多个力的原理。设计实验方案,利用弹簧测力计进行实验,同时拉动橡皮筋来观察力的作用效果。

学生观察到两个分力合成的合力的作用效果与一个力的作用效果相同,通过实验数据来验证这种现象。使用力的图示处理数据,引导学生根据图形理解合力与分力之间的关系,最终得到力的合成遵循平行四边形定则。

下图分为四部分,左边为理解力的合成中重要概念的辅助图,上面是力的合成规律的实验图,右边是力的合成的定则图,下面是力的合成的应用图。

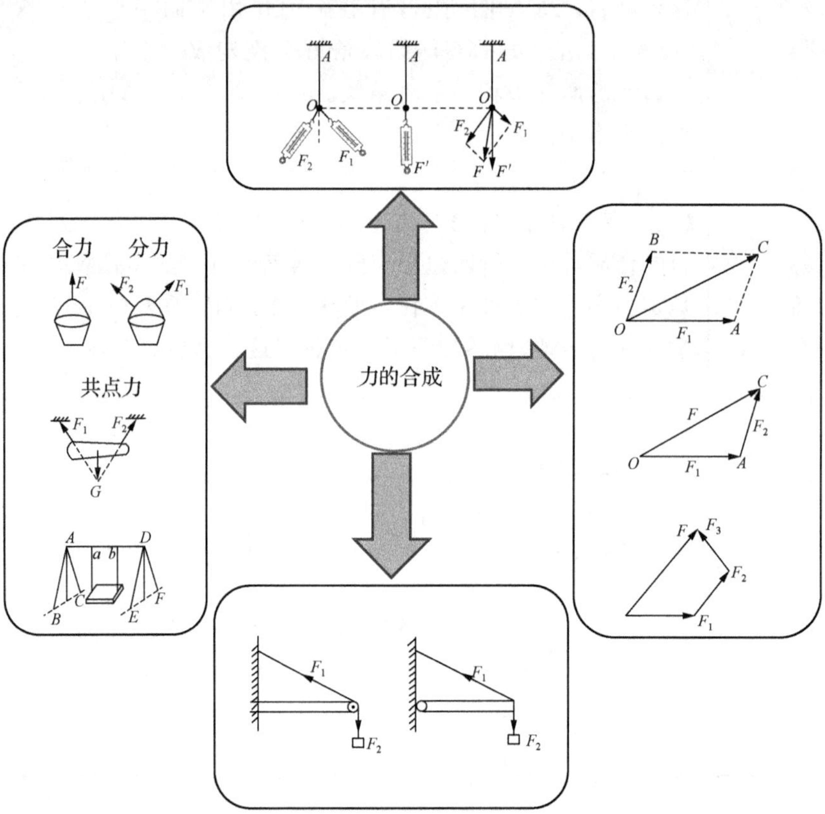

福建省泉州市第五中学　王一凡

二十四、平行四边形定则

<table>
<tr><td>课程信息</td><td colspan="3">《物理》必修第一册第 4 章第 1 节中的“平行四边形定则”。</td></tr>
<tr><td>课标要求</td><td colspan="3">了解合力与分力的概念，了解力的合成的平行四边形定则。</td></tr>
<tr><td>片断教学目标</td><td colspan="3">通过作图法和计算法，应用平行四边形定则求解两个力的合力。</td></tr>
<tr><td>教材分析</td><td colspan="3">本节课是在学生学习了力的概念和常见的力的基础上，研究二力的合力问题。总结出矢量运算的普遍法则——平行四边形定则，使学生对矢量和标量的认识更加完善。平行四边形定则是解决力学问题的基础和工具，是高中物理的基础，其具有承前启后的作用，对后续分析物理的受力和学习牛顿运动定律及其应用非常重要。</td></tr>
<tr><td>学情分析</td><td colspan="3">学生已经学习了力的三要素、力的图示、重力、弹力、摩擦力、二力平衡等概念，对力有了较为深刻的认识和理解，对矢量有了初步的认识，但是对矢量的运算还很陌生，缺乏生活经验可供借鉴。前面学习的速度、位移、加速度的矢量运算仅局限于一维情况，通过规定正方向，将它们转换成标量来处理。本节同时把平行四边形和三角形等几何知识迁移到矢量运算中，对很多学生来说难以理解。可以通过实验让学生切实体会，以加深对平行四边形定则的理解。</td></tr>
<tr><td>片断教学重难点</td><td colspan="3">重点：利用作图法和计算法求解两个力的合力。
难点：合力与分力的关系。</td></tr>
<tr><td>教学流程图</td><td colspan="3">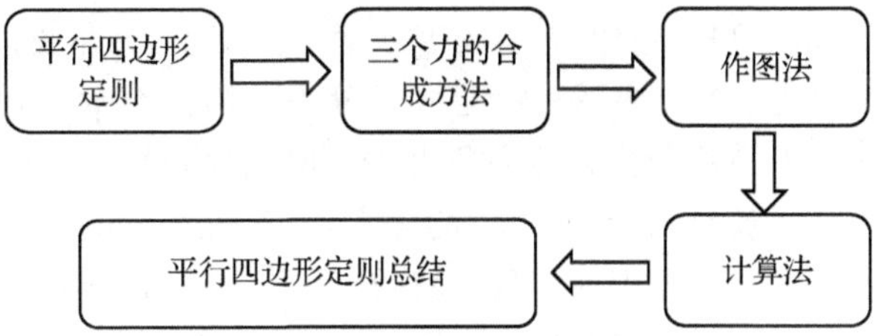
</td></tr>
<tr><td>设计流程</td><td>导(学)：体现思维引导及主动学习</td><td>建议2 min</td><td>【导入新课】
1. 如何利用平行四边形定则求解两个共点力的合力大小和方向？
2. 三个或者更多个共点力的合力又如何处理？</td></tr>
</table>

续表

设计流程	研(学)： 体现合作 探究精神	建议 6 min	【探究活动】请同学们利用自制的平行四边形模型探究合力和分力的关系。如下图所示，平行四边形模型 AB、BC、CD、DA 四边分别铰接在一起，其中对角线 AC 边开槽，以使 C 点可以自由移动。在 AB、AD、AC 边画上明显的红白单位格，可以方便观察力的大小变化。令 $F_1=3$ N，$F_2=3$ N 保持不变，改变 F_1 和 F_2 支架的夹角，请同学们结合模型探究以下问题： (1) 分别画出两个力在 60°、90°、120°时力的图示，并读出合力的大小。 (2) 合力的大小和方向如何随两个分力夹角的改变而改变？ (3) 合力是否总大于两个分力？何时最大？何时最小？ 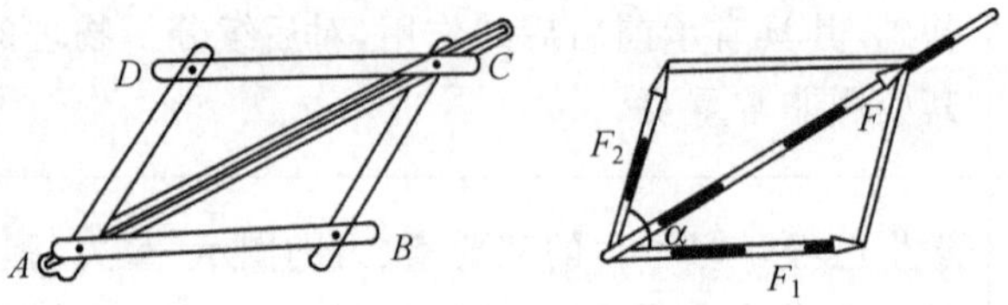
	展(示)： 体现合作 学习成果	建议 2 min	【展示活动】请各小组选出代表展示学习成果，并简述合力与分力的关系。 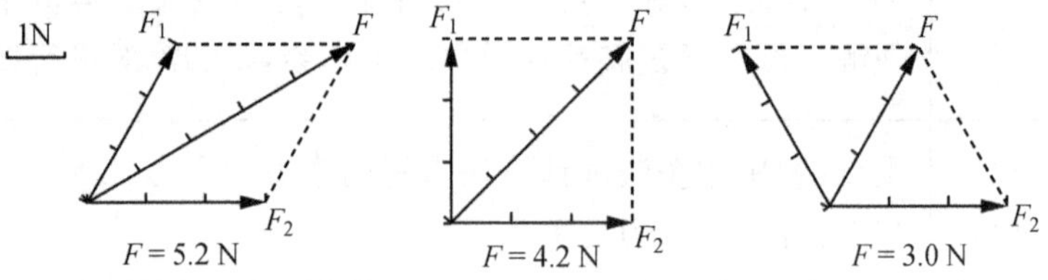 在两个分力大小不变的情况下： (1) 合力的大小随夹角变大而变小，夹角越大，合力越小。 (2) 合力不一定能大于分力。当两个分力的夹角为 0 时，合力最大；当两个分力的夹角为 180°时，合力最小。 教师点睛：两个力的合力可以通过作图法求得，但是在作图和测量时难免有误差，可以通过计算得到更加精确的结果。通常先作出平行四边形，再用三角函数等相关数学方法求解。
	练(习)： 体现教学 效果	建议 2 min	【练习】请利用计算法求解 $F_1=3$ N，$F_2=3$ N 两个力在夹角为 60°、90°、120°时合力的大小及方向。

续表

设计流程	评（价）：体现激励性评价作用	建议 2 min	【教师课堂总体评价】学生探究过程认真，作图严谨规范，书写工整；善于表达自我观点，语言条理清晰；计算正确。
板书设计	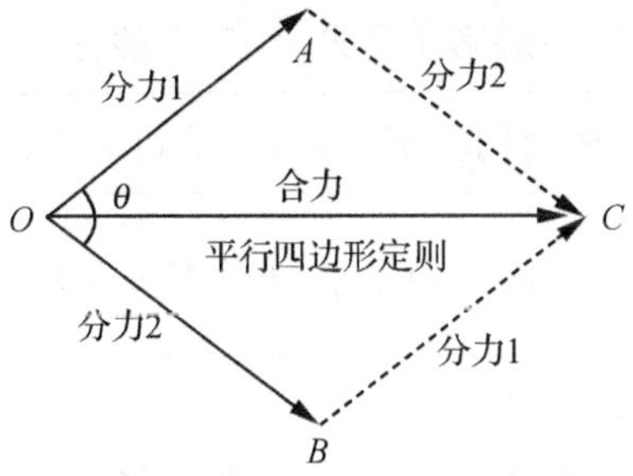		

附：可能涉及的专题性问题

1. 当两个分力的方向不变时，是否分力越大，合力也越大？

【参考解答】答案是否定的。例如，两个分力成 180°，设第一分力向东，大小为 10 N；第二分力向西，大小为 2 N。很容易知道，合力方向向东，大小为 8 N。如果将第二分力增大为 4 N，则合力方向不变，大小为 6 N。再将第二分力增加到 10 N，则合力为零。合力的大小在一定范围内随第二分力的增大而减小。

作为一般性讨论，当两个分力方向不变时，合力大小随分力变化的情况应当具体分析。当两分力的夹角大于 90°，并在一定范围内（所考虑的变化的分力小于另一分力与夹角余弦的绝对值之积的范围内）时，合力大小随分力的增大而减小。在其他情况下，合力大小随分力的增大而增大。

2. 简述平行四边形定则的使用条件。

【参考解答】利用力的平行四边形定则求和，对于形变体，分力要有共同的作用点；而对于刚体来说，分力作用线只要相交就可以。即对于刚体（不考虑旋转），我们可以将它理想化为质点模型，通过平行四边形定则直接求合力，这也符合高中阶段对于一般研究对象的处理；而对于形变体，我们可以将它看作空间中连续的点，使用平行四边形定则时合力和所有分力必须同时作用在形变体的同一个点上，研究过程中形变体不能当作质点来看待。

利用平行四边形定则求矢量和只适用于共点力的情形，即对研究对象而言，忽略了力作用的内效应，将物体直接视为刚体（忽略刚体转动）。如果没有理解到这一点，在从理论到实际的应用中就会出现一些认知疑惑。

例如，右图中的弹簧两端作用大小相等、方向相反的两个力 F_1 和 F_2，如果按照平行四边形定则求和，其矢量之和为零。而弹簧虽然处在平衡状态，却被拉伸，发生了形变，因此找不到一个力来等效，即找不到它们实际的合力。这是因为弹簧本身为形变体，使用平行四边形定则时分力应该都作用在弹簧的同一点上，而 F_1、F_2 分别作用在弹簧的两端，因此不能直接应用平行四边形定则进行求和。综上所述，高中阶段在使用平行四边形定则进行矢量求和过程中，所研究的对象一般为刚体（不考虑刚体的旋转），此时物体可以被抽象为质点，从而方便进行研究。

福建省泉州市第七中学　陈思鑫

二十五、力的分解

课程信息	《物理》必修第一册第 4 章第 2 节“力的分解”。
课标要求	通过实验，了解力的分解，知道矢量和标量。
片断教学目标	分析一个已知力的作用效果，并能依据力的作用效果分解已知力。
教材分析	力的分解是静力学中力的处理方法，是整个高中物理力学的基础之一，与力的合成内容相辅相成，也是本章的难点之一。与力的合成相比，力的分解难点是一个确定的力可以对应无数组分解的方法。教材从人提重物出发，引导学生从力的作用效果分析，并指出一个已知力根据实际作用效果分解时就有唯一结果，这也是本节课需要突破的难点。
学情分析	高一学生对力有了一定的了解，但仍处于从形象思维向抽象逻辑思维的过渡时期，分析能力、建模能力、运用数学知识解决物理问题的能力有待增强。学生对于本节内容的困惑主要有：分力是否真实存在；如何判断力的作用效果。
片断教学重难点	重点：理解力的分解是力的合成的逆运算，根据实际的力的作用效果进行力的分解。 难点：如何判定力的作用效果。
教学流程图	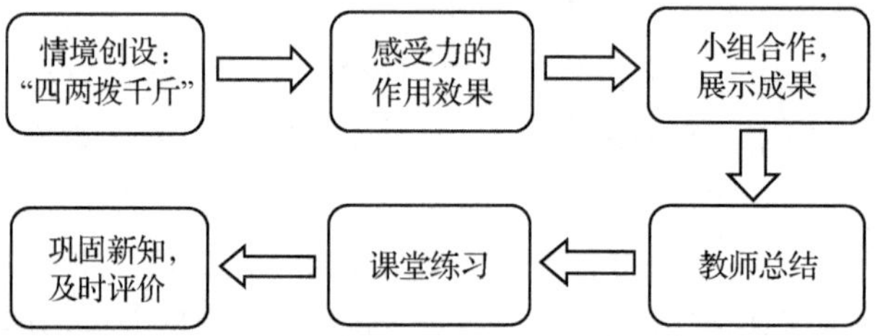

续表

设计流程	导(学)：体现思维引导及主动学习	建议2 min	【导入新课】太极拳博大精深，为广大武术爱好者所喜爱。太极有“四两拨千斤”一说，借助技巧，顺势借力，以小力胜大力。今天我们就先来体验一下“四两拨千斤”。在教师的引导下，两名男生和一名女生共同完成游戏。 现象：女生居然拉动了两个男生。 提问：这种方法为什么可以把一个小力变成大力，从而让一名女生拉动两名男生呢？
	研(学)：体现合作探究精神	建议6 min	【探究活动】 1.在力的合成中，已知力的合成有唯一解；如果已知一个力，求这个力的两个分力，该怎么作图求解？答案唯一吗？ 学生两人一组，用分发的透明纸画出已知合力的分力。 2.感受力的作用效果。 用铅笔、绳套、钩码组成一套演示力的分解的实验装置，绳套一端系在食指上，另一端系在铅笔末端，铅笔的顶端顶在掌心上。在铅笔末端悬挂钩码，体会食指和掌心受力的情况，以体验拉力产生的效果，揣摩分力的方向。 讨论： ①在实验中，食指和掌心有什么感觉？ ②这种感觉说明铅笔末端悬挂钩码后产生的拉力产生了怎样的效果？ ③若用两个力来代替悬挂钩码后产生的拉力，则这两个力的方向怎样？ ④这两个力与悬挂钩码后产生的拉力的效果是相同的，那么能不能用这两个力来代替那一个力呢？ ⑤这两个力与悬挂钩码后产生的拉力是什么关系？
	展(示)：体现合作学习成果	建议2 min	【展示活动】 1.将各小组画出的分力投屏并做对比，观察各组分力是否重合。 教师点睛：大家画出的分力各不相同，并且都遵循平行四边形定则，由此可以说明，当合力确定时，如果没有条件限制的话，可以画出无数组分力。这么多组分力中到底哪一组才是我们需要的呢？我们可以根据什么条件来画出满足我们需求的分力呢？ 2.请派一位代表来和大家分享一下“探究活动”讨论的问题。 (1) 食指有被拉伸的感觉，掌心有被刺痛的感觉。 (2) 一个是拉伸细线，一个是压紧铅笔。

续表

<table>
<tr><td rowspan="3">设计流程</td><td>展(示)：体现合作学习成果</td><td>建议2 min</td><td>(3) 一个力的方向沿细线方向向外，另一个力的方向沿铅笔向里。
(4) 可以。
(5) 这两个力是悬挂钩码后产生的拉力的分力。
提问：悬挂钩码后产生的拉力可以怎样分解呢？为什么这么分解呢？
讨论：悬挂钩码后产生的拉力可以分解成一个沿细线方向向外的拉力，一个沿铅笔向里的压力。因为悬挂钩码后产生的拉力在这两个方向上分别产生了效果。
教师点睛：在实际问题中进行力的分解时应按照力的实际作用效果进行分解。</td></tr>
<tr><td>练(习)：体现教学效果</td><td>建议2 min</td><td>【练习】物体在斜面上，受的重力产生什么样的效果？
分析：G 方向竖直向下，在垂直于斜面方向上产生紧压斜面的力的作用效果，在沿斜面方向上使物体产生沿斜面向下滑动的效果，如右图所示，即 $G_1=G\sin\theta$，$G_2=G\cos\theta$。
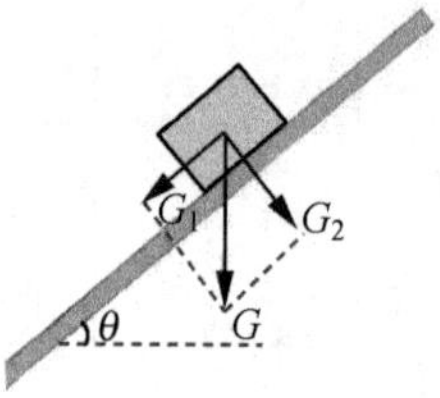
</td></tr>
<tr><td>评(价)：体现激励性评价作用</td><td>建议2 min</td><td>【教师课堂总体评价】今天通过亲身体验，同学们感受到了一个力能产生不同的作用效果，并能够按照力的作用效果将已知力进行分解。这里要特别表扬某同学，在进行力的分解时非常认真地用尺规按照平行四边形定则作图。希望同学们都向他学习，认真对待每一个细节。</td></tr>
<tr><td colspan="3">板书设计</td><td>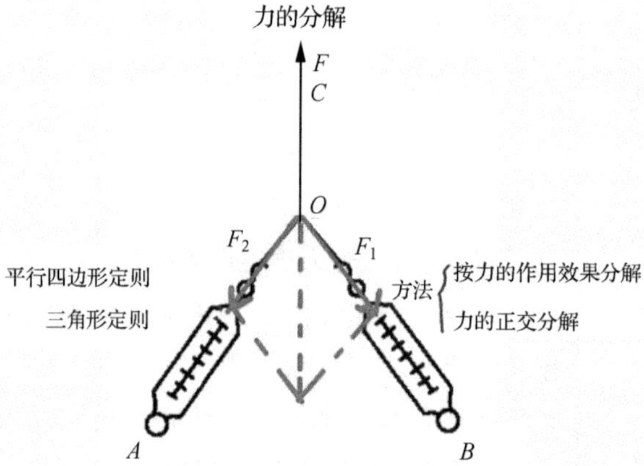
</td></tr>
</table>

附：可能涉及的专题性问题

1. “效果分解法”是否需要重点讲解？

【参考解答】力的分解过程一般是去寻找两个不存在的力来等效替代一个客观存在的力。从数学的角度就是已知平行四边形的一条对角线，去寻找这条对角线的两条邻边。分力既看不见又摸不着，尤其是在复杂的物理情境中不好确定两个分力的方向，学生往往一听就懂，一做就错。究其原因是学生不知道分力的具体走向。另外，一个物体往往受多个力的作用，离开受力分析和运动分析单独去寻找某一个力的作用效果本身是没有意义的。

一个已知力究竟应该怎样分解，要根据实际情况确定，也就是说，一个力要根据实际需要来进行分解。以斜面上物体所受重力分解为例，教材是这样编写的：现在需要沿平行于斜面的方向和垂直于斜面的方向对物体的运动进行研究，为此建立直角坐标系，现在把重力 G 沿两个坐标轴的方向分解即可，根据平行四边形定则，找出分力与合力的几何关系。当我们需要研究拉杆箱在水平面的运动情况和竖直面的运动情况时，就把拉力 F 分解到水平方向和竖直方向。这样分解的优点是：一是减轻了学生学习的负担，只需要学生会把力分解到需要的方向上即可；二是有效地规避了效果难找的问题，规避了做受力分析时容易多加分力的问题，规避了物体对斜面的压力和重力于垂直斜面的分力常常混淆不清的问题；三是不管物体在斜面上是静止还是运动，这种分解都可以。所以这种分解方法为研究力和运动的关系打下了基础，润物细无声地培养了学生的“相互作用观”与“力和运动的观念”，故“效果分解法”不需要作为重点讲解。

2. 如何突破本节课的教学难点？

【参考解答】课堂上，对于教学难点，要紧扣三个原则开展教学活动：其一，数理结合的原则，用数学思维思考物理问题，逐步打通物理与数学的联系。本课涉及向量运算、解三角形、三角函数等数学知识，物理教学中建立这种联系是很有必要的。其二，理论联系实际的原则。单纯地讲解力的分解非常抽象，将力的分解与实际生活场景结合在一起，就可以将抽象的问题具体化、形象化，易于为学生所理解，同时增加学习的趣味性。其三，理论与实验相结合的原则，“科学靠两条腿走路，一是理论，一是实验，有时一条腿走在前面，有时另一条腿走在前面，但只有两条腿才能前进”。物理教学应找准理论与实验的平衡点，遵循理论与实验相结合的基本原则。本节课为了让学生切身感受到分力的效果（压或拉），从而准确判定分力的方向，利用教材中重物通过细线绕铅笔的例子，让学生参与其中，切身感受到拉力的两个作用效果，从而收到较好的教学效果。

福建省石狮市第一中学　黄思思

二十六、力的正交分解

课程信息	《物理》必修第一册第 4 章第 2 节中的“力的正交分解”
课标要求	知道力的正交分解法。能初步应用三角函数、几何关系等，对力的分解问题进行分析和推理。

续表

片断教学目标	通过体验生活实例，建构物理模型，利用数学思维，写出正交分解所得出的分力的表达式。
教材分析	教材以人拉行李箱和人沿斜面下滑为例，介绍正交分解法，并简单说明分解的意义，进一步巩固平行四边形定则和等效替代的相关知识。
学情分析	高一学生已经学习了力的合成及平行四边形定则等内容，对矢量的运算有了初步的认识。本节课通过生活实例，将实际情景中的生活问题升华为物理问题。这对学生的物理建模能力和抽象思维能力要求较高。
片断教学重难点	重点：力的正交分解的方法和步骤。 难点：理解正交分解的目的和基本思想。
教学流程图	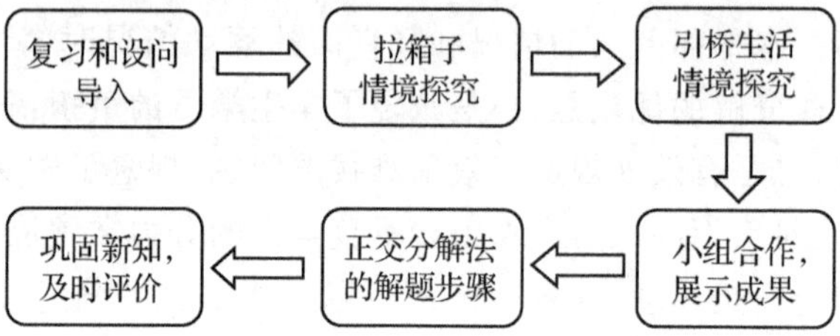

设计流程	导(学)：体现思维引导及主动学习	建议2 min	【导入新课】 1. 什么是力的分解？ 2. 力的分解遵循什么原则？ 问题1：如右图所示，如何求 F_1、F_2、F_3、F_4 这四个力的合力？ 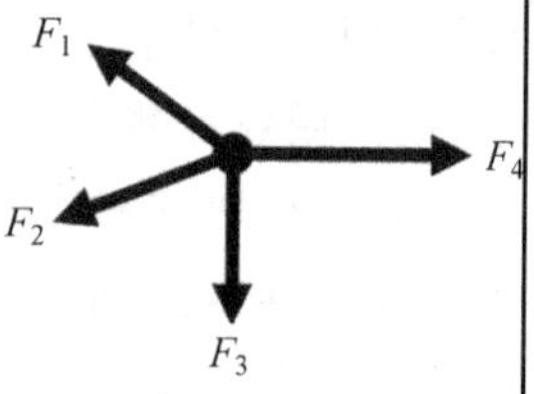 说明：利用平行四边形定则求解多个共点力的合力时，不管是采用作图法还是采用计算法(解三角形)，都必须进行多次合成，十分麻烦。 问题2：如何更简单、更有效地求解多个力的合力？
	研(学)：体现合作探究精神	建议8 min	【探究活动】 1. 以拉箱子为例，如下图所示，拉力对箱子产生什么样的效果？怎么分解？ 

续表

<table>
<tr>
<td rowspan="2">设计流程</td>
<td>研(学)：体现合作探究精神</td>
<td>建议8 min</td>
<td>2. 如下图所示，为什么高大的桥要建很长的引桥呢？

3. 把力沿着两个选定的互相垂直的方向分解，叫作正交分解。这样分解力有什么好处呢？如何运用正交分解法解决多个共点力的合力问题？</td>
</tr>
<tr>
<td>展(示)，体现合作学习成果</td>
<td>建议3 min</td>
<td>【展示活动】
1. 请各小组选出代表，阐述探究活动 1 的探究结果。
拉力效果一：水平向前拉箱子。
拉力效果二：竖直向上提箱子。
根据作用效果，将拉力分解到水平和竖直两个相互垂直的方向，如下图所示。
$F_x = F\cos\theta, F_y = F\sin\theta$

2. 请各小组选出代表，阐述探究活动 2 的探究结果。
G 产生的作用效果一：使物体沿斜面下滑(或有下滑趋势)。
G 产生的作用效果二：使物体紧压斜面。
根据正交分解法和三角函数，可得 $G_1 = G\sin\alpha, G_2 = G\cos\alpha$，如下图所示。
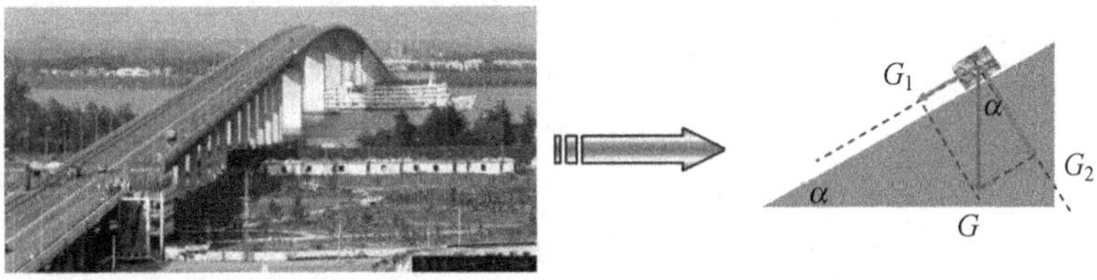

由数学知识可知，斜面倾角 α 越小，G_1 越小。减小斜面的倾角，从而减小重力沿斜面向下的分力。这样，上桥时省力，下桥时安全。
3. 请各小组选出代表，阐述探究活动 3 的探究结果。
正交分解的目的是将复杂的矢量运算化为普通的代数运算。要求多个共点力的合力，运用正交分解法，将各力沿相互垂直的两个方向分解，求出两个垂直方向上的各分力的和，再求共点力的合力即可。</td>
</tr>
</table>

续表

<table>
<tr>
<td rowspan="3">设计流程</td>
<td>展(示)：体现合作学习成果</td>
<td>建议3 min</td>
<td>教师点睛：正交分解法的步骤如下。
① 恰当地建立 xOy 直角坐标系。一般选共点力作用线的交点为坐标系原点，坐标轴的选择应根据具体问题来确定。原则上是尽可能使较多的力落在坐标轴上，这样需要分解的力也就少一些。
② 将不在坐标轴上的力分解到坐标轴上。将各个力逐一分解到 x 轴和 y 轴上，并找出各个力沿两个坐标轴方向的分量。
注意：与坐标轴正方向同向的力取正值，与坐标轴负方向同向的力取负值，如下图所示。
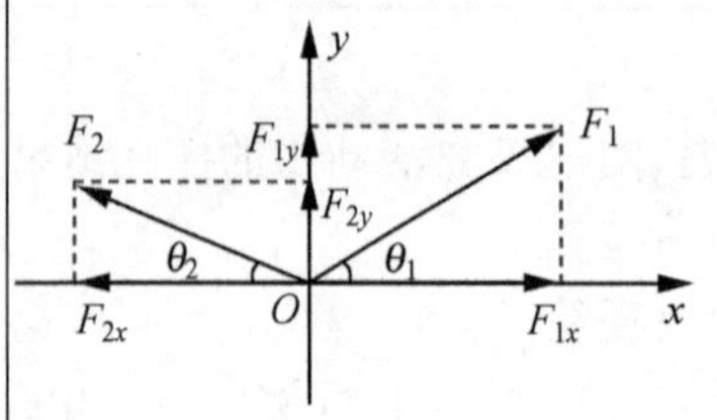

$F_{1x}=F_1\cos\theta_1$
$F_{1y}=F_1\sin\theta_1$
$F_{2x}=F_2\cos\theta_2$
$F_{2y}=F_2\sin\theta_2$
③ 分别求出 x 轴、y 轴上各分力的矢量和，即
$F_x=F_{1x}+F_{2x}+\cdots\cdots$
$F_y=F_{1y}+F_{2y}+\cdots\cdots$
④ 求共点力的合力。如下图所示，有
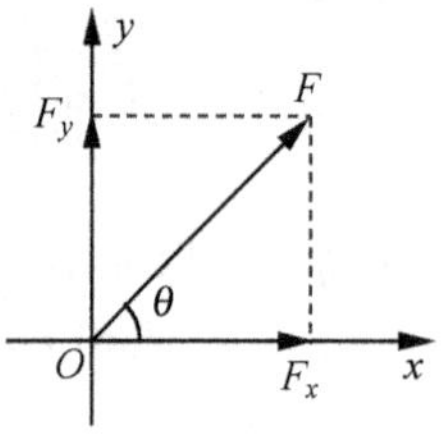

$F=\sqrt{(F_x{}^2+F_y{}^2)}$
$\tan\theta=\frac{F_y}{F_x}$
合力的大小为 F，方向与 x 轴正方向的夹角为 θ。</td>
</tr>
<tr>
<td>练(习)：体现教学效果</td>
<td>建议2 min</td>
<td>【练习】质量为 m 的木箱在拉力 F 的作用下在水平地面上做匀速运动，如右图所示。已知木箱与地面间的动摩擦因数为 μ，那么物体受到的滑动摩擦力应为(　　)。
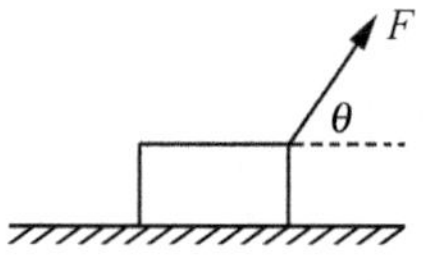

A. μmg　　B. $\mu(mg+F\sin\theta)$
C. $\mu(mg-F\tan\theta)$　　D. $F\cos\theta$</td>
</tr>
<tr>
<td>评(价)：体现激励性评价作用</td>
<td>建议2 min</td>
<td>【教师课堂总体评价】今天同学们共同努力，一起学习了正交分解的相关知识。我们利用正交分解法求合力，是运用了“欲合先分”的策略，即为了合成而分解，降低了运算的难度，便于运用普通代数运算公式来解决矢量的运算。这是一种重要的思想方法。力的正交分解</td>
</tr>
</table>

续表

设计流程	评(价):体现激励性评价作用	建议2 min	也遵从平行四边形定则。某组同学在探究过程中表现优异、推理准确,某组同学特别善于交流、学习态度好,他们是同学们学习的榜样。希望同学们再接再厉,上好每一节课。
板书设计	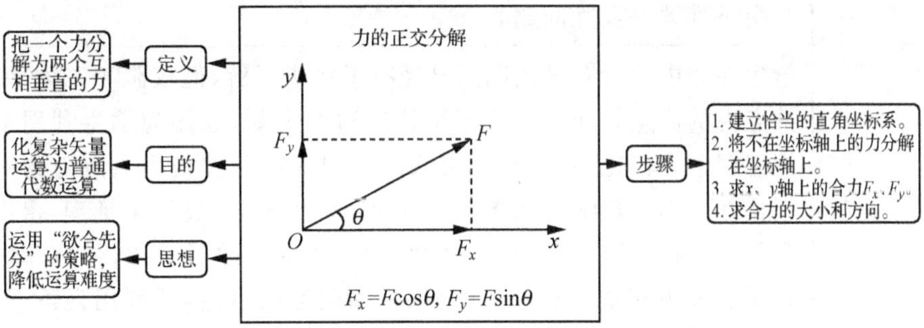		

附:可能涉及的专题性问题

1. 在对斜面上物体所受的重力进行正交分解时,有的学生会把重力沿斜面向下的分量当成物体所受重力以外的另一个力,你认为对吗?

【参考解答】这个说法是不对的。对物体进行受力分析时,应根据"力是一个物体对另一个物体的作用"来确定所受的力,切不可无中生有。求重力的两个分力,是为解决问题方便,分力和合力不能重复考虑。

2. 重力垂直于斜面的分力就是物体对斜面的压力,这样认为对吗?

【参考解答】这个观点是错误的。物体对斜面的压力是物体作用在斜面上的力,此力的受力物体是斜面;而重力垂直于斜面的分力,本质上是重力的一个等效垂直作用在物体上的力,这两个力不能混为一谈。

福建省晋江市第二中学　彭承斌

二十七、共点力的平衡条件

课程信息	《物理》必修第一册第4章第3节中的"共点力的平衡条件"。
课标要求	能用共点力的平衡条件分析生产和生活中的问题。
片断教学目标	1. 能运用数学中的三角函数、几何关系等对力与平衡问题进行分析和推理;能从不同的角度解决力与平衡问题。 2. 能对图形进行分析,寻找规律,形成初步的结论。 3. 能欣赏"力与平衡"之美;能做到实事求是,坚持自己的观点;能体会物理在生产和生活中的作用及意义。

续表

<table>
<tr><td>教材分析</td><td colspan="4">共点力的平衡是力学中的重点内容，是贯穿动力学、能量、动量的核心知识。学生通过本节内容的学习，既能加深对前面所学知识的理解，也能为后面的学习做铺垫。本节内容起到承上启下的作用。教材首先介绍共点力的概念，只限于探讨共点力作用下物体的平衡条件；其次依据二力平衡和力的合成，将多力的平衡转化为二力的平衡，推理得出共点力的平衡条件；最后应用共点力的平衡条件解决实际问题。</td></tr>
<tr><td>学情分析</td><td colspan="4">学生在初中阶段对平衡问题已经有了初步了解，但仅限于二力平衡，也不涉及共点力的概念。前面学习了平行四边形定则，这些为学生利用平行四边形定则将多个力转化为两个力，再根据二力平衡条件得出共点力的平衡条件奠定了良好基础。教学要从学生已有的知识出发，经过科学推理，得出共点力的平衡条件是物体所受合力为零的结论。学生已学习重力、弹力、摩擦力等概念，再通过具体实例分析，建立解决平衡问题的思路，即利用直角三角形、三角函数等数学知识及正交分解法解决各种问题。</td></tr>
<tr><td>片断教学重难点</td><td colspan="4">重点：判断物体是否处于平衡状态及掌握平衡状态的条件。
难点：根据物体的平衡状态，选择合适的方法解决实际问题。</td></tr>
<tr><td>教学流程图</td><td colspan="4">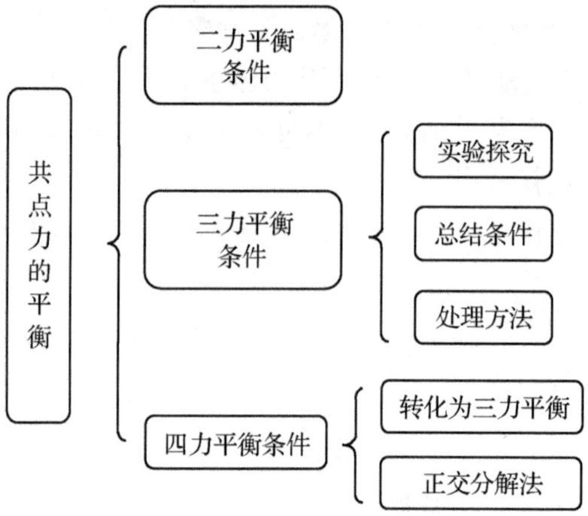
</td></tr>
<tr><td>设计流程</td><td>导(学)：体现思维引导及主动学习</td><td>建议2 min</td><td>【导入新课】平衡状态的条件(根据实例，分析总结平衡条件)。
二力平衡的条件是两个力的大小相等、方向相反，并且在同一条直线上，如右图所示。</td><td>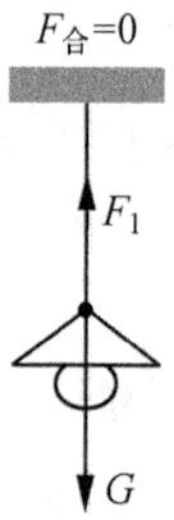
</td></tr>
</table>

续表

<table>
<tr>
<td rowspan="2">设计流程</td>
<td>导(学)：体现思维引导及主动学习</td>
<td>建议2 min</td>
<td>问题：如下图所示，当物体受到三个共点力作用时，它的平衡条件是什么？当物体受到四个共点力作用时，它的平衡条件又是什么呢？
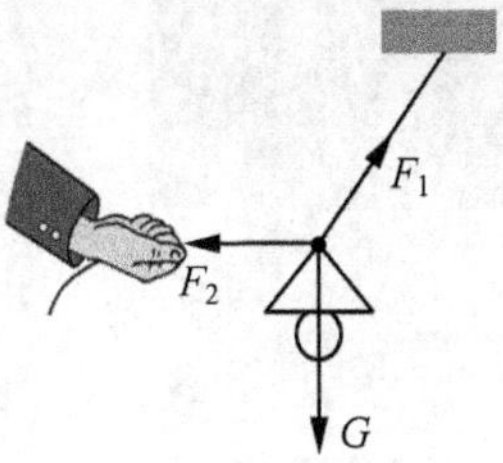

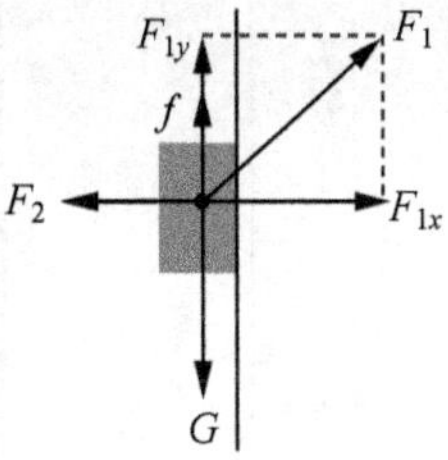
</td>
</tr>
<tr>
<td>研(学)：体现合作探究精神</td>
<td>建议6 min</td>
<td>【探究活动】
1. 用三只弹簧测力计沿三个方向拉住一个轻小物体，记录下三个力的大小和方向。根据平行四边形定则，分析、总结三个力的平衡条件，如下图所示。
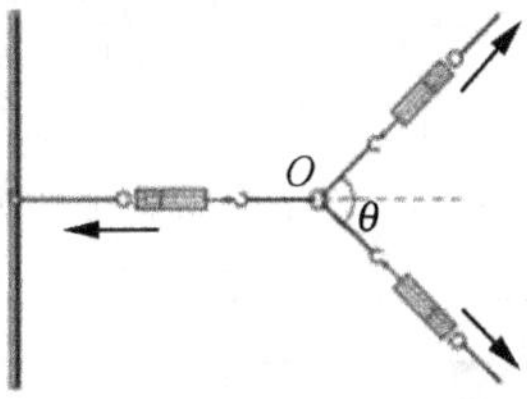

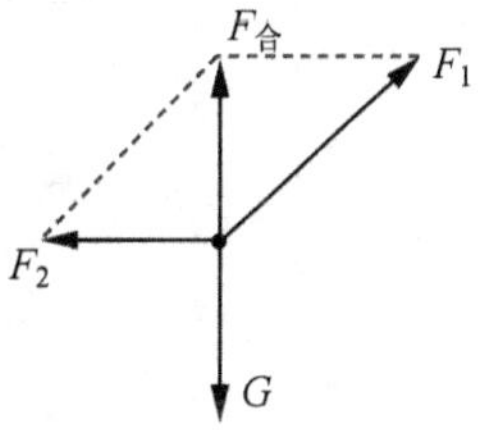

2. 总结三个力的平衡条件：其中任意两个力的合力一定跟第三个力等大、反向、作用在同一条直线上。
3. 探究物体在四个力作用下的处理办法，如下图所示。
(1) 先转化为三力平衡。
(2) 再进行正交分解。
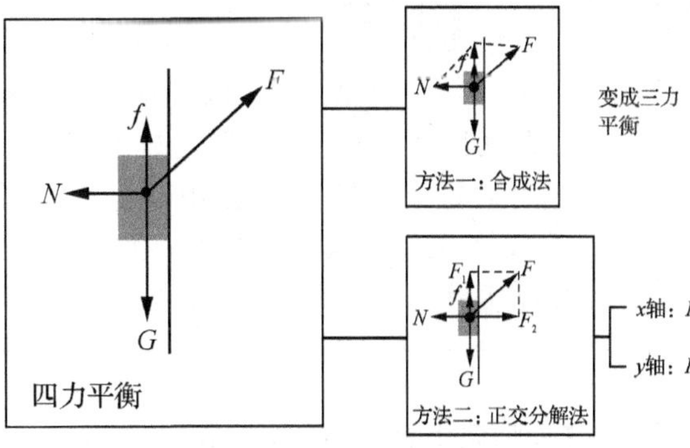
</td>
</tr>
</table>

续表

<table>
<tr>
<td rowspan="3">设计流程</td>
<td>展(示)：体现合作学习成果</td>
<td>建议2 min</td>
<td>【展示活动】
1. 学生利用平行四边形定则来处理力的关系，如下图所示。
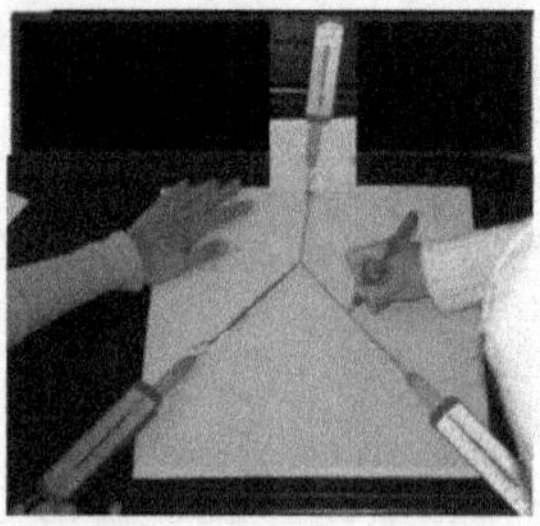
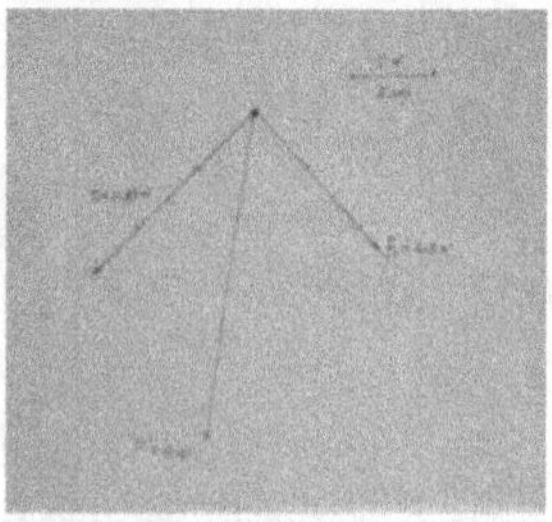
2. 在三力平衡中，有多种方法可以处理，如下图所示。
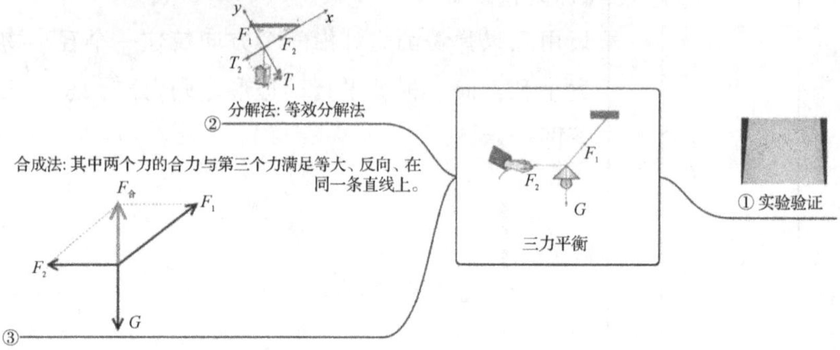
</td>
</tr>
<tr>
<td>练(习)：体现教学效果</td>
<td>建议2 min</td>
<td>【练习】用绳子将鸟笼挂在一根横梁上，如下面左图所示。若鸟笼重 19.6 N，求绳子 OA 和 OB 对节点 O 的拉力。
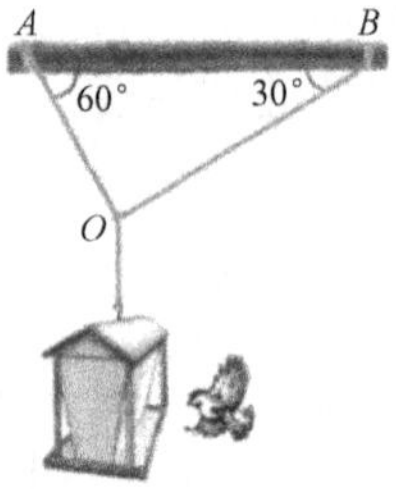

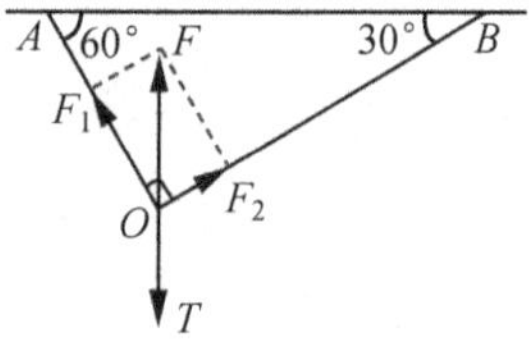

分析：如上面右图所示，以节点 O 为研究对象，它受到鸟笼的拉力 T，以及两段绳子 OA 和 OB 的拉力 F_1、F_2。节点 O 在这三个共点力的作用下处于平衡状态，其中，F_1、F_2 的合力 F 与 T 大小相等、方向相反，T 的大小与鸟笼所受重力大小相等。由此可通过平行四边形定则作图求解。</td>
</tr>
<tr>
<td>评(价)：体现激励性评价作用</td>
<td>建议2 min</td>
<td>【教师课堂总体评价】今天同学们一起学习了如何将四力平衡的问题迁移到三力平衡甚至是二力平衡上。其中某些同学解题完整和规范。希望同学们再接再厉。</td>
</tr>
</table>

续表

板书设计	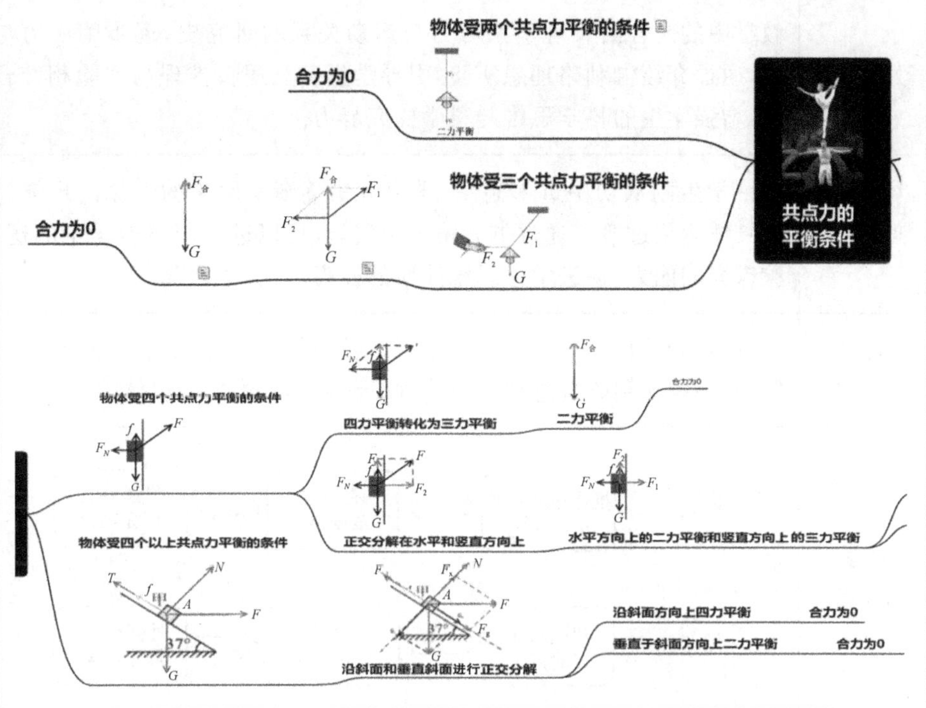

附：可能涉及的专题性问题

1. 在完成迷你小实验过程中，如何更快速地找到三个力的平衡问题？

【参考解答】可以让三个同学沿三个方向对拉，保证节点位置不变，记录下三个力的方向和大小。再用作图法找到其中两个力的合力，其与第三个力在误差的范围内近似相等。或者将三个力平移到一个首尾相连的矢量三角形中，若能构成一个三角形的三边，则也可以确定关系。

2. 如何判断多个共点力作用的平衡状态？

【参考解答】可以通过例题迁移来提炼出解决问题的策略和办法，利用二力平衡和三力平衡的条件联系实际，让学生从不同角度解决问题。引导学生通过合成法和正交分解法来处理多个力的平衡，并对比优缺点。

福建省晋江市侨声中学　陈丽侠

二十八、力与运动的关系

课程信息	《物理》必修第一册第 5 章第 1 节中的“力与运动的关系”。
课标要求	知道亚里士多德、伽利略、笛卡儿关于运动和力的关系的观点。
片断教学目标	知道伽利略理想实验，领悟理想实验的科学推理方法和意义。

续表

<table>
<tr><td colspan="3">教材分析</td><td>教材中的内容沿着科学家对力与运动关系的研究史，逐步阐明力与运动的关系，通过介绍伽利略理想实验，引导学生确立逻辑推理与实验相结合的研究思路，增强学生的科学思维与科学探究能力。</td></tr>
<tr><td colspan="3">学情分析</td><td>高一学生刚从初中进入高中，学习方法逐渐从原来的记忆向理解、推理，再学会具体运用过渡。通过伽利略理想实验，可以进一步培养学生的逻辑推理、实验探究的能力，促进学生思维品质的提高。</td></tr>
<tr><td colspan="3">片断教学重难点</td><td>重点：正确认识力与运动的关系，并认识到物理学是不断完善的。
难点：理解伽利略理想实验是物理学科科学思维的重要体现。</td></tr>
<tr><td colspan="3">教学流程图</td><td>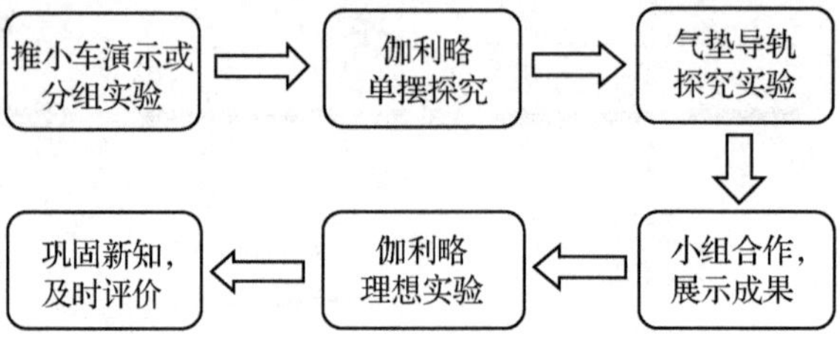</td></tr>
<tr><td rowspan="2">设计流程</td><td>导（学）：体现思维引导及主动学习</td><td>建议2 min</td><td>【导入新课】
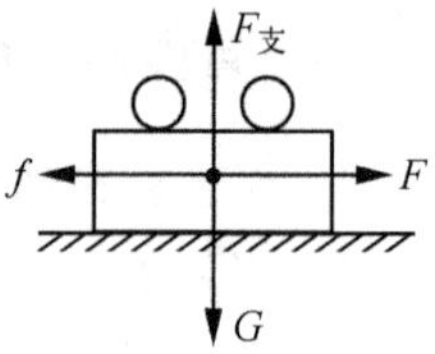
1. 有一辆轨道小车，先将它翻转过来，如右图所示。当用手推它时，小车前进；手离开，小车则停止运动。能否得出结论：有力才能让物体运动？
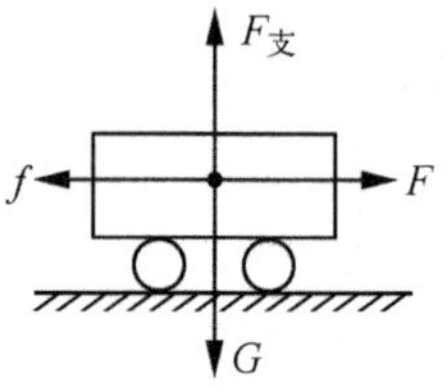
2. 再把小车翻转过来，放入轨道，再用力轻轻一推，发现手离开小车后，小车仍会前进，由此可以得出结论：力不是维持物体运动的因素。两者似乎有矛盾。
这就是我们要研究的“力与运动的关系”。</td></tr>
<tr><td>研（学）：体现合作探究精神</td><td>建议6 min</td><td>【探究活动】
1. 介绍伽利略观察到教堂悬灯摆动，对摆动物体进行实验研究，从而推出摆动物体的运动规律。</td></tr>
</table>

续表

<table>
<tr>
<td rowspan="2">设计流程</td>
<td>研(学)：体现合作探究精神</td>
<td>建议6 min</td>
<td>
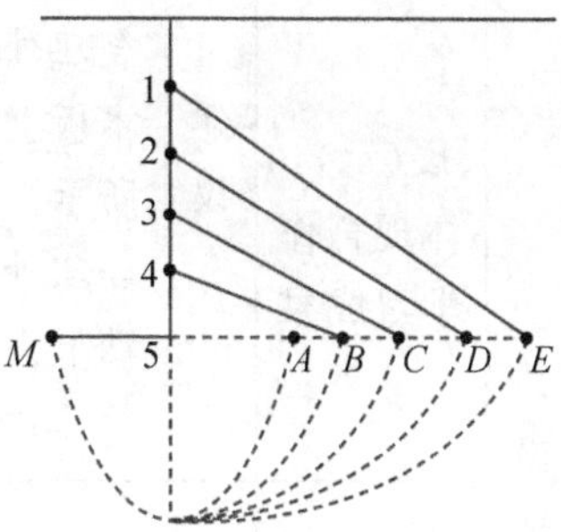

2. 从 M 点释放的小球，如果没有能量损失，它将会运动到几乎与 M 点等高的位置，如右图所示。
3. 为了更准确地得出结论，我们可借用现代物理实验设备气垫导轨来验证，如下图所示。在气垫导轨两端分别安装一个光电门，然后连接好计时器，给气垫导轨充气，使得导轨上的滑块被“托起”而减少滑块与导轨间的摩擦。我们用手轻推一下滑块后，滑块可以在几乎没有摩擦力的作用下通过两个光电门。测出滑块上遮光板的宽度，再根据计时器记录两次通过光电门的时间，可以求出滑块两次通过光电门的速度。如果这两个速度几乎相等，则可以说明在没有力的作用时，滑块可以保持匀速直线运动状态。现在请各小组合作完成这一实验。
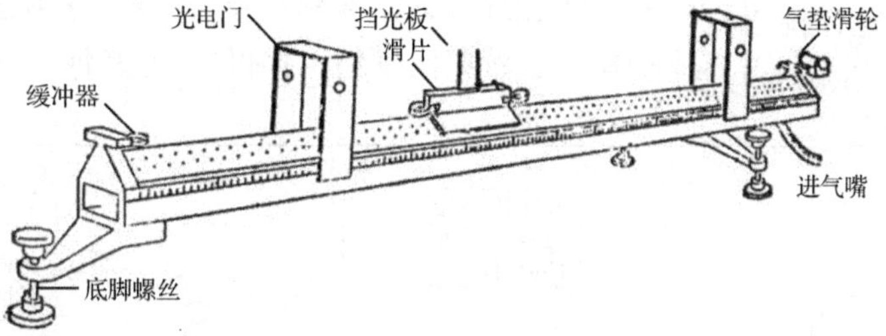

(若比赛有现场实验要求，则此项时间建议增加 5 min)
</td>
</tr>
<tr>
<td>展(示)：体现合作学习成果</td>
<td>建议2 min</td>
<td>
【展示活动】
1. 现在请各小组选出代表，阐述你们的实验结果，并简述你们得出的“力与运动的关系”的结论。
2. 各小组完成实验，并展示得出的结论：物体在没有摩擦阻力作用的情况下会一直运动下去。
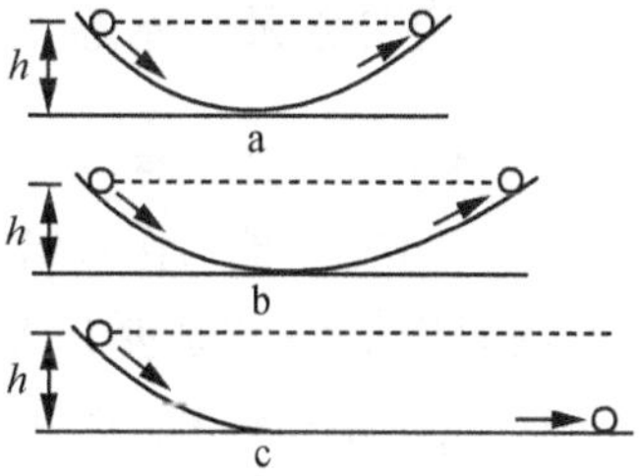

教师点睛：伽利略用他构想的“理想斜面”实验进行了科学的推理。取两面对称连接的光滑斜面，如图 a 所示，第一次在斜面上垫上毛巾，第二次垫上白布，第三次直接用光滑木板面，将表面光滑的小球放在左侧斜面顶端，每次从同一高度沿斜面释放，发现在放有毛巾时小球上升的高度较低，在放有白布时小球上升的高度会比放有毛巾时高一些，小球在光滑木板上上升的高度最高，几乎达到了与左侧释放点相同的高度。(此处可做演示实验)
</td>
</tr>
</table>

续表

设计流程	展(示)：体现合作学习成果	建议2 min	合理外推点1：当把斜面放平缓一些时，由于能量守恒，小球在光滑的木板上就会“跑”更远的距离去“找”与释放点同高度的位置，如图b所示。 合理外推点2：当把右侧光滑斜面放平后，小球将沿平面一直匀速运动下去，如图c所示。 结论：力不是维持物体运动的原因，而是改变物体运动状态的原因。
设计流程	练(习)：体现教学效果	建议2 min	【练习】一位同学说，向上抛出的物体在空中向上运动时，肯定受到了向上的作用力，否则它不可能向上运动，这个说法对吗？
设计流程	评(价)：体现激励性评价作用	建议2 min	【教师课堂总体评价】今天同学们通过集体研讨和探究实验，得出了“力与运动的关系”的正确结论。其中，某同学在探究过程中实验认真、测量准确，某同学特别善于交流、学习态度好，他们是同学们学习的榜样。希望同学们再接再厉，上好每一节课。
板书设计	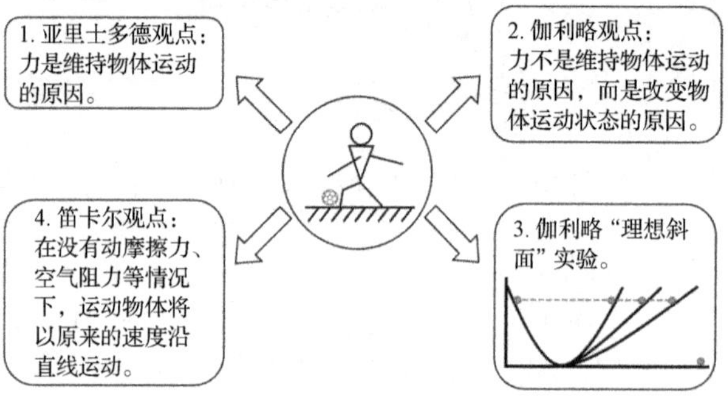		

附：可能涉及的专题性问题

1. 在研究“力与运动的关系”中，亚里士多德的错误主要体现在哪些方面？

【参考解答】他的认知错误主要有三个方面：一是认为力是可以传递的；二是忽视了力的作用的相互性；三是没有认识到物体在运动过程中有阻力存在。

2. 在实际教学中，你是如何引导学生理解“理想实验”这一物理思想的？

【参考解答】“理想实验”是一种逻辑推理的思维过程和理论研究的重要方法。“理想实验”虽然也称为实验，但它同前面所说的真实的科学实验是有区别的。真实的科学实验是一种实践的活动，而理想实验是一种思维的活动；前者是可以将设计通过物化过程实现的实验，后者则是由人们在抽象思维中设想出来而实际上无法做到的实验。

但是，理想实验并不是脱离实际的主观臆想。第一，理想实验是在真实的科学实验的基础上，抓住主要因素，忽略次要因素的影响，对实际过程作出更深一层的抽象分析。第二，理想实验的推理过程以一定的逻辑法则为根据，而这些逻辑法则都是从长期的社会实践中总结出来的，并为实践所证实了的。

在自然科学的理论研究中，理想实验具有重要的作用。作为一种抽象思维的方法，理想实验可以使人们对实际的科学实验有更深刻的理解，进一步揭示出客观现象和过程之间内在的逻辑联系，并由此得出重要的结论。

理想实验在自然科学的理论研究中有着重要的作用。但是，理想实验的方法也有一定的局限性。理想实验只是一种逻辑推理的思维过程，它的作用只限于逻辑上的证明与反驳，而不能用来检验认识正确与否。相反，由理想实验所得出的任何推论，都必须由观察或实验的结果来检验。

福建省晋江市侨声中学　张　鹈

二十九、牛顿第一定律

课程信息	《物理》必修第一册第 5 章第 1 节中的“牛顿第一定律及其意义”。
课标要求	能准确表述牛顿第一定律的内容，理解它的内涵。理解惯性是物体的固有属性，知道质量是惯性大小的量度。
片断教学目标	掌握牛顿第一定律的实质内容，理解并能运用惯性解释日常问题。
教材分析	教材在介绍伽利略和笛卡儿观点的基础上，由牛顿第一定律得出力是改变物体运动状态的原因。这是理解和运用牛顿运动规律的基础。
学情分析	牛顿第一定律是学生在高中首次接触的“符合逻辑、科学推理”的理想实验规律，对学生思维品质的要求较高。本课内容可以有力地促进学生的思维从低阶思维阶段向高阶思维阶段发展。
片断教学重难点	重点：了解牛顿第一定律的建立过程，准确理解其实质内容。 难点：理解和掌握质量是惯性大小的量度。
教学流程图	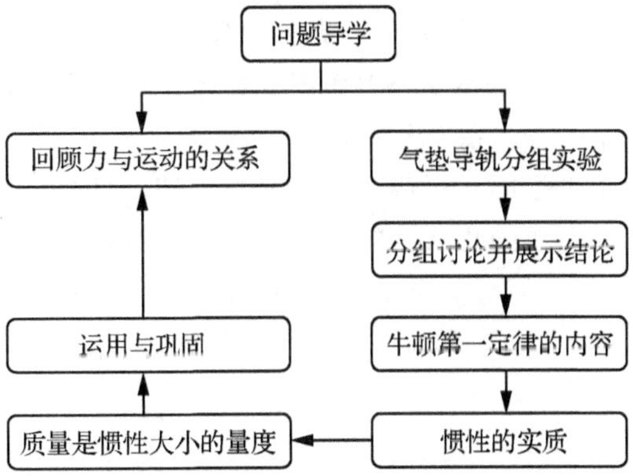

续表

设计流程	导(学):体现思维引导及主动学习	建议2 min	【导入新课】 1.通过前面的学习,我们了解了伽利略“理想斜面”实验。其结论告诉我们什么样的结果?(力是改变物体运动状态的原因) 2.牛顿第一定律的内容是什么?如何理解其中的含义和规律? 3.何谓惯性?影响物体惯性大小的因素有哪些?
	研(学):体现合作探究精神	建议6 min	【探究活动】请同学们用气垫导轨实验来探究一下“力与运动的关系”。在气垫导轨的两端分别安装一个光电门,然后连接好计时器,用吸尘器给气垫导轨充气,使得导轨上的滑块被“托起”,以减少滑块与导轨间的摩擦。用手轻推一下滑块后,滑块可以在几乎没有摩擦力的作用下通过两个光电门。测出滑块上遮光板的宽度,再根据计时器记录的两次通过光电门的时间,可以求出滑块两次通过光电门的速度。如果这两个速度几乎相等,则可以说明在没有力的作用时,滑块可以保持匀速直线运动状态。现在请各小组合作完成这一实验。 (若比赛有现场实验要求,则此项时间建议增加5 min)
	展(示):体现合作学习成果	建议2 min	【展示活动】 1.请各小组选出代表,阐述实验结果,并简述得出的“力与运动的关系”的结论。 2.各小组代表展示实验后共同得出的结论:物体在没有摩擦阻力作用的情况下,会一直运动下去。 结论:力不是维持物理运动的原因,而是改变物体运动状态的原因。 在笛卡尔进一步补充后,牛顿总结出了力的概念,并提出了完善的“力与运动的关系”:一切物体总保持匀速直线运动状态或静止状态,直到有外力迫使它改变这种状态为止。 牛顿第一定律实质上告诉我们:自然界中一切物体的存在都有两种状态,匀速直线运动状态或静止状态。物体不受外力作用时将永远保持这两种状态之一;有外力作用在物体上时将改变物体的原有状态;自然界中不受外力作用的物体是不存在的,但物体所受到的合外力为零时,此规律仍然适用。 牛顿第一定律又称为惯性定律。任何物体都有保持匀速直线运动状态或静止状态的属性,这种属性称为惯性。其大小只由物体的质量决定,而且质量是决定物体惯性大小的唯一因素。

续表

<table>
<tr><td rowspan="2">设计流程</td><td>练(习):体现教学效果</td><td>建议2 min</td><td>【练习】下列情况可能存在的是(　　)。
A. 物体的速度很大,但惯性很小
B. 物体的惯性很大,但质量很小
C. 物体的体积很大,但惯性很小
D. 物体所受的合外力很大,但惯性很小</td></tr>
<tr><td>评(价):体现激励性评价作用</td><td>建议2 min</td><td>【教师课堂总体评价】今天同学们通过集体研讨和探究实验,得出了"力与运动的关系"的正确结论。其中某同学在探究过程中实验认真、测量准确,某同学特别善于交流、学习态度好,他们是同学们学习的榜样。希望同学们再接再厉,上好每一节课。</td></tr>
<tr><td>板书设计</td><td colspan="3">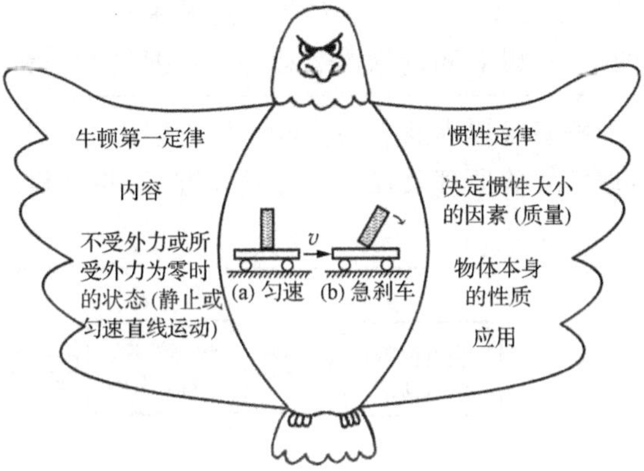
</td></tr>
</table>

附:可能涉及的专题性问题

1. 随着科学技术的发展,牛顿第一定律是否可以用实验来验证?

【参考解答】牛顿第一定律不能用实验来验证,因为牛顿第一定律成立的前提是"物体在不受外力作用的情况下",而自然界中不受外力作用的物体是不存在的。

2. 有人认为"牛顿第一定律"是"牛顿第二定律"的特例,你认为对吗?

【参考解答】这个观点是错误的。第一,牛顿第一定律是完全独立的基本定律,它的独立性表现在:首先,它确定了惯性参考系并引出了逻辑循环论证。这是公理体系的表现,任何学科的第一命题都要具有此特性。其次,它指出了任何物体都具有惯性,建立了惯性概念。最后,它是牛顿第二定律的基础,牛顿第一定律为牛顿第二定律准备了概念(力、惯性、质量、惯性系)并定性阐明力和运动的关系。第二,牛顿第一定律主要说明物体不受外力作用时的运动状态,不受外力作用和物体所受外力矢量和为零不是一码事,因此不能把牛顿第一定律当成牛顿第二定律在 $F=0$ 时的特殊情况。

综上所述,牛顿第一定律是完全独立的基本定律,其他任何规律都无法解决牛顿第一定律能解决的问题，牛顿第二、第三定律根本不能取代牛顿第一定律。

福建省晋江市侨声中学　张　鹈

三十、加速度与力、质量的关系

<table>
<tr><td colspan="3">课程信息</td><td>《物理》必修第一册第 5 章第 2 节"科学探究：加速度与力、质量的关系"。</td></tr>
<tr><td colspan="3">课标要求</td><td>通过实验，探究加速度与物体的质量、物体受力的关系。</td></tr>
<tr><td colspan="3">片断教学目标</td><td>学习用控制变量法探究加速度与力、质量的关系。</td></tr>
<tr><td colspan="3">教材分析</td><td>本节通过实验探究加速度与力、质量的关系，为下一节牛顿第二定律的学习奠定基础。教材先从日常生活中常见的推车情景出发，提出探究问题，再进一步通过实验探究加速度与力、质量的关系。</td></tr>
<tr><td colspan="3">学情分析</td><td>学生已经学习了力、物体运动的描述及牛顿第一定律，对力与运动的关系有了简单的认识，也对测量物体运动的加速度的方法和实际操作都比较熟悉。</td></tr>
<tr><td colspan="3">片断教学重难点</td><td>重点：理解实验原理及提出实验设计方案。
难点：理解实验原理及提出实验设计方案，并分析怎么验证实验设计方案的准确性。</td></tr>
<tr><td colspan="3">教学流程图</td><td>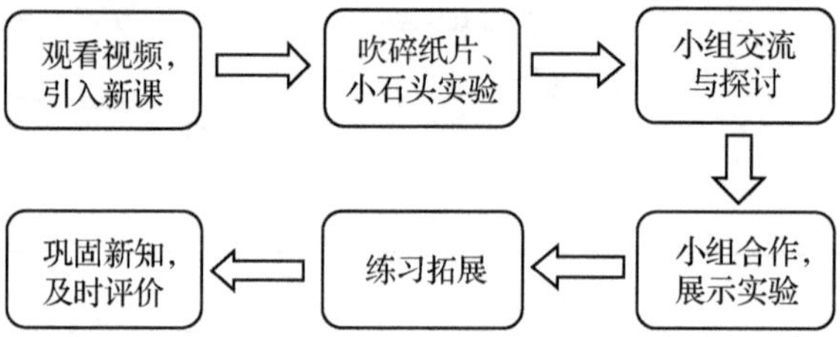
</td></tr>
<tr><td>设计流程</td><td>导(学)：体现思维引导及主动学习</td><td>建议 3 min</td><td>【导入新课】
1. 观看视频。
(1) 用同样大小的力去拉动不同质量的小车，小车运动的提速快慢不同。
(2) 用不同大小的力去拉动同一辆小车，小车运动的提速快慢不同。
问题：这里的提速快慢不同指的是什么？(加速度不一样)
2. 吹碎纸片、小石头实验。
(1) 在课本上撒一些碎纸片，先用嘴轻吹，再用力使劲吹，观察现象。
结论：对某一物体，受到的力越大，其运动状态越容易改变，即加速度越大，m 一定，$a \propto F$。</td></tr>
</table>

续表

设计流程	导(学)：体现思维引导及主动学习	建议3 min	(2) 在课本上撒一些碎纸片和一些小石子，用同样力道吹，观察现象。 结论：不同的物体，受到相同的力，质量越小的，其运动状态越容易改变，即加速度越大，F 一定，$a\propto\frac{1}{m}$。 猜想：当 m 一定时，$a\propto F$；当 F 一定时，$a\propto\frac{1}{m}$。
	研(学)：体现合作探究精神	建议5 min	【探究活动】 1. 实验思路——控制变量法。 (1) 探究加速度与力的关系。 保持小车的质量不变，通过改变砝码的个数，改变小车所受的拉力，测得不同拉力下小车运动的加速度，分析加速度与拉力的定量关系。 (2) 探究加速度与质量的关系。 保持小车所受的拉力不变，通过在小车上增加重物，改变小车的质量，测得不同质量对应的加速度，分析加速度与质量的定量关系。 2. 物理量的测量。 (1) 质量的测量。用天平测量。 (2) 加速度的测量。用小车拖住纸带，通过打点计时器打出一系列的点，结合逐差法计算出小车的加速度。 (3) 力的测量。在平衡摩擦力的情况下，小车受到的拉力等于小车所受的合力。当钩码的质量远小于小车的质量时，可认为小车所受的拉力近似等于钩码所受的重力。 实验装置图如下图所示。 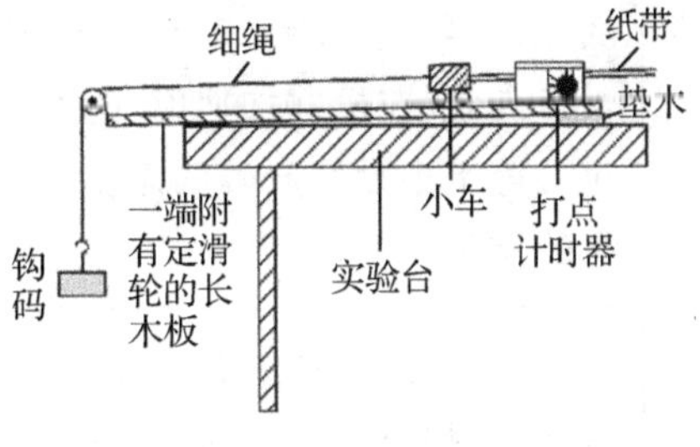
	展(示)：体现合作学习成果	建议4 min	【展示活动】 1. 探究加速度与合力的关系。 (1) 用天平测量小盘和砝码的质量 m 及小车的质量 M。 (2) 把实验器材安装好，只是不把悬挂小盘的细绳系在小车上(不给小车牵引力)。

续表

设计流程	展(示)：体现合作学习成果	建议4 min	(3) 在长木板的不带定滑轮的一端下面垫上一块薄木块，使小车能匀速下滑。 (4) 小盘通过细绳绕过定滑轮系于小车上，先接通电源，后放开小车，断开电源，取下纸带编号码。 (5) 保持小车的质量 M 不变，改变小盘和重物的质量 $m(m\ll M)$，重复步骤(4)。 2. 探究加速度与质量的关系。 (1) 小盘通过细绳绕过定滑轮系于小车上，先接通电源，后放开小车，断开电源，取下纸带编号码。 (2) 在上个探究活动步骤(4)的基础上，保持小盘中重物的数量不变，改变小车的质量 M，重复步骤(4)。
	练(习)：体现教学效果	建议2 min	【练习】用斜面、小车、砝码等器材做探究加速度与力、质量关系的实验。下图所示为实验中的一条打点纸带，其中相邻计数点间的时间间隔为 T，间距 $x_1,x_2,x_3,\cdots,x_6$ 已量出。 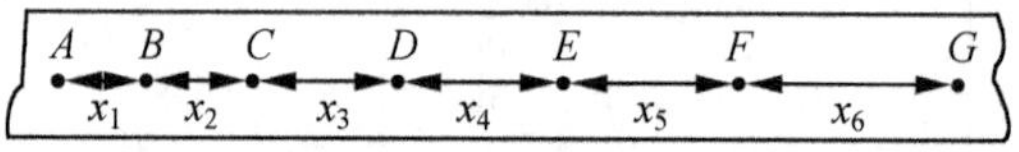 (1) 根据给出的信息，写出加速度的合理表达式：____________。 (2) 实验中要选取砝码的质量 m 和小车的质量 M，以下最合理的一组是________。 A. M=200 g，m=10 g、15 g、20 g、25 g、30 g、40 g B. M=200 g，m=20 g、40 g、60 g、80 g、100 g、120 g C. M=400 g，m=10 g、15 g、20 g、25 g、30 g、40 g D. M=400 g，m=20 g、40 g、60 g、80 g、100 g、120 g 教师点睛：在探究加速度与力、质量关系的实验中，为使细绳对小车的拉力等于小盘和砝码的总重力，应满足小盘和砝码的总质量远小于小车的质量。
	评(价)：体现激励性评价作用	建议1 min	【教师课堂总体评价】今天同学们通过集体研讨和探究实验，得出了“在物体的质量一定时，加速度的大小与合外力的大小成正比。在物体所受的合外力一定时，加速度的大小与物体的质量成反比”的正确结论。通过实验我们知道一个规律并不是几次简单的实验就可以得出的，仍需要通过大量的实验事实来论证。其中，某组同学在探究过程中实验认真、测量准确，某同学特别善于交流、学习态度好，他们是同学们学习的榜样。希望同学们再接再厉，上好每一节课。

续表

板书设计	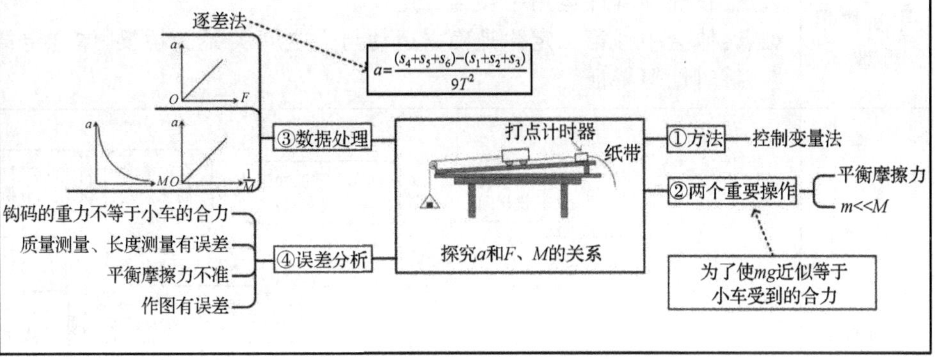

附：可能涉及的专题性问题

若没有平衡好摩擦力，对实验有何影响？

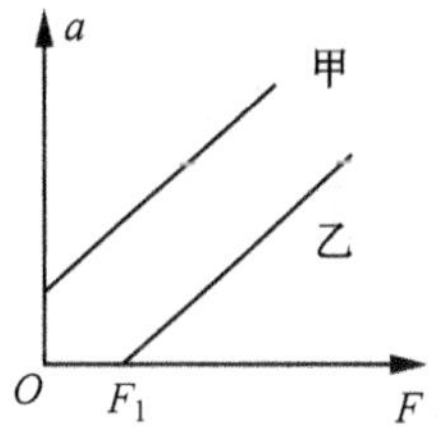

【参考解答】如右图所示，图线甲在纵轴上有截距，表示平衡摩擦力过度，木板的倾角过大。由图线可知，当 $F=0$ 时，$a>0$。这表示没有挂钩码时小车就已经有了加速度，也就是说，在平衡摩擦力时，小车不是做匀速直线运动，而是做加速运动，原因是木板的倾角过大，$mg\sin\theta>f$。图线乙在横轴上有截距，表示平衡摩擦力不足或没有平衡摩擦力，木板的倾角过小或根本没有倾角。

福建省晋江市侨声中学　黄彬宏

三十一、牛顿第二定律及意义

课程信息	《物理》必修第一册第 5 章第 3 节中的“牛顿第二定律及其意义”。
课标要求	理解牛顿运动定律，能用牛顿运动定律解释生产和生活中的有关现象，解决有关问题，逐步形成运动与相互作用的观念，以牛顿运动定律为载体，提升物理素养。
片断教学目标	理解牛顿第二定律的表达式由来；能够从合力与加速度的同时性、矢量性等方面理解牛顿第二定律，能用牛顿第二定律解决实际问题。
教材分析	教材关于牛顿第二定律的内容以两节的形式呈现，其目的是要强调实验探究的重要性和突出牛顿第二定律在力学中的重要地位。牛顿第二定律是本章的中心内容，是本章的教学重点。
学情分析	学生知道质量是惯性的量度、力是改变物体运动状态的原因，通过第 2 节的探究实验，得出加速度与质量、力的定量规律水到渠成。牛顿第二定律的内容，学生容易掌握。牛顿第二定律的数学表达式简单，要记住并不难，但学生很难深入理解牛顿第二定律。

续表

<table>
<tr><td colspan="2">片断教学
重难点</td><td colspan="2">重点：正确理解并运用牛顿第二定律。
难点：体会牛顿第二定律是确立运动与力之间关系的桥梁，体会定律中的因果性、瞬时性等特征。</td></tr>
<tr><td colspan="2">教学
流程图</td><td colspan="2">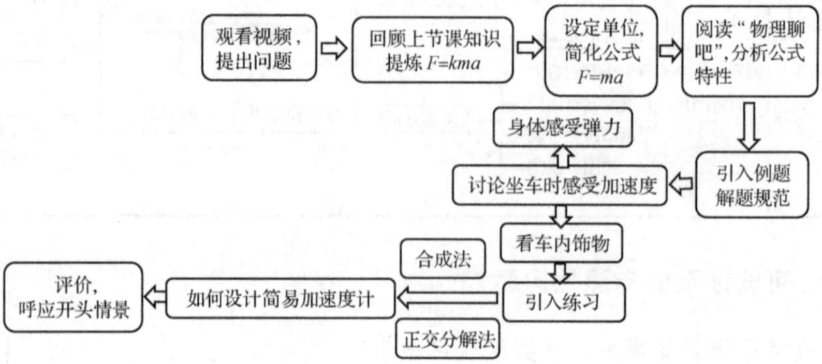
</td></tr>
<tr><td>设
计
流
程</td><td>导(学)：
体现思维
引导及主
动学习</td><td>建
议
1
min</td><td>【导入新课】
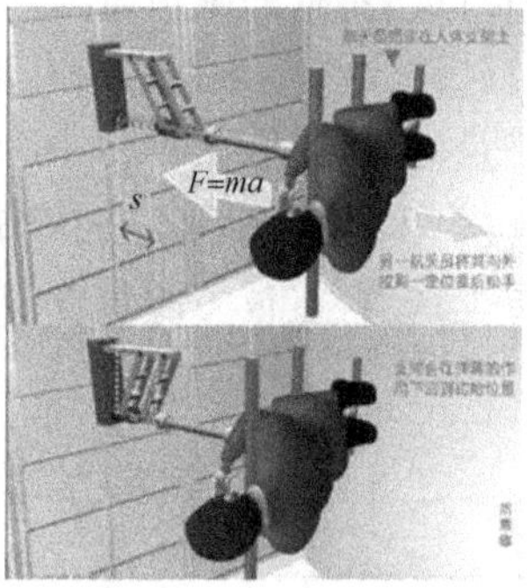

1. 2013 年 6 月 20 日上午，我国航天员在“天宫一号”空间实验室进行了太空授课，演示了测量质量的实验，如右图所示。
质量的测量是通过一个支架形状的测量仪完成的。测量时，航天员固定在支架的一端，另外一名航天员将支架拉开到指定的位置。支架能够产生一个恒定的拉力 F，把航天员拉回舱壁。用光栅测速装置能测出支架复位的速度 v 和时间 t，从而计算出加速度 a。这样就能够计算出航天员的质量 m。
2. 当我们坐在车里闭目养神时能否感受到车运动时的加速度？
教师点睛：我们可以通过感受背部和椅背之间的作用力大小，去感受加速度；我们还可以通过观察周围的景物来判断。
思考：如下图所示，车上悬挂的小物体在做什么运动？
 </td></tr>
</table>

续表

设计流程	研(学)：体现合作探究精神	建议5 min	【探究活动】 1.验证加速度与力、质量的关系。 边用多媒体播放上节课做实验的过程，边采用提问法回顾上节课的实验结论： (1) 当保持小车的质量不变时，小车的加速度与它所受的力成正比，即 $a \propto F$。 (2) 当保持小车所受的力不变时，小车的加速度跟小车的质量成反比，即 $a \propto \frac{1}{m}$。 实验结果表明，小车的加速度 a 与它所受的作用力 F 成正比，与它的质量 m 成反比。 问题：上述结论对于任何物体都成立吗？ 各组学生展示上节课通过实验探究得到的 a-F 图像和 a-$\frac{1}{m}$图像。 教师点睛：多次类似的实验发现，每次实验的点都可以拟合成直线，而这些直线与坐标轴的交点又都十分靠近原点。大量的实验和观察到的事实都可以得出：物体的加速度 a 与它所受的作用力 F 成正比，与它的质量 m 成反比。 2.探究牛顿第二定律。 问题：如何用数学表达式表述加速度与力、质量之间的定量关系？ 总结：牛顿第二定律可表述为 $a \propto \frac{F}{m}$，也可以写成等式 $F=kma$，其中 k 是比例系数。 思考：取质量的单位是千克(kg)，加速度的单位是米每二次方秒(m/s^2)，根据上述牛顿第二定律中加速度与力、质量的关系，我们应该怎样确定力的单位？ 讨论：在 $F=kma$ 公式中，当 $k=1$ 时，质量为 1 kg 的物体在某力的作用下获得 1 m/s^2 的加速度，则这个力 $F=ma=1\ kg\cdot m/s^2$，所以力 F 的单位就是 $kg\cdot m/s^2$，读作“千克米每二次方秒”。后人为了纪念牛顿，把它称作“牛顿”，简称“牛”，用符号 N 表示。 如果质量的单位取千克(kg)，加速度的单位取米每二次方秒(m/s^2)，力的单位取牛(N)时，$k=1$，公式可简化为 $F=ma$。 3.探究牛顿运动定律的特点。 思考：从牛顿第二定律知道，无论怎样小的力都可以使物体产生加速度。但是当我们推静止的柜子时，有时即使用了很大的力也无法推动，柜子仍处于静止状态。这与牛顿第二定律矛盾吗？牛顿第二定律是否错了？

续表

设计流程	研(学)：体现合作探究精神	建议 5 min	分析：我们推柜子时，柜子受到重力、支持力、推力和摩擦力，这四力平衡，合力为 0。作用在物体上的每个力都将独立地产生各自的加速度，而物体实际的加速度 a 是每个力的加速度的矢量和。推静止的柜子，柜子不动，表明柜子的加速度为零。 总结：作用在物体上的每一个力都各自产生加速度，与其他力无关；而物体实际的加速度 a 是每个力的加速度的矢量和。 4. 如右图所示，探究在拉力 F 作用下放在光滑水平面上的静止物体的运动情况。  (1) 当 $F=0$ 时，物体的加速度是多少？ (2) 当 $F\neq 0$ 时，物体的加速度是多少？ (3) 在 F 逐渐减小到 0 的过程中，物体的加速度如何变化？ 总结：力与加速度同时产生、同时消失、同时变化。 教师点睛： ①因果性：力是产生加速度的原因，当合外力不为零时一定有加速度产生。 ②同体性：a、F、m 对应于同一物体。 ③矢量性：$F=ma$ 是一个矢量式，a 与 F 的方向总是相同。 ④瞬时性：a 与 F 同时产生、同时变化、同时消失。 ⑤独立性：每个力各自独立地能使物体产生一个加速度，与其他力无关。
	展(示)：体现合作学习成果	建议 4 min	【展示活动】下面我们通过两道例题来深入理解牛顿第二定律。  **例 1**　某高速列车在起动后的初始阶段，可视为在恒定的牵引力作用下做匀加速直线运动。若在该阶段列车组的牵引力为 3.04×10^5 N，列车所受阻力为 7.9×10^4 N，列车的质量为 4.5×10^5 kg，则列车从起动至速度达到 60 km/h 需要多长时间？ **例 2**　某高速列车总质量为 4.5×10^5 kg，在以 216 km/h 的速度直线行驶时紧急制动，要求从开始制动到完全停止的行驶距离不超过 2 000 m。该高速列车在制动过程中受到的阻力至少为多大？ 评析：例 1 从“受力”出发→a→“运动学规律”；例 2 从“运动学规律”出发→a→“受力”。可见，加速度 a 是联系力和运动的桥梁，受力分析是基础。

续表

设计流程	展(示)：体现合作学习成果	建议4 min	总结解题过程：确定研究对象；对物体进行受力分析和运动分析；利用牛顿第二定律将受力情况与运动情况结合起来；选取正方向，根据牛顿第二定律和运动学方程求解。
	练(习)：体现教学效果	建议4 min	【练习】某同学在列车车厢的顶部用细线悬挂一个小球。在列车以某一加速度渐渐起动的过程中，细线就会偏过一定角度并相对车厢保持静止，如右图所示。通过测定偏角的大小就能确定列车的加速度。在某次测试中，悬线与竖直方向的夹角为 θ，求列车的加速度 a。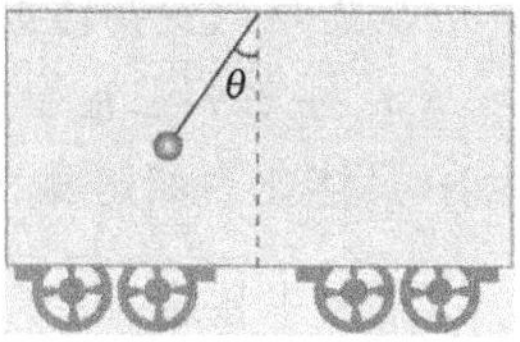 总结：显然，合成法和正交分解法是利用牛顿第二定律分析问题常用的两种方法。从这道题里，我们还发现：我们可用轻杆、小球和硬纸板等制作一个简易加速度计，粗略测量运动物体的加速度。如右图所示，在轻杆上端装上转轴，固定于竖直放置的画有角度的纸板上的 O 点，轻杆下端固定一小球，杆可在竖直平面内自由转动。将此装置固定于运动物体上。当物体向右加速(减速)运动时，杆便向左(向右)摆动。根据摆动后稳定的角度，由 $a=g\tan\theta$ 便可知道加速度的大小和方向。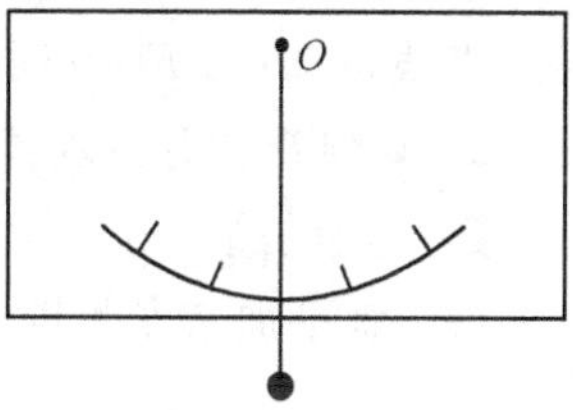
	评(价)：体现激励性评价作用	建议1 min	【教师课堂总体评价】这节课我们从问题开始，以第 2 节的实验探究数据为依托，总结出了牛顿第二定律 $F=kma$，通过单位设定将公式简化为 $F=ma$。我们学会了制作简易加速度计。这堂课同学们积极思考，表现热情，很有收获。
板书设计	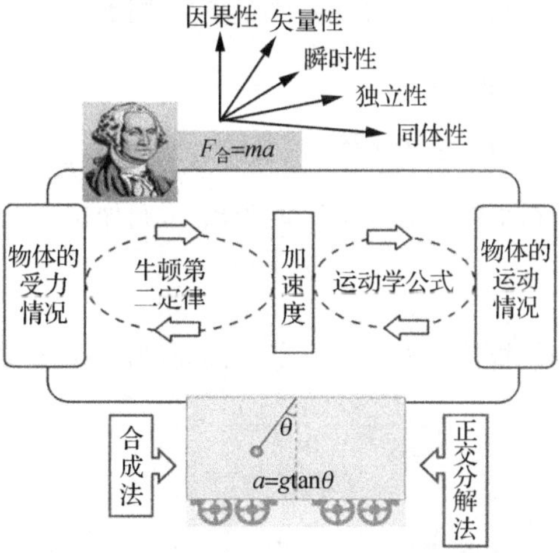		

附：可能涉及的专题性问题

1. 如何看待牛顿第二定律与牛顿第一定律及惯性的关系？

【参考解答】

（1）牛顿第一定律定义了惯性和力的概念，定性指出了惯性和力对物体速度的影响：

① 惯性是一切物体具有的一种固有属性——维持物体运动，抵抗速度改变。

② 力是改变物体速度的原因——产生加速度的原因。

（2）牛顿第二定律在牛顿第一定律的基础上定量地指出了惯性大小和力的大小对物体运动（具体化为加速度）的影响。

① 由牛顿第二定律公式 $a=\frac{F_{合}}{m}$ 可以看出，物体的运动状态改变的难易程度取决于惯性的大小——惯性越大，质量越大，运动状态越难改变，速度变化越慢，加速度越小。

a. 牛顿第一定律揭示了物体不受力时惯性的表现。

b. 牛顿第二定律揭示了物体受力时惯性的表现。

② 因此，牛顿第二定律和牛顿第一定律是协调的：当 $F=0$ 时，$a=0$，即物体由于惯性做匀速直线运动；当 $F\neq0$ 时，由于任何物体的质量都不为零，因此物体加速度并不是无穷大。

2. 如何设计另一种简易加速度计？

【参考解答】

（1）水平加速度测量仪。

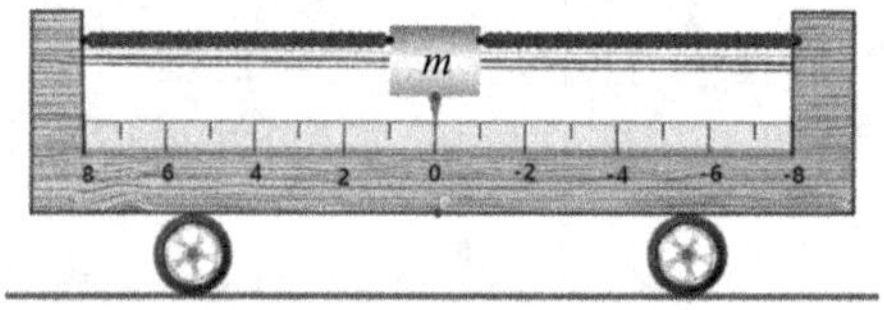

单位：m/s²

小车静止时，物块停在正中央，两个弹簧都处于自然长度。

小车往左加速时，物块往右移动一段距离 x，则加速度大小为 $a=\frac{2kx}{m}$。

小车往右加速时，物块往左移动一段距离 x，则加速度大小为 $a=\frac{2kx}{m}$。

（2）竖直加速度测量仪。

弹簧静止时，指针指在零刻度线，弹簧拉伸量 $x_0=\frac{G}{k}$。

弹簧往上加速时，指针往下移动一段距离 x，则加速度大小为

$$a=\frac{k(x+x_0)-G}{m}=\frac{kx}{m}$$

弹簧往下加速时，指针往上移动一段距离 x，则加速度大小为

$$a=\frac{G-k(x_0-x)}{m}=\frac{kx}{m}$$

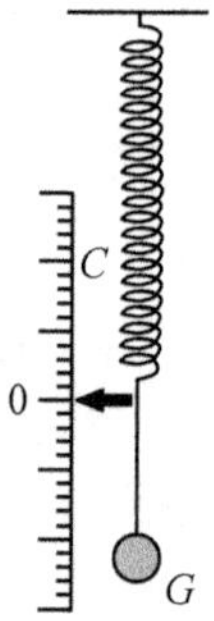

单位：m/s²

福建省晋江市南侨中学　付剑仁

三十二、国际单位制

<table>
<tr><td>课程信息</td><td colspan="3">《物理》必修第一册第 5 章第 3 节中的“国际单位制”。</td></tr>
<tr><td>课标要求</td><td colspan="3">知道国际单位制中的力学单位，了解单位制在物理学中的重要意义。</td></tr>
<tr><td>片断教学目标</td><td colspan="3">知道建立统一单位制的必要性，以及基本单位和导出单位的关系。通过物理规律意义的探索，设置问题探究，学习有关单位制的知识。</td></tr>
<tr><td>教材分析</td><td colspan="3">单位制的知识是很丰富的，但教材上的内容较少。教材突出国际单位制中的基本单位并列表进行了介绍。</td></tr>
<tr><td>学情分析</td><td colspan="3">高中学生到这个阶段已经学习了运动学和力学的初步知识，还学习了动力学知识。</td></tr>
<tr><td>片断教学重难点</td><td colspan="3">重点：物理规律的意义，国际单位制及其应用。
难点：单位制的应用。</td></tr>
<tr><td>教学流程图</td><td colspan="3">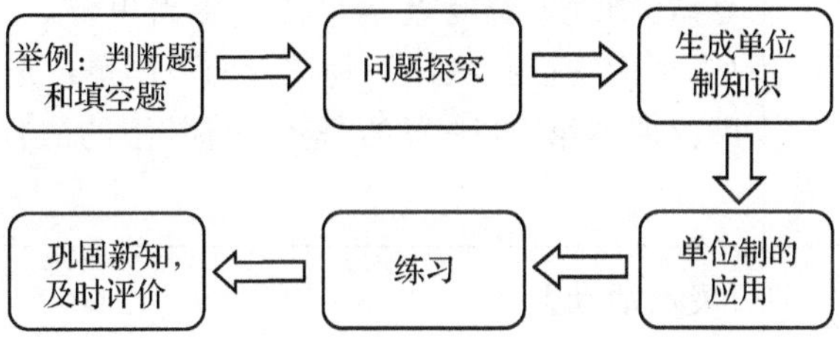
</td></tr>
<tr><td>设计流程</td><td>导(学)：体现思维引导及主动学习</td><td>建议 2 min</td><td>【导入新课】
1. 判断下列说法对错。
(1) 所有物理量都具有意义。(　)
(2) 所有物理量都有单位。(　)
(3) 用仪器进行测量，记录结果不但要有数据，而且要有单位(无单位的物理量除外)。(　)
(4) 0，1，…，9 数字能表示任何十进制数据。(　)
(5) 光年是一种时间单位。(　)
2. 单位换算。
物理量的单位常常有几个，它们之间必然能相互转换。例如：
质量单位：1 kg=________ g=________ t(吨)。
长度单位：1 m = ________ dm = ________ cm = ________ nm = ________ km。</td></tr>
</table>

续表

设计流程	导(学):体现思维引导及主动学习	建议2 min	时间单位:1 h=________ min=________ s。(还有年、月、日等) 力的单位:________(填符号和文字)。牛顿第二定律公式从公式________左边看单位为________(N),从右边看单位组合是________($kg\cdot m/s^2$)。左右两边单位对力这个物理量来说等效吗?________
	研(学):体现合作探究精神	建议4 min	【探究活动】在物理学中单位有什么规则? 教师点睛:世界走向大同是一种趋势,科学技术单位的统一是世界统一的一种体现。 思考: ①物理规律的意义(作用)。 ②物理规律常采用的表现形式有哪些? ③物理公式两边的单位是什么关系?这种关系有什么作用? ④物理量很多,物理量单位间通过规律可以相互转化。 ⑤在国际单位中,我们发现除了基本单位外,还有其他的单位名称。 总结:物理单位有基本单位和导出单位。量纲用于确定物理量的单位,利用它可找到同一物理量的不同单位形式。 阅读课本第P121页的"科学书屋"下的内容和例题。
	展(示):体现合作学习成果	建议6 min	【展示活动】 1.物理规律的意义是揭示自然规律。物理学中的规律揭示了物质结构、物质相互作用和物体运动的规律,它是不以人的意志为转移的。 2.物理规律常采用的表现形式有文字和公式,这两种方式最常见。另外,图表、图像等也可展现物理规律。公式是科学家追求的最完美的展示物理规律的方法,如麦克斯韦方程组。 3.物理公式两边单位等效,可以相互转换。如胡克定律中的劲度系数的单位推导。由$F=kx$变形,得$k=F/x$,等式两边大小相等,单位等效。劲度系数的单位可以通过等式右边得到,即劲度系数的单位是N/m。 4.为了促进科技交流与贸易往来等,不同地域的人们逐渐将各自的单位规定进行统一。1960年,第11届国际计量大会通过了国际单位制(简称SI)。 教师点睛:只要选择七个物理量的单位,就可以通过组合表示出其他所有物理量的单位。被选择的七个物理量对应的单位称为基本单位,其他物理量的单位称为导出单位。

续表

<table>
<tr><td rowspan="3">设计流程</td><td>展（示）：体现合作学习成果</td><td>建议6 min</td><td>5. 有些物理单位有固定的名称，这是为了简化单位，同时纪念为此做出贡献的物理学家。
科学书屋
表5-3　国际单位制（SI）基本单位
<table><tr><th>物理量名称</th><th>单位名称</th><th>单位符号</th></tr><tr><td>长度</td><td>米</td><td>m</td></tr><tr><td>质量</td><td>千克（公斤）</td><td>kg</td></tr><tr><td>时间</td><td>秒</td><td>s</td></tr><tr><td>电流</td><td>安［培］</td><td>A</td></tr><tr><td>物质的量</td><td>摩［尔］</td><td>mol</td></tr><tr><td>热力学温度</td><td>开［尔文］</td><td>K</td></tr><tr><td>发光强度</td><td>坎［德拉］</td><td>cd</td></tr></table></td></tr>
<tr><td>练（习）：体现教学效果</td><td>建议2 min</td><td>【练习】
1. 写出滑动摩擦力的公式，动摩擦因数是否有单位？
2. 同学们在后续学习中会学习到多个规律，其中有一个公式是：
$$F=G\frac{m_1m_2}{r^2}$$
式中，F 为万有引力，G 为引力常量，m_1 和 m_2 为两个质点的质量，r 是两个质点间的距离。由此导出引力常量 G 的国际单位是________。</td></tr>
<tr><td>评（价）：体现激励性评价作用</td><td>建议2 min</td><td>【教师课堂总体评价】今天各小组都能积极交流和探究。对今天的物理内容，同学们掌握得很好。希望同学们在后续的学习中能保持良好的学习态度，提高学习效率。</td></tr>
<tr><td>板书设计</td><td colspan="3">物理规律意义
— 揭示自然规律
— 单位可以互相转化 ⟹ 单位制
　　— 分类：基本单位；导出单位
　　— 应用：量纲；计算中简化单位</td></tr>
</table>

附：可能涉及的专题性问题

如何正确理解单位制。

【参考解答】物理学是研究物质结构、物质相互作用和物体运动规律的自然科学，是一门以实验为基础的自然科学。自然规律是不以人的意志为转移的。人类按规律办事，不断地设计出新产品和新技术，推动人类社会不断地向前发展。物理规律的展现形式常见的有文字、图像、表格、公式等，其中用公式表示物理规律是最高境界。物理公式除了揭示物质结构、物质相互作用和物体运动的规律外，物理公式两边不但数值相同，而且单位等效，进而认识单位之间是有关联的，单位之间可以相互转换，据此科学家制定了单位制。面对成百上千个物理量，科学家研究表明只要选择七个物理量的单位，就可以通过组合表示出其他所有物理量的单位。被选择的七个物理量对应的单位称为基本单位，其他物理量的单位称为导出单位。力常常采用牛[顿](N)做单位，这样做是为了把N作为力的专有单位名字，是纪念在该领域做出巨大贡献的科学家，同时也有简化的作用。这种表示单位的方法是自然学科和社会学科中常用的方法。当然同一物理量会有不同的单位。这些单位与其国际单位间有换算关系。我们要掌握并能学会应用这种换算关系。

福建省晋江市南侨中学　付剑仁

三十三、作用力与反作用力

课程信息	《物理》必修第一册第5章第4节中的“作用力与反作用力”。
课标要求	理解牛顿第三定律，能运用牛顿第三定律分析、解决现实情景中的有关问题。
片断教学目标	知道力的作用是相互的，了解作用力与反作用力的概念。
教材分析	教材先通过实例及实验说明，不论是接触的物体间，还是未接触的物体间，力的作用总是相互的，进而引入作用力与反作用力。
学情分析	在初中阶段，学生已经对物体间的相互作用有了定性的了解，知道相互之间的作用力是成对出现的，知道二力平衡的知识。本节内容是在初中知识的基础之上对作用力与反作用力的深化。
片断教学重难点	重点：作用力与反作用力的概念。 难点：能用作用力与反作用力解释生活中的现象。
教学流程图	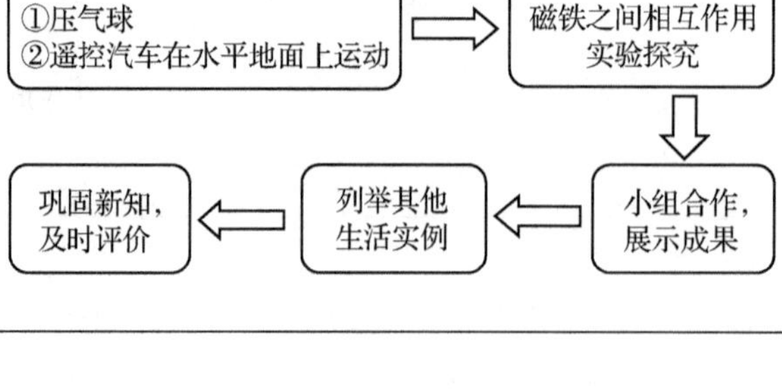

续表

设计流程	导(学)：体现思维引导及主动学习	建议2 min	【导入新课】  1.这里有两个充满气的气球，现在将它们用力挤压，发现两个气球接触面发生了明显形变，由此可以得到什么结论？ 2.将遥控汽车直接放在水平地面上，按下遥控，车受到了前行方向的力。地面在水平方向是否受到小车的作用力？我们把遥控汽车放在一个薄板上，在薄板下放三根铅笔，按下遥控，薄板就沿着车运动的反方向运动起来，由此可以得到什么结论？ 讨论：我们可以明显体会到气球与气球之间弹力的作用是相互的，汽车与薄板之间的摩擦力也是相互的。如果两个物体不接触，是否也有这样的情况呢？
	研(学)：体现合作探究精神	建议6 min	【探究活动】桌上有条形磁铁若干，将条形磁铁分别放在小车上，如右图所示，用手按住小车，使两块磁铁同名磁极和异名磁极分别靠近，释放小车，观察两辆小车的运动，由此得到什么结论？请同学们分组完成实验。  (若比赛有现场实验要求，则此项时间建议增加 5 min)
	展(示)：体现合作学习成果	建议2 min	【展示活动】 请各小组选出代表，简述观察到的实验结果及结论。 结论：没有相互接触的两个物体间力的作用也是相互的。 教师点睛： ①不管哪种性质的力，也不管是固体、液体还是气体之间，如 A 物体对 B 物体施加了力，B 物体也一定同时对 A 物体施加了力，力的作用是相互的。 ②物理学中，把物体间的这一对相互作用力称为作用力与反作用力。我们可把其中任意一个力称为作用力，把另一个力称为反作用力。
	练(习)：体现教学效果	建议2 min	【练习】 1.生活中还有许多物体具有相对运动的情形，同学们能再列举一些吗？ 2.人在地面上走，人与地面之间存在几对作用力与反作用力？

续表

<table>
<tr><td>设计流程</td><td>评(价)：体现激励性评价作用</td><td>建议
2
min</td><td>【教师课堂总体评价】今天同学们通过集体研讨和探究实验，得出了“力的作用是相互的”正确结论，并知道了作用力与反作用力的概念。其中，某组同学在探究过程中实验认真细致，某组同学特别善于交流、学习态度好，他们是同学们学习的榜样。希望同学们再接再厉，上好每一节课。</td></tr>
<tr><td>板书设计</td><td colspan="3">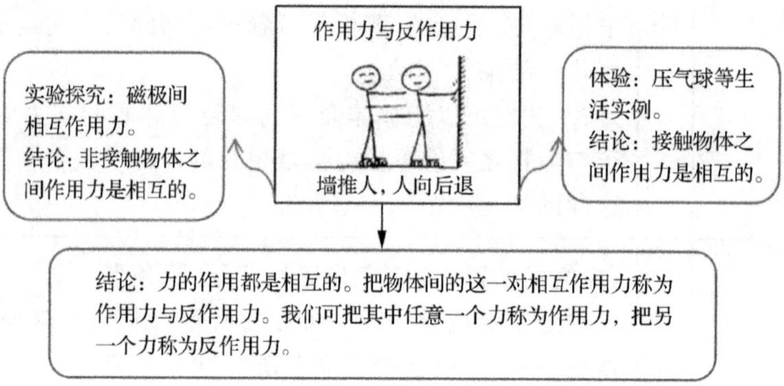

或
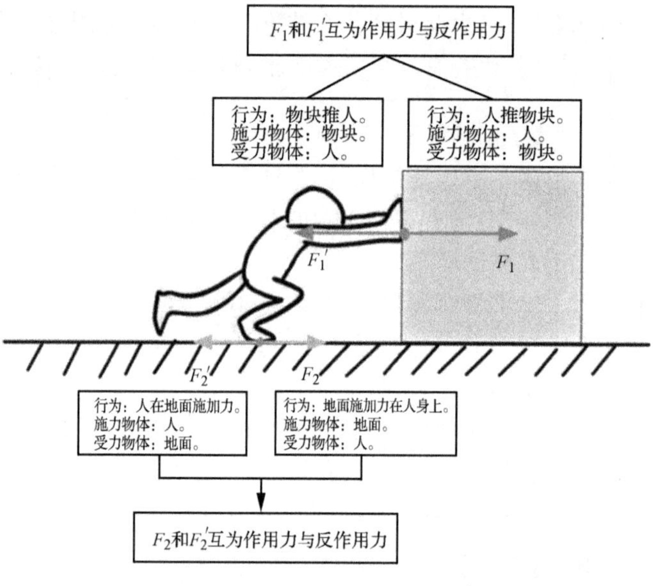
</td></tr>
</table>

附：可能涉及的专题性问题

1. 拔河比赛中，可以说两队之间的作用力是相互作用的吗？

【参考解答】不可以。甲和乙两个人手拉手进行拔河，可以说甲对乙的力与乙对甲的力是一对作用力与反作用力。而两队进行的拔河比赛，则不能这样说，这是因为拔河用的绳子很粗大，其质量一般不能忽略。甲（或乙）对绳的力与绳对甲（或乙）的力是一对作用力与反作用力。以绳子为研究对象，设它的质量为 m，它两边分别受到甲队队员和乙队队员的作用力 $F_{甲}$ 和 $F_{乙}$，根据牛顿第二定律，有 $F_{甲}-F_{乙}=ma$。不难看出，只有当 $m=0$ 或 $a=0$ 时，才有 $F_{甲}=F_{乙}$。

2. 可以求作用力与反作用力的合力吗？

【参考解答】对作用力与反作用力不能求和，即不能将牛顿第三定律写成 $F+F'=0$，原因是作用力与反作用力分别作用在两个不同的物体上，各自产生的作用效果不同。作用力与反作用力的作用效果不能相互抵消。

福建省泉州市实验中学　洪燕凤

三十四、牛顿第三定律及其意义

课程信息	《物理》必修第一册第 5 章第 4 节中的“牛顿第三定律及其意义”。
课标要求	理解牛顿第三定律，用牛顿第三定律解释生活中的有关问题。
片断教学目标	知道作用力与反作用力的概念及其关系，建立相互作用观，通过对作用力与反作用力总是共生共灭、大小相等、方向相反等性质的探究及学习，学会客观、辩证地评价周围的事物，并培养团队合作精神和科学探究思维能力。
教材分析	牛顿运动定律是经典力学的基础，也是整个力学的核心内容。牛顿第一、第二定律的研究对象是单个的受力物体，它们只能解决一个物体的受力与运动之间的关系。牛顿第三定律则是把一个物体受到的力与其他物体受到的力联系起来的桥梁。它是对牛顿第一、第二定律最有效的补充。有了它就可以把受力情况复杂的物体的受力转换到与之相互作用的物体上进行研究，拓宽了力学的解题范围。
学情分析	1. 知识方面：高一学生在初中已具备了“力是物体间的相互作用”的概念，对作用力与反作用力的认识有着丰富的生活经验，因此他们对作用力与反作用力的理解既熟悉又较为片面。 2. 能力方面：高一学生的好奇心强，有较强的参与意识。在教学中教师要以各种方式激发学生的学习兴趣，设法采用各种实验，让学生深入理解规律，从而完善已有知识，培养学生掌握科学探究的方法。
片断教学重难点	重点：牛顿第三定律。 难点：作用力与反作用力的大小的关系。

续表

<table>
<tr><td colspan="3">教学流程图</td><td>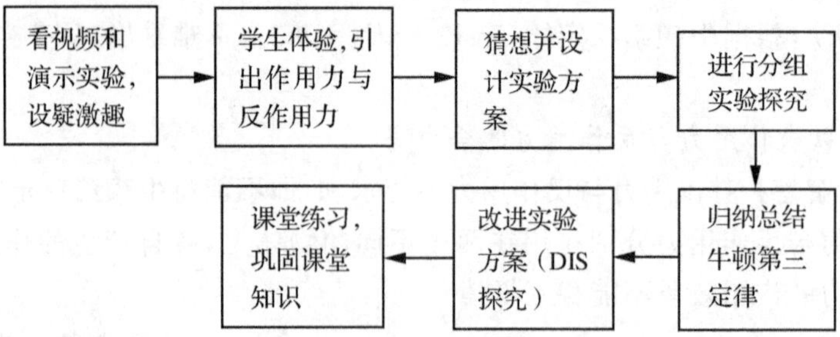
</td></tr>
<tr><td>设计流程</td><td>导(学)：体现思维引导及主动学习</td><td>建议3 min</td><td>【导入新课】
1. 观看视频：划船比赛。
问题：是什么力量使船前进？
2. 教师演示“火柴火箭的发射”实验。
问题：是什么力量使火柴火箭一飞冲天？
设计意图：从生活走向物理，激发学生进一步学习的兴趣。
3. 让学生亲自体验。
(1) 如下图所示，用右手拍打左手，左手有什么感觉，右手又有什么感觉？(体验弹力的相互性)
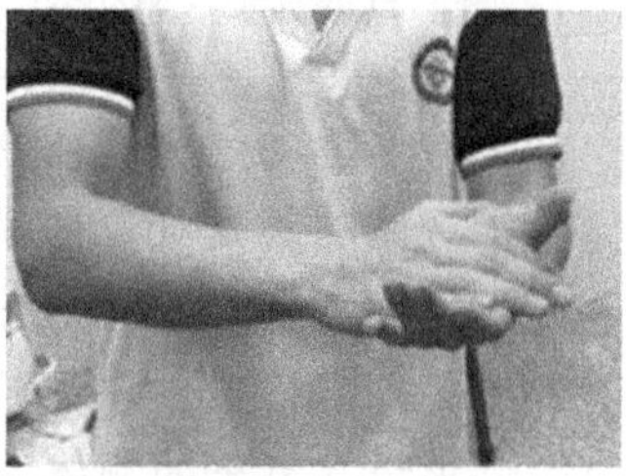
(2) 如下图所示，在光滑的桌面上把毛巾从毛刷下面抽出(体验摩擦力的相互性)。
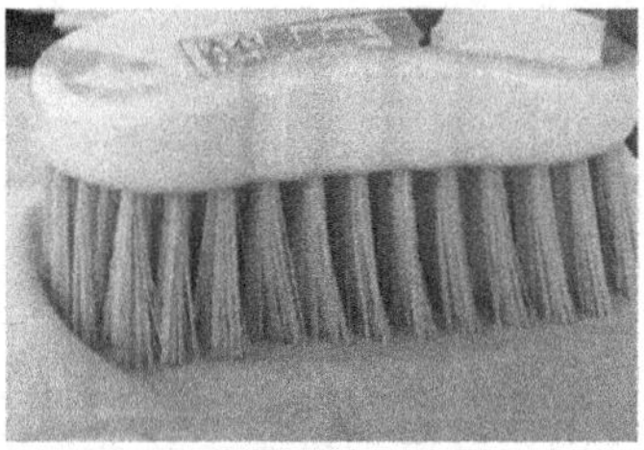
(3) 如下图所示，手持两块异名磁极相互靠近(体验磁场力的相互性)。
</td></tr>
</table>

续表

<table>
<tr><td rowspan="3">设
计
流
程</td><td>导(学)：
体现思维引导及主动学习</td><td>建
议
3
min</td><td>设计意图：情景体验，让学生从几个不同的生活实例中去体验不同性质的力作用下的相互作用，提出作用力与反作用力的概念。同时，此处的拍掌实验让学生感受作用力与反作用力，为后面用弹簧测力计进行探究实验奠定基础。</td></tr>
<tr><td>研(学)：
体现合作探究精神</td><td>建
议
4
min</td><td>【探究活动】
1.用右手轻轻地拍打左手和用右手重重地拍打左手，体验两手的受力大小。
2.人站在滑板车上手推墙壁，体验人和墙的受力方向。
设计意图：通过体验，猜想作用力与反作用力的大小和方向关系。
猜想与假设：作用力与反作用力的关系为大小相等、方向相反。
3.每位同学利用手上的弹簧测力计，设计一个探究物体间作用力与反作用力的关系的方案。
设计表格，收集实验数据。
当拉力改变时，观察弹簧测力计的示数。弹簧测力计互拉(静止时)，将测量数据填入下表。
<table><tr><td rowspan="2">力</td><td colspan="4">实验次数</td></tr><tr><td>1</td><td>2</td><td>3</td><td>4</td></tr><tr><td>作用力 F</td><td colspan="4"></td></tr><tr><td>反作用力 F'</td><td colspan="4"></td></tr></table></td></tr>
<tr><td>展(示)：
体现合作学习成果</td><td>建
议
5
min</td><td>【展示活动】
1.通过分析实验数据，教师指出上面的探究结论早在三百多年前就由牛顿提出了，即牛顿第三定律：两个物体之间的作用力与反作用力总是大小相等、方向相反、作用在同一条直线上。
$F=-F'$(负号表示方向相反)
讨论弹簧测力计互拉实验方案存在的问题：
①该实验方案不能说明“总是”相等，只能反映某几个具体时刻是相等的。
②该实验方案只能说明在静止状态下的作用力与反作用力大小相等，那么在变速运动状态之下呢?
实验改进方案：利用传感器探究作用力和反作用力的关系。
设计意图：精确地看到不同运动状态下的作用力与反作用力大小关系，引导学生理解定律中的“总是”。
分析：上面的实验在物体处于运动状态或者受到变力时不易测量。</td></tr>
</table>

续表

设计流程	展(示): 体现合作 学习成果	建议 5 min	2. 科技的发展使得我们的实验手段更多。基于力传感器的 DISLab 数字化实验设备如下图所示。 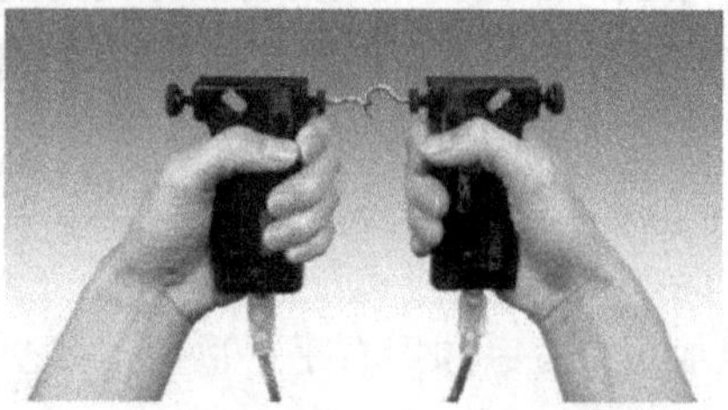 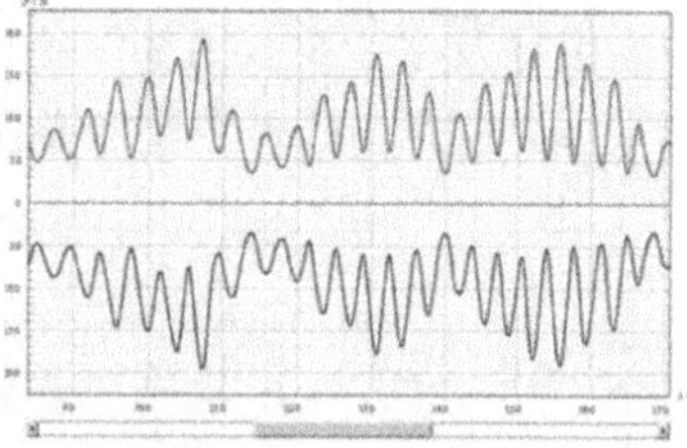 师生合作完成演示实验。实验分两种情况:静止时和运动时。得到实验数据,并分析数据曲线。提出如下问题: (1)曲线反映了作用力和反作用力的大小有什么关系? (2)曲线反映了作用力和反作用力的方向有什么关系? 设计意图:牛顿依据力的三要素,从力和运动的角度总结出牛顿第三定律涉及等大、反向、共线三方面。
	练(习): 体现教学 效果	建议 2 min	【练习】比一比:应用电子白板设计这两个力是否为作用力与反作用力。 找一找:人在平直公路上行走时,人和地球之间有几对作用力和反作用力? 设计意图:生动、有趣的分类和神秘蒙层设计不但能激发学生的学习兴趣,还能唤起学生的求知欲。
	评(价): 体现激励 性评价 作用	建议 1 min	【教师课堂总体评价】今天大家通过实验,探究了作用力与反作用力的关系。其中某组同学在探究过程中表现优异、团队合作默契、测量结果准确,某组同学动手能力强、特别爱思考,他们是同学们学习的榜样。
板书设计	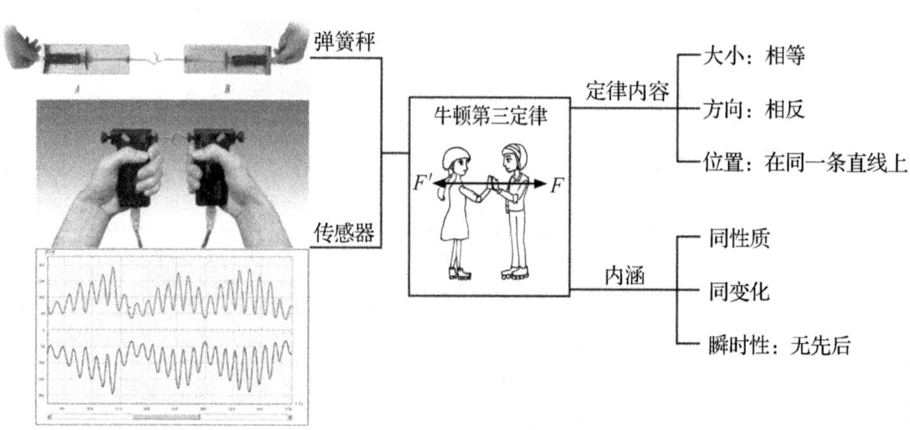		

续表

<table>
<tr><td>板书设计</td><td>或
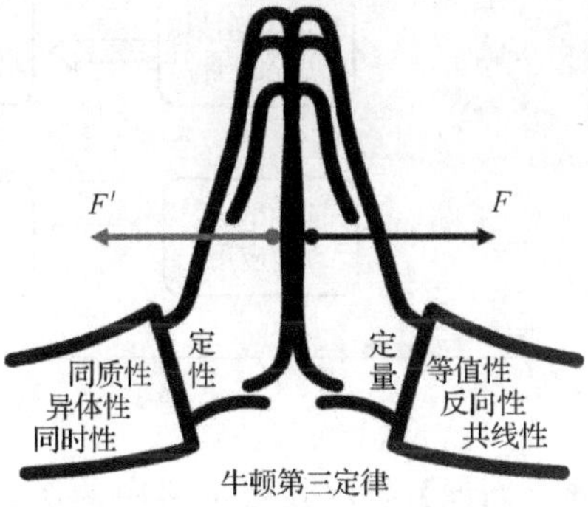

</td></tr>
</table>

附：可能涉及的专题性问题

在实际教学中，你是如何引导学生理解在变速运动中作用力与反作用力大小相等的？

【参考解答】让学生亲自动手做实验，观察弹簧测力计的读数，测得物体静止时和做变速运动时作用力和反作用力的大小，得到两者大小相等。

福建省晋江市平山中学　留庆祝

三十五、超重现象

课程信息	《物理》必修第一册第 5 章第 5 节中的“超重现象”。
课标要求	通过实验，认识超重现象。能通过牛顿运动定律解释生产生活中的有关现象，解决有关问题。
片断教学目标	知道物理学中超重现象的含义；能通过牛顿运动定律对它们进行定量分析；能分析和说明一些简单的相关问题；了解应用牛顿运动定律分析解决问题的一般步骤和方法；激发和保持对物理世界奇妙现象的好奇心和学习兴趣，体验科学探究的乐趣。
教材分析	本部分内容讲述超重现象及其产生的原因，并且将其应用在具体问题中，如电梯中的超重和体重计上的超重等。
学情分析	高一学生已经建立了运动学与力学的基本概念，掌握了力与运动的关系即牛顿运动定律，基本了解了物理学的特点，但应用牛顿运动定律解决较复杂问题的能力较弱。
片断教学重难点	重点：超重概念及其对应条件。 难点：利用牛顿第二定律解释超重现象。

续表

教学流程图			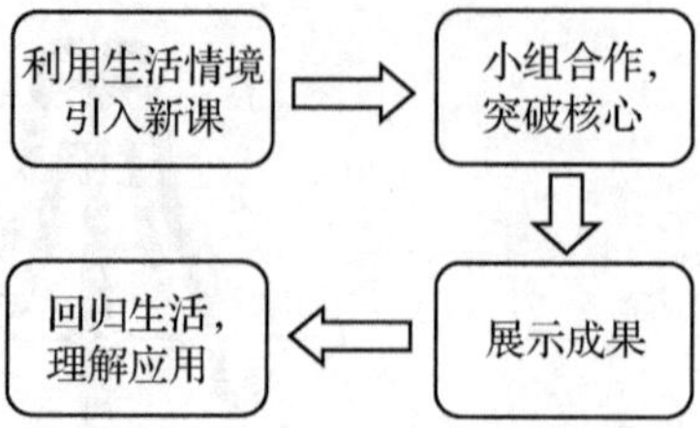
设计流程	导(学)：体现思维引导及主动学习	建议2 min	【导入新课】展示几张生活中的图片，如游乐园中的“暴风眼”“过山车”等。根据学生对生活中现象的感知能力，提出问题。
	研(学)：体现合作探究精神	建议6 min	【探究活动】 1.这些感觉是由什么原因导致的？可以得出什么规律？ 分析在电梯上升时有向上飘的感受的原因。 2.提出猜想。 3.建立概念，进行实验。 (1) 人站在体重计上，体重计直接显示的是人对体重计的压力大小；体重计的示数被称作示重或视重，人的实际重力被称作实重。在运行的电梯上称体重，观察体重计的示数，并用手机录制电梯升降过程中人站在体重计上的示数变化过程。 (2) 播放视频：当电梯从一楼上升至五楼时，加速度传感器测得竖直方向上的加速度变化。 (3) 提出概念：在物理学中，物体对支持物的压力(或对悬挂物的拉力)大于自身所受的重力，称为超重现象，超重时物体的加速度一般向上。 将生活物品转化为实验工具，从力学和运动学两个不同的角度探究同一个运动过程，使物理从课堂走向生活，又从生活抽象出超重这一物理模型，激发学生学习物理的热情。让学生自主挖掘图像信息，科学分析推理，实现深度学习。
	展(示)：体现合作学习成果	建议2 min	【展示活动】生活中有大量的超失重现象，比如称体重。分析称体重时上下晃动过程中的超重和失重现象。让学生体会手提东西过程中的超失重现象。播放中国航天员训练视频。让学生体会基础物理的重要性，鼓励学生学好基础物理知识，将来报效祖国。

续表

<table>
<tr><td rowspan="2">设计流程</td><td>练(习)：体现教学效果</td><td>建议2 min</td><td>【练习】2022 年 10 月 12 日,“天宫课堂”第三课在中国空间站开讲。航天员们现场展示失重环境下的物理现象。超重和失重在生活中常见。下列有关超重和失重的说法正确的是(　　)。
A. 载人飞船中的航天员从发射到在太空运行一直处于失重状态
B. 在水平轨道上加速行驶的高铁上的乘客处于超重状态
C. 人在减速下降的电梯里面处于超重状态
D. 人在下蹲过程中一直处于超重状态</td></tr>
<tr><td>评(价)：体现激励性评价作用</td><td>建议2 min</td><td>【教师课堂总体评价】同学们分小组合作完成任务,合作发现问题,合作聚焦问题,合作解决问题,在分享成果的过程中使信息增值、知识增值,使智慧生长、生命成长。某组同学特别善于交流、学习态度好,他们是同学们学习的榜样。希望同学们再接再厉,上好每一节课。</td></tr>
<tr><td colspan="2">板书设计</td><td colspan="2">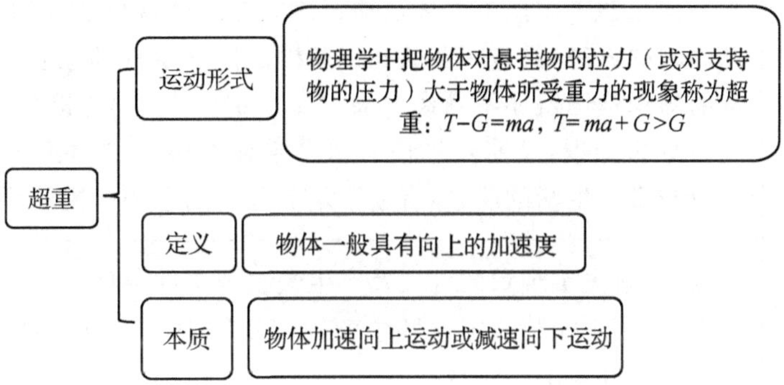
超重现象
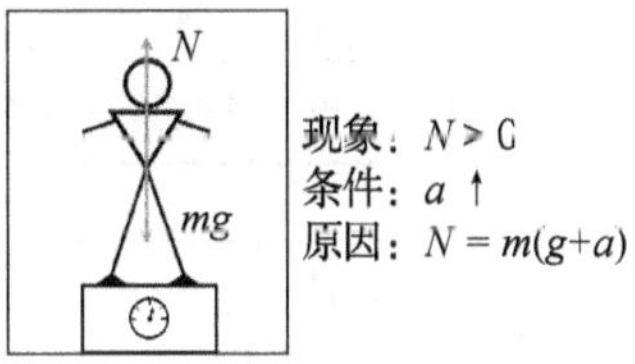</td></tr>
</table>

附：可能涉及的专题性问题

1. 什么是视重？

【参考解答】一般把对悬挂物的拉力或者对支持物的压力称为视重。

2. 超重和失重的本质是什么？

【参考解答】超重和失重的本质是视重和实重不等的现象。当视重大于实重时,超重现象出现;当视重小于实重时,失重现象出现。加速度向下,超重现象也有可能出现。例如,小球在内外轨组成的圆形轨道内做圆周运动,在运动到最高点时,重力和向下的压力同时提供向心力。此时，当最高点速度大于$\sqrt{2gr}$时，压力同样可以大于重力。

福建省石狮市第一中学　林晓敏

三十六、失重现象

课程信息	《物理》必修第一册第5章第5节中的“失重现象”。
课标要求	理解牛顿运动定律的内涵，能分析失重现象；能利用牛顿运动定律解释生产和生活中的相关现象，解决一些实际问题。
片断教学目标	通过实例认识失重，知道失重现象，掌握失重现象产生的条件。运用牛顿运动定律对生产和生活中的失重现象进行分析推理，获得结论并解释。将物理知识与生活现象紧密联系，了解失重在生活中的应用，体会物理就在身边。
教材分析	对于失重现象，教材进一步应用牛顿运动定律，分析游乐场中升降机带着人向下加速运动时人所受到的支持力，进而建立失重与完全失重的概念。
学情分析	高一学生初步掌握了牛顿运动定律的内容及常见的利用牛顿第二定律处理物理问题的方法，具备一定的知识基础。但学生的抽象思维能力还比较弱，对现有的知识运用得还不熟练。通过本节的学习，学生既能进一步巩固学习过的受力分析知识，又能对牛顿运动定律有更深入、更本质的理解，还能增强物理知识与日常生活的联系，有助于培养分析问题和解决问题的能力。
片断教学重难点	重点：理解失重现象的含义及产生失重现象的条件。 难点：运用牛顿第二定律和牛顿第三定律对生产和生活中的失重现象进行分析、推理，并解决相关现象。
教学流程图	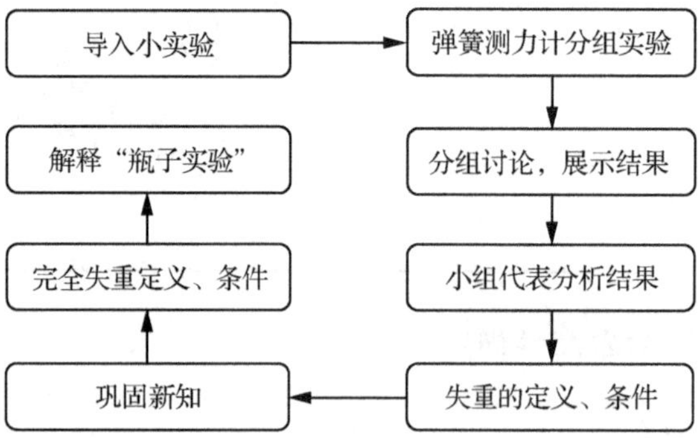

续表

设计流程	导(学)：体现思维引导及主动学习	建议2 min	【导入新课】 1.播放视频，在电梯里称重，当电梯加速下降时，发现此时体重秤的示数变小了。是人变轻了吗？ 2.在瓶子上面挖个小孔，下面挖至少1个小孔。在瓶子里装水，水至少要没过下面的小孔。装满水的有孔瓶子自由下落时，瓶子中的水是否喷出？ 提问：(1)静止时，瓶子里的水会不会喷出？(2)当瓶子自由下落时，瓶子里的水会不会喷出？
	研(学)：体现合作探究精神	建议5 min	【探究活动】 1.在弹簧测力计上挂一个物体，观察并记下静止时弹簧测力计的示数。 2.让挂着物体的弹簧测力计缓慢地向上或向下做匀速运动，观察弹簧测力计的示数有无变化。 3.让挂着物体的弹簧测力计突然竖直向下做加速运动，仔细观察在加速的瞬间弹簧测力计示数有无变化。如有变化，是变大还是变小？为什么会产生这种变化？（提示学生运用牛顿运动定律的知识解释和分析现象） 请两人一组完成实验，一人操作，一人观察弹簧测力计的示数。分析结果时要对重物进行受力分析。
	展(示)：体现合作学习成果	建议4 min	【展示活动】 1.现在请各组选出代表，简述实验结果。各组得出共同的结论：让挂着物体的弹簧测力计缓慢地向上或向下做匀速运动，此时弹簧测力计的示数无变化；让挂着物体的弹簧测力计突然竖直向下做加速运动，在加速的瞬间弹簧测力计的示数变小。 2.解释实验结果。对物体进行受力分析，物体受到重力 G、弹簧测力计对物体的拉力 F。物体静止或做匀速运动时，物体都处于平衡状态，得 $F=G$；由牛顿第三定律，得物体对弹簧测力计的拉力大小 F' 等于弹簧测力计对物体的拉力大小 F，此时弹簧测力计的示数 F' 等于物体的重力大小 G。物体向下做加速运动时，对物体进行受力分析，物体受到重力 G、弹簧测力计对物体的拉力 F，加速度向下。由牛顿第二定律，得 $mg-F=ma$，即 $F=(g-a)m$；由牛顿第三运动定律，得物体对弹簧测力计的拉力大小 F' 等于弹簧测力计对物体的拉力大小 F；此时弹簧测力计的示数 $F'=(g-a)m$ 小于物体的重力大小 $G=mg$；可得 $F'=F<G$，所以物体向下加速瞬间，弹簧测力计的示数变小。

续表

<table>
<tr><td rowspan="3">设计流程</td><td>展(示):体现合作学习成果</td><td>建议4 min</td><td>教师点睛:物体对悬挂物的拉力(或对支持物的压力)小于物体所受重力的现象,称为失重现象。从实验可知,物体处于失重状态时,加速度向下,所以失重的条件是物体一般具有向下的加速度。前面介绍的装了水、被挖了孔的瓶子自由下落时,水不会从小孔喷出,就是这个道理。当瓶子自由下落时,瓶子中的水处于完全失重状态,水的每一部分都做自由落体运动,水的内部没有压力,故水不会喷出。但瓶子中水的重力仍然存在,其作用效果是用来产生重力加速度。
在完全失重状态下,液体的压强、浮力将为0。</td></tr>
<tr><td>练(习):体现教学效果</td><td>建议4 min</td><td>【练习】
1.一个质量为70 kg的人乘电梯下楼,若电梯以3 m/s^2的加速度匀加速下降,求这时他对电梯地板的压力,并判断此时人处于什么状态?(g取10 m/s^2)
2.若人坐在升降机上和升降机一起以重力加速度g下降,此时人对升降机的压力多大?人此时处于失重状态还是超重状态?
教师点睛:失重的一个特例是完全失重。完全失重是指物体对悬挂物的拉力(或对支持物的压力)等于零时的现象。完全失重条件:$a=g$,方向向下。</td></tr>
<tr><td>评(价):体现激励性评价作用</td><td>建议2 min</td><td>【教师课堂总体评价】本节课我们通过有趣的探究实验和集体研讨,知道了失重、完全失重现象,得出了失重、完全失重的条件,并解释了生活中的一些失重现象。在探究过程中,某组同学态度认真、测量准确,某组同学特别善于交流、学习态度认真,某组同学分析到位、条理清晰。相信通过本节课的学习,同学们能对生活中的失重现象有更深刻的理解,希望同学们做到学以致用。</td></tr>
<tr><td colspan="2">板书设计</td><td colspan="2">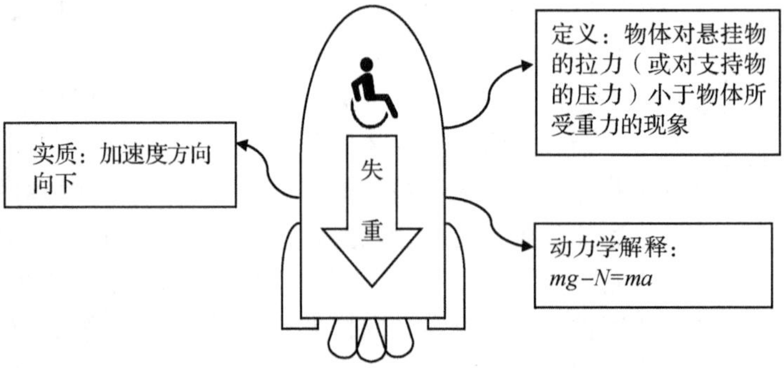
</td></tr>
</table>

附：可能涉及的专题性问题

1. 如何让学生理解发生失重现象的物体所受重力并没有减小？

【参考解答】

(1) 失重现象是物体对悬挂物的拉力(或对支持物的压力)小于物体所受重力的现象。

(2) 以弹簧挂重物向下加速为例，弹簧测力计的示数是物体的“视重”，而物体所受的重力是物体的“实重”，发生失重现象时，物体的“视重”小于“实重”。

(3) 重力 $G=mg$，只与质量和重力加速度有关。

(4) 变化的只是物体对悬挂物的拉力(或对支持物的压力)，因为物体具有向下的加速度，物体实际的重力并没有改变。所以发生失重现象的物体所受重力不变。

2. 在实际教学中，你是如何引导学生得出失重的条件的？

【参考解答】

(1) 开头播放小视频，以引起学生的兴趣。

(2) 用探究小实验让学生动手操作，增强动手能力，发现向下加速瞬间，弹簧测力计的示数减小。

(3) 小组讨论、分析，增强团结协作能力、分析能力、逻辑思维能力。教师提示要对重物进行受力分析，学生得出拉力小于重力。

教师与学生一起总结出失重的定义：物体对悬挂物的拉力(或对支持物的压力)小于物体所受重力的现象。

(4) 从实验探究及受力分析中，利用牛顿运动定律可知，物体处于失重状态时，加速度向下，所以失重的条件是物体一般具有向下的加速度。

福建省安溪县铭选中学　张桂瑜

第二节　《物理》必修第二册案例

一、功和机械能

课程信息	《物理》必修第二册第 1 章第 1 节中的“机械功的含义”。
课标要求	理解功的概念；理解当力和位移不在一条直线上时，借助等效替代思想，把求力做的功转化为求两个分力做的功；并初步理解将变力做功转化为一系列极小的恒力做功叠加。
片断教学目标	能理解功的概念，掌握做功的两个必要因素；能从特殊到一般，掌握功的一般表达式；通过恒力做功，探究变力做功。

续表

<table>
<tr><td>教材分析</td><td colspan="3">本节内容是在初中“功”的基础上，进一步对功进行研究和讨论，并得出力的方向跟物体运动方向相同时功的计算式，再通过分析、推理得出功的一般公式，最后分析得出功的一般意义。
功和能的概念是物理学中重要的基本概念。功的计算常常能为能量的定量表达及能量转化提供理论分析基础，所以在整个物理学习中具有承上启下的重要作用。</td></tr>
<tr><td>学情分析</td><td colspan="3">学生在初中阶段已经学习过“力与位移在同一条直线上的功”的内容，且在《物理》必修第一册又详细学了运动学和力学的主要内容。本节的内容是在学生已有这些知识储备的基础上，进一步对功进行的研究和讨论。</td></tr>
<tr><td>片断教学重难点</td><td colspan="3">重点：能理解功的概念，掌握做功的两个必要因素；能从特殊到一般，掌握功的一般表达式。
难点：通过恒力做功，探究变力做功。</td></tr>
<tr><td>教学流程图</td><td colspan="3">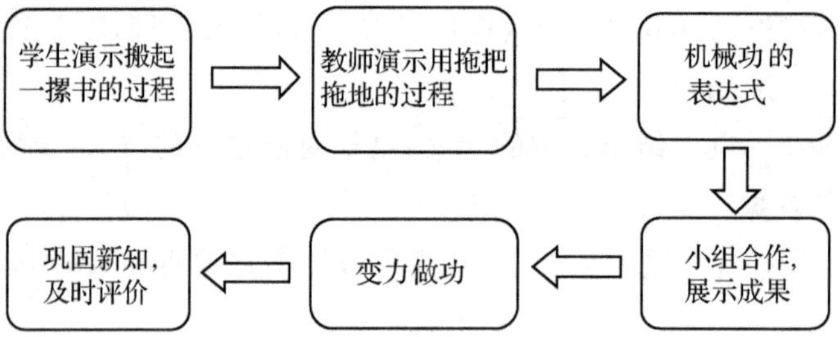
</td></tr>
<tr><td>设计流程</td><td>导(学)：体现思维引导及主动学习</td><td>建议2 min</td><td>【导入新课】
1. 请同学们回忆初中学过的功的知识，举例说明什么是做功过程。学生演示搬起一摞书的过程。
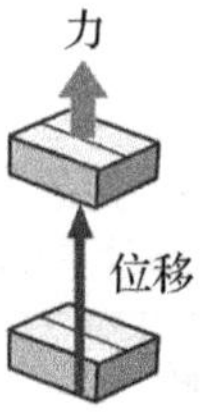

思考：在这种情况下，重力的方向与位移的方向一样吗？重力的做功情况如何？</td></tr>
</table>

续表

设计流程	导(学)：体现思维引导及主动学习	建议2 min	2. 教师演示用拖把拖地的过程。  思考：教师在拖地的过程中，对拖把做功了吗？联系初中知识，想想这个功怎么计算呢？
	研(学)：体现合作探究精神	建议6 min	【探究活动】 1. 2023 年 10 月在杭州亚运会上，中国选手李发彬夺得男子 61 公斤级冠军。如果运动员将 60 kg 的杠铃举高 2 m，再举着杠铃水平移动 2 m。请分析以上两个过程中运动员手举杠铃的力的做功情况(画一幅举重漫画并配 PPT 显示举起重物的两个过程)。 分析：两个过程力和位移在数值上都一样，功却不同(举高过程 $W_1=1\,200$ J，水平移动过程 $W_2=0$)，说明举力和位移同方向时力有做功，而二者相互垂直或在力的方向上没有位移时则力未做功。这正是后面力正交分解后的两种情况。 2. 如右图所示，牛拉犁的力是斜向上的，力与位移既不同向，也不互相垂直，在这种情况下力有没有做功？如果有，怎么计算功？  思考： ① 犁形状复杂，能不能简化模型？ ②犁前进时深时浅，轨迹不完全是直线，能不能简化？ ③牛拉犁的力时大时小，倾角也会有微小变化，能不能简化？变力的功怎么求呢？
	展(示)：体现合作学习成果	建议2 min	【展示活动】 1. 通过讨论，学生认为犁形状虽然复杂但可简化为质点，用一方形表示；犁前进虽然时深时浅，但也可简化为在水平面上做直线运动；牛拉犁的力虽然时大时小，倾角也会有微小变化，但仍可近似看成大小、方向不变的恒力。

续表

<table>
<tr>
<td>设计流程</td>
<td>展(示)：体现合作学习成果</td>
<td>建议2 min</td>
<td>(1) 让学生讨论后在黑板上画出斜拉物体前进 s 的示意图，如下图所示。
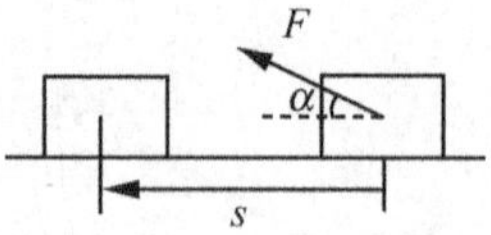
(2) 牛拉犁问题的简化：物体在与水平方向成 α 角的恒力 F 的作用下，沿水平方向移动，通过位移为 s，求拉力做的功。
方法一：分解力，如下图所示，$W=F_{/\!/}\cdot s=(F\cos\alpha)\cdot s$，其中 α 为力的方向与位移方向之间的夹角。
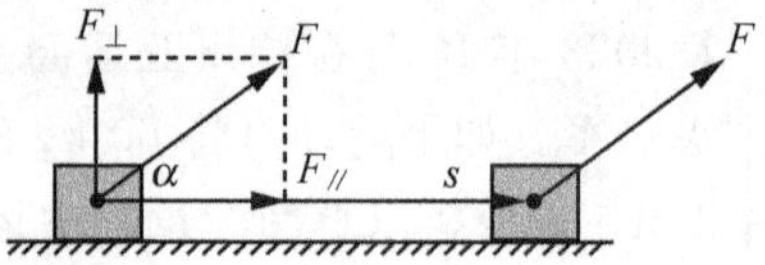
方法二：分解位移，如下图所示，$W=F\cdot s_{/\!/}=F\cdot(s\cos\alpha)$，其中，$\alpha$ 为力的方向与位移方向之间的夹角。
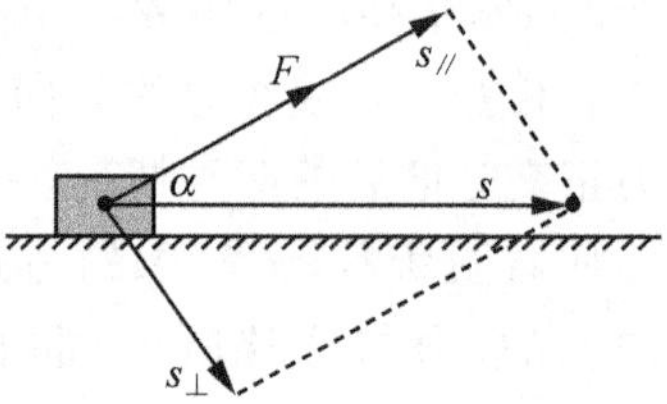
2. 画图并讲解。物体在恒力 $F=10$ N 的作用下前进了 5 m。由公式可知，$W=F\cdot s=50$ J。
由图像可知，以 F 和 s 为邻边构成的矩形面积表示功的大小，如下图所示。
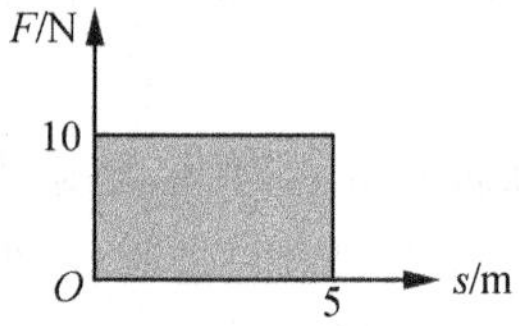
对变力作用下的一段位移，可细分为若干等距离小段。每一小段中 F 近似恒力，其做功大小为该小段对应的小矩形的面积。对小段无限细分，则整个过程中 F 所做功的大小近似等于所有小矩形的面积之和。
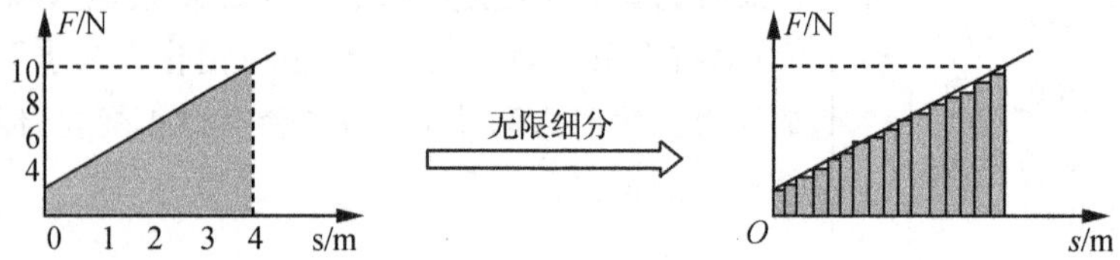</td>
</tr>
</table>

续表

设计流程	展(示)： 体现合作 学习成果	建议 2 min	结论：当力的方向与位移的方向一致时，不论 F 是恒力还是变力，图像与坐标轴所包围的面积都表示该力做功的大小。 教师点睛： ① 讲“功”，一定要指明是哪个力做的功。 ② 公式中 F 是恒力，s 是物体对地的位移，α 是 F 与 s 的夹角。 ③ 做功与物体的运动形式无关，与物体是否受其他力无关。 ④ 功是过程量，是力对空间的积累效果。 ⑤ 恒力做功的一般公式为 $W=Fs\cos\alpha$，式中，α 为力的方向与位移方向间的夹角。 3. 讨论如何判断力的方向与位移方向之间的夹角？ (1) 两条直线的夹角如下图所示，有 $0\leqslant\alpha\leqslant 90^\circ$。 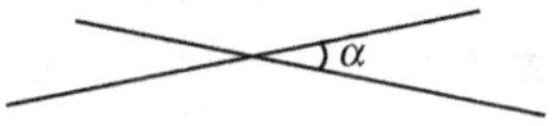 (2) 两条有向线段的夹角如下图所示，$0\leqslant\beta\leqslant 180^\circ$。 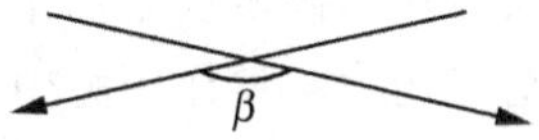 总结：变力做功不能直接利用公式计算。借助图像，利用微积分的思想将变力做功问题转化为无数段恒力做功问题。将微积分思想自然而然地渗透进来，非常巧妙。
	练(习)： 体现教学 效果	建议 2 min	【练习】两个质量相等的物体 A、B 分别放在粗糙水平面上和光滑的水平面上，在同样的拉力 F 作用下，产生相同的位移 s，则拉力(　　) A. 对 A 做功多　　D. 对 B 做功多 C. 做功一样多　　D. 以上都有可能 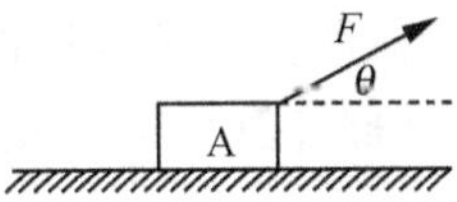 粗糙 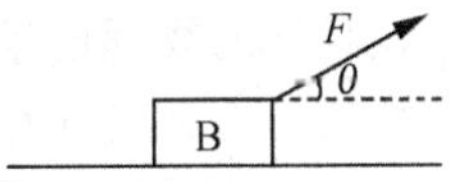 光滑
	评(价)： 体现激励 性评价 作用	建议 2 min	【教师课堂总体评价】今天同学们通过分组讨论，学习了“功的概念及一般计算”和“变力做功问题”。其中，某组同学在探究过程中表现优异、认真推理画图和演示板书，某组同学特别善丁交流、学习态度好，他们是同学们学习的榜样。希望同学们再接再厉，上好每一节课。

续表

板书设计	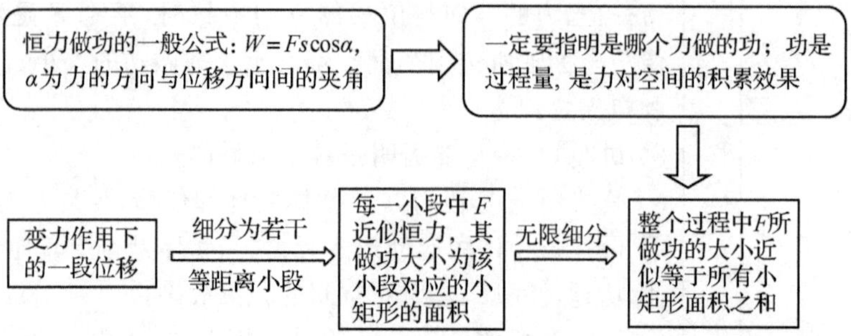

附：可能涉及的专题性问题

教材第7页练习题第五题提到：关于作用力与反作用力做功，有同学认为，当作用力做正功时，反作用力一定做负功。这个说法正确吗？

【参考解答】木块在静止的地面上滑动，位移为 s(方向向右)，地面施加于木块的滑动摩擦力 f(方向向左)所做的功 $W=-fs$。力 f 的反作用力即木块施加于地面的摩擦力 f'以地面为参考系，这个力不做功。可见，此题目的一对作用力与反作用力中，一个力 f 做负功，另一个力 f'不做功。

福建省泉州市外国语中学　梁新颖

二、机械功的计算

课程信息	《物理》必修第二册第1章第1节中的“机械功的计算”。
课标要求	掌握功的计算公式，知道功的单位，能用功的公式进行相关计算，掌握正功和负功的含义，会求多个力的总功。
片断教学目标	在具体的物理情景中能判断物体所受的各力是否做功及做功的正负。能利用功的一般公式计算恒力的功，掌握计算总功的两种方法。
教材分析	在《普通高中物理课程标准(实验)》的共同必修模块物理2的内容标准中涉及本节的内容有“掌握功的计算”。该内容要求学生在具体的物理情景中能判断出物体所受的各个力是否做功及做功的正负；知道正功、负功的含义；会应用功的一般公式，计算恒力的功、合力的功。
学情分析	本节课是在学生理解了公式 $W=Fs\cos\alpha$ 的基础上进行的。功是物理学中的重要概念，是能量转化的量度，与现代生活、生产等有着密切的联系。因此，教师在教学中应注重培养学生的推理能力、科学严谨的态度，注重学生获取知识的过程和方法，让学生了解物理思想，体会物理学在生产和生活中的应用及对社会发展的影响，获得成功的体验。

续表

<table>
<tr><td colspan="3">片断教学
重难点</td><td>重点：判定物体所受的各个力是否做功及做功的正负，会计算总功。
难点：认识负功的物理意义，会计算总功。</td></tr>
<tr><td colspan="3">教学
流程图</td><td>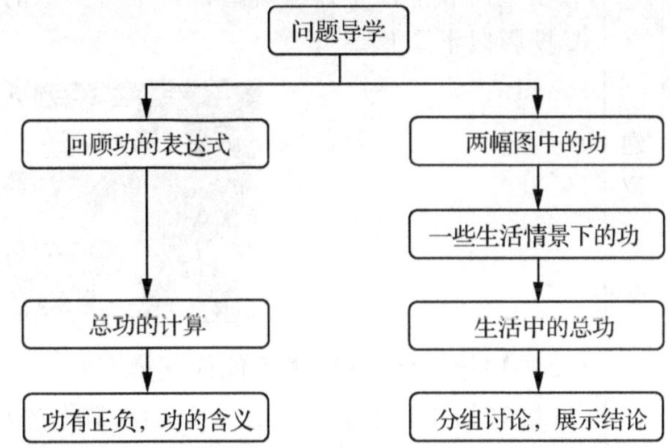
</td></tr>
<tr><td rowspan="2">设
计
流
程</td><td>导(学)：
体现思维
引导及主
动学习</td><td>建
议
2
min</td><td>【导入新课】
1. 功的正负代表什么？
2. 做功与能量转化之间的关系是什么？
3. 当物体受多个力时，怎么计算总功？</td></tr>
<tr><td>研(学)：
体现合作
探究精神</td><td>建
议
6
min</td><td>【探究活动】
1. 投影以下两幅图片。
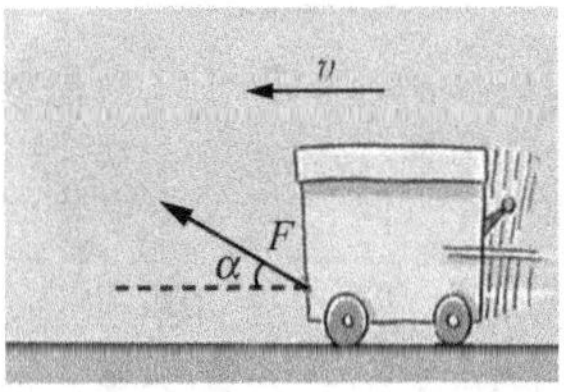

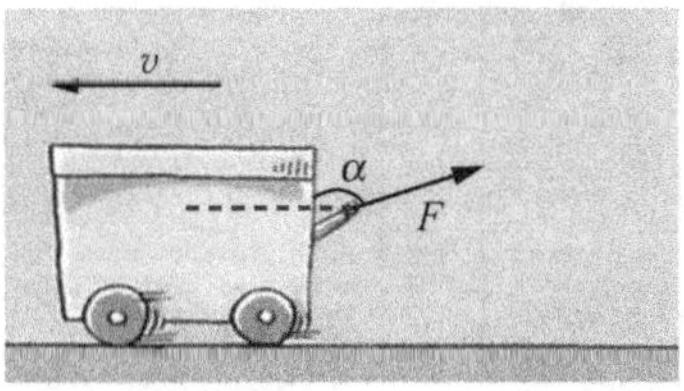

思考：
①在这两种情况下，拉力 F 做功的效果相同吗？
②功有正负吗？正负的含义是什么？
2. 投影以下三幅图片。这些是 α 为特殊角的情况。
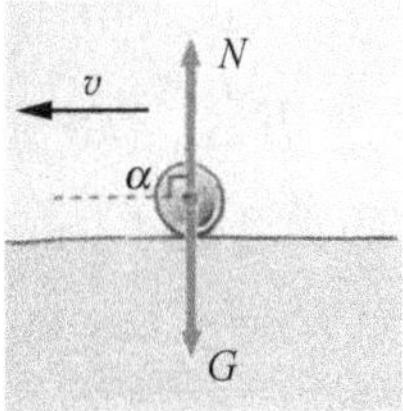

</td></tr>
</table>

续表

<table>
<tr>
<td rowspan="2">设计流程</td>
<td>研(学)：
体现合作探究精神</td>
<td>建议
6
min</td>
<td>思考：
①生活中的这三种情景，功分别是多少？
②在生产和生活中还有哪些情景中有类似的功？
3.投影以下图片。

(1)购物篮形状复杂，能不能简化模型？
(2)购物篮受哪些力？各个力对购物篮做的功分别是多少？
(3)购物篮所受的各个力做的功是多少？
(4)合力多大？合力的功是多少？</td>
</tr>
<tr>
<td>展(示)：
体现合作学习成果</td>
<td>建议
2
min</td>
<td>【展示活动】
1.请各小组选出代表，简述小组讨论结果：
(1) 当 $0\leqslant\alpha<\frac{\pi}{2}$ 时，$\cos\alpha>0$，$W>0$，力做正功。
(2) 当 $\alpha=\frac{\pi}{2}$ 时，$\cos\alpha=0$，力对物体不做功。
(3) 当 $\frac{\pi}{2}<\alpha\leqslant\pi$ 时，$\cos\alpha<0$，$W<0$，力做负功。
(4) 力对物体做正功——促进运动，使物体获得能量；力对物体做负功，或者物体克服这个力做功——阻碍运动，使物体消耗能量。
2.对探究活动1中的物体进行受力分析，如下图所示。
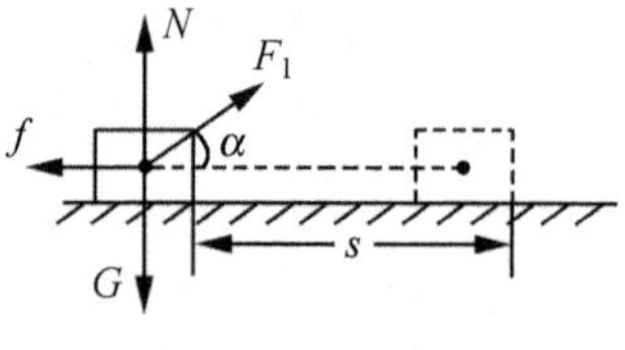

物体受到拉力 F_1、滑动摩擦力 f、重力 G、支持力 N 的作用。重力和支持力不做功，因为它们和位移的夹角为 90°；F_1 所做的功为 $W_1=F_1\cos\alpha$，滑动摩擦力 f 所做的功为 $W_2=fs\cos180°=-fs$。
各个力对物体所做功的代数和为 $W=(F_1\cos\alpha-f)s$。</td>
</tr>
</table>

续表

设计流程	展(示)：体现合作学习成果	建议2 min	根据正交分解法，求得物体所受的合力 $F=F_1\cos\alpha-f$，合力方向向右，与位移同向，合力所做的功为 $W=Fs\cos\alpha=(F_1\cos\alpha-f)s$。 教师点睛： ①正功、负功不表示方向相反，仅表示不同做功的效果。 ②求出各个力所做的功，则总功等于各个力所做功的代数和；求出各个力的合力，则总功等于合力所做的功。
	练(习)：体现教学效果	建议2 min	【练习】如右图所示，小明同学站在台阶式自动扶梯上不动，随扶梯向上做匀速运动，下列说法正确的是(　　)。 A. 重力对人做负功 B. 摩擦力对人做正功 C. 支持力对人做正功 D. 合力对人做功为零 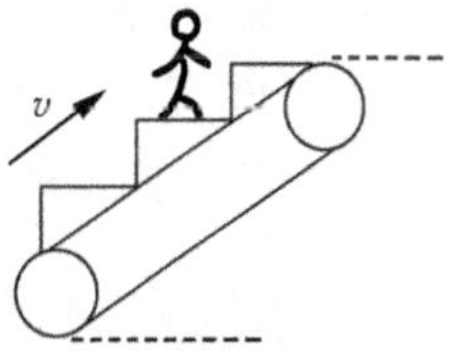 思考：如果小明同学站立在如右图所示的履带式自动人行道上匀速上楼，做功情况又是什么样的呢？ 
	评(价)：体现激励性评价作用	建议2 min	【教师课堂总体评价】今天同学们通过集体研讨和探究实验，得出了功的计算方法。其中，某组同学在探究过程中思考认真，展示清楚大方，某组同学特别善于交流、学习态度好，他们是同学们学习的榜样。希望同学们再接再厉，上好每一节课。
板书设计			(1) 当 $0\leqslant\alpha<\frac{\pi}{2}$ 时，$\cos\alpha>0$，$W>0$，做正功。 (2) 当 $\frac{\pi}{2}<\alpha\leqslant\pi$ 时，$\cos\alpha<0$，$W<0$，做负功。 ⇒ (3) 力对物体做正功——促进运动，使物体获得能量；力对物体做负功，或者物体克服这个力做功——阻碍运动，使物体消耗能量。 ⇓ (4) 当 $\alpha=\frac{\pi}{2}$ 时，$\cos\alpha=0$，$W=0$；当 $\alpha=0$ 时，$\cos\alpha=1$，$W=Fs$；当 $\alpha=\pi$ 时，$\cos\alpha=-1$，$W=-Fs$。 ⇐ (5) 总功就等于各力做功的代数和：$W_{总}=W_1+W_2+W_3+\cdots$ 也等于合力做的功：$W_{总}=F_{合}s\cos\alpha$。

附：可能涉及的专题性问题

1. 矢量的正负和标量的正负意思一样吗？功是能量的大小，对吗？

【参考解答】以速度、力、温度为例，让学生体会正负对矢量和标量的不同含义。矢量的正负表示方向，标量的正负含义则不同。例如，对于温度而言，正负表示温度的高低，正温度高于负温度；对于做功而言，功的正负描述了能量转化的方向。

2. 有人认为功是力矢量和位移矢量的乘积，应该能用矢量平行四边形定则去求合力的功，你认为对吗？

【参考解答】通过例题让学生充分体会各力的功之和与合力的功之间的关系，理解合力的功是标量，不满足平行四边形定则。至此，从上一节恒力做功的一般计算式，到这一节讨论功的正负，最后分析多力做功的复杂情况，学生对功这一概念进行了层层深入的认识。做功过程反映了能量的变化过程。理解了功，才能更进一步准确地理解能量。

福建省泉州市外国语中学　梁新颖

三、功率

课程信息	《物理》必修第二册第 1 章第 2 节“功率”。
课标要求	理解功率，关心生产和生活中常见机械功率的大小及其意义。
片断教学目标	通过比较做功的快慢，理解功率的概念；通过对生活中机械的实际功率、额定功率的观察和测量，能运用功率的定义式 $P=\dfrac{W}{t}$ 进行有关计算，强化功率观念的形成，增强运用所学知识解决实际问题的能力。
教材分析	首先，本节内容用挖掘机挖土这一生活实例提出问题——“怎样描述做功的快慢”；其次，得出功率这一概念，并对这一概念进行详细阐述；再次，辨析额定功率、实际功率，表明了功率的物理意义；最后，探讨了功率与力、速度的关系。
学情分析	学生已有一定的基础知识，对比值定义法比较了解，从识记学习转向理解、推理再到运用，通过类比学习的方法可以进一步培养逻辑推理和实验探究的能力，促进思维品质的提高。
片断教学重难点	重点：正确理解功率的概念。 难点：应用功率的公式进行计算。
教学流程图	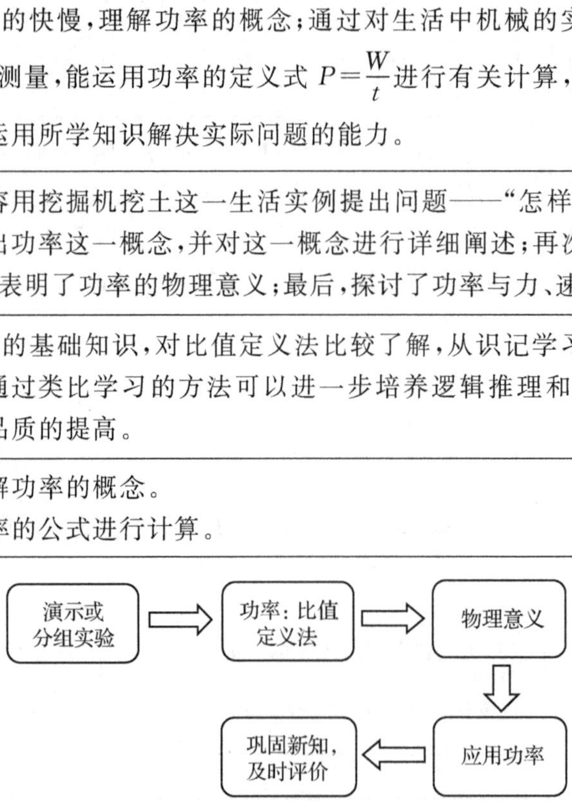

续表

<table>
<tr><td rowspan="3">设计流程</td><td>导(学)：体现思维引导及主动学习</td><td>建议2 min</td><td>【导入新课】在房屋建筑工地上，有这样一个常见的机器——起重机。现在有甲、乙两台起重机，其中起重机甲在 20 s 内把 50 kg 的重物匀速提高了 10 m，起重机乙在 20 s 内把 50 kg 的重物匀速提高了 5 m。请问它们的做功情况有什么不同？如何描述这种不同？
这就是我们要研究的“功率”。</td></tr>
<tr><td>研(学)：体现合作探究精神</td><td>建议6 min</td><td>【探究活动】
1.利用课前准备的装置模拟起重机甲、乙提高物体。明确实验中要保证做功时间相同，思考并讨论利用当前装置如何保证时间。利用实验器材(右图)，各组学生进行实验。在实验中，开关闭合，电动机开始工作，将悬挂的重物向上提高；一段时间后，断开开关，电动机同时停止运作，保证了做功的时间相同。学生记录时间及两个相同重物的质量和上升高度。结合实验数据，计算重力做功大小，并比较两个电动机的做功快慢。
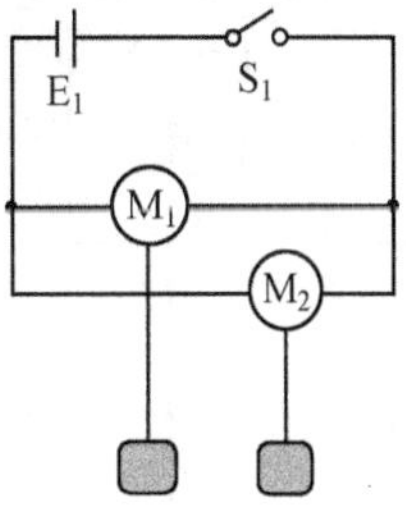

2.为了更准确地得出结论，我们将实验中的仪器重新连接。如下图所示，两台电动机分别接入不同的电路。各组学生结合计时器(秒表)进行实验，在两个重物相同的前提下，保证重物上升高度相同，并记录相应时间。
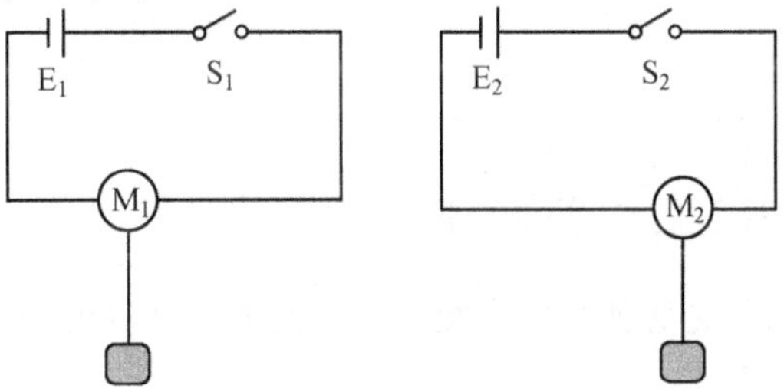

讨论：两个实验中哪个模拟起重机的做功更快？</td></tr>
<tr><td>展(示)：体现合作学习成果</td><td>建议2 min</td><td>【展示活动】现在请各小组选出代表，简要说明你们的实验结果，并简述你们如何描述物体做功的快慢。
各小组实验后，得出共同结论：可以用功与时间的比值来表示做功的快慢。</td></tr>
</table>

续表

<table>
<tr><td rowspan="2">设计流程</td><td>练(习)：体现教学效果</td><td>建议2 min</td><td>【练习】通过计算并比较甲、乙两个起重机的功率，判断二者做功的快慢。</td></tr>
<tr><td>评(价)：体现激励性评价作用</td><td>建议2 min</td><td>【教师课堂总体评价】今天同学们通过集体研讨和探究实验，知道了可以用功率表示物体做功的快慢。其中，某组同学在探究过程中实验认真、测量准确，某组同学特别善于交流、学习态度良好，他们是同学们学习的榜样。希望同学们再接再厉，上好每一节课。</td></tr>
<tr><td>板书设计</td><td colspan="3">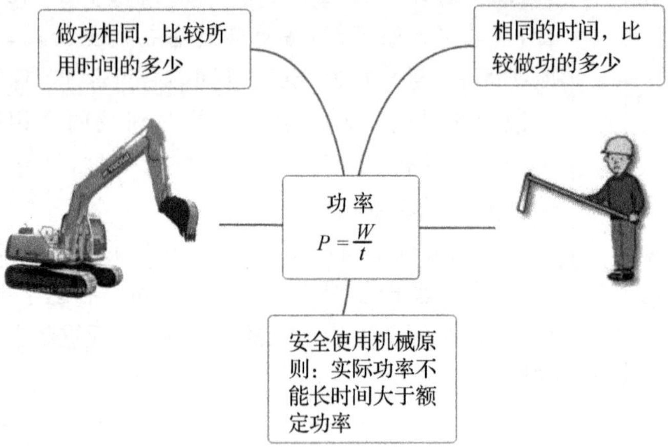
</td></tr>
</table>

附：可能涉及的专题性问题

1. 电动机与发电机的额定功率指的是其电功率还是机械功率？

【参考解答】

(1) 电动机：机械功率＝电功率×效率。

(2) 发电机：电功率＝机械功率×效率。

2. 在使用机械时，如果能做到没有摩擦，那么机械效率能否达到100%？

【参考解答】那些被消耗的能量去了哪里？首先是摩擦产生了热。而这个热累积起来就会造成机械的损坏，故必须要靠各种方式冷却。对周围空气的鼓风，实际上也是一种摩擦。鼓风除了产生热量外，还产生噪声。机械的振动会产生与运动垂直的摆动，而这种振动必然被基座等吸收，从而产生热量和噪声。总之，即使在真空环境下机械运动也难以不对外界产生影响，所以机械效率总小于100%。

福建省德化县第一中学　肖满捷

四、功率与力、速度的关系

<table>
<tr><td colspan="3">课程信息</td><td>《物理》必修第二册第 1 章第 2 节中的“功率与力、速度的关系”。</td></tr>
<tr><td colspan="3">课标要求</td><td>理解功率，关心生产和生活中常见机械功率的大小及其意义。</td></tr>
<tr><td colspan="3">片断教学目标</td><td>通过理论推导，明确功率与力、速度的关系；能理解平均功率与瞬时功率的区别和联系。</td></tr>
<tr><td colspan="3">教材分析</td><td>本节用恒力推动书本这一活动引出问题——功率与力、速度的关系；通过公式推导，得出其关系，并利用该关系解决相关问题。</td></tr>
<tr><td colspan="3">学情分析</td><td>学生已有一定的基础知识，对功率、速度、力都有了一定的认知，教材需要由原来的识记转向理解、推理，从而进一步培养学生的逻辑推理和实验探究的能力，促进学生思维品质的提高。</td></tr>
<tr><td colspan="3">片断教学重难点</td><td>重点：学习 P、F、v 三者的制约关系。
难点：应用上述关系解决实际问题。</td></tr>
<tr><td colspan="3">教学流程图</td><td>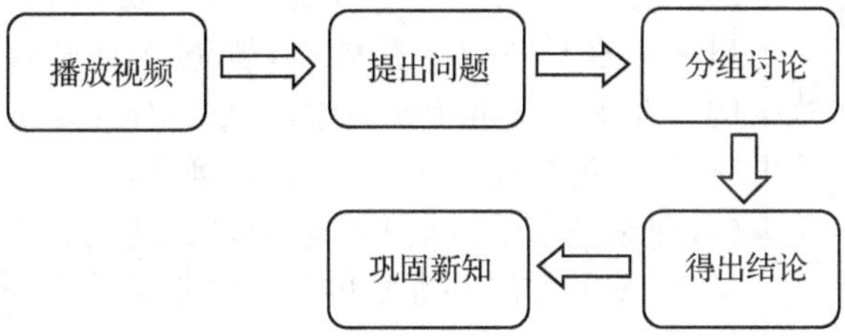
</td></tr>
<tr><td rowspan="2">设计流程</td><td>导(学)：体现思维引导及主动学习</td><td>建议 2 min</td><td>【导入新课】以改革开放 45 周年为契机，播放视频“中国交通 45 年变迁”，从自行车、绿皮火车到当今的飞机、高铁列车。通过视频中交通工具的变化和发展，激发学生的学习兴趣，增强学生民族自豪感和爱国热情。借此机会可以提问：当今世界，交通工具的发展趋势之一是提高交通工具的运行速度，那么交通工具的运行速度与哪些因素有关？以汽车为例，汽车运行速度与哪些因素有关？</td></tr>
<tr><td>研(学)：体现合作探究精神</td><td>建议 6 min</td><td>【探究活动】
1. 载重车以额定功率在平直公路上匀速行驶。若前方有一段很长的陡坡，司机应如何调整才能确保驶上坡顶？
引导学生由 $P_{额}=Fv$，联想到通过换低速挡换取更大的牵引力。
2. 汽车在平直的路面匀速行驶时，要想使匀速行驶速度提高，司机该如何调整？
引导学生由 $P=Fv$，知当牵引力一定时，速度提高，功率 P 应加大，故司机要适当增大油门。</td></tr>
</table>

续表

设计流程	研(学)：体现合作探究精神	建议 6 min	3. 推土机以恒定速度推土过程中，由于推土量增大，司机应该如何调整？ 推土量加大，需要推力增大。引导学生由 $P=Fv$，知功率 P 应加大。 4. 汽车在平直的路面匀加速行驶时，t 时刻的功率和 t 时间内的功率有什么区别？ 当 v 为瞬时速度时，P 为瞬时功率；当 v 为平均速度时，P 为平均功率。引导学生思考两者分别有何实际意义？ 讨论：功率、力、速度之间存在怎样的关系？
	展(示)：体现合作学习成果	建议 2 min	【展示活动】请各小组选出代表，简要说明你们对于上述问题的思考过程及答案。 各组讨论得出的共同结论是：当 P 一定时，F 与 v 成反比；当 F 一定时，P 与 v 成正比；当 v 一定时，P 与 F 成正比。 平均功率描述在一段时间内做功的平均快慢；瞬时功率表示在某一时刻做功的快慢。
	练(习)：体现教学效果	建议 2 min	【练习】一列高速列车总质量 $m=465$ t，其额定功率 $P=5\ 300$ kW。列车在水平轨道上行驶时，轨道对列车的阻力 $F_{阻}$ 是车重的 0.018 倍。列车以额定功率工作，取重力加速度 $g=10\ m/s^2$，求： (1) 当行驶速度 $v=10$ m/s 时，列车的牵引力和加速度； (2) 列车在水平轨道上行驶的最大速度。 提示：牵引力的动态变化会引起加速度的动态变化，从而影响到速度的变化。
	评(价)：体现激励性评价作用	建议 2 min	【教师课堂总体评价】今天同学们通过集体思考和积极讨论，知道了功率与力、速度的关系。某组同学在探究过程中主动思考、积极配合，某组同学特别善于交流、学习态度好，他们是同学们学习的榜样。希望同学们再接再厉，上好每一节课。
板书设计	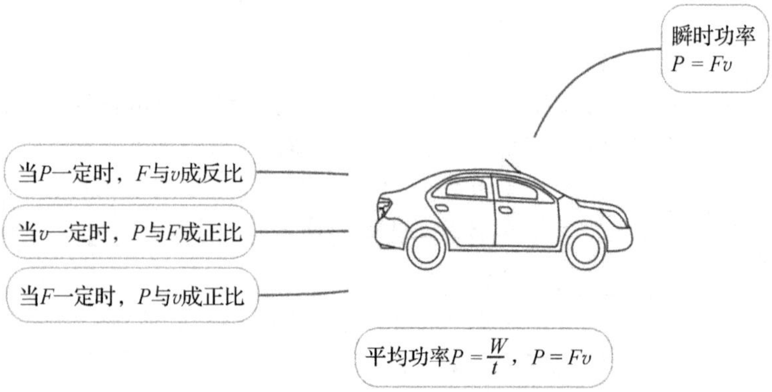		

附：可能涉及的专题性问题

1. 对于汽车，踩油门是增大功率还是增大牵引力？

【参考解答】油门，又称“风门”“节气门”，是指控制发动机功率（推力）的操纵装置。在活塞式航空发动机上，油门控制汽化器的节气门开度以控制气缸的充填量，从而决定发动机的输出功率。对于汽车，一般认为踩油门是增加功率的，因为根据能量守恒定律，踩油门时，单位时间内耗油多，而假设这些油完全燃烧，会使得单位时间内产生的能量（即功率）加大。

换挡则是为了改变车轮与发动机连接的齿轮。在发动机转速不变的情况下，换挡之后，可以使得车轮的转速减小，根据 $P=Fv$，可以得出 F（即输出牵引力）会变大。

2. 关于功率这一节的科学探究核心素养，平时在教学过程中如何落实？

【参考解答】教师应该设计能够引发学生思考和实践的教学活动，比如通过实验研究不同物体的功率大小，通过观察和记录一些日常生活用电的例子来理解功率的概念，等等。此外，教师还应该引导学生学会分析问题和解决问题，培养学生的动手能力。

福建省德化县第一中学　肖满捷

五、动能

课程信息	《物理》必修第二册第1章第3节中的“动能”。
课标要求	理解动能的概念。
片断教学目标	知道动能的大小和哪些因素有关，会根据动能的表达式计算物体的动能。
教材分析	教材通过“迷你实验室”定性得出结论，物体的动能与质量和速度有关系，然后定义了动能的定量表达式。
学情分析	学生经过之前的学习，熟练掌握了运动学、受力分析，特别是牛顿运动定律的知识后，体会到利用物理规律可以解释众多自然现象，求知欲和探索精神均得到了提升。
片断教学重难点	重点：理解动能的概念、动能的表达式。 难点：理解并掌握动能的表达式。

续表

<table>
<tr><td colspan="3">教学流程图</td><td>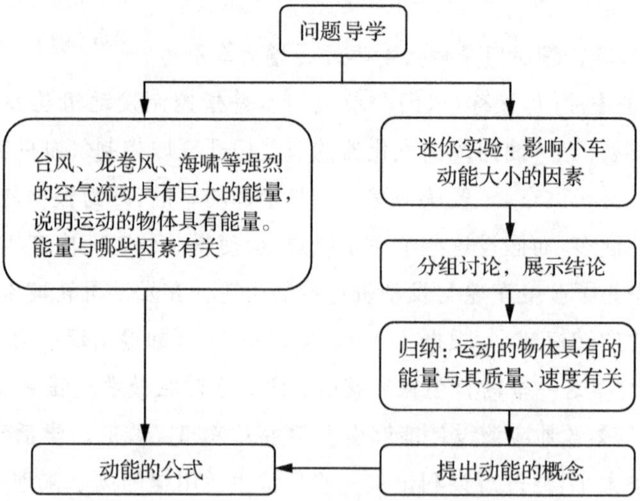
</td></tr>
<tr><td rowspan="3">设计流程</td><td>导(学)：体现思维引导及主动学习</td><td>建议 2 min</td><td>【导入新课】展示台风、龙卷风等拔起大树、掀翻汽车、摧毁房屋的视频，引导学生思考，运动的物体可以做功，说明运动的物体具有能量，那么这能量与哪些因素有关？（可能是质量、速度）</td></tr>
<tr><td>研(学)：体现合作探究精神</td><td>建议 4 min</td><td>【探究活动】
1. 迷你实验室(学生分组动手做实验)。
(1) 同一辆小车从斜面不同高度处由静止开始下滑，撞击放在水面上的木块。观察在不同高度的小车的撞击下，木块运动的距离有什么规律。
(2) 质量不同的小车从同一高度处由静止开始下滑，撞击放在水平面上的木块。观察在质量不同的小车的撞击下，木块运动的距离有什么规律。
2. 观看子弹打碎木块的视频。
讨论：子弹能轻易地打碎木块，最主要的因素有哪些？
思考：
①如果是塑料球飞向木块，结果又如何？子弹和塑料球有什么不同的地方吗？
②子弹是快速冲向木块还是缓慢冲向木块？</td></tr>
<tr><td>展(示)：体现合作学习成果</td><td>建议 3 min</td><td>【展示活动】各小组通过讨论，选出代表，阐述小组讨论的结果：运动的能量可能与质量和速度有关。
总结：运动的物体具有的能量与物体的质量和速度有关，质量越大，速度越大，物体具有的动能就越大。在物理学中，物体的动能 E_k 表达式为 $E_k=\frac{1}{2}mv^2$。动能是标量，只有大小，没有方向。它的单位与功的单位相同，在国际单位制中是焦耳，符号为 J。</td></tr>
</table>

续表

设计流程	练(习):体现教学效果	建议2 min	【练习】 1. 两个物体的质量之比为1∶4,速率之比为4∶1,则这两个物体的动能之比为(　　)。 A. 1∶1　　B. 1∶4　　C. 4∶1　　D. 2∶1 2. 质量为2 kg的物体A以5 m/s的速度向北运动,另一个质量为0.5 kg的物体B以10 m/s的速度向西运动,则下列说法正确的是(　　)。 A. $E_{kA}=E_{kB}$　　B. $E_{kA}>E_{kB}$ C. $E_{kA}<E_{kB}$　　D. 因运动方向不同,无法比较动能
	评(价):体现激励性评价作用	建议2 min	【教师课堂总体评价】今天同学们通过集体研讨和探究实验,理解了动能概念,运动的物体具有的能量与物体的质量和速度有关,质量越大,速度越大,物体具有的动能就越大,其表达式为$E_k=\frac{1}{2}mv^2$。通过对动能的学习与理解,今后我们可以用今天所学的知识来解释生活中很多物理现象。
板书设计	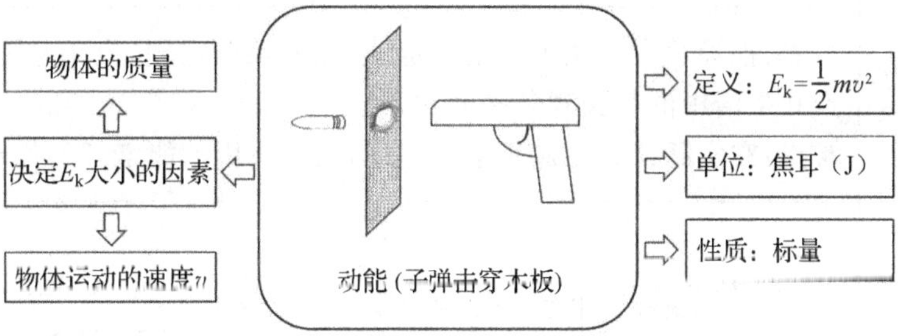		

附:可能涉及的专题性问题

人在水平路面上加速行走时,由动能定理可知,人的动能增加,所以地面对人的静摩擦力做正功,对吗?

【参考解答】人和地面的接触点有静摩擦力时无位移,有位移时静摩擦力为零,故地面对人的静摩擦力不做功。

福建省晋江市侨声中学　张港华

六、动能定理

<table>
<tr><td colspan="3">课程信息</td><td>《物理》必修第二册第 1 章第 3 节中的“动能定理”。</td></tr>
<tr><td colspan="3">课标要求</td><td>理解动能和动能定理。能用动能定理解释生产和生活中的现象。</td></tr>
<tr><td colspan="3">片断教学目标</td><td>在功和能的关系中动能定理处于十分重要的地位,同时动能定理在培养学生能量思维中也处于很重要的地位。从定性到定量,从实践到理论,再从理论到实践,这是探究应用物理规律的有效途径,特别是要在真实情景中体现应用,如收集汽车刹车距离与车速关系的实际数据,用动能定理进行解释,体会运用动能定理解题的优越性。</td></tr>
<tr><td colspan="3">教材分析</td><td>从理论上推导出恒力做功与物体动能改变的关系即动能定理(证明定理),通过生活的情景即水平面上的汽车运动过程中的牵引力和阻力做功量度汽车的动能变化(理解和应用),然后明确动能定理的适用范围广。</td></tr>
<tr><td colspan="3">学情分析</td><td>学生在初中时了解了一些机械能的知识,但这些知识比较浅显。通过高一动力学思维的培养,以及其他多学科的学习,虽然功能关系概念很抽象,但学生已具备了一定的基础知识,掌握起来并不十分困难。</td></tr>
<tr><td colspan="3">片断教学重难点</td><td>重点:推导恒力作用下的动能定理,理解动能定理,应用动能定理解释、解决生产和生活中的相关现象和问题。
难点:在实际情景中应用动能定理,领会应用动能定理的优越性。</td></tr>
<tr><td colspan="3">教学流程图</td><td>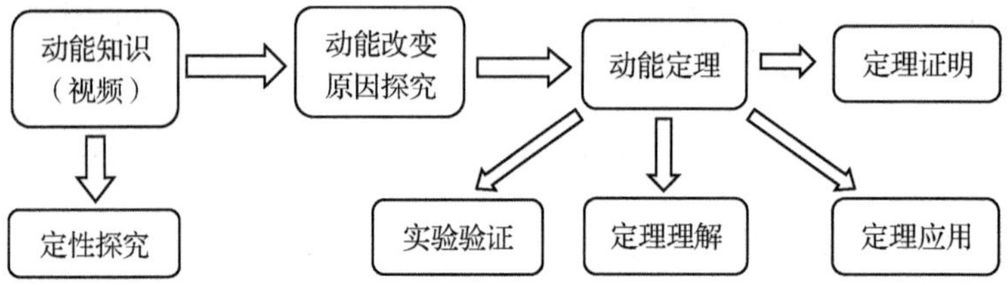
</td></tr>
<tr><td>设计流程</td><td>导(学):体现思维引导及主动学习</td><td>建议2 min</td><td>【导入新课】
1. 判断下列说法的对错:
(1) 若物体的速度改变,则物体的动能一定变化。
(2) 若物体的动能改变,则物体的速度大小一定变化。
2. 物体动能改变的原因是__________(力对物体做功)。功是能量转化的__________。</td></tr>
</table>

续表

	研(学)： 体现合作 探究精神	建议 4 min	【探究活动】在光滑的水平面上有一质量为 m 的物体。物体在水平恒力 F 作用下做直线运动，速度从 v_1 到 v_2 的过程中，物体运动的位移为 s。推导恒力对物体所做的功与物体动能改变的关系。 思考：动能定理是在物体受恒力做直线运动情景下推导出来的，动能定理是否适用于变力做功情景和曲线运动情景呢？
设计流程	展(示)： 体现合作 学习成果	建议 6 min	【展示活动】 1. 动能定理推导展示。 由 $W=Fs\cos\alpha$，$\alpha=0°$，$W=Fs$，$F=ma$，$s=\dfrac{v_2{}^2-v_1{}^2}{2a}$，得 $$W=\frac{1}{2}mv_2{}^2-\frac{1}{2}mv_1{}^2$$ 从功是能量转化的量度角度来分析上式，可得出：此情景中合力做的功量度了 $\frac{1}{2}mv^2$ 形式能量的变化。$\frac{1}{2}mv^2$ 形式的能量与物体的质量和速度大小有关，这就是动能的定义。 2. 动能定理内容展示。 合外力对物体所做的功等于物体动能的变化量，表达式如下： $$W=\frac{1}{2}mv_2{}^2-\frac{1}{2}mv_1{}^2=E_{k2}-E_{k1}=\Delta E_k$$ 3. 动能定理理解展示。 (1) 总功的求法。 (2) 因果关系：总功是因，动能变化是果。 (3) 功能关系：①合力做正功，$E_{k2}>E_{k1}$，表示物体动能增加；②合力做负功，$E_{k2}<E_{k1}$，表示物体动能减少。 (4) 参考系：地面。 (5) 动能是标量。 4. 一架喷气式飞机，质量 $m=5\times10^4$ kg，当飞机从静止开始滑跑的路程 $L=1\times10^3$ m 时达到起飞速度 $v=60$ m/s，在此过程中飞机受到的平均阻力为飞机重量的 k 倍（$k=0.02$），求飞机受到的牵引力。
	练(习)： 体现教学 效果	建议 3 min	【练习】 1. 雨滴在空中下落时会受到空气阻力。空气阻力的大小与雨滴下落速率的二次方成正比，即 $f=kv^2$，其中 k 为常数。若质量为 m 的雨滴，从高为 h 处以初速度 v_0 竖直加速下落，接近落地前开始做匀速直线运动。已知重力加速度为 g，求该雨滴从高处下落到地面的过程中空气阻力对其所做的功。

续表

<table>
<tr><td rowspan="2">设计流程</td><td>练(习):体现教学效果</td><td>建议3 min</td><td>2. 斜面倾角为 α,长为 L,AB 段光滑,BC 段粗糙,$AB=\frac{L}{3}$,质量为 m 的木块从斜面顶端无初速地下滑,到达 C 端时速度刚好为零。求物体和 BC 段间的动摩擦因数 μ。
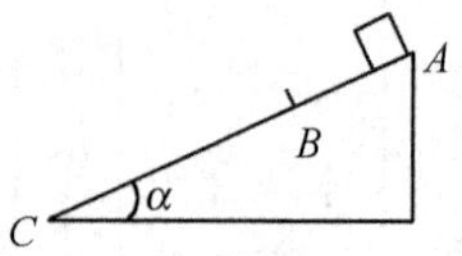

教师点睛:动能定理不但适用于物体做直线运动的情景,也适用于物体做曲线运动的情景;动能定理不但适用于物体受恒力的情景,也适用于物体受变力的情景;动能定理不但适用于单一过程情景,也适用于多过程(全过程)情景。</td></tr>
<tr><td>评(价):体现激励性评价作用</td><td>建议1 min</td><td>【教师课堂总体评价】本节课同学们积极参与探究动能定理,小组的交流气氛好。某同学在本节课表现活跃,同时展示了他优秀的物理素养。在课堂练习阶段同学们学习主动性强,从学到用过渡很快。希望大家再接再厉。</td></tr>
<tr><td colspan="2">板书设计</td><td colspan="2">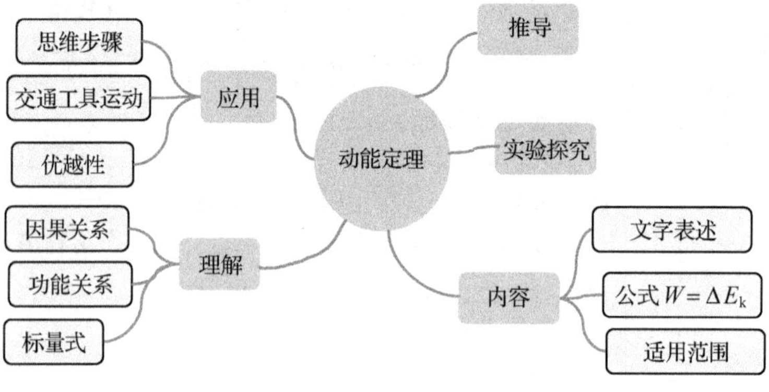
</td></tr>
</table>

附:可能涉及的专题性问题

问题 1:高中阶段动能定理中的速度和位移的参考系为什么是地面?

【参考解答】动能定理中会涉及速度和位移的相关物理量。速度和位移都有相对性,即有参考系。在高中阶段,动能定理中的速度、位移的参考系都是地面。

动能定理是建构了恒力作用下的直线运动,应用匀变速直线运动和牛顿第二定律推导出来的。如果是变力或者曲线运动,其实也可应用牛顿第二运动定律和微元法及总功是各元功代数和来证明动能定理。这些证明的前提就是速度和位移的参考系是地面。

牛顿运动定律适用于惯性系。同一个物理现象在不同的惯性系中都适用牛顿第二定律。例如,海面上一航空母舰以速度 v_0 向前匀速行驶。航空母舰上的一舰载机在航空母舰上做初速度为零的匀加速启动,方向与 v_0 同向,加速度为 a,在 t 时刻刚好起飞,舰载机的质

量为 m，牵引力为 $F_{牵}$，阻力为 $f_{阻}$。那么，在这个过程中，我们应用牛顿第二定律，以航空母舰或以地面为参考系，那是一致的。如果在这个过程中，

以地面为参考系来应用动能定理，有

$$(F_{牵}-f_{阻})\times\left(v_0t+\frac{1}{2}at^2\right)=\frac{1}{2}m(v_0+at)^2-\frac{1}{2}mv_0{}^2=mv_0at+\frac{1}{2}ma^2t^2 \quad ①$$

以航空母舰为参考系来应用动能定理，有

$$(F_{牵}-f_{阻})\times\frac{1}{2}at^2=\frac{1}{2}m(at)^2-0=\frac{1}{2}ma^2t^2 \quad ②$$

①②左边表示在同一过程中不同惯性参考系下合力做的功不同，①②右边表示同一过程中不同惯性参考系下动能增量不同。这难道是因为参考系不同，导致能量转化的量不同吗？能量转化与参考系应该没有关系。在舰载机起飞过程中，无论是以地面为参考系还是以航空母舰为参考系，舰载机在此过程中消耗的燃油都是相同的。

舰载机所增加的动能在不同的参考系中就不一样，而且合力做功也不同。

这样仅从动能定理来分析，两个参考系的总能量不同，问题出在哪里呢？首先，牛顿第二定律反映的是力的瞬时效果即力产生了加速度。这个效果在不同的惯性系下都是一致的，因此牛顿运动定律在相同力的作用下，在不同的惯性系下都是一致的(相同)。而力做功反映的是力对空间的积累效果。我们证明动能定理是在恒力和地面参考系及牛顿运动定律应用的前提下推导出来的。推导的动能定理能不能像牛顿第二定律一样迁移到其他惯性系呢？如果能迁移到其他惯性系，就要证明同一个力在不同的惯性系下空间的效果也相同。这样通过前面的这个例子，这个是不可能的，因此，在高中阶段动能定理适用的参考系就是地面。

在不同的惯性参考系下动能定理形式相同，在不同的参考系下进行动能定理的变换，那就要考虑不同参考系外力功差值。(参考资料：郝超，吉梅.动能定理与惯性参考系[J].技术物理教学，2002，10(4)：17－18.)

问题 2：在整体法中应用动能定理时要考虑内力吗？

【参考解答】动能定理的优越性比较明显：不但适用于直线运动情景，也适用于曲线运动情景；它不但适用于恒力情景，也适用于变力情景；不但适用于单一过程情景，也适用于多阶段(子过程)情景；不但适用于单一对象情景，也适用于多对象(整体)情景。

整体法是一种高效解决物理问题的思维方法。整体法中有内力和外力的概念区分。整体法中常常会用到平衡条件、牛顿第二定律、动量定理、动量守恒定律等。运用这些矢量式的时候，不考虑内力。在整体法中应用动能定理(能量守恒定律)解决问题时，是不是也不需要考虑内力呢？其实这时内力做功是要考虑的，力的效果是反映力对空间积累的效果，是标量，即力对物体做功，而内力一定是成对出现的，而一对内力做功的代数和不一定总是为零或者说常常不为零。一对作用力和反作用力做功的关系可能存在各种情况：两个力都做正功；两个力都做负功；一个力做正功，一个力不做功；一个力做负功，一个力不做功；一个力做正功，一个力做负功；两个力都不做功。当内力做功之和或者内力都不做功时，应用动能定理或能量守恒定律可以不考虑内力，如一对静摩擦力做功代数和为零。如滑块-木板模型、子弹打木块模型等，可以对滑块、木板个体应用动能定理，也可以对滑块和木板整体应用动

能定理(能量守恒定律),但内力做功要考虑。

在整体法中应用平衡条件、牛顿第二定律解题时因内力的合力为零,故做功的和也为零,此时可以不考虑内力,从而使问题简化。而在整体法中应用动能定理或能量守恒定律时,内力做功是要考虑的。

福建省晋江市南侨中学　付剑仁

七、重力势能

<table>
<tr><td>课程信息</td><td colspan="3">《物理》必修第二册第 1 章第 4 节中的“重力势能”。</td></tr>
<tr><td>课标要求</td><td colspan="3">理解重力势能。</td></tr>
<tr><td>片断教学目标</td><td colspan="3">理解重力势能的表达式。知道重力势能的大小与参考平面的选取有关,即重力势能具有相对性,但重力势能的变化量与参考平面的选取无关。</td></tr>
<tr><td>教材分析</td><td colspan="3">教材引入雪崩现象,通过回顾初中在细沙上释放小球的小实验探究影响重力势能大小的因素,得到重力势能的表达式,分析零势能参考平面的选择,体现科学探究中“提出问题、形成猜想与假设、获取和处理信息、基于证据得出结论”等要素。</td></tr>
<tr><td>学情分析</td><td colspan="3">“重力势能”这部分内容有助于学生认识功能关系、理解“功是能量转化的量度”这一思想,对培养学生的逻辑思维能力和研究方式非常重要。</td></tr>
<tr><td>片断教学重难点</td><td colspan="3">重点:重力势能表达式的得出过程。
难点:重力势能的相对性,重力势能为负值的理解。</td></tr>
<tr><td>教学流程图</td><td colspan="3">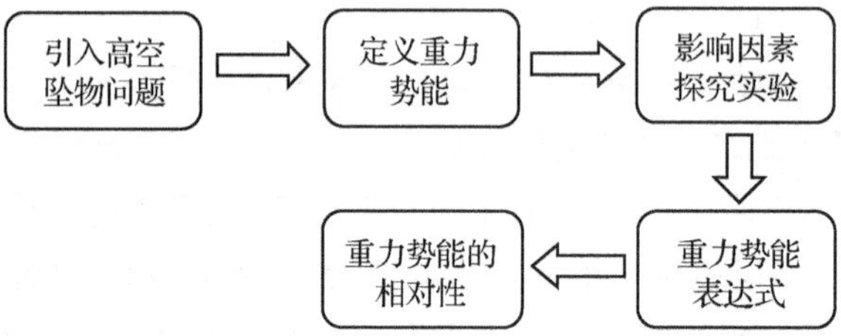
</td></tr>
<tr><td>设计流程</td><td>导(学):体现思维引导及主动学习</td><td>建议 2 min</td><td>【导入新课】

1. 右图表示什么含义?为什么国家要禁止高空坠物?
2. 从不同楼层抛坠物品所产生的危害有什么差别?
3. 抛坠不同质量的物品所产生的危害有什么差别?</td></tr>
</table>

续表

设计流程	研(学)：体现合作探究精神	建议6 min	【探究活动】重力势能的大小与哪些因素有关？ 定义：物理学中，把物体因为处于一定的高度而具有的能量称为重力势能。  释放小球  释放小球 1. 准备两个大小相同、质量不同的光滑小球。在一盆中放入适量细沙，在沙盆上方同一高度由静止释放两个小球，如右图所示。小球落入细沙时会出现什么现象？哪个小球陷得更深？请各小组合作完成这一实验。 2. 准备两个大小相同、质量相同的光滑小球。在一盆中放入适量细沙，在沙盆上方不同高度由静止释放两个小球，如右图所示。小球落入细沙时会出现什么现象？哪个小球陷得更深？请各小组合作完成这一实验。
设计流程	展(示)：体现合作学习成果	建议2 min	【展示活动】 1. 现在请各小组选出代表，简述你们的实验结果，并简述你们得出的“重力势能的大小与哪些因素有关”的结论。 结论：重力势能的大小与物体的质量和所处的高度有关。物体的质量 m 越大，所处的高度 h 越高，重力势能就越大。其表达式如下： $E_p=mgh$ 重力势能是标量。其单位与功的单位相同，在国际单位制中都是焦耳，符号为J。 2. 将两个大小相同、质量相同的光滑小球从同一高度释放，分别用两个装有相同细沙的盆去接，但是两个盆的位置不一样，如右图所示，这个时候两个小球下陷的深度还会一样吗？  释放小球 教师引导：从实验现象可以看到，选取的参考平面不一样，小球释放的高度就不一样，两小球下陷的深度也就不一样，所以重力势能具有相对性。 提问：根据所给图片，一般将选取的水平参考平面的高度设为零，那么两个小球相对两个参考平面的高度应该是多少呢？两个球相对两个参考平面的重力势能应该如何表示呢？ 教师点睛：选择不同的参考平面，物体的重力势能的数值是不同的。对选定的参考平面而言，上方物体的重力势能是正值，下方物体的重力势能是负值。重力势能为负，说明物体在这个位置具有的重力势能比在参考平面上具有的重力势能小。

续表

设计流程	练(习)：体现教学效果	建议 2 min	【练习】下列关于重力势能的说法正确的是(　　)。 A. 重力势能的大小只由重物本身决定 B. 重力势能恒大于零 C. 在地面上的物体，它具有的重力势能一定等于零 D. 重力势能实际上是物体和地球所共有的
	评(价)：体现激励性评价作用	建议 2 min	【教师课堂总体评价】今天同学们通过观察和分析小球下陷的对比实验，得出了“重力势能跟物体的质量和高度有关”的正确结论，进而学习了重力势能的表达式。其中某组同学在探究过程中实验认真、观察细致，某组同学特别善于交流、学习态度好，他们是同学们学习的榜样。希望同学们再接再厉，上好每一节课。
板书设计	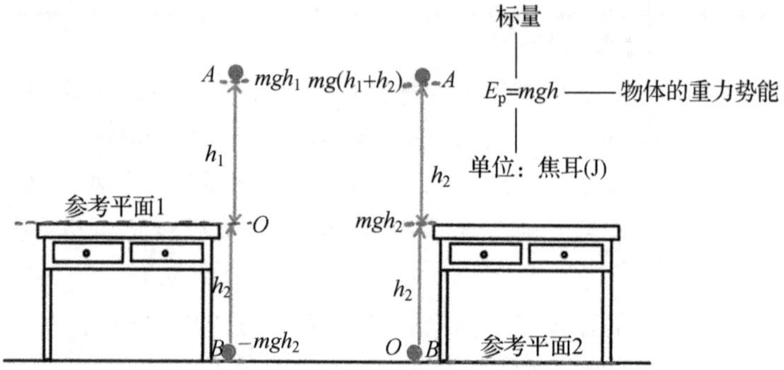 		

附：可能涉及的专题性问题

如果物体以一定速度从同一高度落到沙堆上，比静止从同一高度落到沙堆上下陷得更厉害，能否说明重力势能的大小跟物体初位置的速度有关系？

【参考解答】物体在初位置时具有初速度，可以看成该物体从初位置上方的某一位置静止下落，看似变量是速度，其实质还是高度。

福建师范大学物理与能源学院 2023 级学科教学(物理)　林桂香

八、重力做功与重力势能改变的关系、弹性势能

课程信息	《物理》必修第二册第 1 章第 4 节中的“重力做功与重力势能改变的关系”“弹性势能”。
课标要求	知道重力势能的变化与重力做功的关系。定性了解弹性势能。

续表

<table>
<tr><td colspan="3">片断教学目标</td><td>理解重力势能的变化与重力做功的关系，理解重力做功与路径无关；理解重力势能的相对性与重力势能变化的绝对性；了解弹性势能。</td></tr>
<tr><td colspan="3">教材分析</td><td>教材在建立重力势能的基本概念后，通过建构滑雪者滑雪模型，进一步探讨重力做功的特点及重力做功与重力势能的变化关系，提升学生的科学思维水平及科学探究的能力。</td></tr>
<tr><td colspan="3">学情分析</td><td>学生已掌握了功的概念、计算方法和重力势能的概念。本节通过重力做功的计算来研究重力势能变化的关系，培养学生的逻辑思维能力，促进学生思维品质的提高。</td></tr>
<tr><td colspan="3">片断教学重难点</td><td>重点：正确理解重力做功与物体重力势能变化的关系。
难点：理解重力做功与路径无关，理解重力势能变化的绝对性。</td></tr>
<tr><td colspan="3">教学流程图</td><td>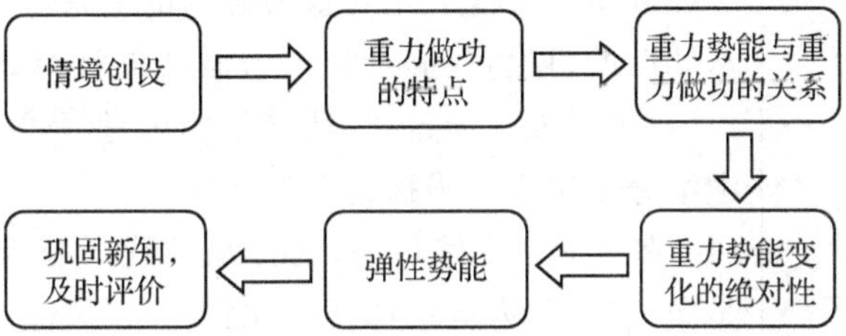</td></tr>
<tr><td rowspan="2">设计流程</td><td>导(学)：体现思维引导及主动学习</td><td>建议2 min</td><td>【导入新课】
1. 教师演示生活中滑滑梯的图片，创设小朋友玩滑滑梯的场景，提出问题：小明分别沿直梯、扶梯、滑梯三种路径下滑，重力对小明做的功分别是多少？是否相等？

2. 教师引导学生将实际情境转化为物理模型，用小球代替小明，分别建构上述三种路径的物理模型。</td></tr>
<tr><td>研(学)：体现合作探究精神</td><td>建议10 min</td><td>【探究活动】
1. 探究重力做功的特点。
(1) 如下页图所示，设质量为 m 的小球，从高度为 h_1 的位置 A，沿路径 1 做自由落体运动到高度为 h_2 的位置 B，求这个过程中重力所做的功。
(2) 如下页图所示，设质量为 m 的小球沿着路径 2(倾斜的直线)向下运动，高度仍然由 h_1 降为 h_2，物体沿倾斜的直线运动的距离是 l，求这个过程中重力所做的功。</td></tr>
</table>

续表

设计流程 | 研(学)：体现合作探究精神 | 建议10 min

(3) 如下图所示，设质量为 m 的小球沿着路径3曲线向下运动，高度仍然由 h_1 降为 h_2，求这个过程中重力所做的功。

教师点睛：在讨论时，引导学生回顾之前的匀加速运动位移的解决途径，想到化曲为直的思想，将曲线路径分成许多很短的间隔 A_1A_2、A_2A_3……每段都很短，可以近似看作一段倾斜的直线。

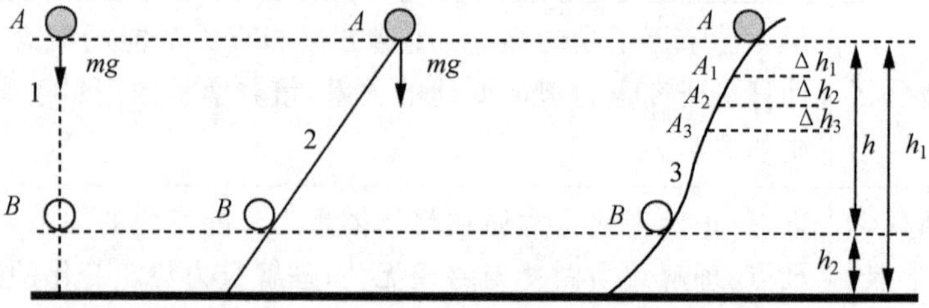

2. 探究重力势能变化与重力做功的关系。

从此前的讨论，我们可知重力做功的计算式为 $W=mgl\cos\theta=mg(h_1-h_2)=mgh_1-mgh_2$。请同学们思考等式右边各项表示的物理含义，继续分小组进一步探讨以下问题：

(1) 在上面三个路径中，物体从位置 A 运动到位置 B，重力做正功还是做负功，重力势能如何变化？

(2) 若物体由位置 B 运动到位置 A，重力做正功还是做负功，重力势能如何变化？

3. 探究重力势能变化的绝对性。

在上一节课的教学中，我们知道重力势能与零势能面的选取有关，那么物体在某两点间重力势能的改变与零势能面选取有关吗？请同学们根据题目信息，按要求填写下表。

质量为1 kg的小球，从桌面上 $h_1=1.2$ m的 A 点落到地面上的 B 点，桌面高 $h_2=0.8$ m.

参考平面	小球在 A 点的重力势能	小球在 B 点的重力势能	小球在下落过程中重力所做的功	小球在下落过程中重力势能的变化
桌面				
地面				

4. 探究弹性势能。分发劲度系数不同的弹簧和同一种型号(量程和劲度系数均相同)的弹簧秤给学生，让学生体会弹簧的弹性势能与哪些因素有关。

定义：物体由于发生弹性形变而具有的能量。

影响因素：物体的形变量和劲度系数。

特点：物体的形变量越大，弹性势能越大。

续表

设计流程	展(示)：体现合作学习成果	建议4 min	【展示活动】 1. 现在请各小组选出代表，简述讨论结果，并简述得出的“重力做功的特点”的结论。 总结：重力做功与始末位置的高度差有关，与路径无关[$W=mgl\cos\theta=mg(h_1-h_2)=mgh_1-mgh_2$]。 2. 各小组讨论可以得出，等式右边各项分别表示位置 A 和位置 B 的重力势能。从位置 A 下落到位置 B 的过程中，重力做功为 mgh_1-mgh_2，重力做正功，重力势能减少 mgh_1-mgh_2；从位置 B 上升到位置 A 的过程中，重力做功为 mgh_2-mgh_1，重力做负功，重力势能增加 mgh_1-mgh_2。 结论：重力做多少正功，重力势能就减少多少；重力做多少负功，重力势能就增加多少。即重力做的功等于重力势能的减少量。上述关系可表达为 $W_G=E_{p1}-E_{p2}=-\Delta E$，等式左边是重力做的功，等式右边是重力势能变化量的相反数。 3. 请同学们完成表格数据的填写。教师进一步引导学生观察表格数据。 总结：重力势能的大小具有相对性，与参考平面的选择有关，但重力势能的变化量与参考平面的选择无关，即重力势能变化具有绝对性。 4. 请同学们展示实验结果。 总结：劲度系数相同、形变量越大的弹簧对外做功的本领越大，弹性势能越大；形变量相同、劲度系数越大的弹簧，对外做功的本领越大，弹性势能越大。
	练(习)：体现教学效果	建议2 min	【练习】想一想，人们把由相对位置决定的能称为势能。我们常说某物体的重力势能是多少，这种说法准确吗？ 总结：如果没有地球，就谈不上重力势能，因此，严格来说，重力势能是地球与物体所组成的“系统”所共有的，而不是地球上的物体单独具有的。通常说某物体的重力势能是多少，只是一种习惯简化的说法。
	评(价)：体现激励性评价作用	建议2 min	【教师课堂总体评价】今天同学们通过集体研讨，得出了“重力做功与路径无关，重力做功等于重力势能的减少量，重力势能的大小具有相对性，重力势能的变化量具有绝对性”等一系列正确结论。其中某组同学在探讨过程中积极思考、认真钻研问题，某组同学特别善于交流、学习态度好，他们是同学们学习的榜样。希望同学们再接再厉，上好每一节课。

续表

板书设计	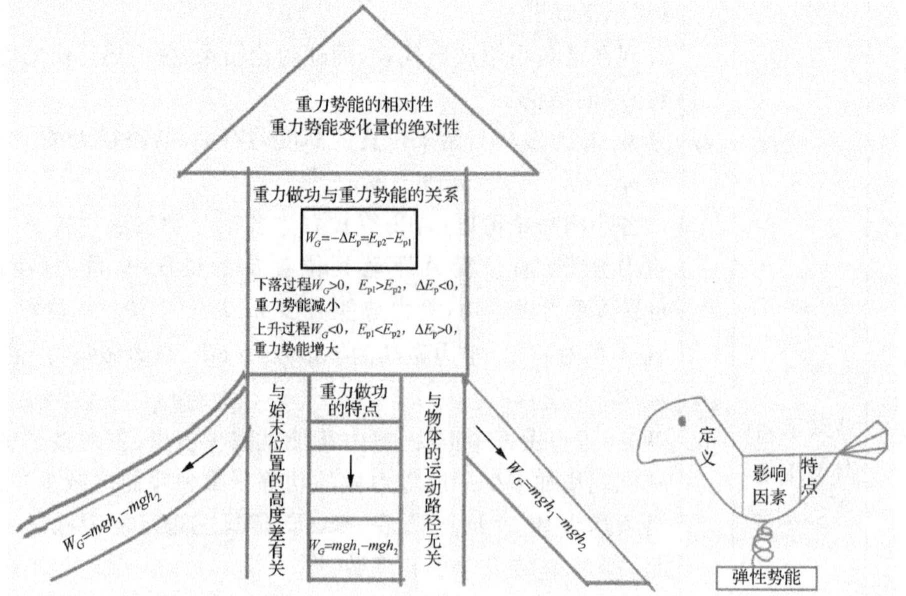

附：可能涉及的专题性问题

为什么说重力势能是地球和物体所组成的系统共有的？

【参考解答】因为重力势能是跟重力做功密切相关的，而重力是地球吸引物体而使物体受到的力。离开了地球，重力就不复存在，重力势能的概念也就没有意义。另外，重力势能的值在零势能参考面选定以后，取决于物体和地球的相对位置，而物体位置的变化一般都伴随着重力做功，使重力势能发生变化。因此重力势能是与地球和物体两者关联的，是地球和物体组成的系统所共有的。

福建师范大学物理与能源学院2023级学科教学（物理）　李梓涵

九、机械能守恒定律

课程信息	《物理》必修第二册第1章第5节中的“机械能守恒定律”
课标要求	理解机械能守恒定律，体会守恒观念对认识物理规律的重要性。能用机械能守恒定律分析生产和生活中的有关问题。
片断教学目标	1.物理观念。 (1) 正确理解机械能及机械能守恒定律的相关知识，掌握物体的机械能守恒条件。 (2) 掌握机械能守恒定律的三种表达形式，理解其物理意义，对定律的含义、适用条件有一定的认识。 2.科学思维。会根据适用条件判断具体过程中机械能是否守恒。

续表

<table>
<tr><td>片断教学目标</td><td colspan="3">3.科学探究。
(1) 通过演示实验，体验物体动能和势能之间的转化规律，从而培养观察、分析、归纳和推理的能力。
(2) 通过探究实验，培养观察、思考、猜想、归纳的能力，体验物理之美。
(3) 大胆质疑、勇于探索，增强自信心，并养成科学思维的习惯。
4.科学的态度与责任。
(1) 通过实验探究和科学推理，培养严谨、执着、创新、理性、求真、协作的科学精神。
(2) 通过小组合作学习，培养团队精神。</td></tr>
<tr><td>教材分析</td><td colspan="3">本部分内容是对功能关系的进一步认识，是理解能量转化和守恒的基础。主要从机械能守恒定律的建立及理解和掌握其成立的条件进行重点阐述。</td></tr>
<tr><td>学情分析</td><td colspan="3">学生已学习“动能和动能定理”“势能及其改变”，能比较好地理解并运用好物体运动中的功能关系。</td></tr>
<tr><td>片断教学重难点</td><td colspan="3">重点：掌握机械能守恒的条件，熟练应用机械能守恒定律，能用它分析、解决实际问题。
难点：机械能守恒定律的推导，守恒条件的归纳。</td></tr>
<tr><td>教学流程图</td><td colspan="3">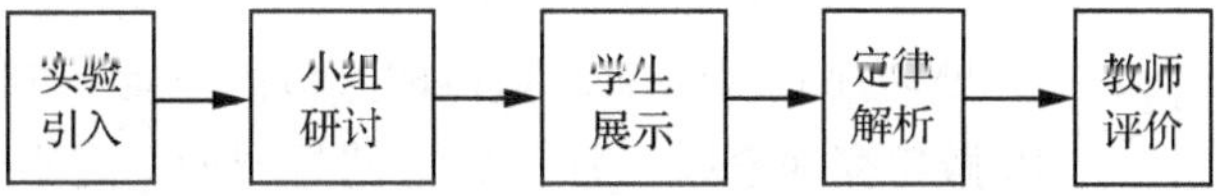</td></tr>
<tr><td>设计流程</td><td>导(学)：体现思维引导及主动学习</td><td>建议2 min</td><td>【导入新课】学生通过对旧知识的回顾，回答下列问题，并在小组内交流、讨论和展示。
(1) 什么是动能？写出其表达式。
(2) 请写出动能的改变与功的关系——动能定理的表达式。
(3) 什么是势能？什么是重力势能？写出其表达式。
(4) 计算重力势能大小时应注意什么问题？
(5) 请写出重力势能的改变与重力做功的关系式。
活动意图：通过问题引导学生先自学，从而养成独立思考的能力。</td></tr>
</table>

续表

	研(学)： 体现合作 探究精神	建议 5 min	【探究活动】观看两个实验(麻省理工学院物理教学片断视频“重锤的能量”;小铁球的单摆运动),简述上述实验现象,并运用所学知识简要说明原因。 提问:同一物体在同一运动过程中能否只发生动能和重力势能之间的转化?如可以,则需遵循怎样的规律,满足什么条件? 活动意图:通过“小组探究、共同研讨、尝试求解、形成共识”的方式,让学生体验物体动能和势能之间的转化,培养学生观察、思考、猜想、归纳的能力。
设计流程	展(示)： 体现合作 学习成果	建议 5 min	【展示活动】 1.小组代表演示推导过程并口述“机械能守恒定律的表达式及其条件”。 2.简述“小铁球单摆运动”实验现象,并用所学知识加以解释。 3.推荐学生代表上台体验麻省理工学院物理教学视频“重锤的能量”的实验。 活动意图:让学生展示学习成果,展现思维过程,从实验观察、大胆猜想、理论推导到实验探究及现象解释。让学生充分体验物理的严谨及物理守恒之美,从而引起学生的学习兴趣,培养学生的好学精神。
	练(习)： 体现教学 效果	建议 2 min	【练习】 1.下列关于机械能是否守恒的叙述正确的是(　　)。 A.做匀速直线运动的物体的机械能一定守恒 B.做匀变速直线运动的物体的机械能一定不守恒 C.外力对物体做功为零时,机械能一定守恒 D.只有重力对物体做功,物体的机械能一定守恒 2.如右图所示,一颗水平飞行的子弹射入一个原来悬挂在天花板下静止的沙袋,并留在其中,和沙袋一起上摆。将子弹射入沙袋叫作Ⅰ过程,子弹和沙袋一起上摆叫作Ⅱ过程,则在这两个阶段中,关于子弹和沙袋组成的系统,下列说法正确的是(　　)。 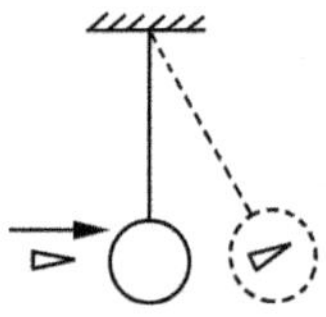 A.第Ⅰ、Ⅱ两个阶段机械能都守恒 B.第Ⅰ、Ⅱ两个阶段机械能都不守恒 C.第Ⅰ阶段机械能守恒,第Ⅱ阶段机械能不守恒 D.第Ⅰ阶段机械能不守恒,第Ⅱ阶段机械能守恒

续表

设计流程	评(价)：体现激励性评价作用	建议1 min	【教师课堂总体评价】采用个体评价(适合学生个体展示时)、集体评价(适合小组展示或全体展示时)和学生互评(适合学生相互交流沟通时)等形式，对科学探究实验中各小组的表现进行点评。其中，某同学表现认真，认真钻研问题，希望同学们再接再厉，上好每一节课。
板书设计	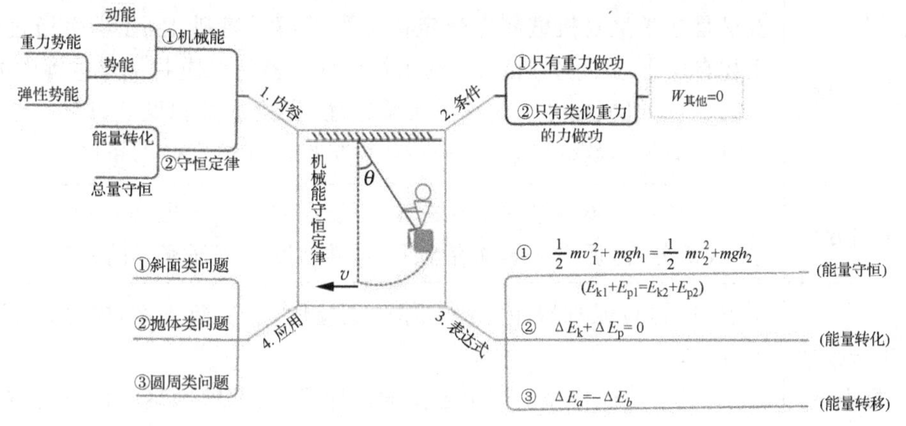		

附：可能涉及的专题性问题

1. 如何理解机械能守恒定律表述中的“只有重力或弹力做功”？

【参考解答】机械能守恒分为有弹簧和无弹簧的场景。对于有弹簧的场景，只有弹簧和重力做功，系统的机械能才守恒。在系统不包括弹簧的情况下，只有重力做功，系统的机械能才守恒。

2. 如何理解机械能守恒定律中的“系统内物体”？

【参考解答】只有系统才具有势能，从产生的条件来讲是由于系统内相互作用的物体与相对位置有关而具有的能，即 $E_p(F,r)$，存在于保守力场中，如重力势能(属于地球和物体系统所有)、弹簧的弹性势能(属于弹簧和与之连接的物体所组成的系统所有)、静电场中的电势能(属于电场和电荷系统所有)、分子势能(属于相互作用的分子系统)等。

福建省晋江市侨声中学 吴福金

十、验证机械能守恒定律

<table>
<tr><td>课程信息</td><td colspan="3">《物理》必修第二册第 1 章第 5 节中的“验证机械能守恒定律”。</td></tr>
<tr><td>课标要求</td><td colspan="3">通过实验，验证机械能守恒定律。</td></tr>
<tr><td>片断教学目标</td><td colspan="3">能设计实验方案，通过实验测量和数据处理，对机械能守恒定律及其条件有深刻的认识。</td></tr>
<tr><td>教材分析</td><td colspan="3">教材是在学生对机械能守恒定律有所了解的基础上，让学生通过带有纸带的重物自由下落的物理情境，利用打点计时器记录重物下落过程中的运动情况，理解、验证机械能守恒定律的实验原理、实验方案和设计思路。让学生通过学习科学测量和数据处理，进一步认识机械能守恒定律的条件。</td></tr>
<tr><td>学情分析</td><td colspan="3">学生已具备初步测量的基础素养，但还需要进一步理解实验原理，学会科学记录、误差分析，促进科学探究水平、科学态度与责任素养的提升。</td></tr>
<tr><td>片断教学重难点</td><td colspan="3">重点：理解验证机械能守恒定律的实验原理、实验方案，能进行数据处理和误差分析。
难点：科学验证机械能守恒定律的设计思路，理解纸带上的点与空间位置的对应关系，学会数据处理和误差分析。</td></tr>
<tr><td>教学流程图</td><td colspan="3">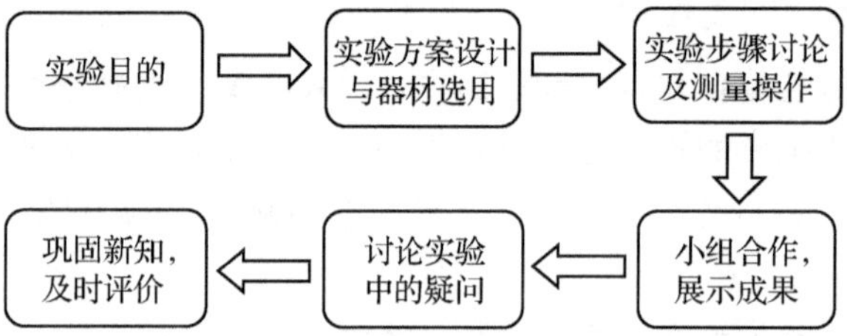
</td></tr>
<tr><td>设计流程</td><td>导(学)：体现思维引导及主动学习</td><td>建议 2 min</td><td>【导入新课】麻省理工学院教授现场演示机械能守恒的震撼视频(如果条件允许，建议教师亲自在学生面前当场演示)。
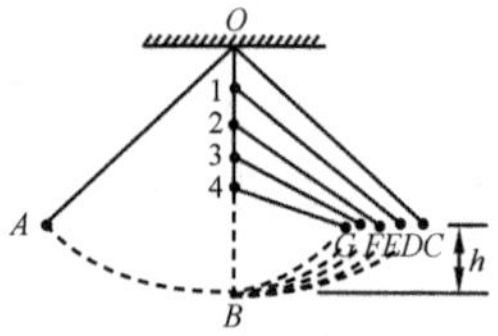

思考：如右图所示，从 A 点释放的小球，在细绳在竖直线上分别遇到 1、2、3、4 点钉子后，它将会运动到几乎与 A 点等高的位置 D、E、F、G 点位置。如何设计实验进行验证？</td></tr>
</table>

续表

设计流程	研(学)：体现合作探究精神	建议6 min	【探究活动】 1. 验证机械能守恒的情境设计。 为了验证机械能守恒，可以创设什么情境？要用到哪些器材？ 同学们可能设计出多种方案，如用气垫导轨、斜面滑块等装置来验证。这里以自由落体运动为例。 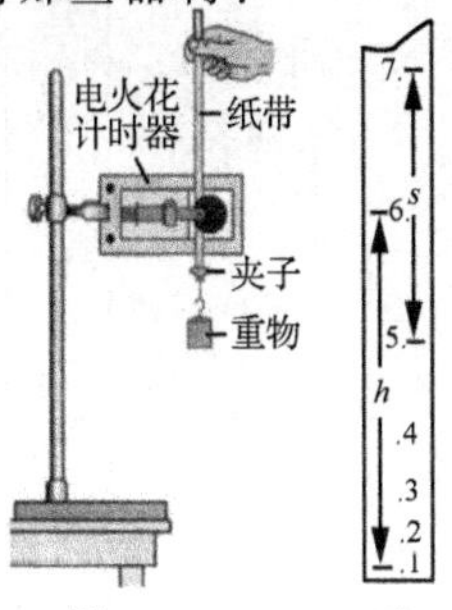 甲　　乙 让带有纸带的重物自由下落，利用打点计时器记录重物下落过程中的运动情况。选取纸带上的某点作为测量起点 1，以后依次标上 2，3，…。用刻度尺测出对应下落的高度 h_1，h_2，h_3，…。再用天平称出重物的质量，即可算出重物经过这些点的重力势能。然后测出 s，计算出重物经过这些点的瞬时速度，计算出动能。最后可以通过比较重物经过这些点的机械能，得出实验结论。 2. 正确选用器材。 (1) 测量工具：打点计时器、毫米刻度尺。 如果仅仅验证等式是否成立，不涉及动能或势能具体数值，则不需要天平。打点计时器打点时周期是已知的，故而验证不需要秒表。 (2) 其他必要工具：铁架台、纸带、重物(含夹纸带槽)、交流电源。 讨论：考虑摩擦力及其他因素的影响，安装打点计时器时，应注意什么问题？重物落在桌面合适还是落在地上合适？手捏住纸带哪里比较科学？重物是否要靠近打点计时器并静止？纸带与重物、打点计时器限位孔之间是不是应该处于一条竖直线上？打点计时器通电与放开纸带谁先谁后？打点计时器打点时重物对应的空间位置在哪？有些数据的测量是在实验前测量合理还是实验后测量合理？还是在实验前后测量都可以？ 总结：安装打点计时器时，应注意调整打点计时器在铁架台上的位置。重物最好落在地上，以保护桌面且不至于纸带末端打印点数据无效。手应该捏住纸带末端，并使纸带与重物、打点计时器限位孔之间处于竖直线上。重物靠近打点计时器能使纸带有更多打印点，数据取值范围大。通电后放开纸带，打点计时器开始打点时，重物处在高处。若要测量具体的机械能，就要测量重物的质量。质量是一定的，实验前后测量均可，但在实验前测量更合理。若只验证机械能守恒的等式，也可以不测重物的质量，即不需要天平。 3. 模拟教学现场，请同学们观看屏幕投影内容。 A. 纸带一端吊重物，另一端穿过打点计时器。手提纸带，使重物靠近打点计时器并静止。 B. 将打点计时器安装在铁架台上合适位置，注意打点计时器限位孔在桌子边缘之外。

续表

设计流程	研(学)： 体现合作探究精神	建议 6 min	C. 取下纸带并选其中一个点作为参考点，设打该点时重物的重力势能为 0，计算打该点时重物的动能，它就是重物下落过程中动能与重力势能的总和。 D. 分别计算纸带上其他各点对应的重物的动能和重力势能之和。 E. 接通电源，松开纸带，让重物自由落下。 F. 拔出电源插头，卸下打点计时器，将器材整理归位。 让学生讨论实验合理顺序 B→A→E→C→D→F。 4. 学生动手操作，教师巡视，用手机拍摄学生失误之处。 (若比赛有现场实验要求，则此项时间建议增加 5 min)
	展(示)： 体现合作学习成果	建议 2 min	【展示活动】 1. 展示学生实验中有价值的问题(照片或视频)，并提出纠正措施。 2. 请各小组选出代表，将测量数据填入实验报告的表格中。教师把其中两组同学的实验数据填入电子屏幕上的电子表格中，利用事先已设好的电子表格计算程序，快速得出初末两个状态动能与重力势能之和，计算出相对误差(设误差允许范围是±5%)。 结论：在误差允许的范围内，仅在重力作用下重物的机械能守恒。 若实验的相对误差为 $n\%$，超出实验误差允许范围，大家一起简单分析一下主要的误差来源： (1) 纸带与打点计时器限位孔及墨粉纸盘之间存在摩擦。 (2) 空气阻力的影响。 (3) 同学在两点间测量长度时，判断原始打印点位置时存在误差。 (4) 刻度尺本身精度原因，存在测量误差。 (5) 重力加速度 g 数值存在误差。 3. 部分同学操作错误。在纸带上取点时，用笔尖在打印点上加粗，造成了数据失真；有的同学未经测量、分析和判断，就误将第一个点当作初速度为零的点。
	练(习)： 体现教学效果	建议 2 min	【练习】如右图所示，利用该装置验证机械能守恒定律。纸带上 A、B、C 点与起始点 O 点之间的距离分别为 h_1、h_2、h_3。 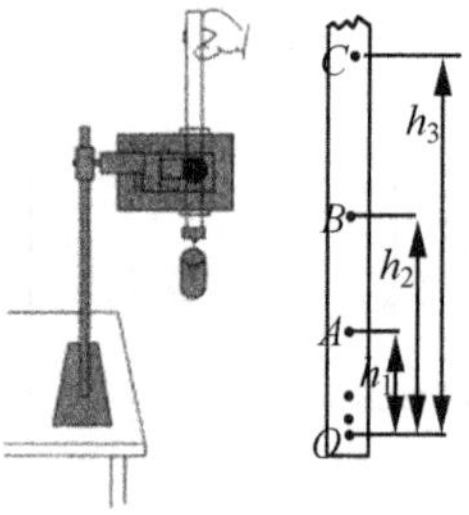 (1) 设打点计时器的周期为 T，重物的质量为 m，重力的加速度为 g，则重物下落到 B 点时的速度 v=________。纸带从 O 点下落到 B 点过程中增加的动能 ΔE_k=________，减少的重力势能 ΔE_p=________。 (2) 由于纸带受到摩擦，实验测得的 ΔE_k ________ ΔE_p。(填“大于”、“等于”或“小于”)

续表

设计流程	评(价)：体现激励性评价作用	建议 2 min	【教师课堂总体评价】今天同学们探究了验证机械能守恒定律的多种实验方案，并选择一种方案亲自动手操作，通过科学测量得到了真实的数据(科学记录)，验证了机械能守恒定律。某组同学在实验过程中操作规范、记录准确，某组同学特别善于交流、学习态度好，他们是同学们学习的榜样。希望同学们总结经验，认真做好每一个实验，努力提升自己的实验水平。
板书设计	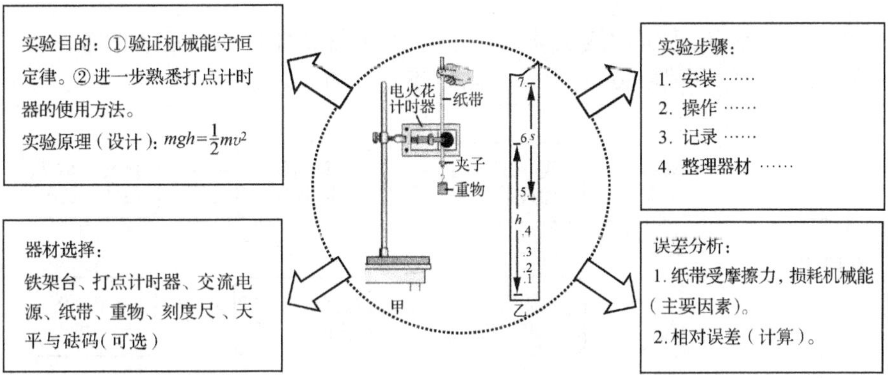		

附：可能涉及的专题性问题

问题：如何正确理解只有重力做功情境中的机械能守恒？

【参考解答】严格说来，重力势能的变化量是地球与物体所组成的系统所共有的，而不是地球上的物体单独具有的。功的物理意义(或定义)是能量传递量。当我们说重力对物体做正功时，其意思是引力场对物体做正功，即能量从引力场传递到物体，引力场中的能量(重力势能)减少，物体同时在对引力场做负功。重力势能的变化量是重物从某一高处下落一定高度时由于引力场向重物输入能量而导致的引力场中减少的那部分能量(重力势能可以为负值)，或重物从某处提升一定高度时由于外界向引力场输入能量而导致的引力场中增加的那部分能量。

福建省晋江市永和中学　缪于清

十一、认识曲线运动

课程信息	《物理》必修第二册第 2 章第 1 节中的“认识曲线运动”。
课标要求	通过实验，了解曲线运动，知道物体做曲线运动的条件。
片断教学目标	了解曲线运动速度的方向，知道物体做曲线运动的条件。

续表

<table>
<tr><td colspan="3">教材分析</td><td>教材从生活中的现象导入，引导学生去观察，形成曲线运动的概念，通过迷你实验“钢珠在磁铁吸引下的运动”，探究物体做曲线运动的条件，深刻认识力与运动的关系；再通过迷你实验“曲线运动的速度方向”，采用极限法思想推导曲线运动的速度方向，引导学生确立依靠逻辑推理与实验相结合的研究方法，增强学生的科学思维与科学探究能力。</td></tr>
<tr><td colspan="3">学情分析</td><td>学生从初中升入高中，学习需要由原来的识记转向理解、推理再到运用，通过探究实验，可以进一步培养学生的逻辑推理、实验探究的能力，促进学生思维品质的提高。</td></tr>
<tr><td colspan="3">片断教学重难点</td><td>重点：理解曲线运动是变速运动，掌握物体做曲线运动的条件。
难点：理解力、速度及运动轨迹三者的关系。</td></tr>
<tr><td colspan="3">教学流程图</td><td>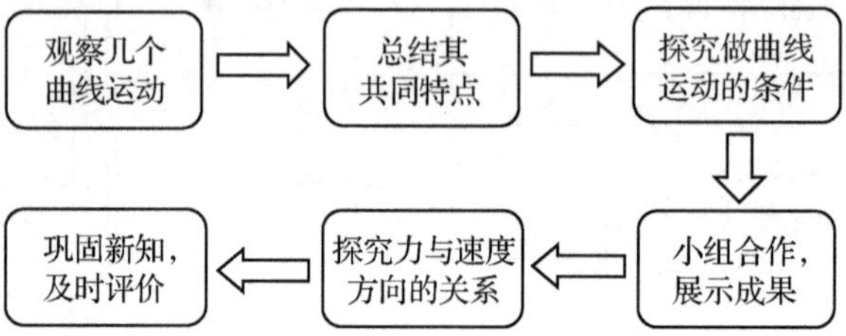</td></tr>
<tr><td rowspan="2">设计流程</td><td>导(学)：体现思维引导及主动学习</td><td>建议2 min</td><td>【导入新课】
1. 展示几个直线运动的例子。比如自由下落的粉笔、竖直上抛的小球、沿斜面下滑的书本等。这些运动轨迹有什么特点？
2. 展示几个曲线运动的例子。比如把粉笔水平抛出、用绳子拴住小球做圆周运动。这些运动轨迹又有什么特点？</td></tr>
<tr><td>研(学)：体现合作探究精神</td><td>建议6 min</td><td>【探究活动】
1. 探究曲线运动的速度方向。
(1) 实验器材。直径约 2 cm 的小钢球、J2135 型碰撞实验器、自制斜面轨道、红色速干印台、薄塑料板、条形磁铁、圆柱形磁铁、A4 纸若干。
(2) 实验步骤。

①将碰撞实验器放在水平桌面上，把塑料板垫高，使得磁铁能放置在塑料板的下面，并放置在碰撞实验器的出口处，调整碰撞实验器的高度，使碰撞实验器水平段与塑料板等高，保证小球能平稳地从碰撞实验器滚入塑料板。保持塑料板水平，把 A4 纸铺在塑料板上，用夹子固定住，如上图所示。</td></tr>
</table>

续表

<table>
<tr>
<td>设计流程</td>
<td>研(学)：体现合作探究精神</td>
<td>建议6 min</td>
<td>
②先不放置磁铁，用红色印泥把小球染红，把小球从碰撞实验器的某一高度释放。小球在纸上留下运动轨迹Ⅰ。
③在塑料板底下、小球运动轨迹旁合适位置放置磁铁，再次把小球从同一高度释放。小球在纸上留下新的运动轨迹Ⅱ。
思考：轨迹Ⅰ和轨迹Ⅱ有什么区别？是什么使得小球运动轨迹发生弯曲？怎样验证你的设想？
2. 在轨迹Ⅱ弯曲段上选择若干点，并标记为 A、B、C……。把小球放置在所选的轨迹点上，由静止释放。小球在磁铁吸引力的作用下向磁铁磁极方向移动，最终停在 S 点(小球运动到磁极附近，由于惯性，不会马上停下来。可以做一个“V”字形挡板，放置在磁极附近，阻挡小球的进一步运动，使得小球运动到磁极附近马上停下来，进而达到比较理想的效果)，留下的痕迹如下图所示。
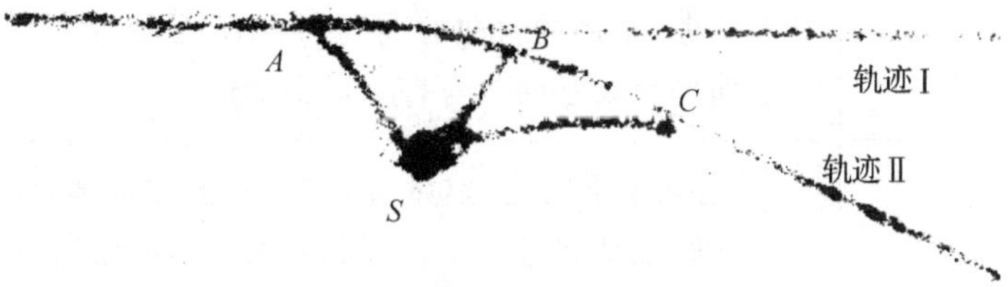

思考：图中 AS、BS、CS 分别表示什么含义？小球在 A、B、C 三个位置的速度是什么方向？如何表示？
用笔画一条曲线，观察笔尖运动。笔尖运动方向不断改变，如右图所示。根据平均速度的定义，笔尖经时间 t 沿曲线从 A 点运动到 B 点，平均速度的方向与位移 AB 的方向相同。t 越短，平均速度越接近 A 点的瞬时速度，其方向越接近 A 点的切线方向。因此，物体在某点的速度方向就是沿曲线在该点的切线方向。
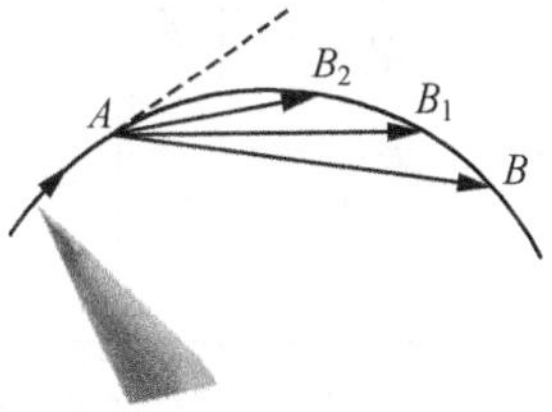

(若比赛有现场实验要求，则此项时间建议增加 5 min)
3. 把磁铁平行放置在小球运动轨迹旁，可以看到小球发生两次偏转，如下图所示(图中 N、S 为条形磁铁磁极所在位置)。在 N 极附近小球向下偏，而运动到 S 极时小球向上偏了。
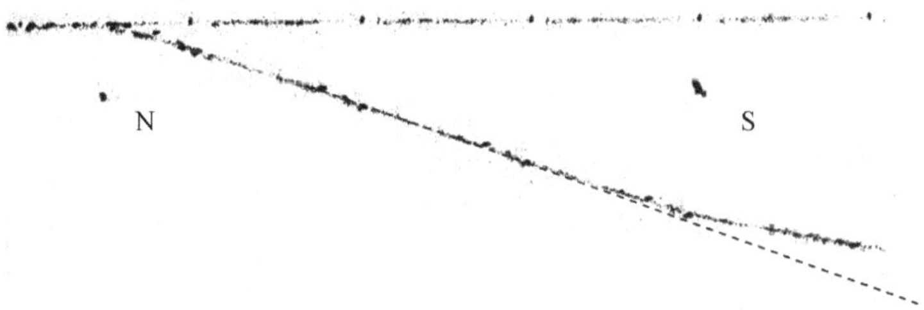

</td>
</tr>
</table>

续表

<table>
<tr><td rowspan="3">设计流程</td><td>展(示):体现合作学习成果</td><td>建议2 min</td><td>【展示活动】
现在请各小组选出代表,简述实验结果,并阐述得出的“力与运动关系”的结论。
各小组在实验后,得出共同结论:当力与运动方向不在同一条直线上时,物体做曲线运动。
教师点睛:如上页的第一幅图所示,没有放置磁铁时,小球沿轨迹Ⅰ做直线运动;当在运动轨迹附近放置磁铁时,小球在磁场力作用下做曲线运动,其轨迹为Ⅱ;图中 S 为磁极 S 极所在位置,AS、BS、CS 分别为小球在 A、B、C 三点受到的磁场力方向;作出 A、B、C 三点切线方向,容易看出,小球运动轨迹向力的方向弯曲。在 A 点,力与速度夹角小于 90°,磁场力做正功,小球做加速运动;在 B、C 点,力与速度夹角大于 90°,磁场力做负功,小球做减速运动。
思考:轨迹的弯曲方向与力有什么关系?为什么轨迹不是向上弯曲?如果想让它向上弯曲,该怎么做?</td></tr>
<tr><td>练(习):体现教学效果</td><td>建议2 min</td><td>【练习】下图为“嫦娥五号”返回器在绕地球运行回收过程中一段时间内的运动轨迹。返回器沿曲线从 M 点向 N 点飞行的过程中速度逐渐减小,在此过程中返回器所受合力的方向可能是(　　)。
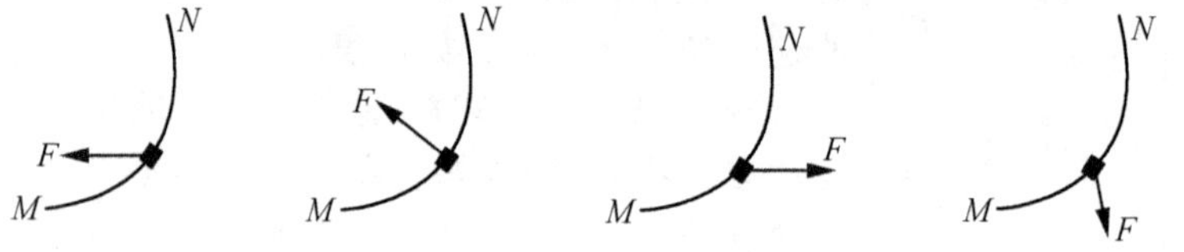

A.　　B.　　C.　　D.</td></tr>
<tr><td>评(价):体现激励性评价作用</td><td>建议2 min</td><td>【教师课堂总体评价】今天同学们通过集体研讨和探究实验,得出了“力与运动方向不在同一条直线上是物体做曲线运动的条件”的正确结论。其中,某组同学在探究过程中实验认真、测量准确,某组同学特别善于交流、学习态度好,他们是同学们学习的榜样。希望同学们再接再厉,上好每一节课。</td></tr>
<tr><td>板书设计</td><td colspan="3">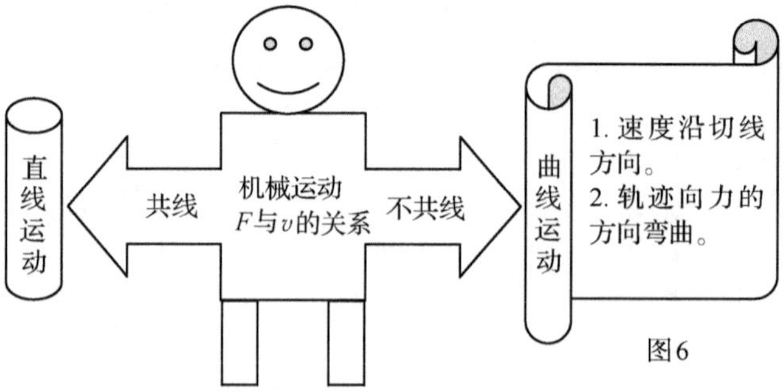

图6</td></tr>
</table>

附：可能涉及的专题性问题

1. 在实际教学中，“探究物体做曲线运动的条件”实验有什么关键点？

【参考解答】教材的迷你实验中磁铁和钢球放在同一平面，操作起来很麻烦：离得远，轨迹弯曲不明显；离得近，钢球容易被吸住。可做如下改进：把磁铁放在玻璃板底下，让钢球在玻璃表面运动。利用斜面轨道，可以方便控制小球运动的速度，操作起来更方便。也可以把条形磁铁换成圆柱形钕铁硼磁铁，效果更明显。这个实验的最大创新点是利用实验演示了小球在不同位置的受力情况，帮助学生更好地理解力与运动的关系。

2. 如何设计简单的实验，演示曲线运动中物体的速度方向？

【参考解答】在白纸上放置一个旋转的陀螺，再往旋转的陀螺上滴墨水，观察墨迹和陀螺边界图，可以看到墨汁沿切线方向运动。

福建省南安市侨光中学　陈毓华

十二、运动的合成与分解

课程信息	《物理》必修第二册第2章第1节“运动的合成与分解”。
课标要求	会用运动合成与分解的方法分析平抛运动，体会将复杂运动分解为简单运动的物理思想。
片断教学目标	通过实例分析，理解运动的合成与分解及其矢量的运算法则。通过分析竹筏过小溪的运动，学会运动的合成与分解，掌握合运动与分运动的应用，初步体会等效替代的物理思想，从而学会处理复杂的运动。
教材分析	运动的合成与分解是物理学中为解决复杂问题而提出的思想方法。教材通过对直观的实验现象的记录和建立平面坐标系的方法让学生建立分运动和合运动的概念，学会运动的合成与分解的方法，体会物理学思想方法中蕴含的人类的智慧，并用于解决实际问题。
学情分析	一个物体实际的复杂运动可以看作两个简单运动的组成。对此学生很难理解，需要通过直观的实验现象，获得合运动和分运动的概念。学生还对物体在两个方向的运动是相互独立的存在疑问，这就要求教师提供来源于生活中的大量事例和能进行探究的实验素材，帮助学生增加感性认识，增强解决问题的能力。
片断教学重难点	重点：明确一个复杂的实际运动可以等效为两个简单的运动，理解运动合成、分解的意义和方法。 难点：具体实际问题中合运动和分运动的判定。

续表

<table>
<tr><td colspan="2">教学
流程图</td><td colspan="2">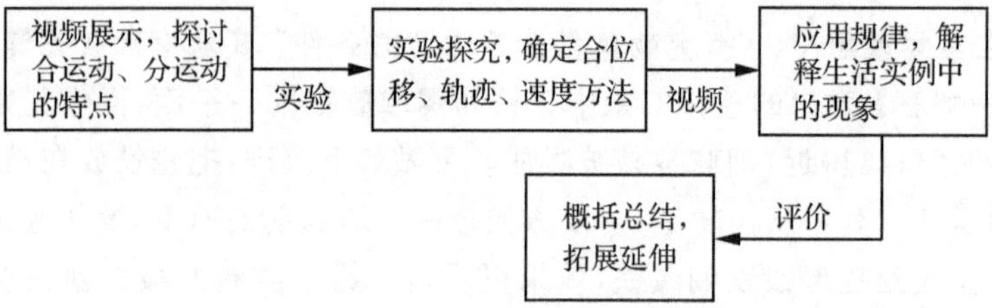
</td></tr>
<tr><td rowspan="2">设计流程</td><td>导(学)：
体现思维引导及主动学习</td><td>建议
2
min</td><td>【导入新课】录制电动小木船在水流中运动的视频(分三段播放：静水中电动小木船匀速朝正对岸运行、电动小木船随水流往下游运行、电动小木船在流水中朝正对岸运行)并播放，引导学生思考"电动小木船在流水中朝正对岸运行时，为什么不能达到正对岸"，邀请学生分享他们游玩的时候曾经遇到的类似现象，并分小组讨论这类运动如何进行分解。
通过观察视频，让学生感受合运动、分运动的特点，进一步引导学生列举生活实例并进行讨论。</td></tr>
<tr><td>研(学)：
体现合作探究精神</td><td>建议
6
min</td><td>【探究活动】确定合位移、轨迹、速度。
1. 蜡块运动实验(分两步操作：玻璃管静止时蜡块匀速上升；蜡块在玻璃管内随玻璃管一起在电动装置带动下向右做匀速运动)。
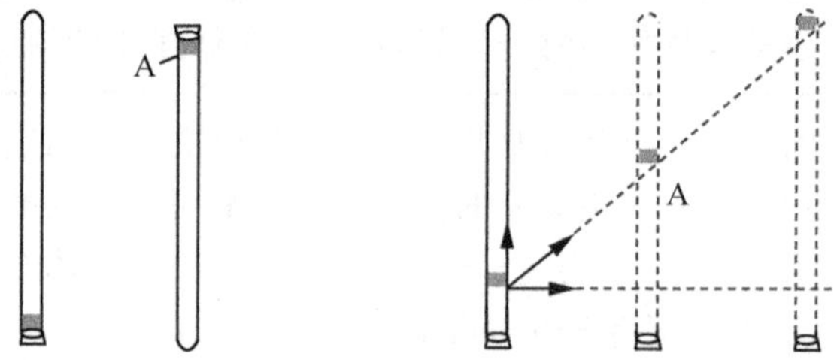

引导学生观察"蜡块匀速上升，同时玻璃管一起在电动装置带动下向右做匀速运动时蜡块相对黑板做什么运动。"
讨论：如何定量确定蜡块的位置、位移？水平方向上蜡块有随着玻璃管一起运动吗？做什么运动？蜡块在竖直方向上做什么运动？
引导学生画出直角坐标系，探究蜡块在坐标系中的位移、轨迹、速度的关系。
2. 应用运动的合成、分解思想方法解释竹筏过河实例。
思考：虽然始终保持竹筏的航向与河岸垂直，但奇怪的是，竹筏行驶的路线并不与河道垂直，而是朝河的下游方向偏移，这是为什么呢？</td></tr>
</table>

续表

<table>
<tr>
<td rowspan="4">设计流程</td>
<td>研(学)：体现合作探究精神</td>
<td>建议6 min</td>
<td>讨论：如右图所示，小船同时参与两个方向的运动。在 x 轴方向上做匀速直线运动，在 y 轴方向上做匀速直线运动，所以经过时间 t，小船运动的速度为
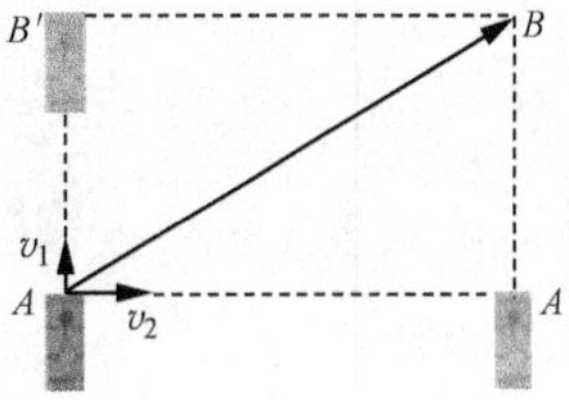

$$v=\sqrt{v_x^{\ 2}+v_y^{\ 2}}=\sqrt{v_1^{\ 2}+v_2^{\ 2}}$$
教师点睛：合运动与分运动的特点。
① 运动的独立性——各分运动独立进行，互不影响。
② 运动的等时性——合运动和分运动经历的时间相等。
③ 运动的等效性——各分运动的规律叠加起来和合运动的规律等效。
④ 运动的同体性——合运动和分运动都是对同一物体而言的。
运动的合成与分解遵循平行四边形定则。</td>
</tr>
<tr>
<td>展(示)：体现合作学习成果</td>
<td>建议2 min</td>
<td>【展示活动】
1. 组织学生归纳、处理运动合成与分解问题的思想方法。
2. 引导学生提出问题：在蜡块实验中，若玻璃管在电动装置下向右做匀加速运动，蜡块的实际运动轨迹是否还是一条直线？
拓展延伸：在分析复杂运动(曲线运动)时，都可以按照这个思路，应用运动合成与分解的方法，将复杂运动分解为简单的直线运动。化复杂为简单是解决物理问题应该遵循的思路，把复杂问题简单化也可以作为我们的一个处事准则。</td>
</tr>
<tr>
<td>练(习)：体现教学效果</td>
<td>建议2 min</td>
<td>【练习】在如右图所示的实验中，如果将玻璃管紧贴着黑板沿水平方向向右做匀加速直线移动，若玻璃管内壁是光滑的，蜡块的轨迹还是一条直线吗？
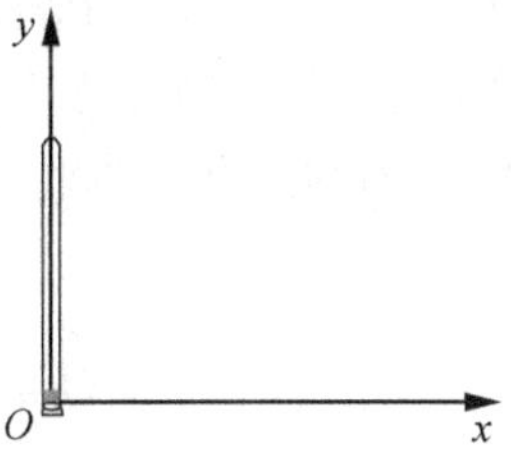
</td>
</tr>
<tr>
<td>评(价)：体现激励性评价作用</td>
<td>建议2 min</td>
<td>【教师课堂总体评价】今天同学们应用运动合成与分解的方法，处理了生活实例中的相关问题。其中，某组同学在探究过程中实验认真、测量准确，某组同学特别善于交流、学习态度好，他们是同学们学习的榜样。希望同学们再接再厉，上好每一节课。</td>
</tr>
</table>

续表

板书设计	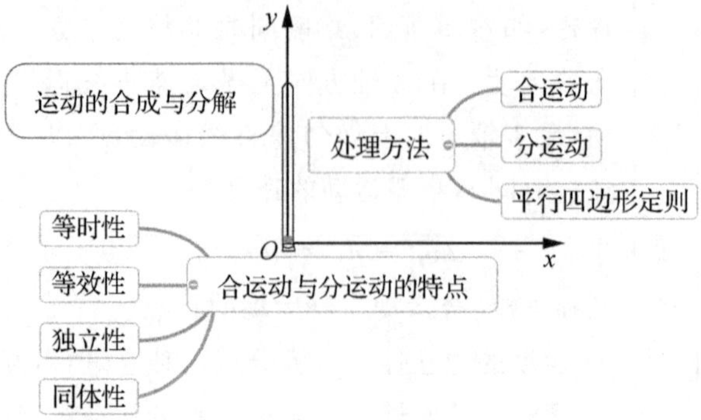

附：可能涉及的专题性问题

1. 有人说把复杂问题简单化是处理物理问题的一个准则。你是如何理解的？

【参考解答】合成与分解是将复杂问题简单化的一种思想方法。应用这种方法的前提是“等效替代”，即物体同时参与两个分运动的效果与物体只参与一个合运动的效果相同。在进行运动的合成与分解时，只要能够简化问题的解决过程，就可以利用平行四边形定则将物体的合运动(即物体实际的运动)向任意的两个方向上分解。但将运动向相互垂直的两个方向上进行分解(正交分解)时，可以利用直角三角形和三角函数进行分析和运算，使问题解决相对简单。

2. 如何利用运动的合成与分解研究物体在平面内运动的轨迹？

【参考解答】物体运动轨迹的研究在生活实际中有着重要应用：在体育领域中，研究物体(比如铅球、篮球、足球等)的运动轨迹有助于改进运动员的技术动作；在军事领域中，对某些物体运动轨迹的研究有助于改进技术、改良装备；在宇宙探测领域中，对航天器运动轨迹的研究在一定程度上将决定探测任务的成功与否。轨迹方程是对物体运动的几何轨迹的代数描述。根据轨迹方程，可以确定物体运动时的轨迹是直线还是曲线，是圆、椭圆还是双曲线，进而利用这些曲线的特殊规律进行相关研究。

福建省南安市华侨中学　谢丽欣

十三、平抛运动的规律

课程信息	《物理》必修第二册第 2 章第 2 节中的“平抛运动的规律”。
课标要求	通过实验，探究并认识平抛运动的规律；会用运动合成与分解的方法分析平抛运动；体会将复杂运动分解为简单运动的物理思想；能分析生产和生活中的抛体运动。
片断教学目标	通过实验探究和对频闪照片的分析，知道平抛运动的特点和规律，增强观察、分析能力；能应用运动的合成与分解的方法研究和分析平抛运动，能应用平抛运动规律解决相关的实际问题。

续表

<table>
<tr><td colspan="3">教材分析</td><td>教材利用实验探究平抛运动在竖直方向和水平方向上的分运动规律，通过频闪照片，说明了做平抛运动的小球在水平方向上做匀速直线运动，在竖直方向上做自由落体运动。同时教材利用理论分析，进一步帮助学生理解平抛运动的基本规律。</td></tr>
<tr><td colspan="3">学情分析</td><td>学生已学习过直线运动规律，且在上一节已经学习了运动的合成与分解，知道曲线运动可以分解为两个方向上的分运动。本节的内容是对前一节知识的简单应用。</td></tr>
<tr><td colspan="3">片断教学重难点</td><td>重点：利用运动的合成与分解的方法进行理论分析，用实验探究平抛运动。
难点：定量探究平抛运动的规律。</td></tr>
<tr><td colspan="3">教学流程图</td><td>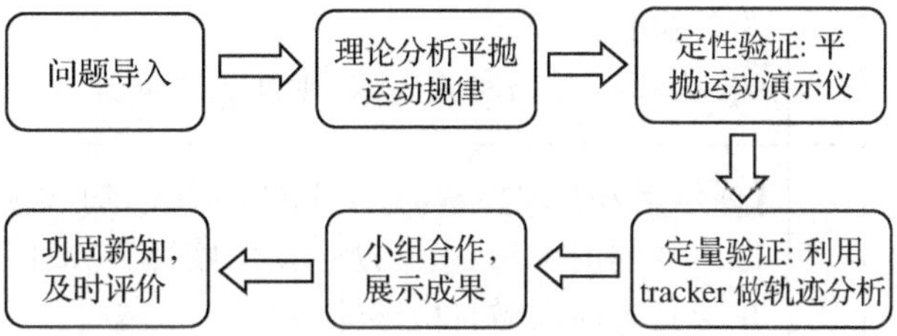
</td></tr>
<tr><td rowspan="2">设计流程</td><td>导(学)：体现思维引导及主动学习</td><td>建议2 min</td><td>【导入新课】
1. 平抛运动是加速度为 g 的匀变速曲线运动。应该采取什么样的方法来研究平抛运动呢？
教师点睛：化曲为直—运动的分解—等效替代。
2. 平抛运动可以分解为哪两个方向上的直线运动？
沿竖直方向.物体的初速度为零且物体只受重力作用，做自由落体运动。
沿水平方向：物体具有初速度而且不受力，做匀速直线运动。</td></tr>
<tr><td>研(学)：体现合作探究精神</td><td>建议6 min</td><td>【探究活动】
1. 验证平抛运动竖直方向上的分运动为自由落体运动。
通过如右图所示的平抛运动演示仪来研究平抛运动。用小锤击打弹性金属片 C，球 A 沿水平方向飞出，做平抛运动。与此同时，与球 A 相同的球 B 被松开做自由落体运动。改变实验装置离地面的高度，多次实验后，两球总是同时落地。在同一高度改变小锤击打的力度，使球 A 的平抛初速度大小不同。经过多次实验，如果两球总是同时落地，就说明做平抛运动的球 A 在竖直方向上的运动情况与球 B 相同，为自由落体运动。
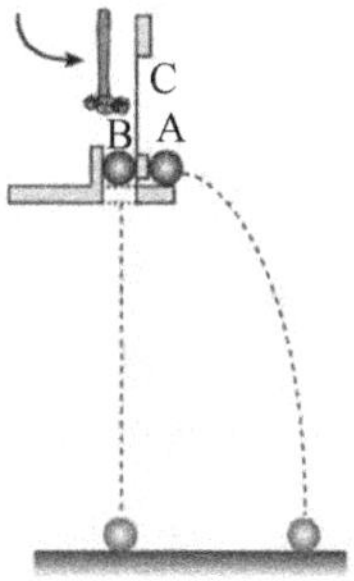
</td></tr>
</table>

续表

设计流程	研(学): 体现合作探究精神	建议6 min	2. 验证平抛运动水平方向上的分运动为匀速直线运动。 在如右图所示的装置中,M、N 是两个完全相同的轨道,轨道末端都与水平方向相切。其中,轨道 N 的末端与光滑水平面相切,轨道 M 通过支架固定在轨道 N 的正上方。将小铁球 P、Q 分别吸在电磁铁 C、D 上,然后切断电源,使两球以相同的初速度同时通过轨道 M、N 的末端,发现两球同时到达 E 处,发生碰撞。改变轨道 M 在轨道 N 上方的高度,再进行实验。如果两球总是发生碰撞,说明做平抛运动的 P 球在水平方向上的运动情况与 Q 球相同,为匀速直线运动。 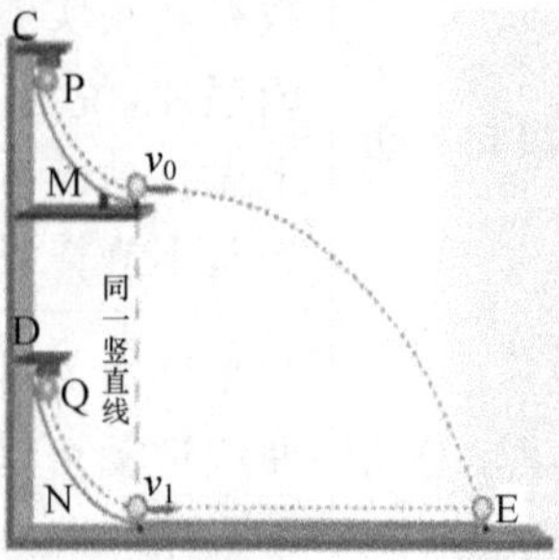 (若比赛有现场实验要求,则此项时间建议增加 5 min)
	展(示): 体现合作学习成果	建议2 min	【展示活动】现在请各小组选出代表,简述实验结果。各小组实验后得出共同的结论:做平抛运动的物体在水平方向上做匀速直线运动,在竖直方向上做自由落体运动。 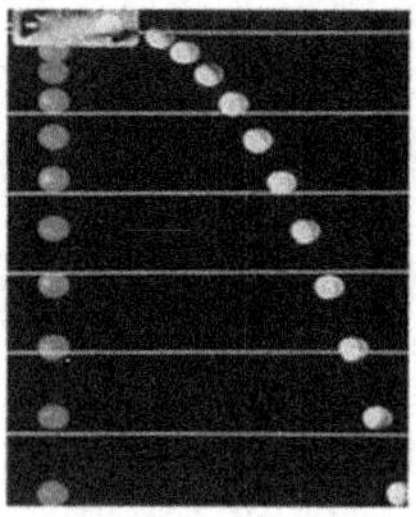 教师点睛:用频闪照片法研究平抛运动的规律。展示平抛运动和自由落体运动频闪照片,如右图所示。 定量分析:利用 tracker 软件进行平抛运动轨迹分析,如下图所示。 结论:平抛运动可以分解为沿水平方向的匀速直线运动和沿竖直方向的自由落体运动。 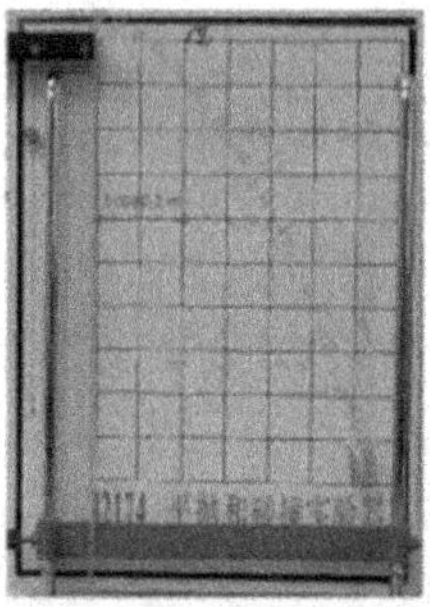 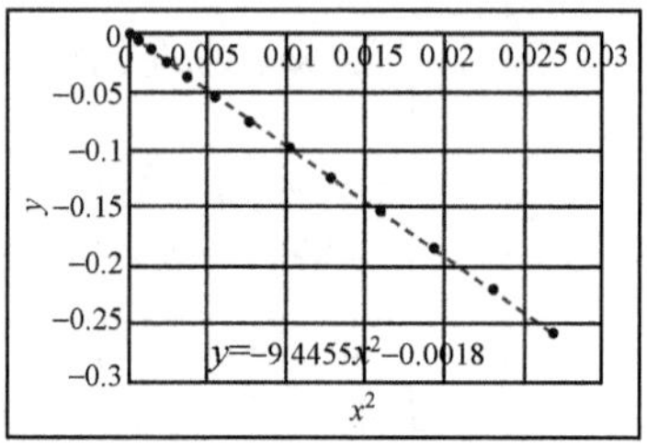
	练(习): 体现教学效果	建议2 min	【练习】用枪水平地射击靶,设子弹从枪口水平射出的瞬间,靶便从静止开始自由下落,请问子弹能射中靶吗? 答:能。因子弹和靶在竖直方向上都是自由落体运动,竖直方向上的位移总是相同的,所以只要靶在子弹的射程内,子弹就一定能射中靶。

续表

设计流程	评(价)：体现激励性评价作用	建议2 min	【教师课堂总体评价】今天同学们通过理论分析和实验验证，得出了平抛运动可以分解为沿水平方向的匀速直线运动和沿竖直方向的自由落体运动。其中，某组同学在探究过程中实验认真，某同学特别善于交流、学习态度好，他们是同学们学习的榜样。希望同学们再接再厉，上好每一节课。
板书设计	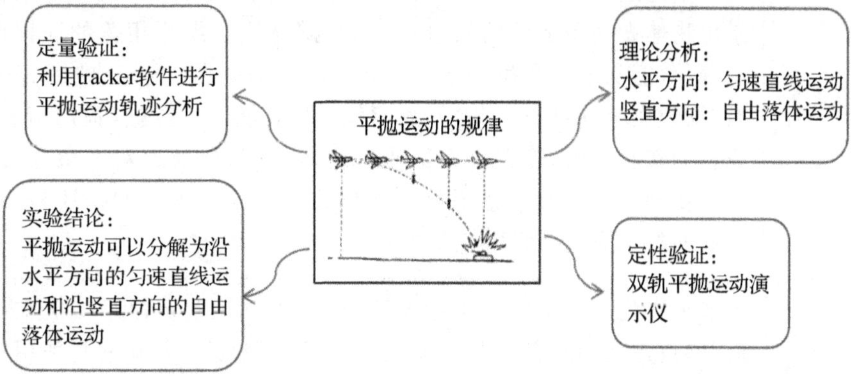		

附：可能涉及的专题性问题

1. 矢量的合成与分解跟运动的合成与分解有什么不同？

【参考解答】任何一个矢量都可以沿坐标轴方向进行分解。例如，力 F 可以沿空间直角坐标系 $O\text{-}xyz$ 的三个坐标轴分解为 F_x、F_y、F_z。

运动的分解与合成，是指把一个复杂的运动分解为两个（或几个）简单的运动，以达到化繁为简的目的。所谓简单的运动，是指其位置（或速度）随时间变化的规律为比较简单的函数关系。

运动的分解，由于位置、速度等都是矢量，因此可以按照矢量分解的方法进行，但也有另外的分解方法，例如，变换参考系进行分解或按照初始条件和受力情况进行分解等。

2. 任何一个复杂的运动都可以分解为两个简单的分运动吗？

【参考解答】一般来说，物体受到恒力，或者受到随时间按照简单规律变化的作用力，其运动往往可以分解为简单的运动，从而使得运动学问题的求解变得简单。物体的运动与初始条件及受力情况都有关系。初始条件决定物体的初始位置及初始速度，而受到的力决定了它的加速度，即速度的变化率。在初始条件一定的条件下，一个复杂的运动能否分解为几个简单的分运动，与它受到的力随时间变化的规律有关。

福建省泉州市实验中学　洪燕凤

十四、科学探究:平抛运动的特点

课程信息	《物理》必修第二册第 2 章第 3 节“科学探究:平抛运动的特点”。
课标要求	探究平抛运动的规律。
片断教学目标	知道平抛运动的条件及在实验中控制物体做平抛运动的方法。能通过实验描绘出物体做平抛运动的轨迹;能用与抛体运动规律相关的证据说明结论并做出解释,能从不同角度分析、解决抛体运动问题;能完成“探究平抛运动的特点”物理实验,能制订实验方案、获取数据,能分析数据、提出猜想,能撰写比较完整的实验报告,能根据实验报告进行交流;能通过对平抛运动特点的研究,认识物理学是人们有意识探究而形成的对自然现象的描述与解释,能体会物理学的技术应用对日常生活的影响。
教材分析	本节内容是一个重要的学生实验,既是牛顿运动定律第一次在曲线运动中的应用,也是运动的合成与分解方法应用的延续。本节主要采用实验探究的教学模式,逐步引导学生认识事物的本质。学生通过对实验中相关问题的探究,掌握科学认识物理规律的方法.
学情分析	学生已经学习了什么是平抛运动以及平抛运动的规律,懂得处理平抛运动的办法,掌握了一定的数学处理方法。
片断教学重难点	重点:描绘平抛运动的轨迹,测量平抛运动的初速度。 难点:控制平抛运动的实验条件,描绘平抛运动的轨迹。
教学流程图	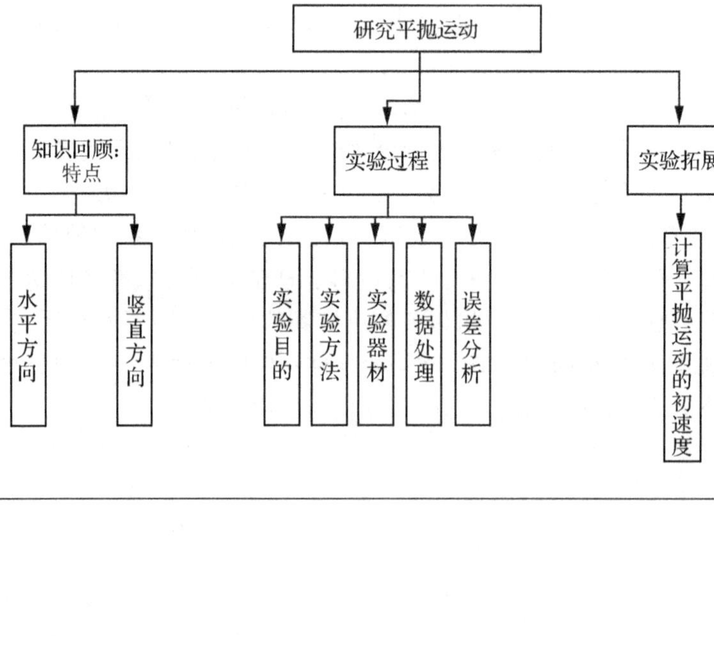

续表

设计流程	导(学)：体现思维引导及主动学习	建议2 min	【导入新课】复习回顾。 1.什么是平抛运动？ 结论：初速度沿水平方向且只受重力作用的运动。 2.平抛运动可以分解为哪两个分运动？ 结论：平抛运动可以分解为沿水平方向的匀速直线运动和沿竖直方向的自由落体运动。 3.平抛运动的轨迹有什么特点？ 结论：运动轨迹为一条抛物线。
	研(学)：体现合作探究精神	建议6 min	【探究活动】 1.如何检验水平槽是否水平？ 总结：将小球放在槽口的水平部分，小球既不向里滚动，也不向外滚动，说明槽口的末端是水平的。 2.为什么要强调每次都从同一位置无初速释放小球？ 总结：为了让小球有相同的水平初速度。如果水平初速度不同，小球每次平抛的轨迹就不同，会增大实验误差。 3.如何建立坐标系？ 总结：利用拴在槽口处的重锤线画出 y 轴，x 轴与 y 轴垂直。 4.如何选取坐标原点？ 总结：坐标原点(小球做平抛运动的起点)不是槽口的端点，应是小球在槽口时球心在木板上的水平投影点。
	展(示)：体现合作学习成果	建议2 min	【展示活动】 1.若将小球放在斜槽末端水平轨道的任何位置，小球都不滚动，则可以认为斜槽末端水平。 2.把小球放在槽口末端外，用铅笔记下这时球的球心在坐标纸板上的水平投影点 O，O 即为坐标原点(不是槽口端点)。再利用重锤线确定 y 轴方向和与之垂直的 x 轴方向。 3.调节木板，使垂锤的吊线与平板的边线平行，即与平板面平行、不发生碰撞，这时可判断木板面竖直。
	练(习)：体现教学效果	建议2 min	【练习】计算平抛运动的初速度。 方法一：记住原点。由 $y=\frac{1}{2}gt^2$，得 $t=\sqrt{\frac{2y}{g}}$。 由 $x=v_0t$，得 $v_0=\frac{x}{t}$。

续表

设计流程	练（习）： 体现教学效果	建议 2 min	方法二：没记住原点。 由 $y_2-y_1=gT^2$，得 $v_0=\frac{x_1}{T}=\frac{x_2}{T}$。 总结：判断平抛运动的轨迹是否为抛物线的方法如下。 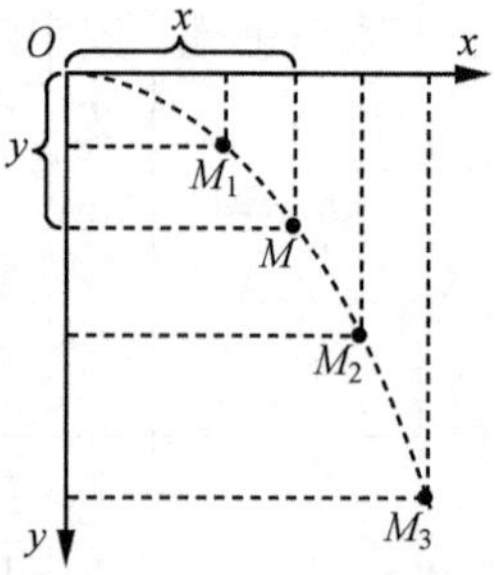 ① 代数计算法：将各点（如右图中 M_2 点）的坐标(x,y)代入 $y=ax^2$，求出常数 a，看计算得到的 a 值在误差允许的范围内是不是一个常数。 ② 图像法：建立 y-x^2 坐标系，根据所测量的各个点的 x 坐标值计算出对应的 x^2 值，在坐标系中描点，连接各点看它们是否在一条直线上。若各点大致在一条直线上，则说明平抛运动的轨迹是抛物线。
	评（价）： 体现激励性评价作用	建议 2 min	【教师课堂总体评价】今天同学们通过集体研讨和探究实验，得出了平抛运动是由沿竖直方向的自由落体运动和沿水平方向的匀速直线运动构成的合运动。同学们对其规律从认识到理解，再到运用，掌握得都很到位。其中，某组同学在探究过程中实验认真、测量准确，某组同学特别善于交流、学习态度好，他们是同学们学习的榜样。希望同学们再接再厉，上好每一节课。
板书设计	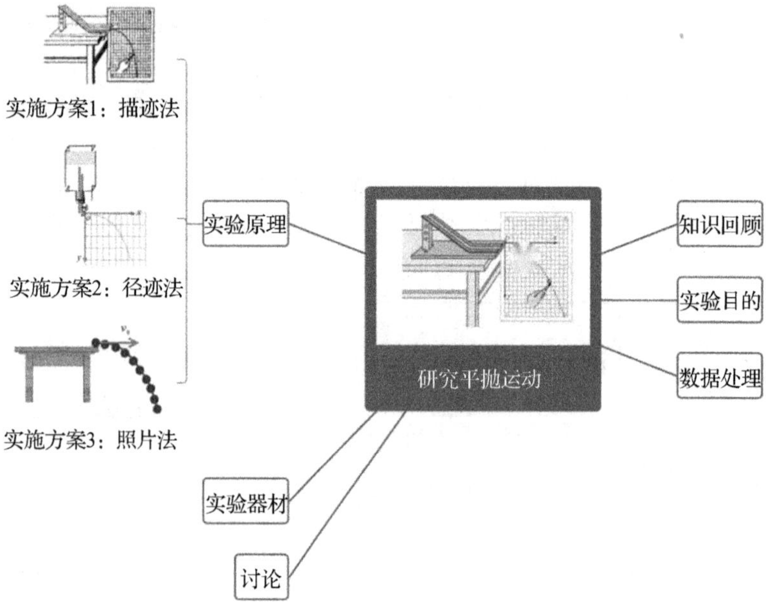		

附：可能涉及的专题性问题

1. 有哪些方法可以描绘物体做平抛运动的轨迹？

【参考解答】实验过程可以采用三种不同的方法：描迹法、径迹法和照片法。教师可以提供这三种不同方法的实验方案供学生选择，并引导学生分析各个实验的优缺点。

2. 如何用数码相机记录平抛运动的轨迹？

【参考解答】利用数码相机的摄像功能，拍摄小球从水平桌面飞出后做平抛运动的几张连续照片，用方格纸做背景，再根据照片上小球的位置在方格纸上画出小球的轨迹。

福建省晋江市侨声中学　陈丽侠

十五、线速度、角速度和周期的关系

课程信息	《物理》必修第二册第3章第1节中的“线速度、角速度和周期的关系”。
课标要求	会用线速度、角速度和周期描述匀速圆周运动。
片断教学目标	知道什么是匀速圆周运动，理解线速度、角速度的概念，会用线速度、角速度描述匀速圆周运动。
教材分析	教材先从生活实例引入，介绍了什么是圆周运动；接着描述匀速圆周运动是一种非匀变速曲线运动，从运动学的角度引入了线速度、角速度、周期、频率、转速等概念来描述圆周运动的快慢。线速度、角速度是其中最重要的两个物理量，其概念建立的方法都是比值法和极限法。线速度描述质点沿圆周运动的快慢，实际上是质点沿圆周运动的平均速度和瞬时速度。角速度描述质点绕圆心转过角度的快慢，或者说是质点所在半径绕圆心转过角度的快慢，实际上是质点所在半径绕圆心转动的平均速度和瞬时速度。它们对于描述圆周运动都具有必要性。教学中要通过实际情境分析引入两个概念的必要性。线速度是矢量。匀速圆周运动中，“匀速”是相对线速度的大小不变而言的，线速度的方向时刻在变化，所以匀速圆周运动本质上是变速圆周运动。角速度也是矢量，在高中不要求学习它的方向。
学情分析	学生已经学习了曲线运动，知道物体做曲线运动速度是沿着曲线的切线方向，知道曲线运动的动力学特点——合力不为零。
片断教学重难点	重点：线速度、角速度的概念。 难点：线速度与角速度的关系。

续表

教学流程图	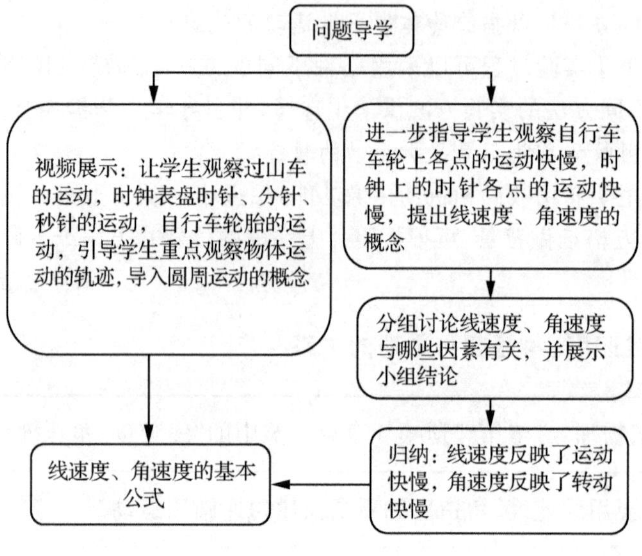		
设计流程	导(学)：体现思维引导及主动学习	建议2 min	【导入新课】让学生观察过山车的运动，时钟表盘时针、分针、秒针的运动，自行车轮胎的运动，引导学生重点观察物体运动的轨迹，导入圆周运动的概念。
	研(学)：体现合作探究精神	建议4 min	【探究活动】 1. 请同学们仔细观察视频中自行车车轮上各点的运动快慢。 2. 请同学们观察教室里时钟上的时针各点的运动快慢。 讨论：如何分析自行车上各点和时针上各点运动的快慢？ 教师点睛：引导学生从质点单位时间内通过的路程、单位时间内转过的弧度去研究，从而引入线速度和角速度的概念。
	展(示)：体现合作学习成果	建议3 min	【展示活动】 1. 现在请各小组选出代表，阐述小组讨论的结果。 2. 教师根据各小组讨论的结果，总结归纳得出：线速度 v 是路程 s 与时间 t 的比值，即 $v=\frac{s}{t}$；角速度 ω 是转过的圆心角的弧度 θ 与时间 t 的比值，即 $\omega=\frac{\theta}{t}$。 3. 通过线速度、角速度的定义式，发现线速度和角速度的关系：$\theta=\omega r$。

续表

<table>
<tr><td rowspan="2">设计流程</td><td>练(习)：体现教学效果</td><td>建议2 min</td><td>【练习】
1. 在匀速圆周运动中，保持不变的物理量是(　　)。
A. 速度　　B. 速率　　C. 角速度　　D. 周期
2. 如右图所示的皮带转动装置，大轮的半径为 $2R$，小轮的半径为 R，A、B 分别为两轮边缘上的点，C 为大轮上离轮轴为 R 处的一点，转动时皮带不打滑，则 A、B、C 的线速度大小之比为________，角速度大小之比为________。
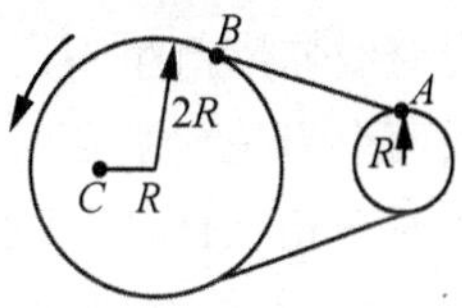
</td></tr>
<tr><td>评(价)：体现激励性评价作用</td><td>建议2 min</td><td>【教师课堂总体评价】今天同学们通过集体研讨和探究实验，知道了圆周运动、匀速圆周运动，理解了线速度和角速度的概念，掌握了线速度和角速度的关系。其中，某组同学表现优异。希望同学们向他们学习。</td></tr>
<tr><td colspan="2">板书设计</td><td colspan="2">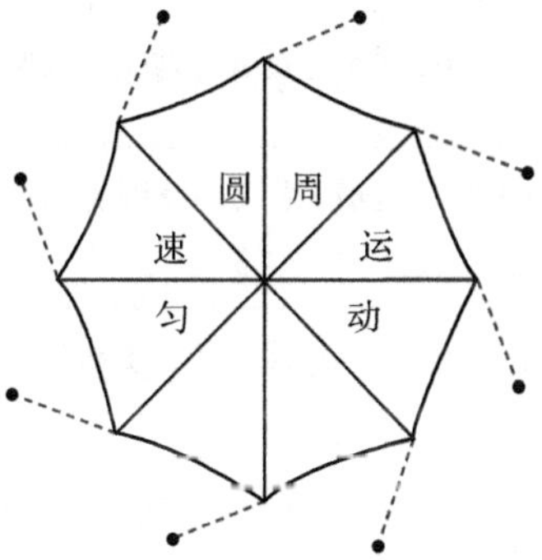

高速旋转的雨伞

定义：在任意相等的时间内通过的圆弧长度都相等的圆周运动

线速度：$v=\frac{s}{t}$，单位：m/s

角速度：$w=\frac{\theta}{t}$，单位：rad/s</td></tr>
</table>

附：可能涉及的专题性问题

两齿轮连接在一起时，其线速度与哪些因素有关？

【参考解答】齿轮是一种常用的传动装置，它由轮齿和轮毂组成。其中，轮齿是固定在轮毂上的齿形部分，用于传递动力和运动。机器通常由两个或多个齿轮组成。这些齿轮通过啮合来传递运动。当两个齿轮相互啮合时，它们之间会传递动力和运动。其中一个关键参数是线速度，它是指某一点在轮边沿上的运动速度。线速度的大小和方向与齿轮的运动状态和几何特性有关。第一，线速度与轮齿的半径有关，可以通过该点的位移与时间的比值来表示。当两个齿轮相互啮合时，因轮齿半径不同，因此线速度也会有差异。具体来说，当两个齿轮的半径相等时，它们的线速度相同；而当两个齿轮的半径不相等时，线速度也会有所不同。这是因为齿轮的半径越大，线速度就越大；反之亦然。第二，线速度与齿轮的转速有关。转速是指齿轮每单位时间内旋转的圈数，它可以通过轮齿的角速度来计算。具体来说，当两个半径相同的齿轮的转速相等时，它们之间的线速度相同；而当两个齿轮的转速不相等时，线速度也会有所不同。这是因为齿轮的转速越大，线速度就越大；反之亦然。第三，线速度与齿轮的啮合方式有关。齿轮的啮合方式有两种：外啮合和内啮合。在外啮合中，两个齿轮的轮齿位于轮齿之外；在内啮合中，两个齿轮的轮齿位于轮齿之内。这两种啮合方式会对线速度产生不同的影响。具体来说，当两个齿轮外啮合时，它们的线速度方向相同；而当两个齿轮内啮合时，它们的线速度方向相反。这是因为在外啮合中，两个齿轮的轮齿在运动时会相互推动，从而使线速度方向相同；而在内啮合中，两个齿轮的轮齿在运动时会相互拉动，从而使线速度方向相反。通过了解和分析这些因素，我们可以更好地理解和应用齿轮传动。在实际应用中，我们可以根据具体的需求和条件选择合适的齿轮组合。

福建省晋江市侨声中学　张港华

十六、周期、频率和转速

课程信息	《物理》必修第二册第 3 章第 1 节中的“周期、频率和转速”。
课标要求	会用线速度、角速度、周期等描述匀速圆周运动。
片断教学目标	知道周期、频率和转速的概念，会用周期、频率、转速来描述匀速圆周运动。
教材分析	教材通过图片介绍了周期、频率转速的定义、物理意义及其在生产和生活的应用。
学情分析	学生在掌握了抛体运动的认知基础上，能体会匀速圆周运动是一种变速运动，速度的方向时刻在发生改变。在此基础上，通过比值定义法和比较法，能掌握周期、频率和转速的定义，并能够掌握线速度、角速度（或周期、频率）之间的关系。
片断教学重难点	重点：掌握周期、频率和转速的定义，理解周期、转速和频率概念的物理意义。 难点：体会构建周期和转速等概念的重要性与必要性。
教学流程图	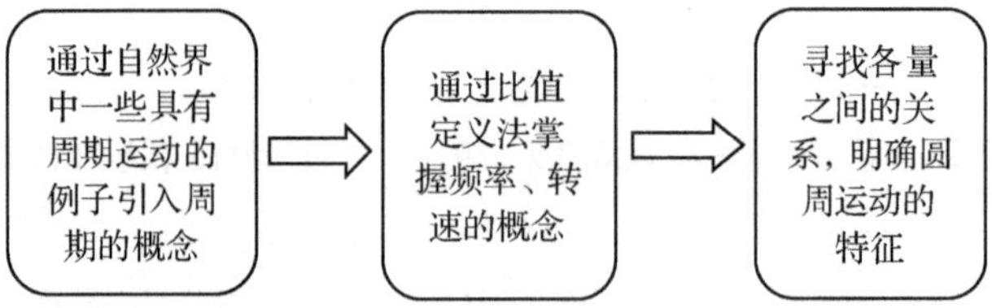

续表

<table>
<tr><td rowspan="4">设计流程</td><td>导(学)：体现思维引导及主动学习</td><td>建议2 min</td><td>【导入新课】展示四组生活中的动态图片(海浪的潮汐、昼夜的更替、心脏的调动、时钟的摇摆)，请大家认真观察，思考两个问题：
1.这些现象具有什么规律?
2.能否用一个物理量来描述这种规律?</td></tr>
<tr><td>研(学)：体现合作探究精神</td><td>建议6 min</td><td>【探究活动】

1.我们把周期性运动每重复一次所需的时间称为周期。如何通过周期来描述运动的快慢呢(拿出一架时钟)，请同学们通过观察思考，秒针、分针、时针都绕着固定转动轴在转动，而除了固定轴上的点以外，其他点都在做匀速圆周运动，如何比较位于秒针、分针、时针上的各个点做匀速圆周运动的快慢呢?

2.阅读课本，思考除了周期外，还有没有其他物理量可以描述圆周运动的快慢呢?课本是通过什么方法进行定义的?
3.频率、周期和转速三个物理量之间有什么关系呢?
4.展示一个真实的自行车车轮，思考车轮上的哪些位置周期是一样的，为什么?</td></tr>
<tr><td>展(示)：体现合作学习成果</td><td>建议2 min</td><td>【展示活动】
请一个小组依次展示角速度与周期、频率的关系。</td></tr>
<tr><td>练(习)：体现教学效果</td><td>建议2 min</td><td>【练习】
1.一个摆锤在一个周期内进行了10个完整的摆动。如果一个周期的时间为2 s，求这个摆锤的频率。
2.一个摆锤的频率是6 Hz，求这个摆球的周期。
拓展：请大家结合“物理聊吧”中的内容，进行相关资料的查找，看看机器转动的时候大、小齿轮谁的速度更快一些?

物理聊吧
在一些机器内部装有很多相互啮合的大小齿轮，如右图所示。当机器转动时，有人说小齿轮比大齿轮转得快，也有人说它们的速度大小实际上是一样的。为什么会有不同的说法?你怎么看?
</td></tr>
</table>

续表

设计流程	评(价):体现激励性评价作用	建议2 min	【教师课堂整体评价】今天同学们通过观察生活中具有周期性运动的现象,学习了周期、频率和转速的定义。在小组讨论的过程中,某组同学表现优异。希望大家课下及时总结,再接再厉,温故知新。
板书设计			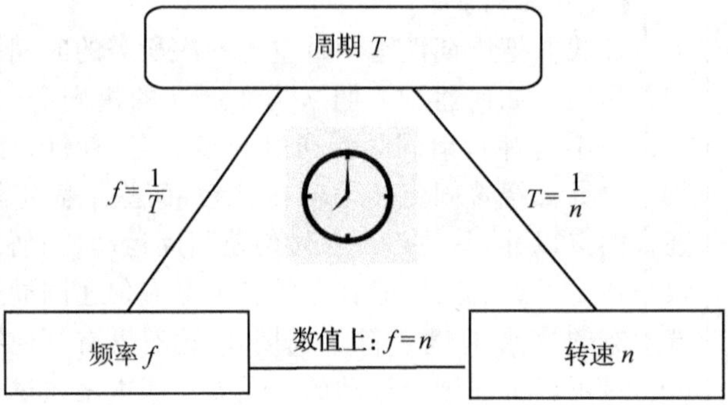

附:可能涉及的专题性问题

匀速圆周运动中的频率和转速是不是相等?

【参考解答】频率和转速不完全相同,频率是周期的倒数,表示在单位时间内完成的周期运动的次数;而转速是在单位时间内转动的圈数。不过在这里两者的意义差别不大,而且在数值上是相等的,但是频率的含义更加广泛一些。

福建省北京师范大学泉州附属中学　黄睿哲

十七、探究影响向心力大小的因素

课程信息	《物理》必修第二册第 3 章第 2 节中的“探究影响向心力大小的因素”。
课标要求	通过实验,探究并了解匀速圆周运动向心力大小与半径、角速度、质量的关系。
片断教学目标	知道向心力大小与哪些因素有关,熟悉科学探究的一般过程。
教材分析	本节内容从动力学的角度研究匀速圆周运动,它在圆周运动部分处于核心地位。在探究向心力大小影响因素方面,遵循从定性到定量的科学探究过程。向心力概念、向心力来源的分析及计算是研究曲线运动的关键点,是后面学习天体运动和带电粒子在匀强磁场中运动的基础。

续表

<table>
<tr><td>学情分析</td><td colspan="3">向心力对学生而言是一种陌生的力。学生的抽象思维能力和逻辑推理能力还不是很强，所以教师需要在教学中通过实例、实验，使学生对向心力的认识从感性认识升华到理性认识。</td></tr>
<tr><td>片断教学重难点</td><td colspan="3">重点：向心力的大小 F 与 m、r、ω 之间的定量关系。
难点：向心力 F 与 ω 的二次方关系的得出。</td></tr>
<tr><td>教学流程图</td><td colspan="3">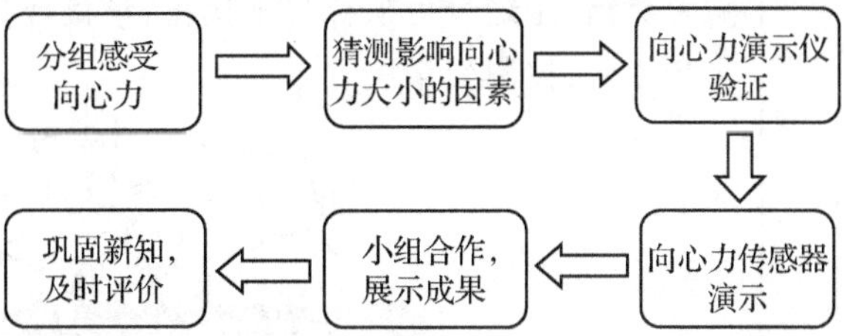
</td></tr>
<tr><td>设计流程</td><td>导(学)：体现思维引导及主动学习</td><td>建议4 min</td><td>【导入新课】学生感受向心力，探究影响向心力大小的因素。
我们可以先通过用质量较小的小球把质量较大的砝码上提的小游戏感受向心力大小与圆周运动的一些运动学量之间的关系，再通过 DIS 向心力实验器，进一步探究向心力的大小与这些量的定量关系。
小游戏：挑战用质量较小的小球把质量较大的砝码上提。
实验器材：笔壳、尼龙线、质量较小的小球、砝码。
实验步骤：将一根尼龙线从笔壳中穿过，在尼龙线一端拴一块质量较小的小球，另 端挂 砝码，手握笔壳，抡动该小球，使小球做圆周运动。当该小球的转速达到一定值时，砝码就会处于静止状态，甚至不断上升。
(1) 只增大被转动物体的质量，感受向心力的变化。
(2) 只增大转动的半径，感受向心力的变化。
(3) 只增大转动的角速度，感受向心力的变化。
随着做圆周运动物体的质量变大，转动半径变大，角速度变大，能提起的重物重量也变大。由于做圆周运动的物体所需要的向心力是由重物通过尼龙线提供的，其所需的向心力在变大。
思考：研究向心力的大小与哪些因素有关？
结论：做圆周运动的物体所受向心力的大小与物体的质量、转动角速度、轨道半径等因素有关。</td></tr>
</table>

续表

设计流程	研(学)：体现合作探究精神	建议10 min	【探究活动】 1. 用向心力演示器粗略验证向心力的表达式。 实验器材：向心力演示器，其由转动手柄、变速塔轮、长槽、短槽、横臂、弹簧测力套筒、标尺等组成，如下图所示。 实验原理：匀速转动手柄，可使塔轮、长槽和短槽匀速转动，槽内的小球也随之做匀速圆周运动。挡板对小球的作用力提供了小球做匀速圆周运动的向心力。同时，小球挤压挡板的力使挡板另一端压缩弹簧测力套筒，压缩量可从标尺上读出，该读数显示了向心力的大小。 实验方法：控制变量法。 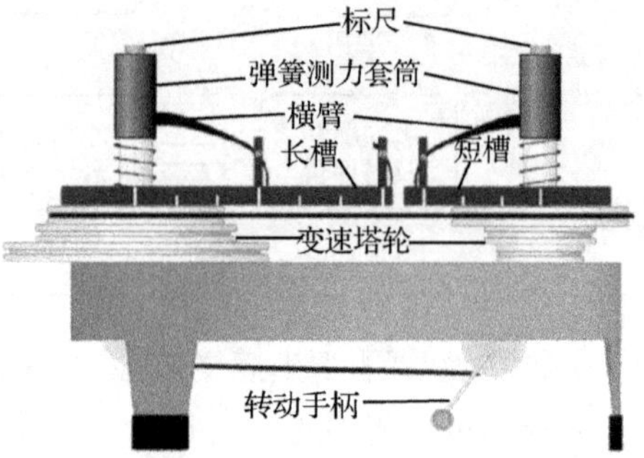 (1) 探究向心力与质量的关系。 让钢球与铝球的质量之比为 2∶1，将钢球和铝球分别放在相同半径处，摇动手柄，观察套筒露出标度的格数，比较向心力的大小。 (2) 探究向心力与角速度的关系。 将两个质量相同的小钢球放在相同半径处，皮带套在两个半径为 2∶1 的塔轮上，转动手柄，观察套筒露出标度的格数，比较向心力的大小。 (3) 探究向心力与半径的关系。 将两个质量相同的钢球分别放在不同半径处，摇动手柄，观察套筒露出标度的格数，比较向心力的大小。 2. 如右图所示，用 DIS 向心力实验器验证向心力大小的表达式。 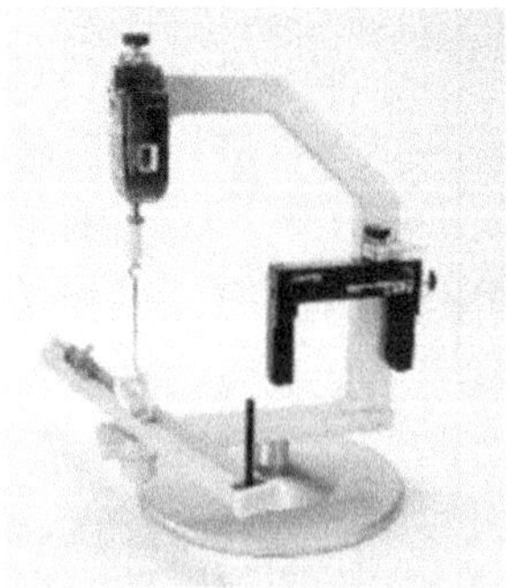 利用数字化实验仪器验证向心力大小与物体的质量、半径和角速度的定量关系。 实验目的：验证向心力大小与物体的质量、半径和角速度的定量关系。 实验装置：数字化实验系统软件 V3.0、数据采集器、光电门传感器、力传感器、计算机、向心力实验器。 实验方法：控制变量法。

续表

<table>
<tr>
<td rowspan="3">设计流程</td>
<td>展(示)：体现合作学习成果</td>
<td>建议8 min</td>
<td>【展示活动】
1. 现在请各小组选出代表，阐明实验结果，并简述得出的向心力大小的结论：在其他条件相同的条件下，质量越大，套筒露出标度的格数越多，即向心力越大；在其他条件相同的条件下，角速度越大，套筒露出标度的格数越多，即向心力越大；在其他条件相同的条件下，半径越大，套筒露出标度的格数越多，即向心力越大。
2. 将传感器中采集的实验结果记录在表格中，绘制相应函数图像(F-m、F-r、F-ω)并分析论证。引导学生通过计算法和图像法来分析数据并得出结论。
(1) 分析数据与图像：结合实验数据与图像进行分析。
(2) 得出结论：F 与 m、r 成正比，与 ω 不成正比。
(3) 由图像再次猜想：F 与 ω 可能成二次关系。
(4) 验证猜想。采用计算法，直接代入数据，计算出 ω^2；用图像法，检验 F 与 ω^2 的图像是不是一条直线。
(5) 再猜想。向心力 F 与 m、r、ω 的关系为 $F_n=mr\omega^2$。再用计算法直接验证。
(6) 结论：由 $v=\omega r$，得 $F_n=\frac{mv^2}{r}$。
总结：总结所学的主要知识，理解向心力的大小与质量、旋转半径和旋转角速度之间的关系；总结所学的主要科学方法，探究物理规律过程中的科学猜想和控制变量的研究方法，以及用图像法和计算法分析处理实验数据的方法。</td>
</tr>
<tr>
<td>练(习)：体现教学效果</td>
<td>建议2 min</td>
<td>【练习】回到课前小实验，用质量较小的小球把质量较大的砝码上提。</td>
</tr>
<tr>
<td>评(价)：体现激励性评价作用</td>
<td>建议1 min</td>
<td>【教师课堂总体评价】同学们通过共同探究和研讨，得出了向心力大小的正确结论。其中，某组同学分析能力强，某组同学表达能力强、学习习惯好。希望同学们继续努力，积极探究。</td>
</tr>
<tr>
<td>板书设计</td>
<td colspan="3">
</td>
</tr>
</table>

附：可能涉及的专题性问题

1. 关于向心力公式的得出，如何突破这个教学难点？

【参考解答】在高中物理教学中向心力公式的得出是个难点。该公式的理论推导过程对学生来说过于抽象，不易理解。而圆周运动这一章在高中物理中有着重要的作用，和我们的生活联系也十分紧密。使用向心力演示器和传感器可以让学生通过实验探究，亲身感受什么是匀速圆周运动，什么是向心力。借助教具，在进行向心力教学时就可以以实验探究为主，以问题讨论和小组交流为辅，把知识传授、能力培养和学生的情感态度有机地结合起来，从而加深学生对向心力公式的理解和记忆。

2. 本课题实验探究的步骤是什么？

【参考解答】本设计中，主要突出两个探究步骤：猜想与实验数据的处理和分析。一方面，引导学生根据实验体验，鼓励他们猜想。另一方面，通过采用控制变量法，用计算法和图像法来获得探究结果。在实验之前，准备好实验器材。实验时，教师必须科学地指导学生如何分工、协作。本堂课在实验中采用了控制变量法来进行科学探究，数据分析采用了图像法和计算法，最后利用逻辑推理得出结论。这些科学方法的采用，为学生研究和学习其他课程打下了良好的基础。

福建省晋江市侨声中学　蔡秀华

十八、车辆转弯时所需的向心力

课程信息	《物理》必修第二册第 3 章第 3 节中的“车辆转弯时所需的向心力”。
课标要求	能用牛顿第二定律分析匀速圆周运动的向心力，了解生产和生活中的离心现象及其产生的原因。
片断教学目标	1. 通过对汽车、火车转弯的运动和受力分析，将实际问题转化为质点在水平面内做匀速圆周运动的过程，知道火车转弯和汽车在倾斜面转弯有相似之处。应用牛顿第二定律，得出火车、汽车通过弯道的临界速度和影响临界速度的条件。 2. 能区分水平面的转弯与倾斜面内转弯的不同，能从合力与向心力的供需关系中认识离心现象及其产生的原因，认识公路和铁路在转弯处的路面设计要求，体会科学技术与环境的联系。
教材分析	本节内容是牛顿运动定律在圆周运动中的应用，火车、汽车转弯是向心力及曲线运动的知识在真实情境中的典型应用。该教学内容要求在解决实际问题的过程中培养学生建模、分析和综合应用数学知识解决物理问题的能力，让学生体会物理学知识和解决问题的方法对社会生产和生活的重要影响，在解决问题的过程中也进一步深化对力与运动关系的认识，掌握应用牛顿第二定律解决实际问题的方法。

续表

学情分析			学生对离心运动现象有一定的了解，但经常根据已有的认知，错误地将“惯性”当成“力”。教师要引导学生用物理语言解释实际现象，纠正学生不合理的表述，使其表述逐步科学、规范。
片断教学重难点			重点：离心现象产生的原因及离心运动的应用。 难点：向心力的实例分析。
教学流程图			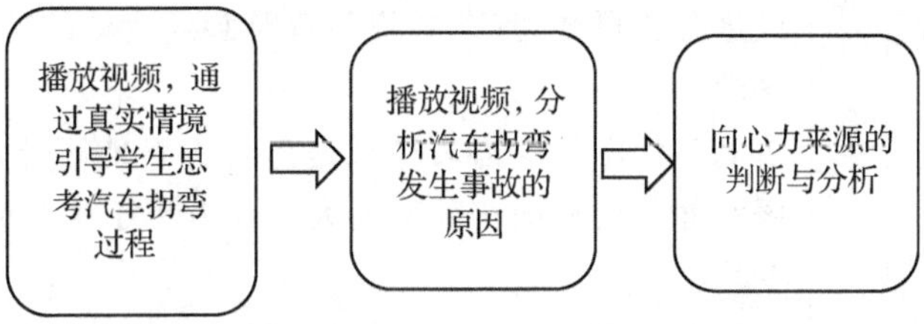
设计流程	导(学)：体现思维引导及主动学习	建议2 min	【导入新课】展示各种汽车、火车转弯的图片。 1. 生活中汽车、火车转弯时，它们的运动轨迹有什么特征？ 2. 以汽车为例，在研究汽车转弯问题时，汽车能否视为质点？ 3. 为了研究方便，你会对汽车转弯的弯道做怎样的条件限定？ 4. 为了研究方便，你会对汽车转弯的速度大小做怎样的限定？ 5. 基于(3)(4)中的条件限定建立运动模型，分析汽车转弯时的运动、受力情况，画出受力示意图，寻找合外力的方向，列出动力学方程。 6. 汽车在水平路面上转弯时的最大速度与什么因素有关？ 7. 根据上述方法能否得到汽车倾斜转弯时的动力学方程？ 8. 比较汽车在水平路面上转弯和在倾斜路面上转弯的异同点。
	研(学)：体现合作探究精神	建议6 min	【探究活动】 1.图①中路面近似水平，画出受力分析图。 (1) 什么力提供向心力？在保证汽车不侧翻的情况下，汽车做匀速圆周运动的最大速度与什么因素有关？研究汽车转弯问题具体有哪几步？ (2) 汽车转弯时的路面经常是倾斜的，为什么？ (3) 汽车转弯的速度与哪些因素有关？ 2.播放视频：汽车“飞檐走壁”，如图②所示。

续表

设计流程	研(学)：体现合作探究精神	建议6 min	 图①  图② 经过分析可知，汽车倾斜转弯时圆周运动的平面应该是水平的。 思考： ①此时汽车的受力表达式是怎样的？能否求出该受力状态下的速度呢？如果汽车的实际速度大于或者小于这个值，汽车的受力会有什么变化？ ②汽车在水平面拐弯和倾斜面拐弯有何异同？
	展(示)：体现合作学习成果	建议2 min	【展示活动】请各小组展示各自的分析结果。 在转弯处，外轨高于内轨。若内、外轨平面与水平面的倾角为 α，火车转弯的半径为 R，内、外轨间距为 d，可计算出火车转弯时的速度及内、外轨的压力。 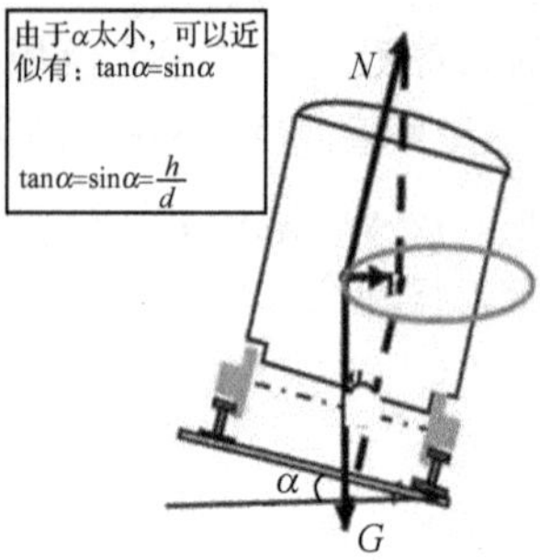 根据牛顿第二定律，有 $F=mg\tan\alpha=m\frac{v^2}{R}$ $v=\sqrt{Rg\tan\alpha}$ 当 $v>\sqrt{Rg\tan\alpha}$ 时，外轨对外轮缘有弹力； 当 $v<\sqrt{Rg\tan\alpha}$ 时，内轨对内轮缘有弹力。
	练(习)：体现教学效果	建议2 min	【练习】高速公路拐弯处的路面通常都是外高内低。如右图所示，在某路段汽车向左拐弯，其运动可视为半径为 R 的圆周运动，汽车左侧的路面比右侧的路面低一些，高度差为 h，路基的水平宽度为 d，路面宽度为 l。已知重力加速度为 g，要使车轮与路面之间的横向(即垂直于前进方向)摩擦力等于零，汽车转弯时的车速应为多少？ 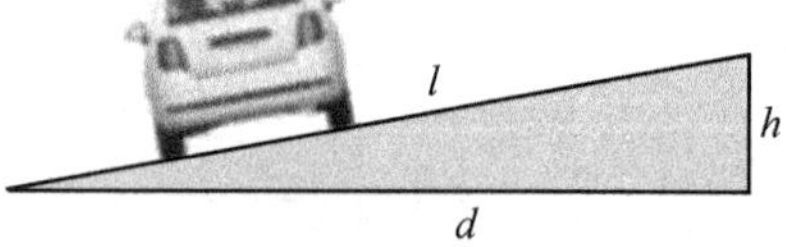

续表

<table>
<tr><td>设计流程</td><td>评(价)：体现激励性评价作用</td><td>建议2 min</td><td>【教师课堂总体评价】今天同学们通过视频还原真实情境，并通过演示实验，一起探究车辆转弯时的向心力来源，通过动力学分析，找到了理想情况下汽车转弯的临界速度。可见，生活中的很多现象都包含着物理原理。希望大家好好加油，努力学习好各科知识，将来为国家的明天奉献一份力量。</td></tr>
<tr><td>板书设计</td><td colspan="3">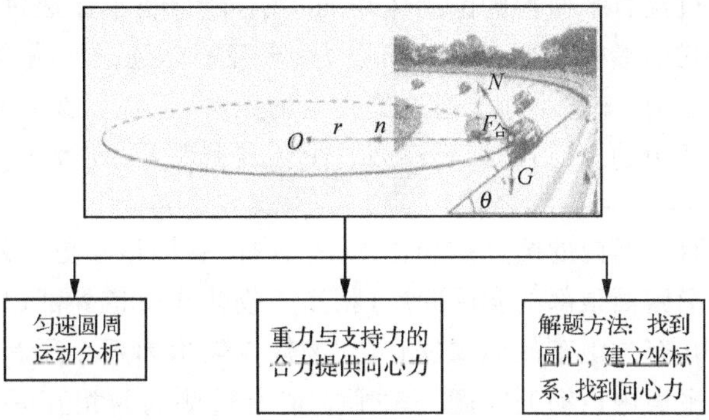
</td></tr>
</table>

附：可能涉及的专题性问题

自行车运动员在高速转弯时为什么要向内倾斜？需要建立什么模型？

【参考答案】建立质点模型，如果把运动员和车看作研究对象，既要考虑车轮、齿轮各自的转动，又要考虑人体不同部位的运动，这会非常复杂。因此把研究对象简化成一个整体，随质心一起转动。

当把人和自行车看成整体时，他在水平路面上受到的外力有地球的重力 G、地面施予的弹力 N 和静摩擦力 f。如图①②③所示，把 N 与 f 按照平行四边形定则合成。

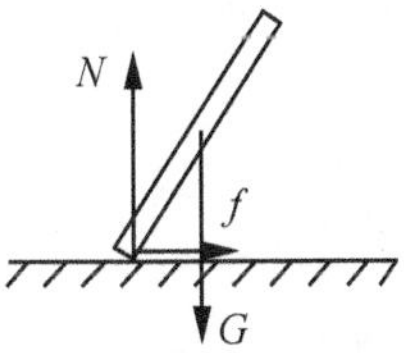

图①　受三个外力

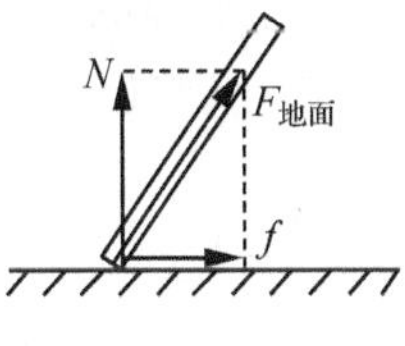

图②　N 与 f 的合力指向质心

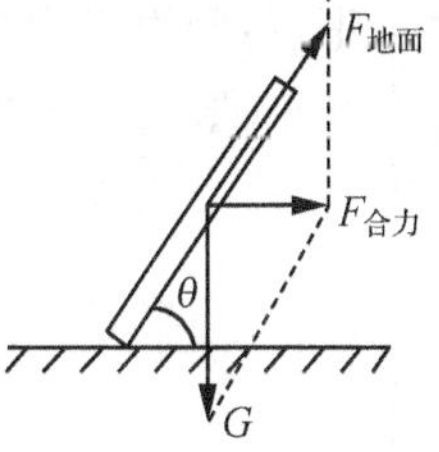

图③　$F_{地面}$ 与 G 的合力提供向心力

福建省北京师范大学泉州附属中学　黄睿哲

十九、竖直平面内的圆周运动分析

课程信息	《物理》必修第二册第3章第3节中的“竖直平面内的圆周运动分析”。
课标要求	能用牛顿第二定律分析实际情况下物体做圆周运动的向心力，了解生产和生活中的离心现象及其产生的原因。
片断教学目标	通过竖直平面内的圆周运动的实例，能分析小车通过凹形路面最低点、凸形路面或凸形桥最高点时的向心力；掌握小球通过竖直圆环最低点和最高点时的向心力，知道小球能通过最高点的条件；了解竖直平面内的圆周运动在生产和生活中的应用；认识到科技与生活紧密联系，且对社会的发展有很深的影响。
教材分析	竖直平面内的圆周运动比水平面内的圆周运动更为复杂，有车辆通过凸形桥、凸形路面顶部的实际问题(相当于物体在轨道外部，只考虑圆周运动的上半部分)，有过山车的问题(相当于物体在轨道内部)，还有杆连小球、绳拉小球在竖直平面内运动的问题。教师应该将这些问题相互联系，引导学生从本质上理解并解决问题。通过对这些问题的分析，进一步发展学生力与运动的观念，让学生体会物理知识与科技、生活的关系。竖直平面内的圆周运动的复杂性还体现在它不能再近似看成匀速圆周运动，可以利用光电门、传感器等制作的教具让学生通过数据直观感受各点的受力、角速度等。
学情分析	通过前面的学习，学生已掌握了圆周运动的基本概念和向心力的公式，能应用牛顿第二定律分析水平面内的圆周运动，这是研究竖直平面内圆周运动的基础。但对竖直平面内的圆周运动，学生理解困难，如很难从本质上将不同现象的问题进行分类。
片断教学重难点	重点：竖直平面内圆周运动向心力来源的分析，竖直平面内圆周运动的条件。 难点：竖直平面内圆周运动向心力来源的实例分析。
教学流程图	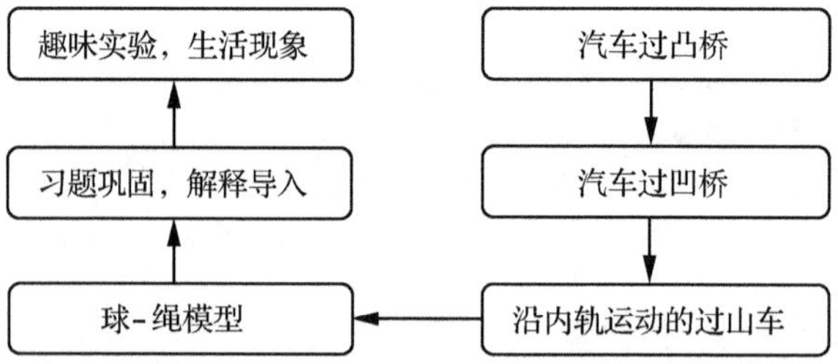

续表

	导(学)：体现思维引导及主动学习	建议2 min	【导入新课】 1.自制简易的水流星模型，教师演示水流星在竖直平面内转起来的过程中水不流出。 学生体验：请同学上台体验，注意转的时候速度不能太慢。 提问：通过最高点的时候，水为什么不会流下来？ 2.生活中经常见到凸桥，很少见到凹桥，为什么？相比之下凸桥有哪些优点呢？ 讨论：凸桥可以让更大的船只通过，利于通航；发洪水的时候，凸桥在相同的时间内可以流过更多的水，利于泄洪；凸桥更加坚固、美观…… 3.汽车在经过凸形路面和凹形路面时都不宜高速行驶，这是为什么呢？
设计流程	研(学)：体现合作探究精神	建议6 min	【探究活动】 1.凸桥模型如右图所示。  (1) 求汽车以速度 v 过半径为 r 的拱桥最高点时对拱桥的压力。 思路引领：引导学生掌握竖直面内圆周运动的分析方法。 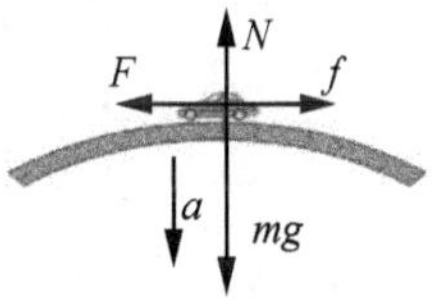 教师点睛：汽车做圆周运动，圆轨道圆心在汽车下方，汽车的向心加速度向下，$N<mg$，汽车处于失重状态，如右图所示。汽车受到重力、支持力、牵引力、阻力。将这些力沿半径和垂直半径方向分解。沿半径方向是重力和支持力的合力提供向心力。根据 $F_{向}-F_{背}=m\frac{v^2}{r}$，可列出 $mg-N=m\frac{v^2}{r}$，解得 $N=mg-m\frac{v^2}{r}$。由牛顿第三定律得，汽车通过凸桥的最低点时对桥的压力大小 $N'=N=mg-m\frac{v^2}{r}$。 (2) 若汽车通过凸桥的速度增加，会出现什么情况？ 教师点睛：由 $N'=N=mg-m\frac{v^2}{r}$ 可知，速度增加，汽车对凸桥顶部的压力就减小。当压力减小到零之后，汽车会飞出去。 2.凹桥模型如右图所示。  (1) 求汽车以速度 v 过半径为 r 的凹桥最低点时对凹桥的压力。

续表

设计流程	研(学)：体现合作探究精神	建议6 min	教师点睛：汽车做圆周运动，圆轨道圆心在汽车上方，汽车的向心加速度向上，$N>mg$，处于超重状态，汽车受到重力、支持力、牵引力、阻力，如右图所示。将这些力沿半径和垂直半径方向分解，沿半径方向是重力和支持力的合力提供向心力。根据 $F_{向}-F_{背}=m\frac{v^2}{r}$，可列出 $N-mg=m\frac{v^2}{r}$，解得$N=mg+m\frac{v^2}{r}$。由牛顿第三定律得，汽车通过凹桥的最低点时对桥的压力大小 $N'=N+mg+m\frac{v^2}{r}$。 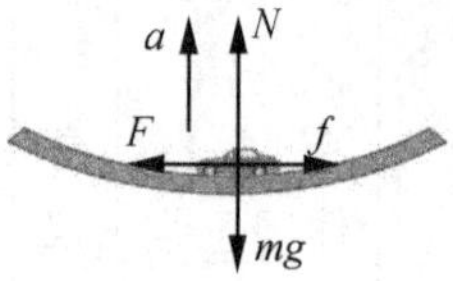 (2) 若汽车通过凹桥的速度增加，会出现什么情况？ 当速度增加时，汽车对凹桥的压力增大。压力增大到一定程度时汽车会爆胎。 3.教师演示“过山车”模型，请某位同学上台体验“过山车”。 思路引领：过山车的运动过程可抽象为竖直平面内的圆周运动。如右图所示是过山车的简化模型。已知圆轨道的半径为 r，不考虑摩擦等阻力。要使小球顺利通过圆轨道最高点，试分析：到达圆轨道的最高点时线速度至少为多大？ 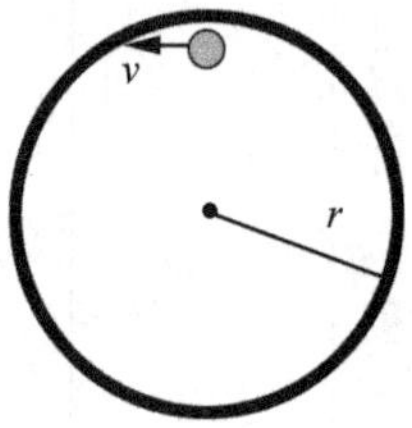 请同学们根据前面思路引领的方法，分析过山车模型，小组一起思考、讨论问题。
	展(示)：体现合作学习成果	建议2 min	【展示活动】如右图所示，过山车在最高点，由重力和支持力的合力提供向心力：$N+mg=m\frac{v^2}{r}$。 当$N=0$时，$v=\sqrt{gr}$，达到最小值。所以到达圆轨道的最高点时线速度的大小至少为$\sqrt{gr}$。 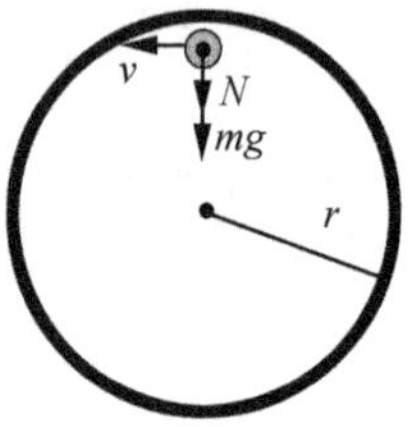 教师点睛：沿内轨道运动的过山车，其实是竖直平面内的模型之一——“球-绳模型”，特点是：在最高点无支撑；在最高点由重力和支持力的合力提供向心力。 总结：“球-绳模型”在最高点。 ①受力特征：重力、弹力(方向向下)。 ②力学方程：$F+mg=m\frac{v^2}{r}$。 ③临界特征：$F=0$，即 $mg=m\frac{v_{min}^2}{r}$，$v_{min}=\sqrt{gr}$。 ④过最高的条件：在最高点的速度 $v\geqslant\sqrt{gr}$。

续表

设计流程	练(习):体现教学效果	建议4 min	【练习】 1. 如右图所示,一辆卡车在丘陵地匀速行驶,地形如图所示。由于轮胎太旧,卡车在途中爆胎。爆胎可能性最大的地段应是(　　)。 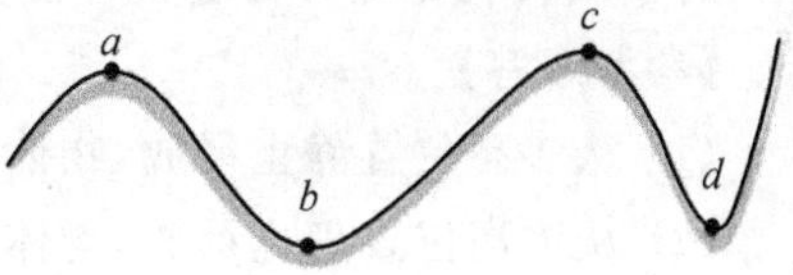 A. a 处　　B. b 处 C. c 处　　D. d 处 2. 长为 L 的轻绳,其一端固定于 O 点,另一端连有质量为 m 的小球,它绕 O 点在竖直平面内做圆周运动。求: (1) 小球刚好到达最高点时的速度; (2) 小球到达最高点速度为 $2\sqrt{gr}$ 时绳受到的拉力。
设计流程	评(价):体现激励性评价作用	建议1 min	【教师课堂总体评价】本节课我们学习了汽车过凹桥模型、凸桥模型、球-绳模型,得出竖直平面内圆周运动的分析方法,知道了为什么生活中更常见凸桥、水流星成功的关键及过山车在最高点时为什么不会掉下来。在探究过程中,几位同学大胆上台体验了过山车、水流星等实验。对于物理现象的分析,同学们积极探讨,其中某组同学代表对于过山车的分析到位、条理清晰,某些同学做练习时解答规范、字迹工整。大家要多向他们学习,在生活中认真观察、勤于思考,运用所学知识解决生活中的物理问题。
板书设计			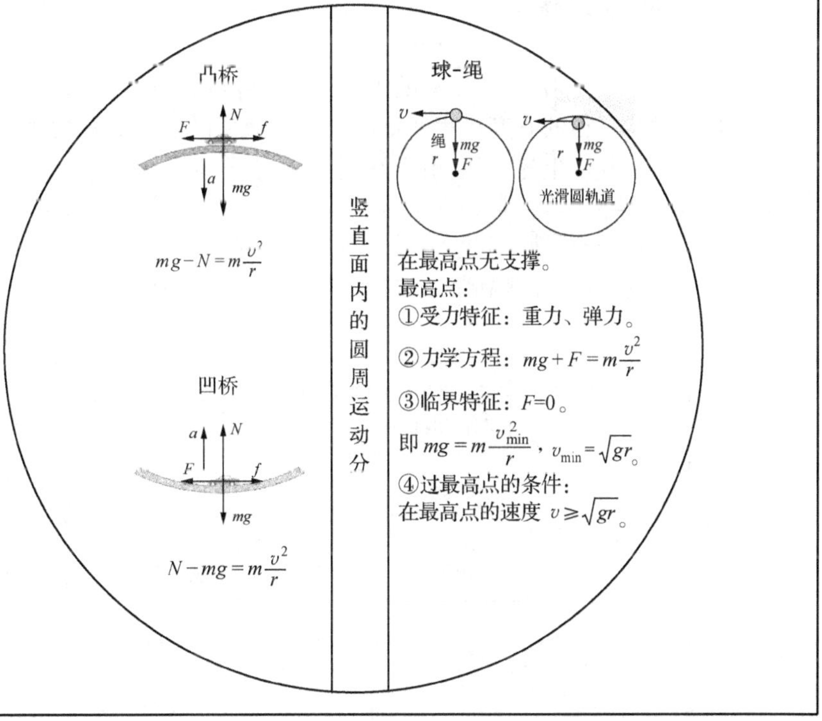

附：可能涉及的专题性问题

对于沿内轨道运动的过山车模型，除了求解最高点的速度外，还有哪些问题值得探讨？

【参考解答】

（1）从多高位置静止释放，物体才能过最高点？

（2）从多高位置静止释放，物体才能过圆心等高处？

（3）从多高位置静止释放，物体才能不脱离轨道？

福建省安溪县铭选中学　张桂瑜

二十、行星运动的规律

课程信息	《物理》必修第二册第4章第1节中的“行星运动的规律”。
课标要求	通过史实，了解天体运动研究历程，理解开普勒行星运动三大定律。
片断教学目标	通过史实，培养和发展学生的科学态度和责任素养；理解开普勒行星运动三大定律。
教材分析	教材中的内容对学生来说是比较陌生的、抽象的。教材先按照人们认识天体运动的历史进程简单介绍了“地心说”和哥白尼的“日心说”，再提出开普勒太阳系行星运动三大定律，展示了人类认识客观规律从现象到本质的过程。教材运用文字和示意图形象地介绍了开普勒三大定律，可以有效地帮助学生理解。
学情分析	高一学生对日月星辰的运动有所了解，也知道火箭、卫星及宇航员登月等，但对其真正的研究历程并不清楚。教师可以借助简短的视频和相关图片资料充分激发学生的兴趣，引导学生思考，引出本节的内容。
片断教学重难点	重点：开普勒太阳系行星运动三大定律。 难点：理解开普勒第二定律及第三定律的内容。
教学流程图	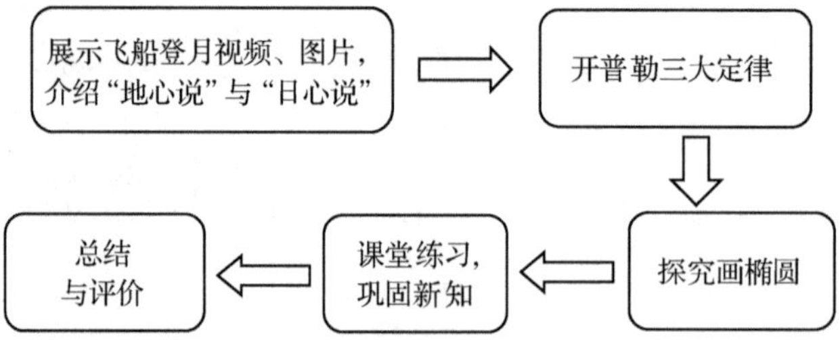

续表

<table>
<tr>
<td rowspan="2">设计流程</td>
<td>导(学)：体现思维引导及主动学习</td>
<td>建议2 min</td>
<td>【导入新课】
1. 现在请各小组选出代表，展示课前搜集到的一些有关人类对天体运动研究的历史资料，并简单谈谈心得。
2. 教师再用图片展示“嫦娥奔月”的神话故事、“地心说”和“日心说”的提出、人类对天体运动进行的观测和研究，然后用简短的视频展示“阿波罗十一号”飞船登月的重要片断。用视频简要介绍“嫦娥四号”成功登月及“鹊桥号”发射的重要意义。</td>
</tr>
<tr>
<td>研(学)：体现合作探究精神</td>
<td>建议6 min</td>
<td>【探究活动】
1. 请同学们简述德国天文学家开普勒于 1609 和 1619 年先后提出的太阳系行星运动的三大定律。
· 开普勒第一定律：所有行星绕太阳运行的轨道都是椭圆，太阳位于椭圆的一个焦点上(图①)。
· 开普勒第二定律：任何一个行星与太阳的连线在相等的时间内扫过的面积相等(图②)。
· 开普勒第三定律：行星绕太阳运行轨道半长轴 a 的立方与其公转周期 T 的平方成正比(图③)。
$$\frac{a^3}{T^2}=k$$
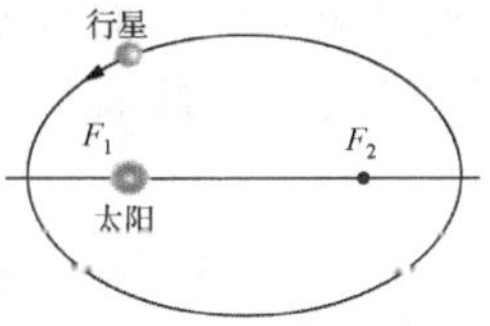

图①
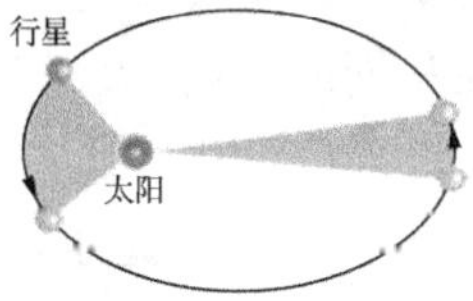

图②
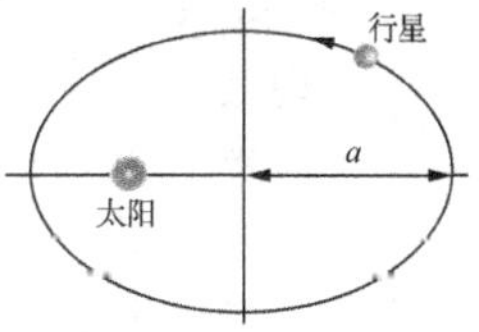

图③
请同学们自行阅读教材中的“科学书屋”和“迷你实验室”，并思考怎么确定椭圆的焦点？扫过的面积如何求解？什么是半长轴？为什么偏心率小于 0.3 的椭圆都可以近似认为是圆形？
2. 画椭圆。请准备笔、纸、图钉和绳子，按右图所示，试画出偏心率分别为0.9、0.5、0.1 的椭圆，由此体会把行星轨道近似看成圆形的原因。(学生以前没学习过椭圆的相关数学知识，通过画椭圆增强感性认识，体会焦点与中心的区别。同时在学生画椭圆前，教师有必要先简要介绍椭圆偏心率的相关知识，也可以先示范画一个椭圆，然后再让学生画)
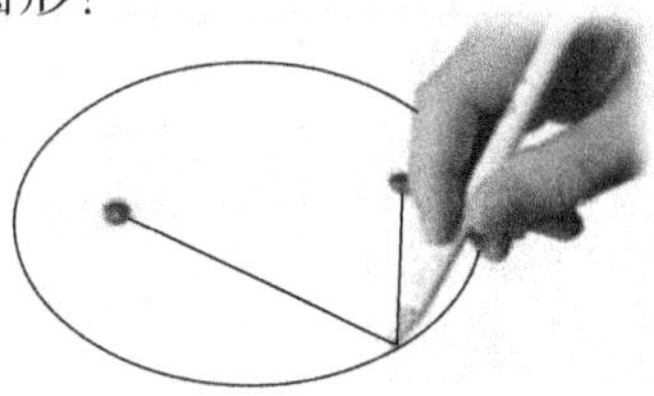</td>
</tr>
</table>

续表

设计流程	展(示)：体现合作学习成果	建议2 min	【展示活动】 1. 展示行星与太阳连线扫过的面积表示方法。(微元法求三角形的面积，并由此比较近日点与远日点的行星运行速度大小) 教师点睛：开普勒第二定律又称面积定律，即相同时间内卫星在以质心为焦点的轨道面内扫过的面积相等。 2. 现在请各小组选出代表，展示画椭圆的成果图，并简要说明画法与心得。 教师点睛：由开普勒行星运动定律可知，行星的运行轨道为椭圆，并且其绕太阳运行的速率在不断变化。由课本第80页表4-1中的数据可知，太阳系八大行星的运行轨道偏心率都小于0.3，运行轨道都可近似认为是圆形。为了便于研究问题，人们通常认为行星绕太阳做匀速圆周运动。
	练(习)：体现教学效果	建议2 min	【练习】 1. 在太阳系中，火星和木星沿各自的椭圆轨道绕太阳运行。根据开普勒行星运动定律可知(　　)。 A. 太阳位于木星运行轨道的中心 B. 火星和木星绕太阳运行速度的大小始终相等 C. 火星与木星公转周期之比的平方等于它们轨道半长轴之比的立方 D. 在相同时间内，火星与太阳连线扫过的面积等于木星与太阳连线扫过的面积 2. 两个行星的质量分别为 M_1、M_2，绕太阳运行轨道的半径之比为 $R_1:R_2$，那么它们绕太阳公转的周期之比 $T_1:T_2$ 为(　　)。 A. $\frac{M_1R_2^2}{M_2R_1^2}$　B. $\frac{M_1R_1^2}{M_2R_2^2}$　C. $\frac{R_1^{\frac{3}{2}}}{R_2^{\frac{3}{2}}}$　D. $\frac{R_2^{\frac{3}{2}}}{R_1^{\frac{3}{2}}}$
	评(价)：体现激励性评价作用	建议2 min	【教师课堂总体评价】今天同学们通过课前收集史料和自主学习，了解到开普勒行星运动定律内容。其中有几位同学在画椭圆探究过程中作图认真(手机上传学生完成的作图照片)，某组同学在分享资料时善于表达、学习态度好，某同学回答问题干脆利落、准确又有条理，他们是同学们学习的榜样。希望同学们再接再厉，上好每一节课。

续表

板书设计	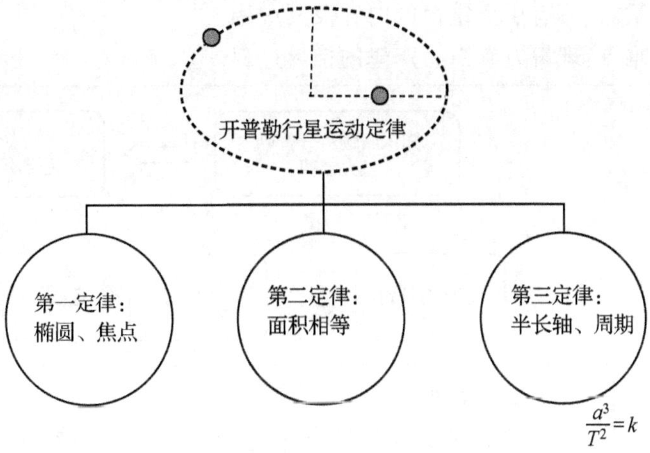

附：可能涉及的专题性问题

在实际教学中，你是如何看待教材中的“科学书屋”和“迷你实验室”的？

【参考解答】“科学书屋”中的“八大行星绕太阳运动的有关数据”可以帮助学生感受行星半长轴与周期的关系，还可以让学生了解当偏心率较小时行星运动可抽象为圆周运动的原因。“迷你实验室”是考虑到学生此阶段的相关数学知识的欠缺而特意安排的。在画出相应椭圆后，学生可以体会到把行星运行轨道近似看成圆形的原因。

福建省泉州市泉港区第一中学　陈加滨

二十一、万有引力定律

课程信息	《物理》必修第二册第 4 章第 1 节中的“万有引力定律”。
课标要求	知道万有引力定律，认识发现万有引力定律的重要意义。
片断教学目标	了解万有引力定律的内涵，能阐释万有引力定律的内容、公式、各物理量的含义，明确该定律对一切物体普遍适用。
教材分析	万有引力定律是物理学最重要的规律之一，其实际推导过程较复杂，教材在“拓展一步”中对万有引力定律公式的推导进行了简化。选用的例题通过创设情境，引导学生应用万有引力定律进行定量计算，让学生熟悉万有引力定律的公式及其应用，体会天体可视为质点的条件。
学情分析	学生对万有引力定律的公式由来感到困惑，对天体可视为质点的条件不清楚。教师可以引导学生应用牛顿运动定律和开普勒第三定律对万有引力定律进行简单的推导，再总结归纳。然后通过例题，让学生体会公式的适用条件，训练学生的基本计算能力。

续表

<table>
<tr><td colspan="3">片断教学重难点</td><td>重点：万有引力定律的内容及其应用。
难点：理解万有引力定律的推导过程。</td></tr>
<tr><td colspan="3">教学流程图</td><td>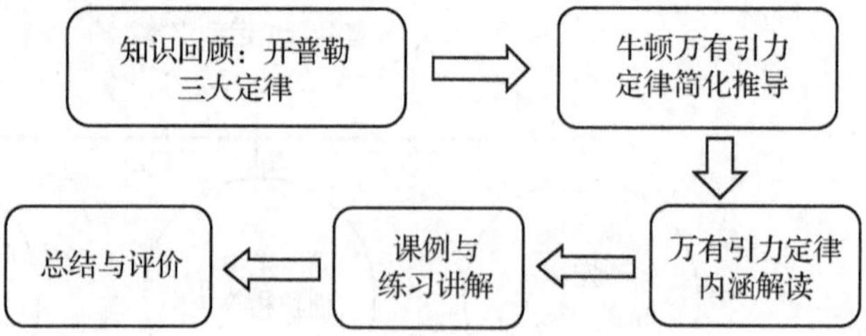</td></tr>
<tr><td rowspan="2">设计流程</td><td>导（学）：体现思维引导及主动学习</td><td>建议 2 min</td><td>【导入新课】
1. 通过前面的学习，我们了解到了开普勒行星运动定律，其结论告诉我们什么？请某同学复述定律内容。
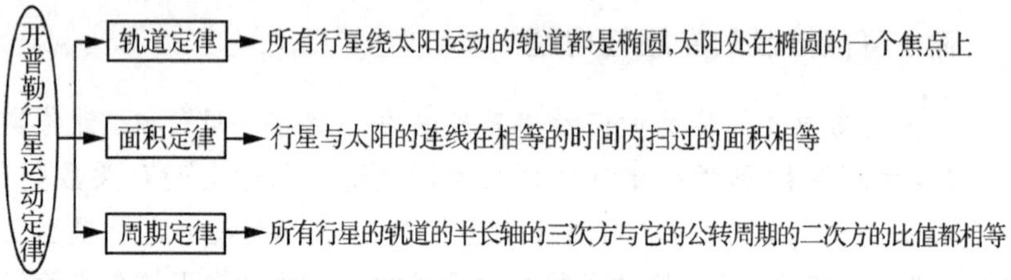
2. 太阳系的行星在各自基本恒定的轨道上围绕太阳运动，并且遵循一定的运动规律。这些行星为什么会如此运转？它们为什么既不会脱离太阳，又不会坠向太阳？</td></tr>
<tr><td>研（学）：体现合作探究精神</td><td>建议 6 min</td><td>【探究活动】牛顿总结了前人的研究成果，运用开普勒行星运动定律和自己在力学、数学方面的研究成果，于 1687 年在《自然哲学的数学原理》一书中正式提出了万有引力定律。
如果将行星运行的轨道近似视为圆形，就可由牛顿运动定律和开普勒行星运动定律推导出万有引力定律。
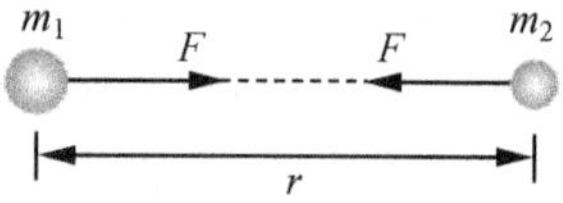
结论：自然界中任何两个物体都相互吸引，引力的方向在它们的连线上，引力的大小与物体的质量 m_1 和 m_2 的乘积成正比，与它们之间距离 r 的二次方成反比，这就是万有引力定律的内容，即 $F=G\frac{m_1m_2}{r^2}$，式中，$G=6.67\times10^{-11}\ \mathrm{N\cdot m^2/kg^2}$，$r$ 为两球心间的距离。
适用条件：严格地说，该公式只适用于质点间的相互作用。当两个物体间的距离远大于物体本身的大小时，物体可视为质点。均匀的球体可视为质点。一个均匀球体与球外一个质点间的万有引力也适用该公式。</td></tr>
</table>

续表

<table>
<tr><td rowspan="3">设计流程</td><td>展(示)：体现合作学习成果</td><td>建议2 min</td><td>【展示活动】学生展示公式的规范书写、计算过程和结果(教师通过希沃软件手机同步上传图片,并进行比较)。</td></tr>
<tr><td>练(习)：体现教学效果</td><td>建议2 min</td><td>【练习】
1. 万有引力定律是科学史上最伟大的定律之一,它向人们揭示了复杂运动的后面可能隐藏着简洁的科学规律。下列关于万有引力定律的理解正确的是(　　)。
A. 自然界中任何两个物体间都存在万有引力
B. 引力常量 G 没有单位
C. 两个物体的质量发生改变,万有引力一定改变
D. 万有引力与两个物体间的距离成反比
2. 木星是太阳系中最大的行星,与太阳的距离为 7.8×10^{8} km,木星和太阳的质量分别为 1.9×10^{27} kg 和 2.0×10^{30} kg。试求木星与太阳之间的万有引力大小。</td></tr>
<tr><td>评(价)：体现激励性评价作用</td><td>建议2 min</td><td>【教师课堂总体评价】今天通过对万有引力公式的简化推导,同学们知道了万有引力定律的实际推导过程更复杂,体会到了科学家的不易。通过例题和练习巩固,同学们都熟悉了公式的适用条件,计算能力得到了锻炼。接下来,希望大家可以安排课外时间完成迁移部分的内容,先分析再讨论、交流,根据数据的对比结果,得出行星运动状态变化的原因。</td></tr>
<tr><td colspan="3">板书设计</td><td>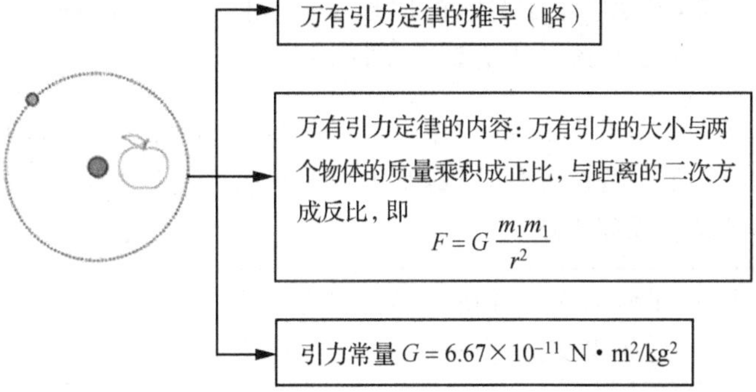</td></tr>
</table>

附：可能涉及的专题性问题

1. 人站在地面上，在计算人受到地球万有引力时人与地球的距离为地球半径，试解释原因。

【参考解答】地球可以看成形状规则、质量分布均匀的球体，其重心位于地心处。在估算地球与物体之间的万有引力时，其力作用点可以等效画在重心处，这样人对地球的万有引力施加在地心处，二者的距离为地球的半径。虽然人在地球表面，但计算二者万有引力时，等效的距离应为地球半径。

2. 有学生认为“万有引力”是“重力”，应如何解释？

【参考解答】万有引力是在任意两个物体之间产生的，因此具有普遍性。人站在地球上，根据万有引力的普适性，人与地球之间一定会产生相互吸引的力，这个力就是万有引力。地球上的物体受到的重力是因为地球的吸引而产生的。地球在不停地自转。地球上的物体显然在做近似匀速圆周运动，需要一个向心力。通常测量重力时，利用二力平衡来分析，物体受到的支持力大小等于重力。地面上物体受到的万有引力为重力和向心力的合力。而对于卫星等物体，把重力与万有引力等同，其提供向心力。

福建省泉州市泉港区第一中学　陈加滨

二十二、引力常量的测定

课程信息	《物理》必修第二册第 4 章第 1 节中的“引力常量的测定”。
课标要求	了解卡文迪许扭秤实验的重要性，体会该实验设计方案的巧妙；能认识到测量物理常量在科学研究中的重要性。
片断教学目标	了解引力常量测量的方法和实验的原理。
教材分析	教材对卡文迪许扭秤实验做了比较详细的介绍，虽然我们在课堂上不能直接测量，但让学生了解它的原理及巧妙的设计，对他们今后学习其他相关内容、增强科学思维能力有较大帮助。
学情分析	高中学生思维活跃，想象力丰富，对新鲜事物充满好奇心。之前对匀速圆周运动有了一些浅显的认识，知道了万有引力定律的内容，接下来学习测量引力常量也就顺理成章。
片断教学重难点	重点：了解卡文迪许扭秤实验的重要性。 难点：理解卡文迪许扭秤实验的设计原理。
教学流程图	问题导入 ⇨ 指导学生查阅资料 ⇨ 讲解设计原理 ⇨ 应用、练习

续表

设计流程	导(学)：体现思维引导及主动学习	建议2 min	【导入新课】 1.万有引力定律中的引力常量是牛顿测量出来的吗？ 2.你了解英国物理学家卡文迪许吗？ 3.万有引力定律中的引力常量如果没有测量出来，那万有引力定律有实际运用的意义吗？
	研(学)：体现合作探究精神	建议5 min	【探究活动】引导学生查阅资料并针对教材中“拓展一步”的内容进行研讨学习。 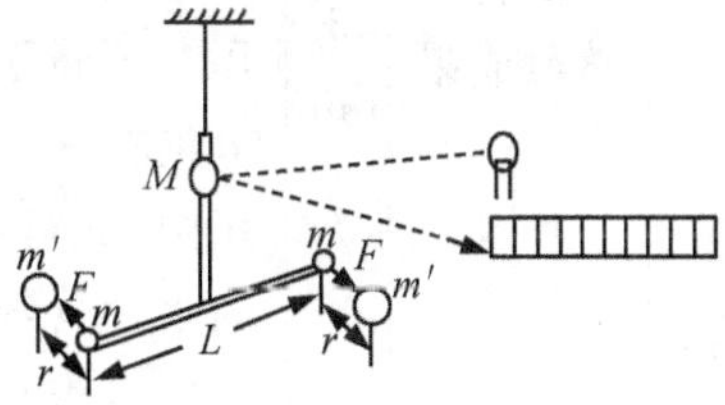 引力常量 G 的测定： (1) 卡文迪许扭秤装置如右图所示。 (2) 实验原理：两次放大及等效的思想。 卡文迪许扭秤装置把微小力转变成力矩来反映(一次放大)，扭转角度通过光标的移动来反映(二次放大)，从而确定物体间的万有引力。 T 形架两端质量为 m 的两个小球在质量为 m' 的两个大球的引力作用下发生扭转，引力的力矩为 FL。同时，金属丝发生扭转而产生一个相反的力矩 $k\theta$。当这两个力的力矩相等时，T 形架处于平衡状态。此时，金属丝扭转的角度 θ 可根据小镜上的反射光在刻度尺上移动的距离求出，由平衡方程：$k\theta=F\cdot L$ 和 $F=G\frac{mm'}{r^2}$，得 $G=\frac{k\theta r^2}{mm'L}$。式中，$L$ 为两个小球的距离，k 为扭转系数，r 为小球与大球的距离。 (3) 计算得 $G=6.71\times10^{-11}\ \mathrm{N\cdot m^2/kg^2}$，与公认值 $6.67\times10^{-11}\ \mathrm{N\cdot m^2/kg^2}$ 非常接近。
	展(示)：体现合作学习成果	建议3 min	【展示活动】请各小组把你们了解、查阅到的文献知识和大家共享下，我们一起来总结前面的问题。 资料分享：引力常量是在万有引力定律发现之后的 100 多年后由英国物理学家卡文迪许测量出来的。 亨利·卡文迪许，1742—1748 年在海克纳学校读书。1749 1753 年，进入剑桥大学彼得学院求学。定居伦敦后，进入父亲的实验室充当助手，做了大量的电学、化学研究工作，参与实验研究持续 50 年之久。1760 年，入选伦敦皇家学会成员。1803 年，又被选为法国研究院的 18 名外籍会员之一。卡文迪许虽为贵族，生活却相当简朴。卡文迪许测量地球的密度是从求万有引力定律中的常数着手的。他用两个大铅球接近两个小球。根据悬挂小球的金属丝的扭转角度测出这些球之间的相互引力。根据万有引力定律，可求出引力常数 G。卡文迪许

续表

<table>
<tr><td rowspan="3">设计流程</td><td>展(示)：体现合作学习成果</td><td>建议 3 min</td><td>经过多次实验，测算出地球的平均密度是水密度的 5.481 倍(21 世纪数值为 5.517，误差为 0.652 53%左右)，并确定了引力常量[他测得的引力常量 G 是 $(6.754\pm0.041)\times10^{-11}\ \text{N}\cdot\text{m}^2/\text{kg}^2$，这个值同现代值 $(6.6732\pm0.0031)\times10^{-11}\ \text{N}\cdot\text{m}^2/\text{kg}^2$ 相差无几]，计算出了地球的质量。他被誉为第一个称量地球的人。
如果引力常量没有测量出来，那么万有引力定律就不能进行实际应用。测量引力常量是一项非常困难的任务，因为引力很弱，很难把它隔绝开来。目前的测量结果有一定误差，但仍然能够用于许多物理应用中，如行星运动、天体物理学、引力波探测等。引力常量是一个重要的物理常数，它决定了物体之间的引力强度，对于研究宇宙的运动和结构有着重要的作用。</td></tr>
<tr><td>练(习)：体现教学效果</td><td>建议 2 min</td><td>【练习】已知地球的半径 $R=6\ 400$ km，地面的重力加速度 $g=9.8\ \text{m/s}^2$，求地球的平均密度。</td></tr>
<tr><td>评(价)：体现激励性评价作用</td><td>建议 2 min</td><td>【教师课堂总体评价】今天同学们通过集体研讨和探究实验，了解了引力常量测量的装置，也了解了引力常量测量的意义。其中，某组同学在探究过程中实验认真、测量准确，某组同学特别善于交流、学习态度好，他们是同学们学习的榜样。希望同学们再接再厉，上好每一节课。</td></tr>
<tr><td colspan="2">板书设计</td><td colspan="2">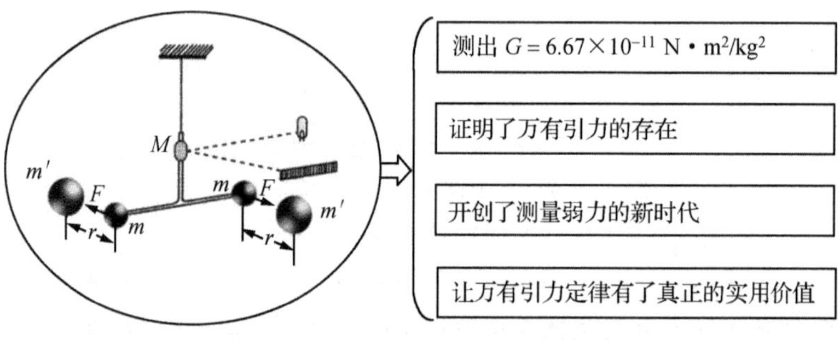
</td></tr>
</table>

附：可能涉及的专题性问题

卡文迪许扭秤实验基于什么原理？

【参考解答】卡文迪许扭秤实验是一种用于测量物体弹性模量的实验方法。它是由英国物理学家卡文迪许发明的。这种实验方法基于弹性形变的原理，通过测量物体在扭力作用下产生的形变量来计算物体的弹性模量。具体而言，卡文迪许扭秤实验的原理基于胡克定律，即物体的形变量与受到的力成正比。在实验中，扭力器施加的扭力越大，金属棒的扭转角度也就越大。通过测量扭转角度和扭力大小，可以计算出物体的弹性模量。弹性模量是一个物体的弹性特性，它描述了物体在外力作用下的形变程度。

三明学院　吴　健

二十三、天体质量的计算

<table>
<tr><td>课程信息</td><td>《物理》必修第二册第 4 章第 2 节中的“天体质量的计算”。</td></tr>
<tr><td>课标要求</td><td>知道卫星绕地球运动由引力提供向心力，掌握计算地球质量的方法。</td></tr>
<tr><td>片断教学目标</td><td>1. 通过自主思考和小组讨论，掌握粗略计算天体质量的思路和方法。
2. 通过小组讨论与自主推导，体会粗略计算天体密度的方法。</td></tr>
<tr><td>教材分析</td><td>第 4 章有两大特点：一是综合性强，不仅要学习和应用万有引力定律，同时也涉及前面学过的匀速圆周运动等知识；二是重视实际应用，特别是结合我国航天事业的发展及各种常见的天文现象，更具有现实意义。
本节所讲的万有引力定律的应用，特别体现了对自主学习、合作学习、探究式学习的重视。</td></tr>
<tr><td>学情分析</td><td>1. 学生心理特征：求知欲强，特别对天文方面有强烈兴趣；学习的依赖性较大，缺乏自主意识。
2. 学生知识掌握情况：已经学过万有引力定律与匀速圆周运动，并能进行基本应用；归纳总结能力和探究能力不足。</td></tr>
<tr><td>片断教学重难点</td><td>重点：学会建立天体运动的简单模型，掌握测量天体质量的两种基本方法。
难点：掌握研究天体运动的基本思想，能够判断计算天体质量所需要的条件。</td></tr>
<tr><td>教学流程图</td><td>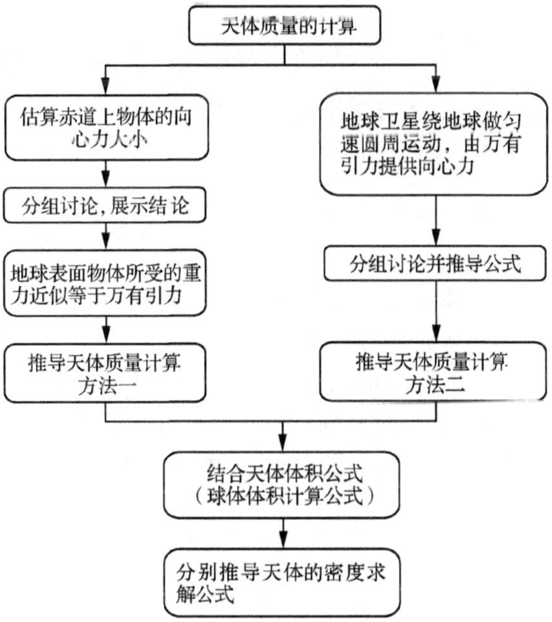
</td></tr>
</table>

续表

<table>
<tr>
<td rowspan="2">设计流程</td>
<td>导(学)：体现思维引导及主动学习</td>
<td>建议2 min</td>
<td>【导入新课】
1. 地球是一个椭圆状球体，在地球表面上的物体所受的重力只是万有引力的一个分力，而另一个分力是向心力(跟随地球自转)，如右图所示。
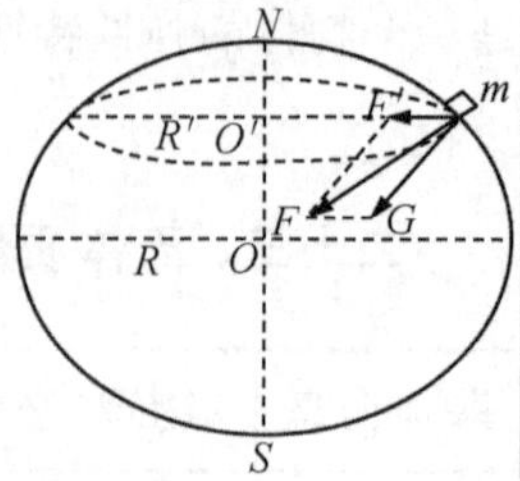

2. 卫星绕地球做匀速圆周运动，由万有引力提供向心力，如下图所示。
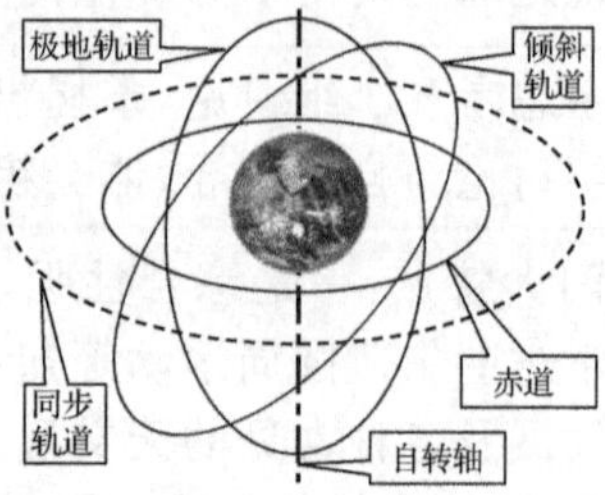

由以上两个方向入手去计算天体的质量。</td>
</tr>
<tr>
<td>研(学)：体现合作探究精神</td>
<td>建议6 min</td>
<td>【探究活动】
1. 学生分成两组，分别讨论并合作推导天体质量的计算过程。
小组一：计算地球表面上物体跟随地球自转的向心力，并与物体的重力做比较，得出相对重力而言，向心力可忽略不计。
分析：万有引力分解为两个分力——竖直向下的重力和指向地轴的向心力。物体放在赤道上时，向心力是最大的。设物体的质量为 m，则 $G=mg=9.8m$。
而向心力 $F=mr\omega^2=mr\left(\frac{2\pi}{T}\right)^2\approx 0.033\,8m\ll 9.8m$。
式中，地球的平均半径 $R=6\,371.4$ km，自转周期 $T=23$ 小时 56 分 4 秒。
由 $G\frac{Mm}{R^2}=mg$，得 $M=\frac{gR^2}{G}$，得 $\rho=\frac{M}{\frac{4}{3}\pi R^3}=\frac{3g}{4\pi GR}$。
已知地球表面重力加速度 g 和地球的半径 R，可求地球的质量 M 和地球的平均密度 ρ。
小组二：思考卫星绕地球做匀速圆周运动的向心力来源。教师提出万有引力提供向心力，让学生继续推导。
行星运动的向心力由万有引力提供：
$$G\frac{Mm}{r^2}=ma_{向}=mr\left(\frac{2\pi}{T}\right)^2$$</td>
</tr>
</table>

续表

<table>
<tr>
<td rowspan="3">设计流程</td>
<td>研(学)：
体现合作探究精神</td>
<td>建议
6
min</td>
<td>由上式得 $M=\frac{4\pi^2 r^3}{GT^2}$，$\rho=\frac{M}{\frac{4}{3}\pi R^3}=\frac{3\pi r^3}{GT^2R^3}$。
式中，T 为卫星运行的周期，r 为卫星运行的半径，R 为地球的半径。已知绕地球运行的卫星的轨道半径 r 和转动周期 T，可求地球的质量 M 和地球的平均密度 ρ。
延伸推论：若卫星是近地卫星，则 $r\approx R$，粗略运算的话，有 $\rho=\frac{3\pi}{GT^2}$。
2. 利用投屏工具将学生的探究成果投在屏幕上，并让学生讨论其可行性。总结学生的交流成果，并对学生加以鼓励。
(若比赛有现场实验要求，则此项时间建议增加 5 min)</td>
</tr>
<tr>
<td>展(示)：
体现合作学习成果</td>
<td>建议
2
min</td>
<td>【展示活动】
1. 请两个小组选出代表，阐述各自的观点，并简单描述推导过程，在黑板上板书。
2. 两个小组交换论点，集体讨论对方的观点和结论是否正确，或者有什么不同看法，可当场提出并在小组内讨论。
总结：在宇宙中，天体的质量大小是一个很重要的参数，它决定了天体的各种性质和行为。地球的质量约为 5.97×10^{24} kg。
以上结论是站在地球的角度上进行计算的。基于天体的共通性，这些结论也可以合理地利用到其他星球的质量计算上。例如，已知地球的公转半径和地球的公转周期，代入以下公式：
$$M=\frac{4\pi^2 r^3}{GT^2}$$
可求得太阳的质量(中心天体或者被围绕的天体)。
教师点睛：在人类探索宇宙的过程中，天体质量的研究一直是一个重要的课题。通过对天体质量的测量和研究，人类可以更好地理解宇宙的本质和演化过程，也可以为未来的太空探索提供更多的参考和依据。</td>
</tr>
<tr>
<td>练(习)：
体现教学效果</td>
<td>建议
2
min</td>
<td>【练习】有一星球的密度跟地球的密度相同，但它表面重力加速度是地球表面重力加速度的 4 倍，则该星球的质量是地球的质量的几倍？</td>
</tr>
</table>

续表

设计流程	评(价)：体现激励性评价作用	建议2 min	【教师课堂总体评价】今天同学们通过分组讨论与推导，得出了天体的质量与密度计算公式。其中，某组同学在探究过程中实验认真、测量准确，某组同学特别善于交流、学习态度好，他们是同学们学习的榜样。希望同学们再接再厉，上好每一节课。
板书设计	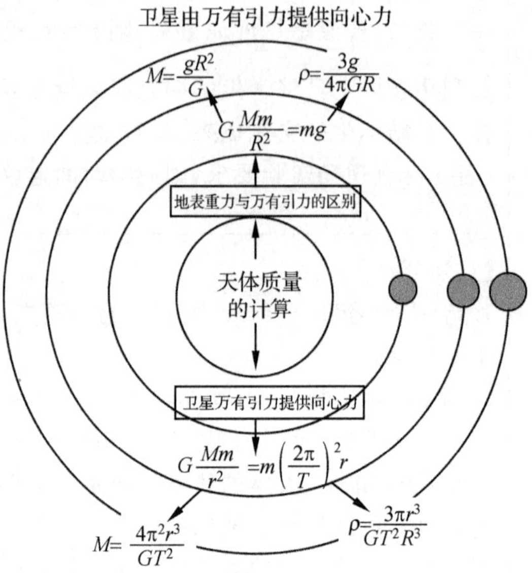		

附：可能涉及的专题性问题

1. 太阳系中各大行星的质量与太阳的质量比较如何?

【参考解答】八大行星中木星的质量最大，达到 1.90×10^{27} 千克，接下来按顺序为土星、海王星、天王星、地球、金星、火星、水星。而太阳的质量为 1.989×10^{30} 千克，是地球质量的33万倍。它的密度并不均匀，越靠近中心，密度越大，中心密度为 $1.60\times10^{5}\ kg/m^3$，平均密度为 $1.409\times10^{3}\ kg/m^3$，约为地球平均密度的0.26倍。

2. 质量这么大的天体是如何做到高速运行的?

【参考解答】天体的运行是由万有引力定律决定的。根据万有引力定律，每一个物体都会受到其他物体的引力作用，而这个引力的大小与两个物体的质量和它们之间的距离有关。因此，天体的运动轨迹是由其自身的质量、与其他天体的距离及其他天体的质量所决定的。总的来说，天体的运行是宇宙中最为复杂和神秘的现象之一。它们的运动轨迹受到万有引力定律的影响，同时还涉及许多其他的现象。对于人类来说，探索天体的运行规律不仅有助于更好地了解宇宙，还可以为科学技术发展提供重要的启示和指导。

福建省惠安县高级中学　张小超

二十四、人造卫星

课程信息	《物理》必修第二册第 4 章第 2 节中的“人造卫星上天”。
课标要求	会计算人造地球卫星的环绕速度。知道第二宇宙速度和第三宇宙速度。
片断教学目标	1. 通过牛顿的抛体运动猜想，来了解卫星如何上天，并能通过分组讨论，分析卫星上天的可能性。 2. 学习三大宇宙速度，并能清楚三大宇宙速度对应的临界状态。 3. 分析第一宇宙速度的求法，小组讨论、交流计算过程。
教材分析	本节是在学生学习了万有引力定律之后所学的内容，主要介绍了万有引力定律在天文学上的应用，使学生定性了解三个宇宙速度的由来及相关知识，并能够应用万有引力定律定量解决一些关于地球人造卫星的实际问题。
学情分析	通过前面的学习，学生对曲线运动的特点、万有引力定律已有一定的了解。在此基础上，通过教师合理引导，可尝试按照迁移规律科学地设计问题情境，促进探究，获得新知。
片断教学重难点	重点：理解三大宇宙速度，并能清楚三大宇宙速度相对应的临界状态。 难点：求解第一宇宙速度，并能清晰阐述求解方法的由来。
教学流程图	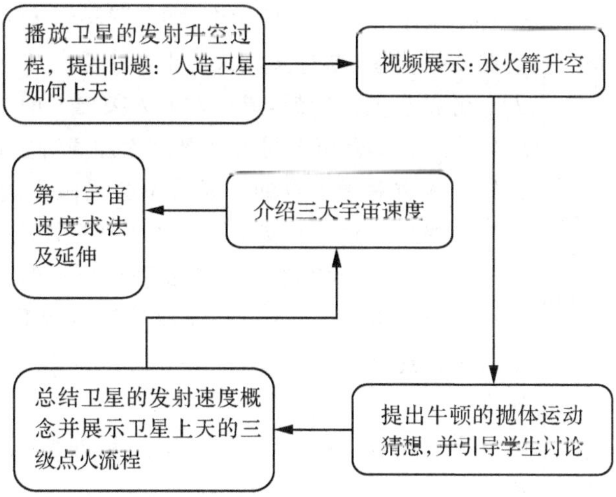

续表

<table>
<tr>
<td rowspan="2">设计流程</td>
<td>导(学)：体现思维引导及主动学习</td>
<td>建议2 min</td>
<td>【导入新课】
1. 展示苏联成功发射人类历史上第一颗人造卫星的图片，并播放我国"东方红一号"发射升空的视频。提出问题：如何把一颗卫星发射升空？
2. 展示水火箭的发射视频，引导学生从中得到启发。
3. 提出牛顿的关于人造卫星的猜想，如下图所示。
牛顿人造地球卫星的设想图
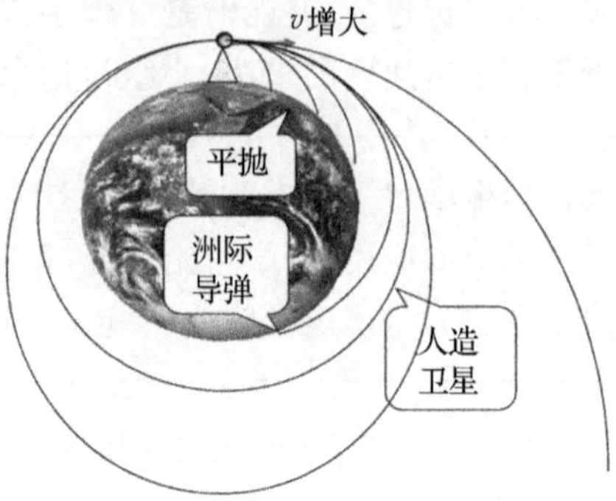
</td>
</tr>
<tr>
<td>研(学)：体现合作探究精神</td>
<td>建议6 min</td>
<td>【探究活动】
1. 如何使人造卫星和宇宙飞船获得足够大的初始速度，让它能够进入轨道飞行？
(1) 集体讨论并当场发表各自观点，收集几个同学的观点并加以陈述。
(2) 教师介绍有关物理学史，如苏联科学家齐奥尔科夫斯基的液体火箭发动机构想，通过多级火箭推动来获得较大的速度，最终在1957年人类得以实现该构想，成功发射人类史上的第一颗人造地球卫星。
(3) 教师简单介绍卫星的多级点火加速升空过程。
2. 指出人类对于太空的探索并不会局限于地球，而是会逐步向更高、更远的目标前进。例如，去太阳系中的其他行星探索，甚至到太阳系以外的区域进行探索，因此需要获得更大的初始速度。
第一宇宙速度 $v=7.9$ km/s，绕地球运行卫星的最小发射速度。
第二宇宙速度 $v=11.2$ km/s，卫星挣脱地球引力束缚的最小发射速度。
第三宇宙速度 $v=16.7$ km/s，卫星挣脱太阳引力束缚的最小发射速度。
讨论：
① 当发射速度小于7.9 km/s时，卫星发射升空会怎么样？
② 当发射速度在7.9～11.2 km/s时，卫星发射升空会到达什么轨道？</td>
</tr>
</table>

续表

设计流程	研(学)：体现合作探究精神	建议6 min	③ 当发射速度在 11.2～16.7 km/s 时，卫星发射升空会到达什么轨道？ ④ 当发射速度大于 16.7 km/s 时，卫星发射升空会到达什么位置？ 3. 以第一宇宙速度发射升空的卫星，最终会在地球地面附近(非常接近地球表面)的轨道上绕地球做匀速圆周运动，简称近地卫星。让学生结合前面讲过的内容，探究推导第一宇宙速度的求解方法。 讨论：利用投屏工具将学生的探究成果投在屏幕上，并让学生讨论其可行性。 由 $G\frac{Mm}{r^2}=m\frac{v^2}{r}$，得 $v=\sqrt{\frac{GM}{R}}=7.9$ km/s。式中，G 为引力常量，M 为地球的质量，R 为地球的半径。 或者根据 $GM=gR^2$，得 $v=\sqrt{gR}=7.9$ km/s。式中，g 表示地球表面的重力加速度。 合理推理：是不是所有星球上的第一宇宙速度都是 7.9 km/s。 总结：不同星球的质量 M 和半径 R 不同，其第一宇宙速度不一样。
	展(示)：体现合作学习成果	建议2 min	【展示活动】 1. 关于“如何让卫星获得足够大的初始速度”，现场选出几个具有代表性的论点，让提出论点的学生陈述他们的方法，并让全体学生讨论这些方法的科学性。 教师点睛：任何科学都须严谨。虽然我们不反对大胆猜测，但是也要去思考具出发点或过程是否可行，从实践中去找出真相。 2. 用手机投屏的方式展示部分学生关于第一宇宙速度的推导过程，并让个别学生提出不同观点，或对这些学生的观点质疑。 教师点睛：以第一宇宙速度发射升空的卫星，最终会在近地轨道上运行，因此我们的推导要从近地卫星角度出发来进行。 合理外推：地球上的第一宇宙速度是 7.9 km/s。在其他星球上发射卫星，因星球的质量和半径不同，第一宇宙速度也不一样，但是求解方法是一样的，都可以用下面的式子来求解： $$v=\sqrt{\frac{GM}{R}}=\sqrt{gR}$$

续表

设计流程	练(习):体现教学效果	建议2 min	【练习】地球的近地卫星线速度约为 8 km/s,已知地球的质量约为月球质量的81倍,地球的半径约为月球半径的4倍,下列说法正确的是(　　)。 A. 在月球上发射卫星的最小速度约为 8 km/s B. 月球卫星的环绕速度可能达到 4 km/s C. 月球的第一宇宙速度约为 1.8 km/s D. 近月卫星的速度比近地卫星的速度大
	评(价):体现激励性评价作用	建议2 min	【教师课堂总体评价】今天同学们通过认真思考和探究交流,知道了卫星是如何上天的,知道了关于天体运行的三大宇宙速度,并且能够运用已有知识推导得出地球上的第一宇宙速度。其中,某组同学在探究过程中表达清晰,某组同学特别善于交流、表现欲望强,他们是同学们学习的榜样。希望同学们再接再厉,上好每一节课。
板书设计	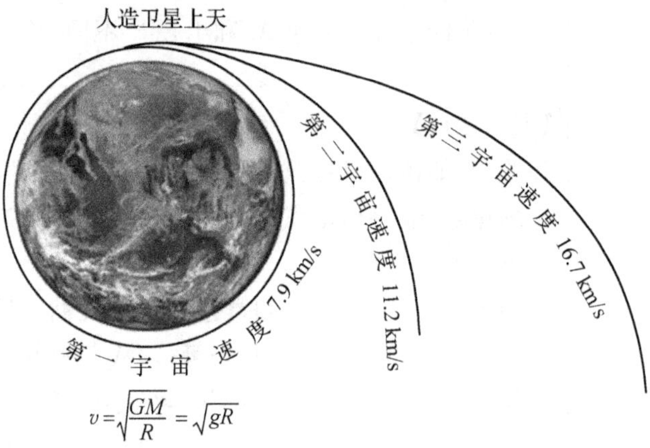		

附:可能涉及的专题性问题

1. 如何解释宇宙飞船中的超重、失重问题?

【参考解答】宇宙飞船在发射升空、着陆返回减速时,宇航员都会有强烈的超重感受。宇宙飞船发射升空过程中和着陆返回减速时需要有向上的巨大加速度,飞行员会受到十几倍于自身的压力而处于超重的状态。没有接受过严格训练的人会两眼发黑,动弹不得,甚至失去知觉,这是因为人体里的血液不能正常循环。宇宙飞船在轨运行期间,由于来自地球的万有引力全部用来提供绕地球运行所需的向心力,飞行器内宇航员处于完全失重状态,轻轻一碰就会“飞”起来,此时关于重力的一切表现都会失效。

2. 航天器中的动力来源都有哪些?

【参考解答】随着科学技术的高速发展,人类乘坐航天器遨游太空已不再是天方夜谭。

如何给飞行在太空中的航天器提供动力，使其能长久地在太空中穿梭，是现代航天科技的一个重要研究课题。现有航天器的几种动力器有火箭推进器、光帆推进器、离子推进器、弹弓效应、等离子推进器。

福建省惠安县高级中学　张小超

第三节　《物理》必修第三册案例

一、静电的产生

课程信息	《物理》必修第三册第1章第1节中的“静电的产生”。
课标要求	通过实验，了解静电现象。
片断教学目标	知道自然界存在两种电荷，知道电荷的概念及国际单位；观察摩擦起电和感应起电实验现象，学会正确记录实验结果；学会使用验电器和静电计检验物体是否带电。
教材分析	本节是电磁学部分的第一节内容，教材在介绍起电方式和原理的基础上，总结了静电现象和规律，这是后续研究静电相互作用、引入场概念的基础。
学情分析	学生在初中已经初步了解了一些静电现象，建立了基本的相互作用观，而对相互作用的特点和规律还没有深入的了解。本节内容能为学生进一步学习电磁场理论做好铺垫。
片断教学重难点	重点：了解静电现象及起电规律。 难点：理解起电的原理。
教学流程图	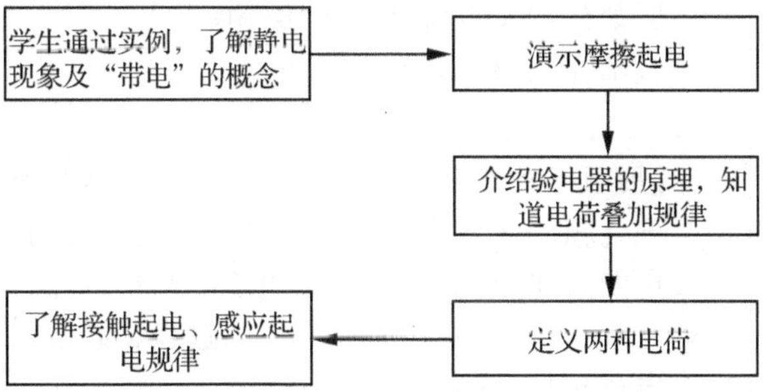

续表

<table>
<tr>
<td rowspan="3">设计流程</td>
<td>导(学):体现思维引导及主动学习</td>
<td>建议2 min</td>
<td>【导入新课】公元前600年左右,希腊人发现了摩擦过的琥珀吸引轻小物体的现象。我们把物体有了吸引轻小物体的性质称为物体带了电。带电的物体叫带电体。
教师引导学生列举出现代生活中带电现象的实例,如带电的梳子吸引轻小物体、带电的梳子吸引水流等,如下图所示。
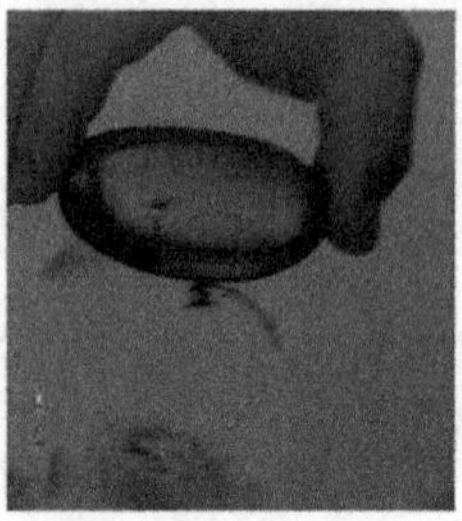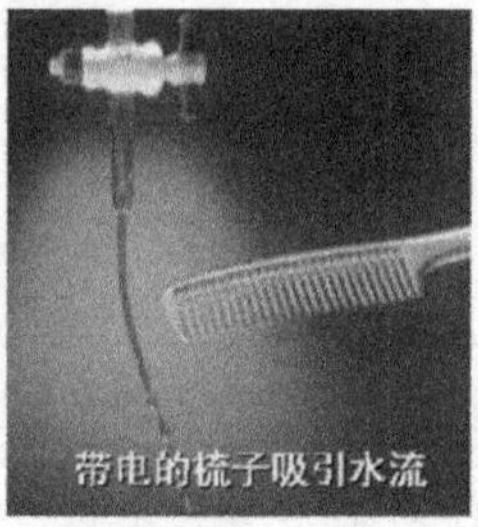</td>
</tr>
<tr>
<td>研(学):体现合作探究精神</td>
<td>建议6 min</td>
<td>【探究活动】
1.最简单的能使物体带电的方式就是摩擦起电。用毛皮摩擦过的橡胶棒A靠近另一根用毛皮摩擦过的橡胶棒B。
现象:A与B远离。
原因:A与B之间存在排斥力。
2.用丝绸摩擦过的玻璃棒C靠近用毛皮摩擦过的橡胶棒A。
现象:A与C靠近。
原因:A与C之间存在吸引力。
猜想:用丝绸摩擦过的玻璃棒C靠近另一根用丝绸摩擦过的玻璃棒D,会产生什么现象呢?
现象:C与D远离。
原因:C与D之间存在排斥力。
总结:自然界中没有发现与A和C都排斥或都吸引的带电体。
教师引导学生分析现象,并说明原因。
3.如何测量带电体带了多少电荷?
教师介绍验电器/静电计。</td>
</tr>
<tr>
<td>展(示):体现合作学习成果</td>
<td>建议2 min</td>
<td>【展示活动】不断让用毛皮摩擦过的橡胶棒接触验电器的金属球,发现金箔的张角变大。再不断让用丝绸摩擦过的玻璃棒接触刚才已带电的金属球,发现金箔张角逐渐减小,后又增大。
分析:以上过程是电荷叠加的过程。同号电荷相加,绝对值增加;异号电荷相加,绝对值减小。
总结:美国物理学家本杰明·富兰克林正是抓住了这一特点,将两种不同电荷以“正”“负”命名。</td>
</tr>
</table>

续表

设计流程	练(习)：体现教学效果	建议 2 min	【练习】由于人们行走时鞋子和地板摩擦产生静电，带电的离子会在地板表面对空气中的灰尘产生吸引，对于电脑机房、电子厂房等单位会造成一定的影响。防静电地板又叫耗散静电地板，当它接地或连接到任何较低电势点时，能够使电荷耗散。在铺设地板时，地板下面要铺设铝箔，且铝箔要连接到地下预埋导体。下列关于防静电地板的说法正确的是(　　)。 A. 地板下面铺设铝箔的作用是防潮 B. 地板必须是绝缘体材料 C. 地板必须是导电的，如地板中含有导电纤维 D. 只要地板下面铺设铝箔，地板材料无所谓绝缘体或导体
	评(价)：体现激励性评价作用	建议 2 min	【教师课堂总体评价】今天同学们通过集体研讨和探究实验，对静电现象有了初步的了解。某组同学在探究过程中实验认真、测量准确，某组同学特别善于交流、学习态度好，他们是同学们学习的榜样。希望同学们再接再厉，上好每一节课。
板书设计	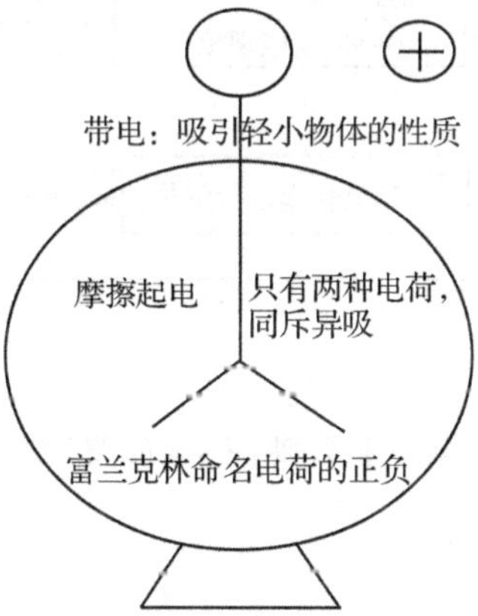		

附：可能涉及的专题性问题

库仑力严格与距离的平方成反比的物理意义是什么？

【参考解答】若库仑力不严格与距离的二次方成反比，则：① 电动力学的规范不变性被破坏；② 电荷将不守恒；③ 光子偏振态要发生改变；④ 黑体辐射公式要修正；⑤ 会出现真空色散。

福建泉州外国语中学　马牧野

二、产生静电的微观解释

<table>
<tr><td>课程信息</td><td colspan="3">《物理》必修第三册第 1 章第 1 节中的"产生静电的微观解释"。</td></tr>
<tr><td>课标要求</td><td colspan="3">能用原子结构模型和电荷守恒的知识分析静电现象。</td></tr>
<tr><td>片断教学目标</td><td colspan="3">理解电荷守恒定律,从物质微观结构理论探究物体带电原因,应用电荷相互作用规律分析静电感应现象。</td></tr>
<tr><td>教材分析</td><td colspan="3">本节是电磁学部分的第一节内容。教材在介绍起电方式和原理的基础上,总结静电现象和规律。这是后续研究静电相互作用、引入场概念的基础。</td></tr>
<tr><td>学情分析</td><td colspan="3">学生在初中阶段已经学习了静电的现象,建立了静电场中的基本相互作用观,也通过化学学科的学习了解了物质组成的基本理论。但学生对静电现象的产生原理了解尚浅。本节通过实验及对现象的分析,让学生构建对物质微观电结构的认识,了解静电现象的微观本质。</td></tr>
<tr><td>片断教学重难点</td><td colspan="3">重点:了解静电现象及感应起电规律。
难点:理解电荷守恒定律。</td></tr>
<tr><td>教学流程图</td><td colspan="3">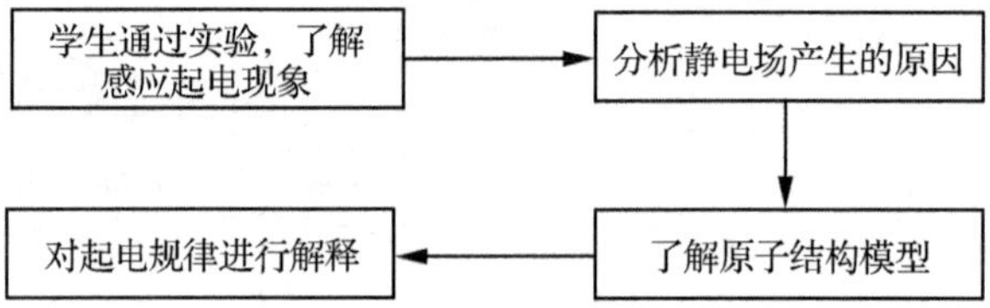
</td></tr>
<tr><td rowspan="2">设计流程</td><td>导(学):体现思维引导及主动学习</td><td>建议 2 min</td><td>【导入新课】教师演示(或视频播放)枕形导体感应起电的现象。</td></tr>
<tr><td>研(学):体现合作探究精神</td><td>建议 6 min</td><td>【探究活动】教师解释原子核式结构模型并利用 PPT 动画演示三种起电原理的机制。
原子构成:
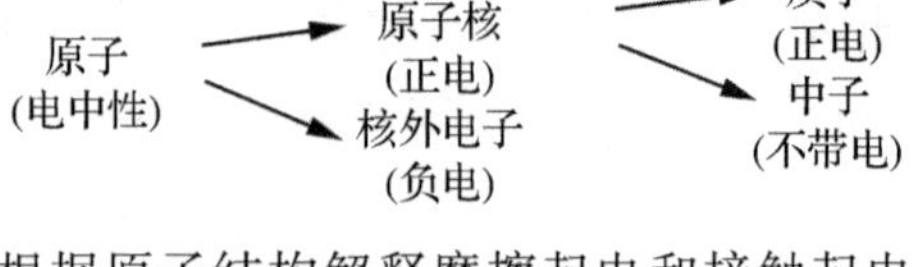

教师引导学生根据原子结构解释摩擦起电和接触起电的原理。
• 摩擦起电(绝缘体):电子转移。
• 接触起电(导体):电荷转移。</td></tr>
</table>

续表

设计流程	研(学)：体现合作探究精神	建议6 min	(1) 把带正电荷的带电体C靠近原本不带电的枕形导体的A端，金属箔有什么变化？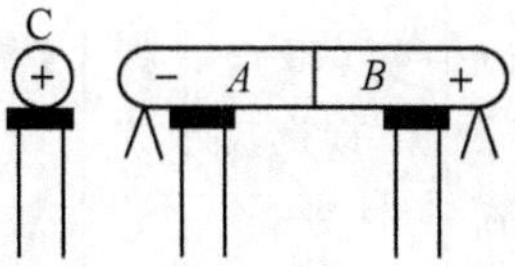 分析：两端的金箔同时张开，因为由于C的吸引，枕形导体A端带负电，B端带等量的正电。 (2) 先把A和B分开，然后移去C。金属箔是否有变化？再让A和B接触，又会看到什么现象？ 分析：先把A、B分开，A、B仍然带等量异种电荷，移去C后电荷会均匀分布在枕形导体表面，而并非集中在两端，所以金箔仍然张开但张角减小。再让A和B接触，金箔会闭合，因为A、B上的电荷接触后重新中和了。 (3) 如果将枕形导体B端接地，先把A和B分开，然后移去C，金属箔是否有变化？如果接地的是A端呢？这说明了什么？ 分析：将B端接地，把A和B分开后只有A端带电，B端不带电。所以A端金箔张角变小，B端金箔闭合。接地位置不会影响实验结果，因为接地的作用是将大地上的电子导入导体或将导体上多余的电子导向大地，而近端受到C的吸引，所带电子不会被导走，所以只有远端的电荷分布受影响。 总结：感应起电时，近端感应出异种电荷，远端感应出同种电荷；导体接地，将远端电荷中和，与接地位置无关。
	展(示)：体现合作学习成果	建议2 min	【展示活动】教师引出电荷守恒定律的两种表述。 表述一：电荷既不会创生，也不会消灭，它只能从一个物体转移到另一个物体，或者从物体的一部分转移到另一部分；在转移过程中，电荷的总量保持不变。 提问：电中性的物体中有无电荷存在？“中和”是不是正负电荷一起消失了？对于“电荷的总量保持不变”中“电荷的总量”你是如何理解的？ 表述二：一个与外界没有电荷交换(绝缘)的系统，电荷的代数和保持不变。
	练(习)：体现教学效果	建议2 min	【练习】如右图所示，A、B为相互接触的用绝缘支柱支撑的金属导体。起初它们不带电，它们的下部贴有金属箔片，C是带正电的小球，下列说法正确的是(　　)。 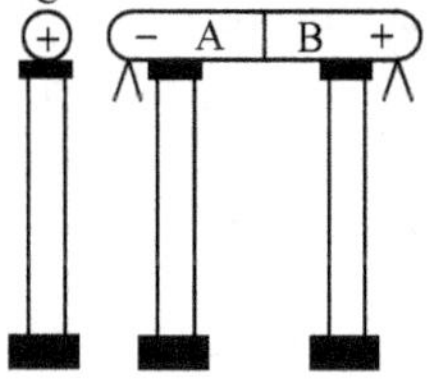 A. 把C移近导体A，A、B上的金属箔片都张开 B. 把C移近导体A，先把A、B分开，然后移去C，A、B上的金属箔片仍张开 C. 先把C移走，再把A、B分开，A、B上的金属箔片仍张开 D. 先把A、B分开，再把C移走，然后重新让A、B接触，A上的金属箔片张开，而B上的金属箔片闭合

续表

<table>
<tr><td>设计流程</td><td>评(价)：体现激励性评价作用</td><td>建议2 min</td><td>【教师课堂总体评价】今天同学们通过集体研讨和探究实验，对静电现象有了初步的了解。某组同学在探究过程中实验认真、测量准确，某组同学特别善于交流、学习态度好，他们是同学们学习的榜样。希望同学们再接再厉，上好每一节课。</td></tr>
<tr><td>板书设计</td><td colspan="3">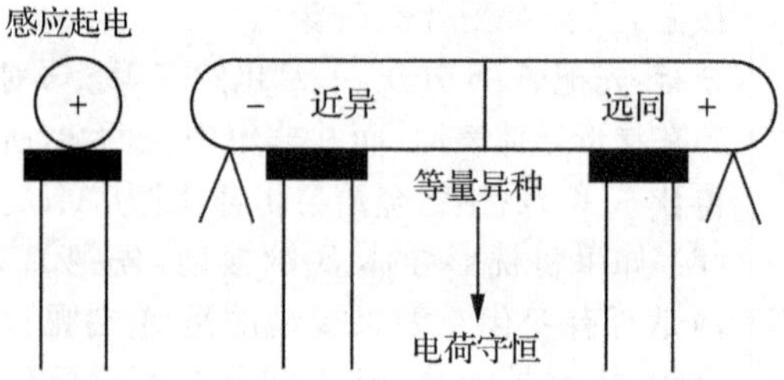
</td></tr>
</table>

附：可能涉及的专题性问题

人们对物质微观电结构的研究起源于什么现象？

【参考解答】静电平衡。当不带电的导体放入电场中时，电场会对其产生作用，并且导体会对这种作用予以反馈。这说明电中性物体内部有更微观的内在电结构。

福建泉州外国语中学　马牧野

三、库仑定律

课程信息	《物理》必修第三册第1章第2节“库仑定律”。
课标要求	知道点电荷模型，知道两个点电荷间相互作用的规律，体会探究库仑定律过程中的科学思想和方法。
片断教学目标	1. 明确点电荷是个理想模型，知道带电体简化为点电荷的条件。 2. 能用文字及公式表述库仑定律。 3. 了解库仑扭秤实验。
教材分析	本节内容的核心是库仑定律，它是静电学的第一个实验定律，是学习电场强度的基础。库仑定律是电磁学的基本定律，也是物理学的基本定律之一。库仑定律阐明了带电体相互作用的规律，为整个电磁学奠定了基础，因此，它在本章中具有很重要的地位。

续表

<table>
<tr><td>学情分析</td><td colspan="3">1. 知识基础。
(1) 知道电荷之间存在相互作用力，且同性相斥，异性相吸。
(2) 掌握了电荷守恒定律，并会简单地运用。
(3) 会处理共点力作用下物体的平衡，并会通过偏转角度的变化判断受力的变化。
(4) 初步掌握了研究多个变量之间关系的常用方法——控制变量法。
2. 学习能力。
(1)观察水平不断提高，能够初步地、独立地发现事物的本质及各个主要细节，发现事物的因果关系。
(2)具有初步的归纳重点、抓住问题本质的能力。
(3)已经初步具备了基本的实验操作和实验观察能力。</td></tr>
<tr><td>片断教学重难点</td><td colspan="3">重点：会用库仑定律计算真空中点电荷间的相互作用力，初步掌握研究物理问题的一些常用的基本方法。
难点：静电实验的操作和对实验现象的分析、归纳。</td></tr>
<tr><td>教学流程图</td><td colspan="3">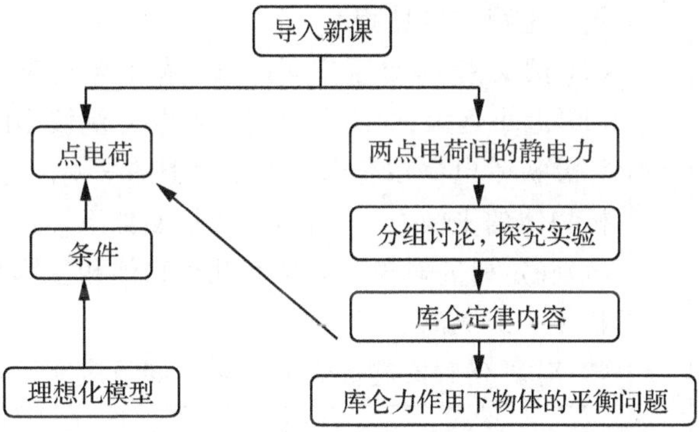</td></tr>
<tr><td>设计流程</td><td>导(学)：体现思维引导及主动学习</td><td>建议2 min</td><td>【导入新课】学生按右图所示的方法做实验，发现：将气球充气后靠近较轻的金属筒，金属筒静止不动；将气球在头发上摩擦后再靠近金属筒，金属筒会滚动起来。气球没有接触金属筒，为什么金属筒会滚动？

本节课将通过建立点电荷的理想模型，学习两个点电荷间相互作用的规律。</td></tr>
</table>

续表

<table>
<tr>
<td rowspan="2">设计流程</td>
<td>研(学):体现合作探究精神</td>
<td>建议6 min</td>
<td>【探究活动】
1. 了解点电荷。
• 静电力:电荷间的相互作用力,又称库仑力。
• 点电荷:当带电体本身的大小,比它与其他带电体之间的距离小得多,以至于其形状、大小及电荷分布等因素对它与其他带电体之间相互作用的影响可忽略时,这样的带电体可称为点电荷。
• 实际带电体看作点电荷的条件。这取决于研究问题和精度要求。在测量精度要求范围内,当带电体的形状、大小等因素可忽略时,也可视带电体为点电荷。
2. 分析库仑力作用下物体的平衡问题。
三个自由点电荷都处于平衡状态时,三个点电荷中的每一个点电荷受到的其他两个点电荷的库仑力必然大小相等、方向相反。相关结论如下:
(1) 三点共线:三个点电荷一定分布在一条直线上。
(2) 两同夹异:两侧的点电荷电性相同,中间点电荷的电性一定与两侧点电荷的电性相反。
(3) 两大夹小:处于中间的点电荷的电荷量一定最小。
(4) 近小远大:中间点电荷靠近电荷量较小的点电荷。
3. 分析带电体在有库仑力作用下的平衡问题时,方法仍然和力学中分析物体的平衡方法一样,一般按照如下顺序:
(1)确定研究对象。如果有几个物体相互作用,要依据题意,适当选择整体法或隔离法。
(2)对研究对象进行受力分析。如下表所示,对带电体进行分析。
<table>
<tr><td>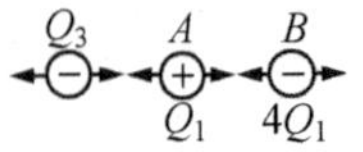</td><td>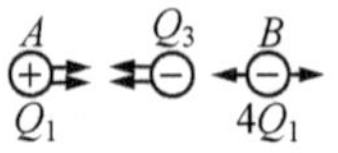</td><td>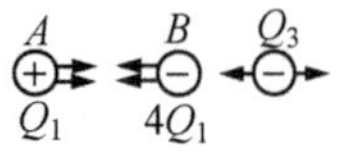</td></tr>
<tr><td>有可能平衡</td><td>必不平衡</td><td>必不平衡</td></tr>
</table>
(3)列平衡方程。若 $F_{合}=0$ 或 $F_x=0, F_y=0$,则物体平衡;否则,物体不平衡。</td>
</tr>
<tr>
<td>展(示):体现合作学习成果</td>
<td>建议2 min</td>
<td>【展示活动】
1. 展示库仑定律的内容。
真空中两个静止点电荷之间的相互作用力 F 的大小与它们的电荷量 Q_1、Q_2 的乘积成正比,与它们的距离 r 的二次方成反比;作用力的方向沿着它们的连线;同种电荷相互排斥,异种电荷相互吸引。库仑力可用公式表示为 $F=k\frac{Q_1Q_2}{r^2}$,式中 $k=9.0\times10^9\ \mathrm{N\cdot m^2/C^2}$,称为静电力常量。</td>
</tr>
</table>

续表

<table>
<tr><td rowspan="3">设计流程</td><td>展(示)：体现合作学习成果</td><td>建议2 min</td><td>2. 展示库仑力叠加原理。
对于两个以上的点电荷，其中每一个点电荷所受的总的库仑力等于其他点电荷分别单独存在时对该点电荷的库仑力的矢量和。</td></tr>
<tr><td>练(习)：体现教学效果</td><td>建议5 min</td><td>【练习】
1. 判断题。
(1) 只有电荷量很小的带电体才能看成点电荷。(　　)
(2) 当两个带电体的大小远小于它们之间的距离时，可将这两个带电体看成点电荷。(　　)
(3) 体积很大的带电体一定不能看成点电荷。(　　)
(4) 点电荷是真实存在的。(　　)
2. 如下图所示，三个点电荷 Q_1、Q_2、Q_3 在一条直线上，Q_2 和 Q_3 间的距离为 Q_1 和 Q_2 间距离的 2 倍，每个点电荷所受静电力的合力为 0，由此可以判定，三个点电荷的电荷量之比 $Q_1:Q_2:Q_3$ 为(　　)。

A. (−9)∶4∶(−36)　　B. 9∶4∶36
C. (−3)∶2∶(−6)　　D. 3∶2∶6</td></tr>
<tr><td>评(价)：体现激励性评价作用</td><td>建议2 min</td><td>【教师课堂总体评价】今天同学们通过集体研讨和探究实验，得出了库仑定律的内容和适用条件，体会了库仑扭秤实验设计的实验思想。其中，某组同学在探究过程中实验认真、测量准确，某组同学特别善于交流、学习态度好，他们是同学们学习的榜样。希望同学们再接再厉，上好每一节课。</td></tr>
<tr><td colspan="2">板书设计</td><td colspan="2">库仑定律
条件：点电荷——理想化模型；真空
公式——$F=k\frac{Q_1Q_2}{r^2}$
叠加——平行四边形定则
库仑力作用</td></tr>
</table>

续表

<table>
<tr><td>板书设计</td><td>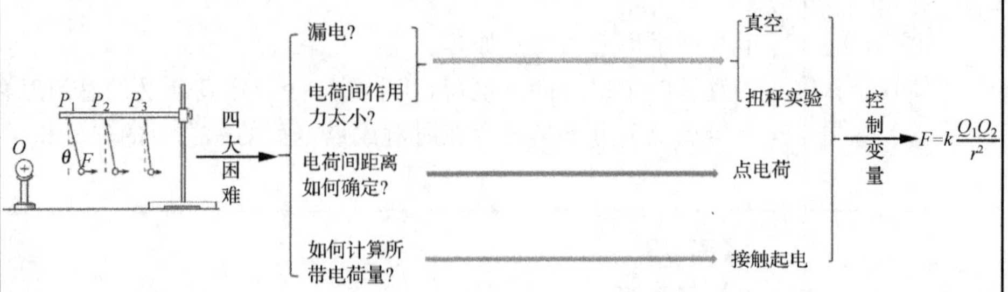
</td></tr>
</table>

附：可能涉及的专题性问题

1. 库仑和卡文迪许都利用扭秤实验来研究微观量，请简述两者的异同。

【参考解答】

(1) 库仑利用扭秤实验研究电荷间作用力的大小，卡文迪许利用扭秤实验计算引力常量。

(2) 原理相同，都利用力矩平衡：静电力力矩＝金属细丝扭转力矩，$F\propto\theta$。

(3) 物理方法相同，都用到了放大、转化的思想。

(4) 库仑是在1785年设计的扭秤实验，卡文迪许是在1798年设计的扭秤实验.

2. 如何挖掘并有效利用库仑定律发现过程的物理学史，并更好地服务教学？

【参考解答】关于发现库仑定律的物理学史，教师在教学中要抓住对本节课影响最大的要点，按“出现四大困难”→“解决困难”的思路，以讲故事的形式，声色并茂地展现给学生，引导学生思考，让学生体会控制变量的科学研究方法，理想化模型，放大、转化、类比及对称、守恒的思想方法。

(1) 带电体在空气中容易漏电，实验中带电体所带电荷量不稳定。

突破：将实验放在真空里面来做，可以有效防止漏电。

(2) 这种作用力非常小，肉眼观察不到。

突破：扭秤实验。

(3) 那时连电荷量的单位都没有，没法比较电荷的多少。

突破：库仑指出，两个完全相同的金属小球，一个带电，另一个不带电，两者相互接触后电荷量被两球等分，各自带有原有总电荷量的一半。这样库仑就巧妙地解决了这个问题，用这个方法依次得到了原来电荷量的$\frac{1}{2}$、$\frac{1}{4}$、$\frac{1}{8}$、$\frac{1}{16}$等，从而顺利地验证得出$F\propto Q_1Q_2$。

(4) 带电体上的电荷分布不清，难以确定发生相互作用的带电体的电荷之间的距离。

突破：把金属球的电荷想象成集中在球心，引出理想化模型——点电荷，也突出库仑定律成立的前提条件。

三明学院　吴　健

四、电场及电场力

<table>
<tr><td colspan="3">课程信息</td><td>《物理》必修第三册第 1 章第 3 节中的“电场及电场力”。</td></tr>
<tr><td colspan="3">课标要求</td><td>知道电荷间的相互作用是通过电场发生的，建立电场物质的观念。</td></tr>
<tr><td colspan="3">片断教学目标</td><td>知道电荷间的相互作用是通过电场发生的，知道电场是客观存在的一种特殊的物质形态。</td></tr>
<tr><td colspan="3">教材分析</td><td>在高中阶段，按照教材内容，只能通过描述电场产生的效应让学生知道电场是电荷周围存在的一种看不见、摸不着的特殊物质。电场的特性是会对放入其中的电荷产生力的作用。</td></tr>
<tr><td colspan="3">学情分析</td><td>电场概念比较抽象，特别是对其物质性的理解，学生易受粒子是物质这一错误观念的影响，较难接受场是一种物质。</td></tr>
<tr><td colspan="3">片断教学重难点</td><td>重点：知道电荷间的相互作用是通过电场发生的。
难点：知道电场是客观存在的一种特殊物质形态。</td></tr>
<tr><td colspan="3">教学流程图</td><td>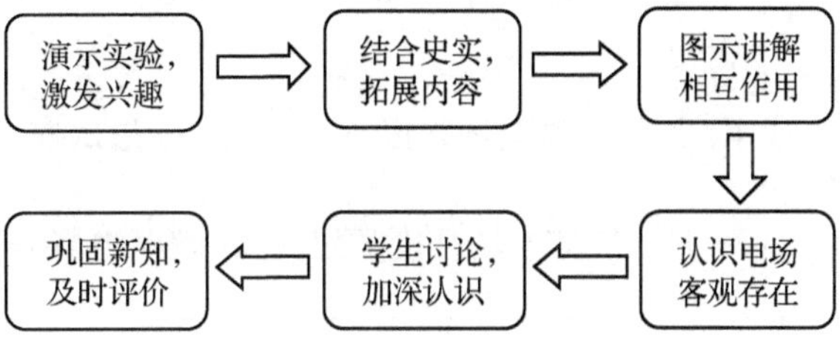
</td></tr>
<tr><td rowspan="2">设计流程</td><td>导（学）：体现思维引导及主动学习</td><td>建议 2 min</td><td>【导入新课】电荷间的相互作用力是怎样产生的？以课本第 13 页相互作用演示实验为例，激发学生的学习兴趣。</td></tr>
<tr><td>研（学）：体现合作探究精神</td><td>建议 6 min</td><td>【探究活动】教师启发学生分组讨论，从哲学角度认识电场，理解电场的客观存在性：它是不以人的意志为转移的。再讨论电荷是怎样通过电场与其他电荷发生作用的，结合牛顿第三定律，分析对应的施力物体和受力物体。</td></tr>
</table>

续表

设计流程	展(示):体现合作学习成果	建议2 min	【展示活动】电荷之间的相互作用是通过特殊的物质——电场发生的,电荷的周围存在电场。 特殊性:不同于生活中常见的物质,电场看不见,摸不着,无法称量,可以叠加。 物质性:电场是客观存在的,具有物质的基本属性——质量和能量。 总结:电场的基本性质主要表现在以下几个方面: ① 放入电场中的任何带电体都将受到电场力的作用,且同一点电荷在电场中不同点处受到的电场力的大小或方向都可能不一样。 ② 电场能使放入其中的导体产生静电感应现象。 ③ 当带电体在电场中移动时,电场力将对带电体做功,这表示电场具有能量。可见,电场具有力和能的特征。
	练(习):体现教学效果	建议2 min	【练习】关于电场、电场强度、电场线,下列说法正确的是(　　)。 A. 电场是一种物质,它与其他物质一样,是不依赖我们的感觉而存在的 B. 电场线是一种物质,它与其他物质一样,是不依赖我们的感觉而存在的 C. 点电荷的电场强度 $E=\frac{kQ}{r^2}$ 中,Q 是试探电荷的电荷量 D. $E=\frac{F}{q}$ 是电场强度的定义式,表明电场强度 E 与静电力 F 成正比
	评(价):体现激励性评价作用	建议2 min	【教师课堂总体评价】某组同学在电场与电场力的概念理解方面表现出色,能够准确地理解电场的定义、性质和电场力的特点,并能够运用这些概念解释和解决相关问题。某组同学在空间想象方面表现良好,能够根据电场和电场力的特点,在脑海中形成清晰的空间图像,并能够准确地描述电场力方向的示意图。他们值得大家学习。
板书设计	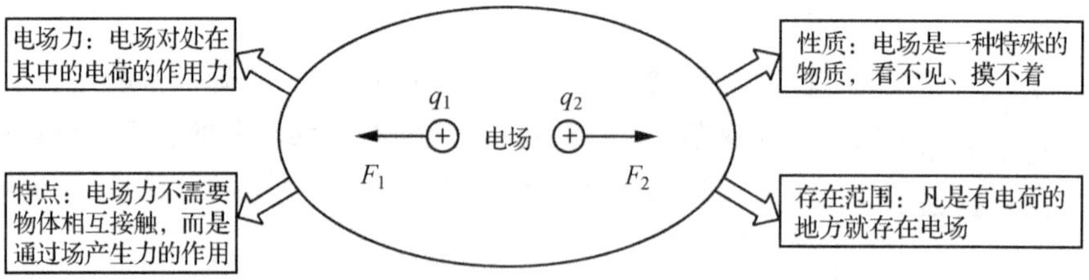		

附：可能涉及的专题性问题

电荷 A 和 B 是怎样通过电场与其他电荷发生作用的？

【参考解答】电荷 A 对电荷 B 的作用，实际上是电荷 A 的电场对电荷 B 的作用；电荷 B 对电荷 A 的作用，实际上是电荷 B 的电场对电荷 A 的作用。

福建省惠安县高级中学　王　焜

五、电场强度

课程信息	《物理》必修第三册第 1 章第 3 节中的“电场强度”。
课标要求	了解电场强度的概念，体会用物理量之比定义新物理量的方法。
片断教学目标	通过分析电场中的不同位置电场力 F 与电荷量 q 的比例关系，理解比值 $\frac{F}{q}$ 反映的是电场的强弱，即电场强度；知道场强叠加的一般方法。
教材分析	电场强度是本节教学的重点。用实验说明：电场力不仅与电场有关，也与试探电荷有关，因此不能用电场描述电场力的性质；但是不同试探电荷受到的电场力与其电荷量的比值在电场中的同一点是相同的，在电场中的不同点其比值一般不同。
学情分析	运用相关物理量的比值定义新的物理量，是物理学中一种常用的方法。学生以前学过类似的物理量，如初中学过的密度、电阻的定义，让学生体会用物理量之比定义新物理量的方法。 本节例题较简单。教师在教学时注意结合“策略提炼”，强调电场强度的矢量性，以及利用电场强度定义式求解问题的方法。
片断教学重难点	重点：电场强度的概念及其定义式。 难点：对电场概念的理解，应用电场的叠加原理进行简单的计算。
教学流程图	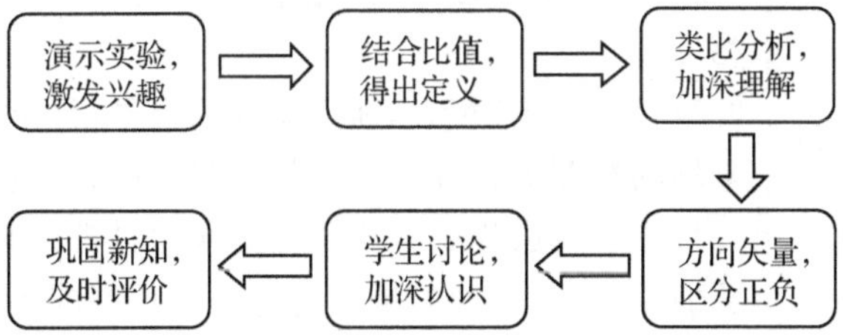

续表

设计流程	导(学):体现思维引导及主动学习	建议2 min	【导入新课】 1.同一电荷 q 在电场中不同点受到的电场力的方向和大小一般不同,这是什么因素造成的?引出电场强度的概念。 2.带电金属球周围存在电场。电场的强弱与哪些因素有关?引出试探电荷和场源电荷。 3.虽然可用同一电荷 q 在电场中各点所受电场力 F 的大小来比较各点的电场强弱,但是电场力 F 的大小还与电荷 q 的电荷量有关,所以不能直接用电场力的大小表示电场的强弱。实验表明:在电场中的同一点,电场力 F 与电荷的电荷量 q 成正比,比值 $\frac{F}{q}$ 由电荷 q 在电场中的位置所决定,跟电荷的电荷量无关,是反映电场性质的物理量,所以用 $\frac{F}{q}$ 这个比值来表示电场的强弱。引出电场强度的定义。
	研(学):体现合作探究精神	建议6 min	【探究活动】 1.由课本第13页图1-16进行仿真实验,可知带电金属球周围存在电场。从小球的受力情况看,电场的强弱与哪些因素有关? 定义:电场中某一点的电荷受到的电场力 F 跟它的电荷量 q 的比值,叫作该点的电场强度,简称场强,用 E 表示。 2.电场强度是矢量,怎样表示电场的方向呢? 3.电场中某一点处的电场强度 E 的大小和方向与哪些因素有关呢? 4.如果空间中有几个点电荷同时存在,此时各点的场强是怎样的呢?
	展(示):体现合作学习成果	建议2 min	【展示活动】 1.在仿真实验中,从小球受力情况可知,电场的强弱与带电体的电荷量和位置有关。 教师点睛:电场中某点的场强方向跟正电荷在该点所受的电场力的方向相同,负电荷在电场中某点所受的电场力的方向跟该点的场强方向相反。 2.结合库仑定律和场强定义式的推导,得出空间某点的场强是由产生电场的场源电荷和该点距场源电荷的距离决定的,与检验电荷无关。 3.带领学生由检验电荷所受电场力具有的叠加性,分析出电场强度的叠加原理:某点的电场强度等于该点周围各个电荷单独存在时在该点产生的电场强度的矢量和。

续表

设计流程	练(习):体现教学效果	建议2 min	【练习】在真空中有两个点电荷 $Q_1=+3.0\times10^{-8}$ C 和 $Q_2=-3.0\times10^{-8}$ C,它们相距 0.1 m,求电场中 A 点的场强。(A 点与两个点电荷的距离相等,$r=0.1$ m)
	评(价):体现激励性评价作用	建议2 min	【教师课堂总体评价】今天同学们通过分组研讨和探究仿真实验,得出电场强度的定义及影响因素,同时掌握了电场强度的矢量叠加原理。其中,某组同学通过对比重力加速度、电阻的定义式类比学习本节内容,充分发挥想象力,值得大家学习。
板书设计	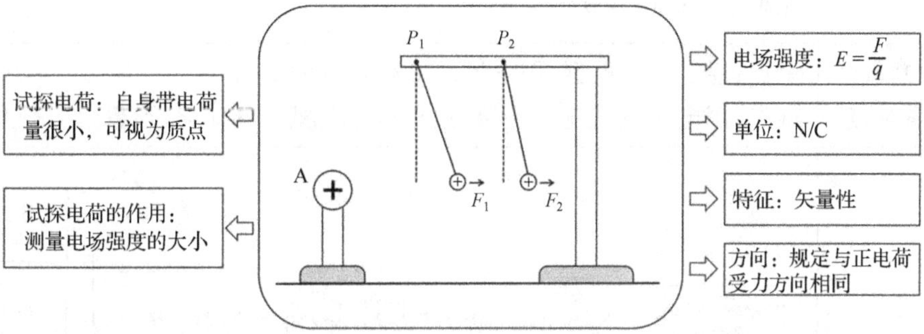		

附:可能涉及的专题性问题

1. 同一电荷 q 在电场中不同点受到的电场力的方向和大小一般不同,这是什么因素造成的?

【参考解答】因为电场具有方向性且各点强弱不同,所以同一电荷 q 在电场中不同点受到的电场力的大小和方向不同。我们用电场强度来表示电场的强弱和方向。

2. 如果空间中有几个点电荷同时存在,此时各点的电场强度是怎样的呢?

【参考解答】由检验电荷所受电场力具有的叠加性,分析出电场强度的叠加原理:某点的电场强度等于该点周围各个电荷单独存在时在该点产生的电场强度的矢量和。

福建省惠安县高级中学　王　焜

六、电场线

课程信息	《物理》必修第三册第1章第3节中的“电场线”。
课标要求	会用电场线描述电场。
片断教学目标	1. 会用电场线描述电场,了解常见电场的电场线的分布。 2. 通过建立模型,能用电场线描绘常见的电场。

续表

<table>
<tr><td colspan="3">教材分析</td><td>教材通过模拟实验来展示电场。它不仅帮助学生更形象地理解电场强度，还为后续的解题提供更简洁明了的思路。</td></tr>
<tr><td colspan="3">学情分析</td><td>学生在学习电场线之前，已经对电场有了初步的认识，了解了电场的性质和特点。学生已经掌握了一些基本的物理概念和规律，如力的概念、牛顿运动定律等，这些知识将有助于他们理解电场线的概念。但是，学生因为电场线的如下特点会有学习上的困难：
1. 抽象性：电场线是一种人为抽象出来的概念，学生可能难以理解其实际意义和作用。
2. 复杂性：电场线在空间上的分布是复杂的，学生可能难以想象和理解。
3. 规律性：电场线遵循一定的规律，如电场线的疏密表示电场的强弱，学生可能难以掌握这些规律。</td></tr>
<tr><td colspan="3">片断教学重难点</td><td>重点：通过建立模型，用电场线描绘常见的电场。
难点：用电场线描述电场强弱分布，体会概念具体化、形象化的研究方法。</td></tr>
<tr><td colspan="3">教学流程图</td><td>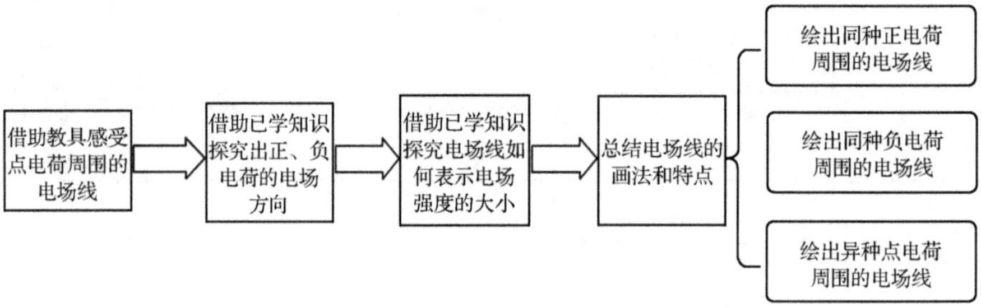</td></tr>
<tr><td rowspan="2">设计流程</td><td>导(学)：体现思维引导及主动学习</td><td>建议2 min</td><td>【导入新课】
1. 若要表示电场强度，则需要表示出电场强度的哪些性质呢？
2. 通过前面的学习，有没有别的方法可以表示电场强度呢？</td></tr>
<tr><td>研(学)：体现合作探究精神</td><td>建议6 min</td><td>【探究活动】如右图所示，准备三个教具，将塑料袋剪成丝状的拂尘。用羊毛皮充分摩擦，可以让它带上负电荷。用聚四氟乙烯膜充分摩擦，可以让它带上正电荷。用不同颜色的拂尘来区分正负电荷。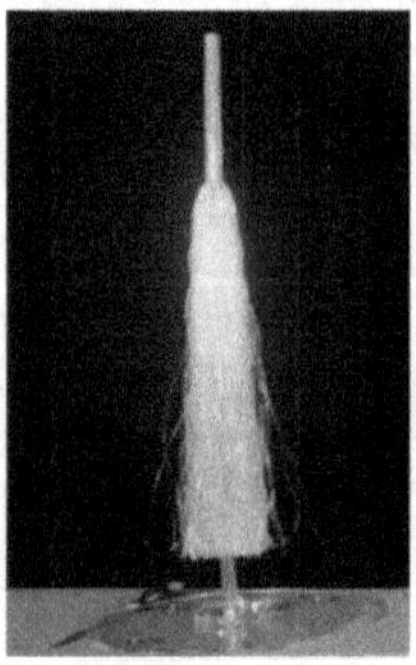</td></tr>
</table>

续表

<table>
<tr>
<td rowspan="2">设计流程</td>
<td>研(学)：
体现合作
探究精神</td>
<td>建议
6
min</td>
<td>摩擦后的拂尘如下图所示。

将同种电荷的拂尘靠近，再将异种电荷的拂尘靠近，出现如下图所示的现象。
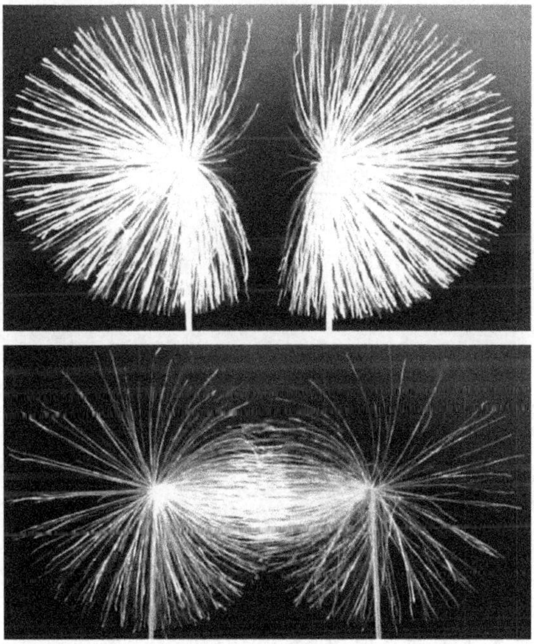
观察完后，请同学们画出电场线的分布。</td>
</tr>
<tr>
<td>展(示)：
体现合作
学习成果</td>
<td>建议
2
min</td>
<td>【展示活动】
1. 现在请各小组选出代表，展示正点电荷和负点电荷的电场线分布情况。
2. 现在请各小组选出代表，阐述用电场线疏密表示电场强度大小的理由。
3. 画出等量异种电荷、同种正电荷及同种负电荷周围电场线的分布。</td>
</tr>
</table>

续表

设计流程	练(习)：体现教学效果	建议 2 min	【练习】根据课本所给出的等量同种电荷电场线和等量异种电荷电场线图，思考并总结这两幅图中两个点电荷连线的垂直平分线上的电场强度有何特点。
	评(价)：体现激励性评价作用	建议 2 min	【教师课堂总体评价】今天同学们通过集体研讨和探究实验，得到了电场线的特点及如何正确地从电场线得到常见电荷周围电场强度的分布特点。其中，某组同学在探究过程中表现优异、呈现结果快速准确，某组同学特别善于交流、学习态度好、阐述理由充分且正确，他们是同学们学习的榜样。希望同学们再接再厉，上好每一节课。
板书设计	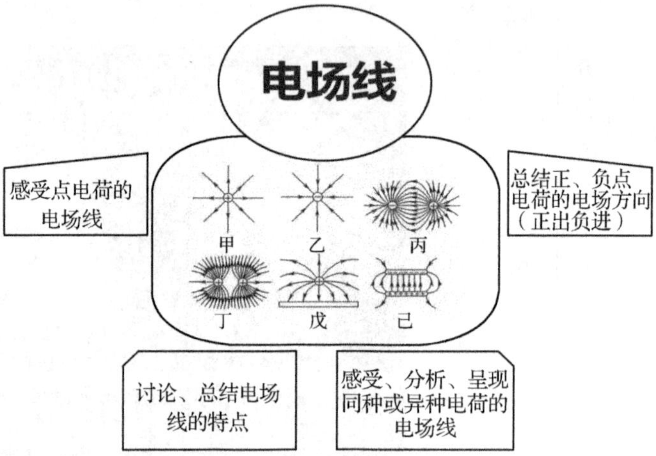		

附：可能涉及的专题性问题

1. 为什么可以用头发屑探究电场线的排列分布？空间中每个位置都存在电场，为什么头发屑呈现像电场线一样的分布，而不是连续的分布？

【参考解答】头发屑是绝缘体。在电场力的作用下，头发屑分子的正负电荷中心会发生偏移(极化现象)，不再重合，于是整个头发屑的一端带正电，另一端带负电。头发屑不仅受场源电荷激发的电场力，还受周围已经磁化的头发屑的作用力，因此其刚好沿电场线分布。

2. 电场线为什么不能相交或相切？

【参考解答】电场是客观存在的物质，而电场线是人为想象的、用来描述电场的工具。为了使电场线的描述更加贴近事实，必须对电场线的画法有所约定，不能随心所欲。而这正好是高中物理教材(限于学生认知水平)未曾提到的部分。大学物理教材《电磁学》中对于电场线的画法有类似的描述。为了让电场线能够大致描述电场强度的大小，一般规定穿过某个面元的电场线条数 N 正比于该面元的电通量，即 $N=k\Phi$。将公式左右两边同时除以 ΔS，得$\frac{N}{\Delta S}=k\frac{\Phi}{\Delta S}=kE$。可以看出，电场线密度$\frac{N}{\Delta S}$正比于电场强度$E$的大小，电场强度较大的地方电场线较密，电场强度较小的地方电场线较疏。若两根电场线相交(切)，在交(切)点附近处取微小面元，$\frac{N}{\Delta S}$会趋于无穷大，意味着电场强度无穷大，而这是不可能的。

福建省石狮市第三中学　刘　斌

七、点电荷的电场　场强叠加原理

课程信息	《物理》必修第三册第1章第4节中的"点电荷的电场""场强叠加原理"。
课标要求	1. 知道点电荷的电场，能推导点电荷电场强度的表达式并能运用它分析、解决相关问题。 2. 知道场强叠加原理，会进行相关的简单计算。
片断教学目标	通过电场强度公式的自主推导，认识点电荷的电场强度的公式；结合场源电荷的正负，轻松判断出电场的方向。利用矢量的独立性叠加原理，延伸推导出多个点电荷产生的电场的电场强度，熟悉矢量的运算法则。
教材分析	教材根据带电体在空间任一点对试探电荷的作用力，由电场强度的定义确定相应点的电场强度，从而得到其电场分布，推出了点电荷电场强度大小的表达式。电场强度的方向利用图示更容易理解，故教材结合图示做了说明。点电荷是最简单的场源电荷，原则上根据点电荷的电场和电场强度叠加原理，可以确定任何带电体的电场分布。教材先介绍点电荷的电场。教材中的例题和迁移涉及两个点电荷延长线和垂直平分线上电场强度的分析、求解，这是高中物理常见的典型问题。同时教材也给出了解决这类问题的思路和方法，有助于提升学生的学科思维水平，也为后面介绍电偶极子做好了铺垫。
学情分析	点电荷的电场强度表达式推导过程较简单。教师可让学生自己推导，以增强学生的学习能力。公式只给出了电场强度的大小，方向需要根据场源电荷的正负确定。学生对正负点电荷的电场强度方向容易理解，但要准确表述有一定难度。教师在教学时要注意表述的准确性。为让学生了解点电荷电场的空间分布，教师在教学时可结合图形给学生指出，点电荷电场空间分布的特点是：以场源点电荷为中心作一个球面，球面上各点的电场强度大小相等，方向垂直于球面。
片断教学重难点	重点：利用电场强度的定义研究真空中点电荷周围的电场，以此加强对电场强度概念的理解，并认识真空中点电荷周围电场的特点。 难点：利用平行四边形定则研究多个点电荷在真空中某点产生的电场强度，以此强化对真空中点电荷周围电场的特点的理解，并深化对矢量合成法则的认识。

续表

<table>
<tr><td colspan="2">教学流程图</td><td colspan="2">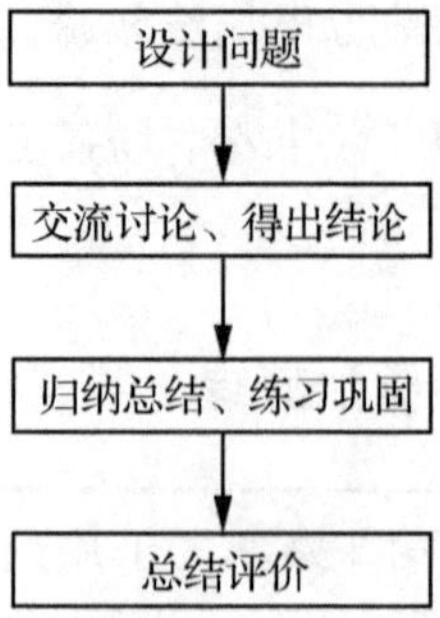
</td></tr>
<tr><td rowspan="2">设计流程</td><td>导(学)：体现思维引导及主动学习</td><td>建议2 min</td><td>【导入新课】
1. 如下图所示，点电荷 A 的电荷量为 $+Q$，在距 A 为 r 的某点 P 处放一试探电荷 $+q$。
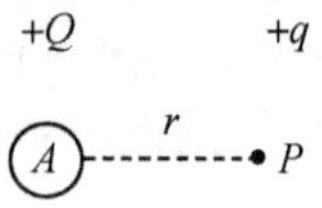

(1) 求 P 点的电场强度的大小和方向；
(2) 若试探电荷的电荷量为 $-q$，求 P 点的电场强度的大小和方向。
2. 如下图所示，Q 和 Q' 均为正点电荷，且 $Q=Q'$。在 P 点处放一试探电荷 $+q$。
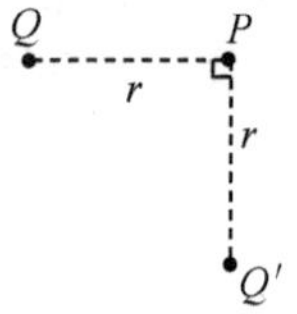

(1) 两点电荷 Q、Q' 在 P 点处产生的电场的电场强度分别为多大？沿什么方向？
(2) 根据电场强度的定义式，算出 P 点的电场强度的大小和方向。
(3) P 点的电场强度与两点电荷 Q、Q' 在 P 点处产生的电场强度有什么规律？</td></tr>
<tr><td>研(学)：体现合作探究精神</td><td>建议6 min</td><td>【探究活动】学生根据课堂设计的问题，讨论并推导出点电荷电场强度的公式，得出电场的方向和电性的关系。利用力的矢量的叠加，结合电场强度的定义，得出多个场源电荷产生的电场强度。
（若比赛有现场实验要求，则此项时间建议增加 5 min）</td></tr>
</table>

续表

<table>
<tr>
<td>设计流程</td>
<td>展(示)：体现合作学习成果</td>
<td>建议2 min</td>
<td>

【展示活动】

1. 认识点电荷的电场。

(1) $E=k\frac{Q}{r^2}$是真空中点电荷电场强度的决定式，$E\propto Q$，$E\propto\frac{1}{r^2}$，式中Q为产生电场的场源电荷所带电荷量，r为电场中某点与场源电荷间的距离。

(2) 如果以Q为中心、r为半径作一球面，则球面上各点的电场强度大小相等。当Q为正电荷时，电场强度E的方向沿半径向外，如图①所示；当Q为负电荷时，电场强度E的方向沿半径向内，如图②所示。

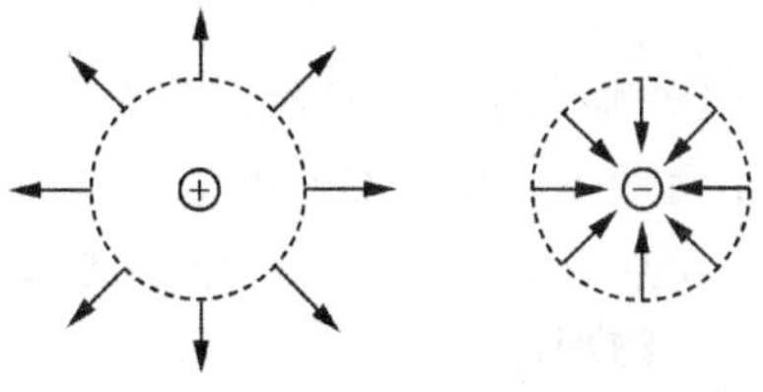

图①　　　　图②

(3) 此式只适用于真空中的点电荷。

2. 比较$E=\frac{F}{q}$与$E=\frac{kQ}{r^2}$，两者的区别如下表所示。

<table>
<tr><td rowspan="2">比较</td><td colspan="2">公式</td></tr>
<tr><td>$E=\frac{F}{q}$</td><td>$E=\frac{kQ}{r^2}$</td></tr>
<tr><td>本质区别</td><td>定义式</td><td>点电荷电场强度大小的决定式</td></tr>
<tr><td>意义</td><td>给出了一种测量电场强度的方法</td><td>指明了点电荷电场强度大小的决定因素</td></tr>
<tr><td>适用范围</td><td>一切电场</td><td>真空中点电荷激发的电场</td></tr>
<tr><td>Q或q的意义</td><td>q表示引入电场的试探电荷的电荷量</td><td>Q表示产生电场的场源电荷的电荷量</td></tr>
<tr><td>E与其他量的关系</td><td>E用F与q的比值来表示，但E的大小与F、q的大小无关</td><td>E不仅用Q、r来表示，且$E\propto Q$，$E\propto\frac{1}{r^2}$</td></tr>
</table>

3. 学习场强叠加原理。

(1) 由于电场强度是矢量，故欲求出各个电荷在某点产生的电场强度的矢量，需用平行四边形定则。

(2) 各个电荷产生的电场是独立的、互不影响的。

(3) 对于计算不能视为点电荷的带电体的电场强度，可以把带电体分成很多小块，把每块看成点电荷，用点电荷的电场叠加的方法计算。

</td>
</tr>
</table>

续表

设计流程	练(习)：体现教学效果	建议2 min	【练习】如右图所示，真空中带电荷量分别为$+Q$和$-Q$的点电荷A、B相距r，则 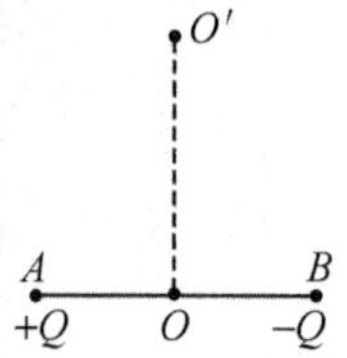 (1) 点电荷A、B各自在中点O产生的电场强度分别为多大？方向如何？ (2) 两点电荷连线的中点O处的电场强度为多大？方向如何？ (3) 在两点电荷连线的中垂线上，距A、B两点都为r的O'点的电场强度大小如何？方向如何？
	评(价)：体现激励性评价作用	建议2 min	【教师课堂总体评价】今天同学们通过自行推导和交流，得出了点电荷产生电场强度的决定式，利用矢量的独立性及叠加原理，求出了多个点电荷的电场。同学们的表现不错。希望大家再接再厉，上好每一节物理课。
板书设计	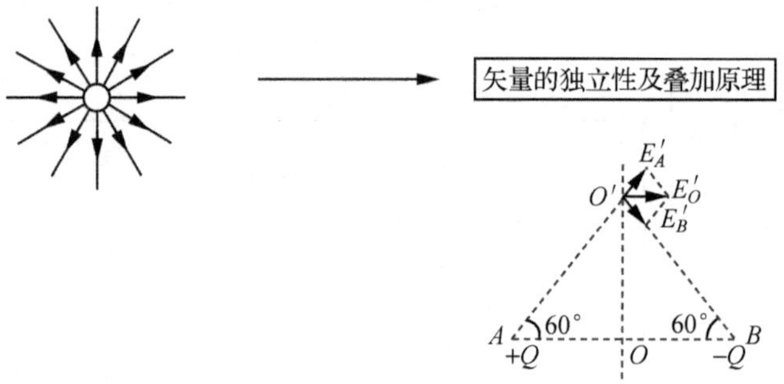 		

附：可能涉及的专题性问题

1. 在你平时的教学中会运用教材中的"策略提炼"这一类资源吗？

【参考解答】会的。新版的鲁版物理必修和选修教材中都有很多"策略提炼"资源，它是提升思维和能力、拓宽视野的好资料。在平时教学中我会引导学生结合相关内容进行学习。

2. 场强叠加原理与力学中力的运算都用到矢量运算法则，你会用类比法进行教学吗？

【参考解答】类比是指在事物间类似方面作比较。类比法是人们所熟知的几种逻辑推理中最富有创造性的方法。科学史上很多重大发现、创造往往发端于类比。类比被誉为科学活动中的"伟大的引路人"。是它首先推动了假说的产生。尽管类比不能代替论证，但可以为理解新知识、概念和规律提供依托。因此，作为一种从特殊推到特殊的科学方法，类比法在物理教学中有着广泛的应用。我们在平时教学时可以用到：

(1) 新、旧知识类比。如在学习静电场一节内容中，电场概念的建立是极为重要的，但由于此概念比较抽象，学生往往难以理解，可以用力学中所学重力场与之类比。地球周围存在着重力场。地球上所有物体都处于重力场中，都受到了地球的作用——重力。同样，电荷的周围存在着电场。电场对处于其中的电荷有电场力的作用。由物体在重力场中具有了与地球位置有关的重力势能，引导学生总结出检验电荷在电场中也应具有与场源电荷位置有关的电势能。如此类比，相当于在新旧知识间架起了一座桥梁，让学生可以从已掌握的旧知识中顺利地理解新知识。

(2) 生活经历与物理规律的类比。学生在日常学习生活中积累了一定的生活经历。用学生身边的事例进行类比，可启发学生的思维，调动学生学习的积极性，培养学生在生活中观察和分析问题的能力。如讲电势差时，可用瀑布来作为例子。瀑布的水量越大，落到底部的动能越大；而瀑布落差越大，落到底部的动能也越大。动能是由重力势能转化获得的，即瀑布的重力势能与瀑布的水量、落差有关。让学生自己类比得出：电势能与电荷量和电势差有关。

(3) 相关学科知识与物理知识的类比。自然科学分科庞杂，物理只是众多学科之一。可以用学生已学过的其他学科的一些知识类比，帮助他们理解一些物理现象和物理过程。

福建省泉州实验中学　蔡育惠

八、电场力做功

课程信息	《物理》必修第三册第 2 章第 1 节中的“静电力做功的特点”。
课标要求	知道静电力做功与路径无关，了解通过做功研究能量变化的思想。
片断教学目标	掌握电场力做功的特点，理解并能正确运用。
教材分析	本节内容是在学生学完电场力的性质之后引入的，起到承上启下的作用。
学情分析	学生在必修课中已比较熟练地掌握了受力分析、功的计算、重力做功的特点、重力势能等知识。已学过电场力、电场强度等知识，已具备学习本节内容的能力。 因电场力做功比较抽象，教师可以采用类比法，把学生从重力做功引申到电场力做功。
片断教学重难点	重点：掌握电场力做功的特点及计算公式。 难点：让学生理解静电力做功与路径无关。

续表

<table>
<tr><td colspan="3">教学
流程图</td><td>复习重力做功的特点
↓
在匀强电场里面释放电荷，电荷会做何运动
↓
解释电荷为何会运动，电场力是否做功
↓
沿不同路径移动电荷，电场力做功多少
↓
总结电场力做功的特点、电场力做功的表达式
↓
练习、总结</td></tr>
<tr><td rowspan="3">设
计
流
程</td><td>导(学)：
体现思维
引导及主
动学习</td><td>建
议
2
min</td><td>【导入新课】
1. 功是能量转化的量度，物体在重力场中具有重力势能。
2. 重力做功与路径无关，由初末位置的高度差来决定。
3. 重力做功的公式：$W=mgh$。</td></tr>
<tr><td>研(学)：
体现合作
探究精神</td><td>建
议
6
min</td><td>【探究活动】
1. 一个试探电荷$+q$(不计重力)在匀强电场中某点由静止释放，将如何运动？
2. 怎么计算电场力(静电力)对电荷做的功？
3. 如右图所示，匀强电场中，把正电荷沿不同路径从 A 点移到 B 点，静电力做功各是多少？
讨论：逐个进行分析，最后得出三种路径做功的大小。
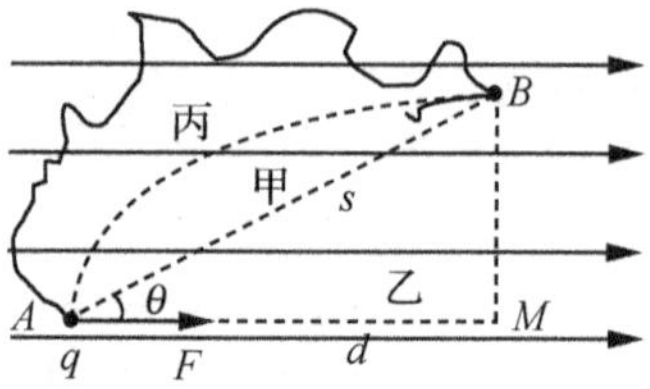
</td></tr>
<tr><td>展(示)：
体现合作
学习成果</td><td>建
议
2
min</td><td>【展示活动】对探究活动 3，让小组代表来回答。
第一组：$W=F\|AB\|\sin\theta=F\|AM\|$。
第二组：$W=F\|AM\|+F\|MB\|=F\|AM\|$。
第三组：$W=F\|AM\|$。
总结：静电力做的功与电荷的起始位置和终止位置有关，但与电荷经过的路径无关。(适用于一切电场)
①静电力做功的特点：与路径无关，只与电荷的初末位置有关。
②匀强电场中电场力做功的表达式：$W_{AB}=qEs\cos\theta=\pm qEd$。
③静电力做功也可以用动能定理计算。</td></tr>
</table>

续表

设计流程	练(习)：体现教学效果	建议2 min	【练习】如右图所示的匀强电场中有 a、b、c 三点，$ab=5$ cm，$bc=12$ cm，其中 ab 沿电场线方向，bc 和电场线方向成 60° 角。一个电荷量为 $q=4\times10^{-8}$ C 的正电荷从 a 点移到 b 点时电场力做功 $W=1.2\times10^{-7}$ J。求： 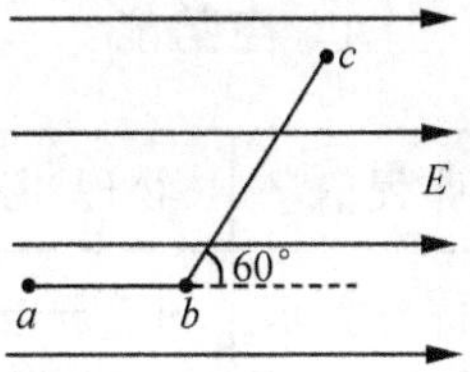 (1) 匀强电场的电场强度 E 的大小； (2) 电荷从 a 点移动到 c 点时电场力做的功 W_2。
设计流程	评(价)：体现激励性评价作用	建议2 min	【教师课堂总体评价】今天同学们通过集体研讨和探究实验，得出了静电力做功与路径无关的结论。其中，某组同学在探究过程中实验认真、测量准确，某组同学特别善于交流、学习态度好，他们是同学们学习的榜样。希望同学们再接再厉，上好每一节课。
板书设计			电场力做功 一、电场力做功的特点 与路径无关，只与电荷的初末位置有关。 二、电场力做功的公式 $W_{AB}=qEs\cos\theta=\pm qEd$ 将电荷 q 从 A 点沿折线移至 B 点。 对 AM：$W_1=qE\cdot\lvert AM\rvert$。 对 MB：$W_2=0$。 对全程：$W=W_1+W_2=qE\cdot\lvert AM\rvert$。 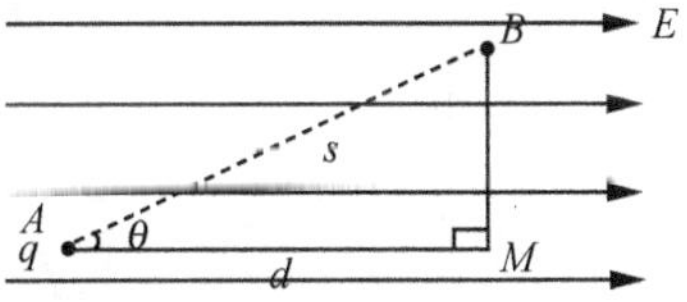

附：可能涉及的专题性问题

在教学中你会对照重力做功来帮助学生学习电场力做功吗？如果这样做，如何引导学生分析其异同点？

【参考解答】在平时教学中，会运用类比的方法来引导学生用前面学习过的知识来学习新知识。在静电力做功这一片断教学中，将从两方面进行对照分析。

相同之处：①电场力做功和重力做功都与电荷或物体运动的路径无关，只与物体的起始和终了位置有关。②做正功，相应的势能减少；做负功，相应的势能增加。

不同之处：①电荷带电有正负之分，物体质量则没有。②只有在重力做功时，物体的动能和重力势能才能相互转化，且物体的机械能守恒；只有在电场力做功时，电荷的动能与电势能才能相互转化，且转化时总量不变。

福建省石狮市第一中学　廖汭婧

九、电势能

课程信息	《物理》必修第三册第 2 章第 1 节中的“电势能”。
课标要求	知道静电场中的电荷具有电势能，了解电势能、电势和电势差的含义。
片断教学目标	掌握电势能的概念，掌握电势能与电场力做功的关系。
教材分析	本节内容是在学生学完电场力的性质之后引入的，起到承上启下的作用。
学情分析	学生已比较熟练地掌握了受力分析、功的计算、重力做功的特点、重力势能等知识。已学过电场力、电场强度等知识，已具备学习本节内容的能力。但电势能这个概念比较抽象，学生不易理解。
片断教学重难点	重点：掌握电势能与电场力做功的关系，并能用此解决相关问题。 难点：掌握电势能的概念及意义。
教学流程图	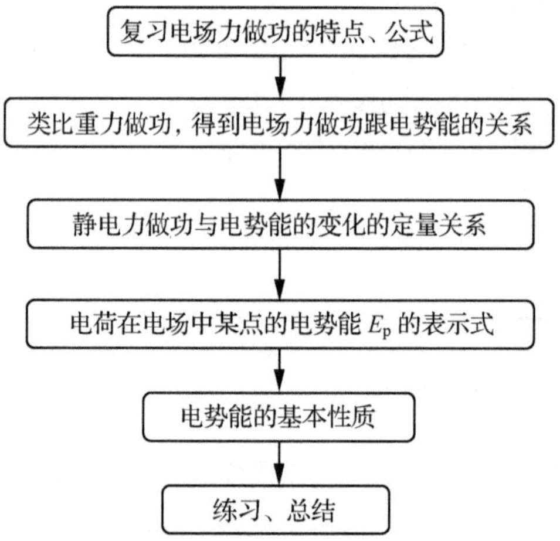

续表

<table>
<tr><td rowspan="2">设计流程</td><td>导(学)：
体现思维引导及主动学习</td><td>建议
2
min</td><td>【导入新课】
1. 回顾电场力做功的公式、特点。
2. 回顾重力做功会有什么能量产生。</td></tr>
<tr><td>研(学)：
体现合作探究精神</td><td>建议
6
min</td><td>【探究活动】
1. 如下图所示，探究静电力做功有哪些特点。功与能量的变化密切相关。重力做功对应着重力势能的变化，那么静电力做功又对应着哪种形式能量的变化呢？
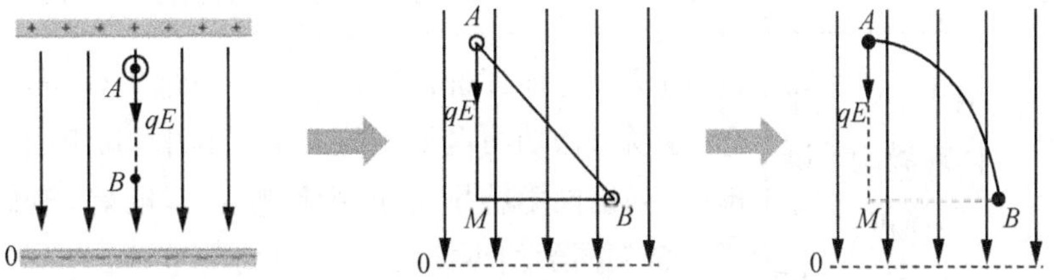

定义：电荷在电场中具有的势能叫电势能。
规定：电荷在某点的电势能等于把它从该处移动到零电势能处静电力所做的功。
2. 探究电势能的大小。如右图所示，若 $A \to B$ 电场力所做功为 W_{AB}，以 A 点作为零势能面，则有
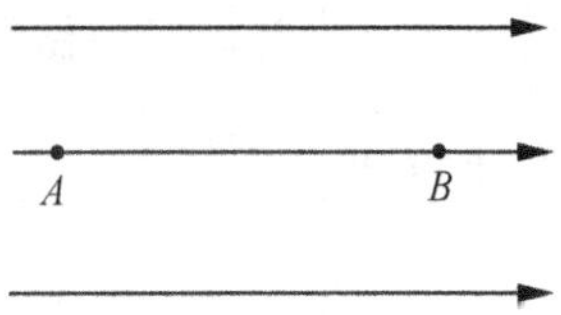

$E_{pA}\quad E_{pB}=W_{AB}$
因 $E_{pA}=0$，则 $E_{pB}=-W_{AB}$。
讨论：若以 B 点作为零势能面，则 E_{pA} 和 E_{pB} 各是多少？
3. 例题分析。如下图所示，在一个正点电荷产生的电场中的一条电场线上依次有 A、B、C 三点，分别把 $+q$ 和 $-q$ 两个检验电荷依次放在三点上，下列关于电势能的说法正确的是(　　)。
A. 放上 $+q$ 时，$E_{pA}>E_{pB}>E_{pC}$
B. 放上 $+q$ 时，$E_{pA}<E_{pB}<E_{pC}$
C. 放上 $-q$ 时，$E_{pA}>E_{pB}>E_{pC}$
D. 放上 $-q$ 时，$E_{pA}<E_{pB}<E_{pC}$
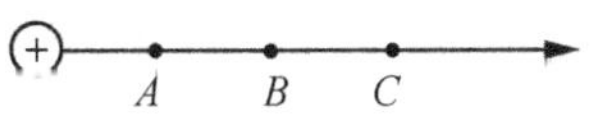
</td></tr>
</table>

续表

设计流程	展(示)：体现合作学习成果		【展示活动】请各组选出一个代表，将你们小组讨论的结果写在作业纸上，到展示台上向全班同学进行展示并介绍你们的成果。
	练(习)：体现教学效果	建议5 min	【练习】如右图所示，两块平行金属板间距离为 4 cm，电场强度为 5×10^{5} N/C。一电子沿电场线从正极板运动到负极板时静电力做了多少功？它的电势能怎样变化？若规定负极板为零电势能点，电子在正极板的电势能多大？(电子电荷量的大小为 1.60×10^{-19} C) 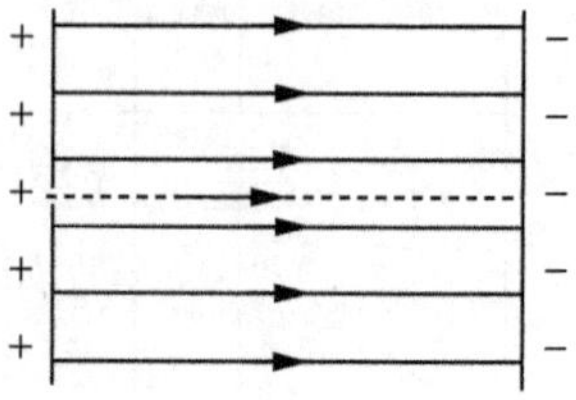
	评(价)：体现激励性评价作用	建议2 min	【教师课堂总体评价】今天同学们通过集体研讨，掌握了电势能的概念、电场力做功与电势能的关系。其中，某组同学在探究过程中测量准确，某组同学特别善于交流、学习态度好，他们是同学们学习的榜样。希望同学们再接再厉，上好每一节课。
板书设计	电势能 1. 概念：电荷在电场中具有的势能叫电势能。 2. 电场力做功与电势能的关系：$W=-\Delta E_{\mathrm{p}}$。 3. 性质。 (1) 电势能具有相对性：具体数值与零势能面的选取有关。 (2) 电势能具有系统性：电势能为由电荷和对它作用的电场组成的系统所共有。 (3) 电势能是一个标量，其正负表示大小。		

附：可能涉及的专题性问题

简述一下电势能与电场力的关系。

【参考解答】电势能与电场力是电磁场的核心，它们之间有着密不可分的联系。电势能表示电磁场中相互影响或作用的物理效应。例如，在一个两极电荷系统中，一个极性条件(一个电势梯度)会导致电磁粒子从一个极性向另一个极性运动。而电场力是电荷在电场中所受到的力，是由于电荷在电场中所处的位置和电场强度的关系而产生的。

福建省石狮市第一中学　廖汭婧

十、等势面

<table>
<tr><td>课程信息</td><td colspan="3">《物理》必修第三册第 2 章第 2 节中的“等势面”。</td></tr>
<tr><td>课标要求</td><td colspan="3">会用等势面描绘静电场，了解电场线与等势面的关系。</td></tr>
<tr><td>片断教学目标</td><td colspan="3">理解等势面的概念，知道电场线一定垂直于等势面，了解几种典型电场的等势面的分布。</td></tr>
<tr><td>教材分析</td><td colspan="3">教材在推导电势差与电场力做功关系基础上引入等势面概念，继续深入和拓展，为学生进一步学习电场相关知识做了铺垫。</td></tr>
<tr><td>学情分析</td><td colspan="3">学生学习了电场的概念，以学生原有知识作为基础，再学习电势和等势面就不太困难。</td></tr>
<tr><td>片断教学重难点</td><td colspan="3">重点：电势、等势面概念的理解及应用，电场线与等势面的关系。
难点：电势大小的判断，等势面在静电问题中的应用。</td></tr>
<tr><td>教学流程图</td><td colspan="3">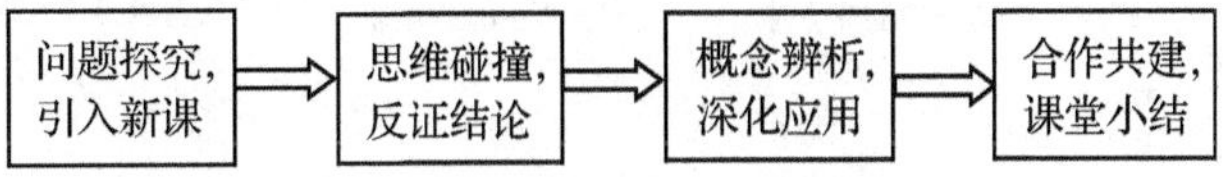</td></tr>
<tr><td rowspan="2">设计流程</td><td>导（学）：体现思维引导及主动学习</td><td>建议 2 min</td><td>【导入新课】以 $A\to B$ 为例进行研究，在匀强电场中把电荷量为 2.0×10^{-9} C 的点电荷从 A 点移动到 B 点，静电力做功为 1.6×10^{-7} J。设 A 点不动，请再找出满足上述条件的点，并标在右图中。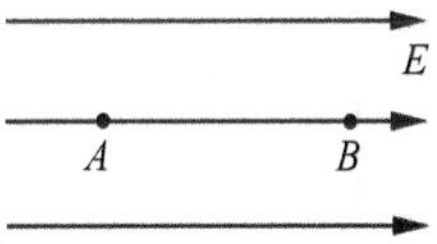</td></tr>
<tr><td>研（学）：体现合作探究精神</td><td>建议 6 min</td><td>【探究活动】
1. 第 1 组：如图①所示，以 A 点为圆心、AB 长为半径画一个圆，认为圆上的 B' 点符合要求。
2. 第 2 组：如图②所示，画了一条过 B 点且与电场线垂直的线，认为垂线上的 B' 点符合要求。
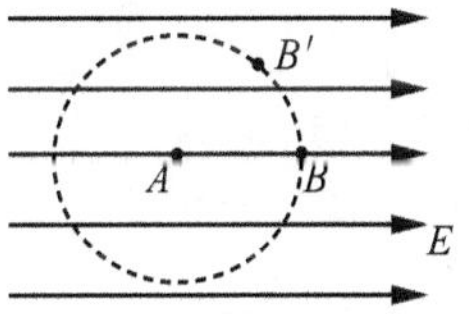图①
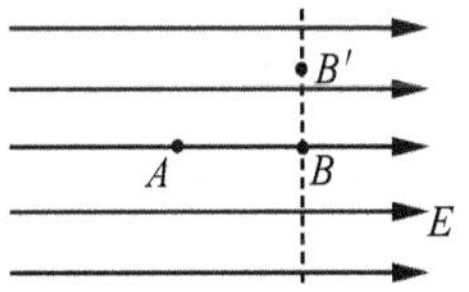图②
反证：
①不妨设第一组同学的想法是正确的，则 $W_{AB}=W_{AB'}$ 亦成立。因静电力做功与路径无关，可以通过构建合理的路径进行检验。比如将 $W_{AB'}$ 的路径选为 $AB+BB'$，则 $W_{AB'}=W_{AB}+W_{BB'}$，因为 $W_{BB'}\neq0$，所以 $W_{AB}\neq W_{AB'}$，可见第一组同学的想法不正确。</td></tr>
</table>

续表

设计流程	研(学)：体现合作探究精神	建议6 min	②再看第二组同学的方案，采用类似的方法，选取路径 $AB+BB'$，此时 $W_{BB'}=0$，可见 $W_{AB'}=W_{AB}$ 成立，第二组同学找到的 B' 点符合要求。 总结：这里的关键是使电荷由 B 点移动到 B' 点的过程中静电力做功为零。可见，这条虚线上的点都是符合要求的。过 B 点作一个与电场线垂直的面，面内各点都满足条件。
	展(示)：体现合作学习成果	建议2 min	【展示活动】呈现几种常见等势面的图片。 定义：在电场中，电势相同的各点构成的面叫作等势面。 知识迁移：类比等高线，理解等势面。 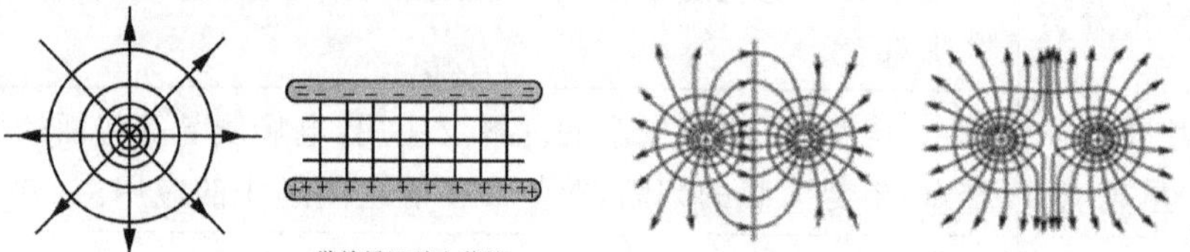 点电荷的等势面　带等量异种电荷的平行板中的等势面　等量异种电荷的等势面　等量同种电荷的等势面 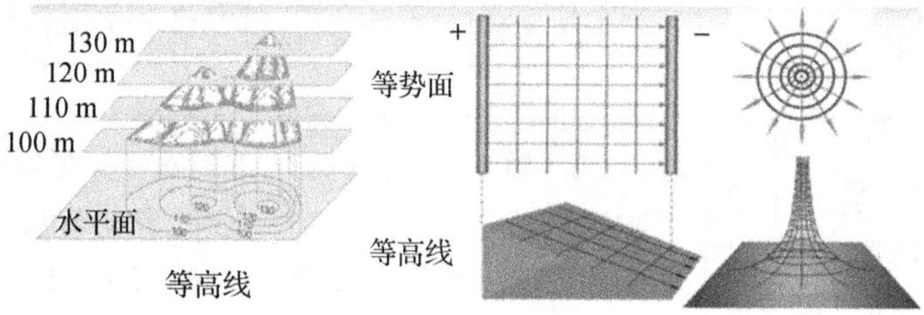
	练(习)：体现教学效果	建议2 min	【练习】如图所示，有一带电粒子沿曲线 AB 在一匀强电场中运动，虚线 a、b、c、d 为电场中的等势面，且 $\varphi_a>\varphi_b>\varphi_c>\varphi_d$，粒子在 A 点初速度 v_0 的方向与等势面平行。不计粒子的重力，下列说法正确的是(　　)。 A. 粒子带正电 B. 粒子在运动中电势能逐渐减少 C. 粒子在运动中动能逐渐减少 D. 粒子的运动轨迹为半边抛物线 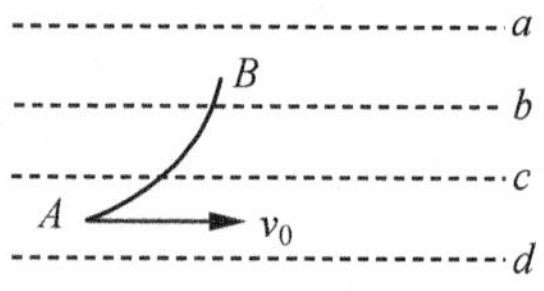
	评(价)：体现激励性评价作用	建议2 min	【教师课堂总体评价】今天同学们通过推理和论证，得出了等势面的概念。其中，某组同学在探究过程中表现优异、认真思考、思路清晰，某组同学特别善于交流、学习态度好，他们是同学们学习的榜样。希望同学们再接再厉，上好每一节课。

续表

<table>
<tr>
<td>板书设计</td>
<td>
板书设计一：
等势面的概念：在电场中电势相同的各点构成的面。
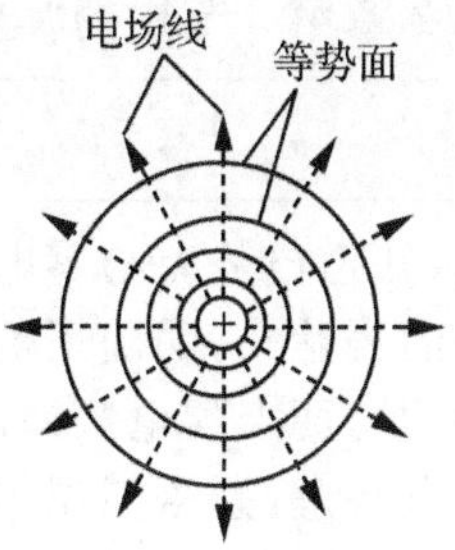

①在等势面上移动电荷时，静电力不做功。
②电场线跟等势面垂直，且由高电势指向低电势。
板书设计二：
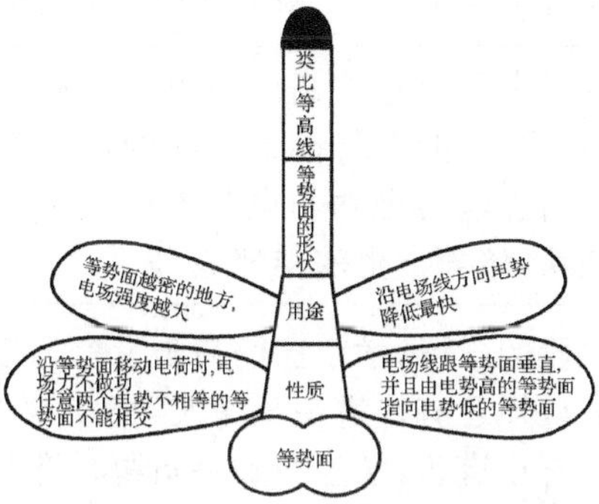

</td>
</tr>
</table>

附：可能涉及的专题性问题

1. 为什么实际工作中是先绘制等势面，再绘制电场线？

【参考解答】实际中测量电势比测定场强容易，所以常用等势面研究电场，先测绘出等势面的形状和分布，再依据电场线与等势面处处垂直，绘出电场线。

2. 设计电子仪器的电极时要考虑等势面的分布吗？

【参考解答】设计电子仪器（如示波管、电子显微镜）中的电极的形状、大小和相互位置时，都需要经过试验测绘出等势面的形状和分布，推知电极所产生的电场的情况，以便确定符合实际要求的设计方案。

3. 电场线是假想出来的，等势面客观存在吗？

【参考解答】电场线不是客观存在的，是为了研究问题方便人为引入的。等势面是真实存在的，是指在静电场中电势相等的各点所构成的面。

4. 在物理教学中除了可将等势面与等高线进行类比，还有其他例子吗？说明类比法的优点。

【参考解答】类比法例子：①电流由高电势处流向低电势处，与水由高处向低处流动类似。②电容器与水桶类比。电容器被击穿了相当于水桶漏了。水桶漏了不能再盛水，电容器被击穿了则不能再盛电。

类比法实际上就是充分利用两者的相似性，用熟悉的、能有直观感受的东西去理解不易接受的、抽象的东西，能够使说理浅显易懂，能够化抽象为具体，将深奥的物理规律形象化、具体化、大众化，使人相对容易理解和接受，而且印象深刻。

福建省晋江市侨声中学　蔡　伟

十一、电势差与静电力做功

<table>
<tr><td>课程信息</td><td colspan="3">《物理》必修第三册第 2 章第 3 节中的“电势差与静电力做功”。</td></tr>
<tr><td>课标要求</td><td colspan="3">了解电势差的含义。</td></tr>
<tr><td>片断教学目标</td><td colspan="3">1. 了解电势差的内涵，知道电势差与零电势点的选择无关。
2. 知道两点间电势差的表达式，明确正负号的含义。
3. 能推导出静电力做功与两点间电势差之间的关系，会进行相关计算。
4. 通过类比高度差和电势差，感悟知识的迁移。
5. 通过对原有知识的加工、新旧知识的类比概括，培养知识自我更新能力。</td></tr>
<tr><td>教材分析</td><td colspan="3">教材通过生活中所熟悉的高度差引出电势差的概念，然后讨论两点间电势差的正负号与这两点的电势高低之间的对应关系，进而引导学生利用前两节所学知识推导出静电力做功与电势差的关系。通过知识的迁移，让学生感悟知识的内在联系，培养学生的推理能力。</td></tr>
<tr><td>学情分析</td><td colspan="3">通过前一阶段的学习，学生已经初步了解电场强度、电势能、电势等概念，但对这些概念的认知还有待进一步深入理解。静电力可做正功，也可做负功，两点间电势差也有正有负，学生在解决问题时易混淆。</td></tr>
<tr><td>片断教学重难点</td><td colspan="3">重点：静电力做功与两点间电势差之间的关系。
难点：对电势差另一种表述中各个物理量正负号的理解。</td></tr>
<tr><td>教学流程图</td><td colspan="3">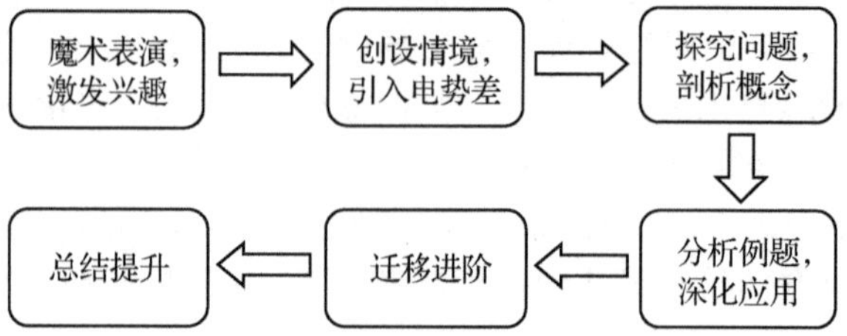
</td></tr>
<tr><td>设计流程</td><td>导(学)：体现思维引导及主动学习</td><td>建议 2 min</td><td>【导入新课】桌面上有一个神秘的纸盒，老师将一根未接通电源的灯管靠近纸盒，请同学们观察现象。

现象 1：灯管一端靠近纸箱时，灯管会发光。
现象 2：将灯管横向放置，两端一起靠近纸箱时，灯管不发光。</td></tr>
</table>

续表

<table>
<tr>
<td>设计流程</td>
<td>研(学)：体现合作探究精神</td>
<td>建议6 min</td>
<td>
【探究活动】
1. 请观察右图所示图片，并思考以下三个问题。
(1) 分别选取地面和 B 点所在的平面为参考平面，A、B 两点的高度差是否改变？
(2) 选取不同的参考平面，从 A 点到 B 点重力做的功是否改变？
(3) 影响重力做功大小的是 A、B 两点高度值，还是 A、B 两点之间高度的差值呢？
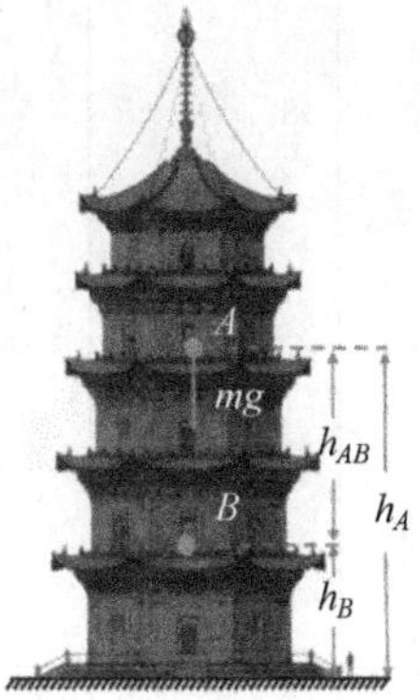

思考：选取不同的参考平面并不会改变 A、B 两点之间的高度差。影响重力做功的不是高度值，而是 A、B 两点之间高度的差值。
2. 如右图所示，某个电荷在确定的电场中由 A 点移动到 B 点，影响静电力做功的因素是 A 点或 B 点的电势值还是 A、B 两点之间电势的差值呢？
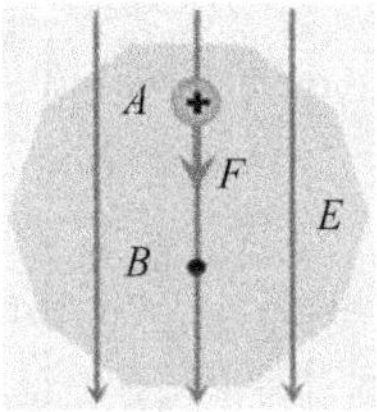

讨论：电势差可以是正值，也可以是负值。电势差的正负表示什么意义？
结论：电势差的正负反映的是两点电势谁高谁低。
3. 如下图所示，匀强电场的电场强度为 30 N/C，A、B、C 是电场中同一条电场线上的三个点，相邻两个点的距离 d 均为 10 cm。以 B 点为零电势点，求 A、C 两点的电势。
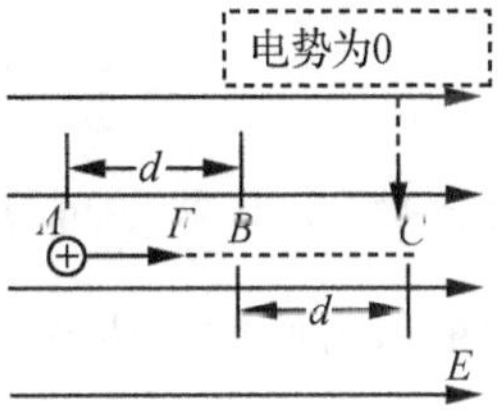

4. 假设在匀强电场中有带正电荷 q 的电荷，在 A 点的电势为 φ_A，在 B 点的电势为 φ_B，A、B 两点之间的电势差为 U_{AB}，如右图所示。正电荷从 A 点运动到 B 点的过程中，静电力所做的功为多少？
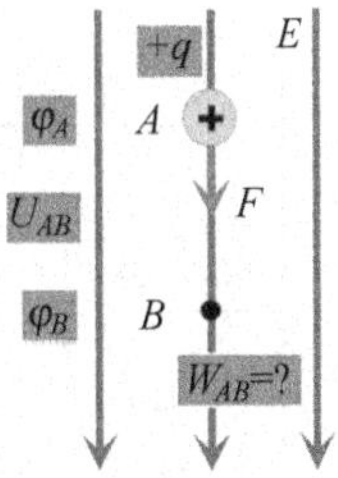

</td>
</tr>
</table>

续表

<table>
<tr>
<td rowspan="2">设计流程</td>
<td>展(示)：体现合作学习成果</td>
<td>建议2 min</td>
<td>【展示活动】
1. 电势差的定义：电场中两点电势之间的差值，即
$$U_{AB}=\varphi_A-\varphi_B, U_{BA}=\varphi_B-\varphi_A$$
$$U_{AB}=-U_{BA}$$
电势差与零电势点的选取无关。
教师点睛：电势差的大小与试探电荷无关，电势差由场源电荷和两点的位置决定。
2. 当灯管一端靠近纸盒时两端之间存在电势差，可以使日光灯管内的气体分子被激发，辐射出来的紫外线又可以使管壁上的荧光物质发光。当将灯管横向放置的时候，两点的电势值近似相等，几乎没有电势差了，日光灯管就不发光。
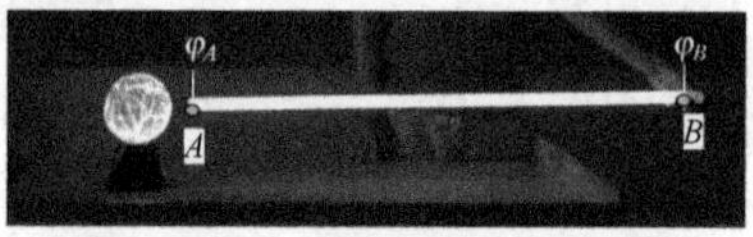

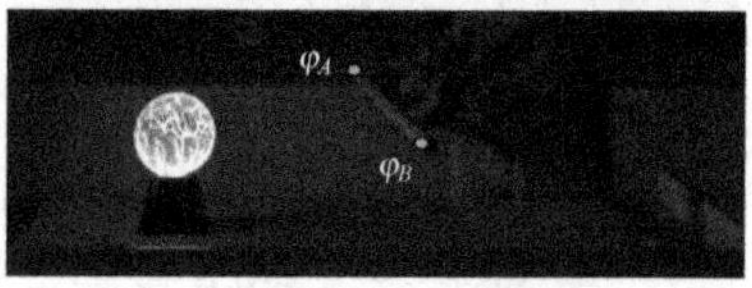

$$U_{AB}=\varphi_A-\varphi_B=\frac{E_{pA}}{q}-\frac{E_{pB}}{q}=\frac{E_{pA}-E_{pB}}{q}=\frac{W_{AB}}{q}$$
静电力做功与电势差的关系：
$W_{AB}=qU_{AB}$——适用于恒力和变力做功
教师点睛：A、B 两点间的电势差等于将电荷 q 从电场中 A 点移动到 B 点静电力所做的功 W_{AB} 与电荷量 q 之比，即 $U_{AB}=\frac{W_{AB}}{q}$。这是电势差的另一种表述。</td>
</tr>
<tr>
<td>练(习)：体现教学效果</td>
<td>建议2 min</td>
<td>【练习】如图①所示，一个质子以一定初速度水平射入一个由两块带电的平行金属板组成的区域。两极板间的电势差 $U=3.0\times10^5$ V，电荷量 $q=1.60\times10^{-19}$ C。
(1) 求质子从正极板运动到负极板时静电力做的功。
(2) 若将质子更改为电子，求静电力所做的功。</td>
</tr>
</table>

续表

设计流程	练(习)：体现教学效果	建议2 min	(3) 如图②所示，在电场中一个电荷量为-6×10^{-6} C的电荷从A点移到B点，静电力做功为3×10^{-5}J。求A、B两点间的电势差。 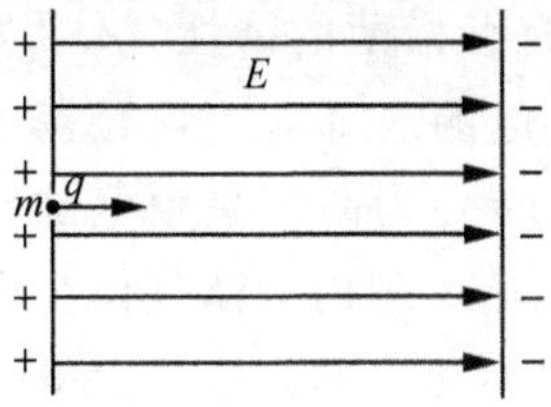 图① 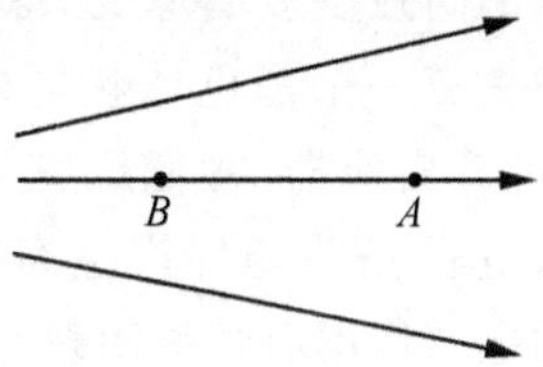 图②
	评(价)：体现激励性评价作用	建议2 min	【教师课堂总体评价】本节课使用了演绎推理的方法，将已有的知识作为新知识的生长点。从电势差的定义$U_{AB}=\varphi_A-\varphi_B$入手，接着通过电势的定义，用含有电势能的表达式将$\varphi_A$和$\varphi_B$替换掉。然后通过数学通分，整理为电势能的变化量比$q$。最后通过功能关系，用静电力做的功，将电势能的变化量替换掉，就得到了静电力做功与电势差之间的关系。当我们使用$U_{AB}=\frac{W_{AB}}{q}$进行计算的时候，一定要注意正负号。本节课大家表现得很好。 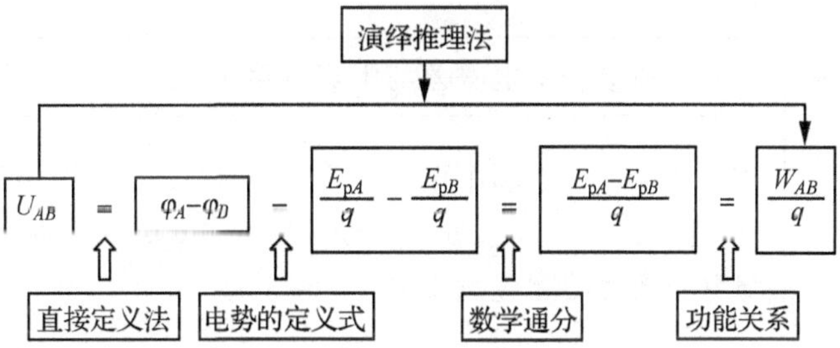
板书设计			电势差$U_{AB}=\varphi_A-\varphi_B$。 静电力做功的四种常用求法： (1) 功的定义法：$W=FL\cos\theta$或$W=qEL\cos\theta$，适用匀强电场。 (2) 电势差法：$W_{AB}=qU_{AB}$。 (3) 电势能变化法：$W_{AB}=E_{pA}-E_{pB}$。 (4) 动能定理：$W_{电}+W_{其他力}=\Delta E_k$。 注意：方法(2)(3)(4)适用于任何电场。 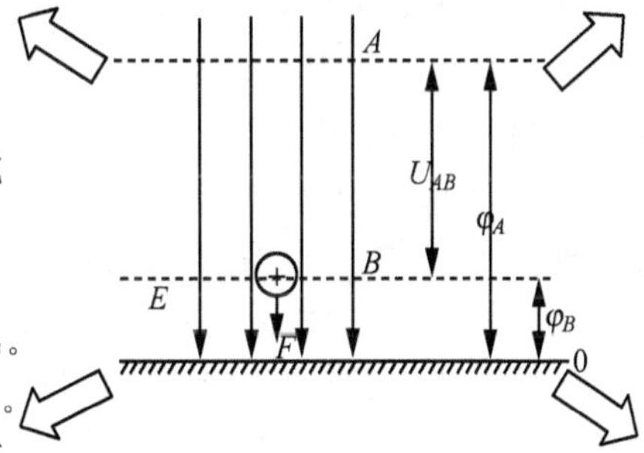 $U_{AB}=\varphi_A-\varphi_B$ $=\frac{E_{pA}}{q}-\frac{E_{pB}}{q}$ $=\frac{E_{pA}-E_{pB}}{q}$ $=\frac{W_{AB}}{q}$ $W_{AB}=qU_{AB}$

附：可能涉及的专题性问题

为何辉光球会产生绚丽多彩的辐射状的辉光？

【参考解答】辉光球又称为电离子魔幻球。它的外观为直径几十厘米的高强度玻璃球壳，球内充有稀薄的惰性气体（如氩气等），中央有一个黑色球状电极。球的底部有一块振荡电路板，通过电源变换器，将低压直流电转变为高压高频电加在电极上。通电后，振荡电路产生高频电场。球内稀薄气体受到高频电场的电离作用而光芒四射，产生神秘色彩。电极上电压很高，故所发生的光是一些辐射状的辉光，绚丽多彩，光芒四射，在黑暗中非常好看。

辉光球工作时，在球中央的电极周围形成一个类似点电荷的场。当用手（人与大地相连）触及球时，球周围的电场、电势分布不再均匀对称，故辉光在手指的周围处变得更为明亮，产生的弧线会顺着手的触摸移动而扭曲游动。

福建省泉州外国语中学　林德墅

十二、匀强电场中电场强度与电势差的关系

课程信息	《物理》必修第三册第 2 章第 3 节中的“匀强电场中电场强度与电势差的关系”。
课标要求	知道匀强电场中电势差与电场强度的关系。
片断教学目标	通过推导匀强电场中电势差与电场强度的定量关系的过程，理解关系式的意义；通过推导电场强度的单位“伏[特]每米”与“牛[顿]每库[仑]”，理解电势差与电场强度的物理意义。
教材分析	电势差用于描述电场能的性质，而电场强度用于描述电场力的性质。两者从不同角度描述电场性质。通过电场力做功对能量的转化，两者之间建立起了密切的联系。本节起到了承上启下的作用，具有重要地位。同时介绍了电场强度的另一种定义方式。
学情分析	通过前一阶段的学习，学生已经学习了电场强度、电势能、电势、电势差等概念，并掌握了电场力做功的特点，知道了电场力做功与电势能之间的关系。学生对这些概念、规律的认知还有待进一步的深入。由此，教师在教学中要注意发挥本节的作用，让学生逐步从整体上把握静电场的相关规律。
片断教学重难点	重点：匀强电场中 $U_{AB}=Ed$ 的推导及其应用。 难点：电场中电势差与电场强度的定量关系，理解关系式的意义。

续表

<table>
<tr><td colspan="3">教学流程图</td><td>新课导入，梳理回顾 ⇒ 创设问题，引导探究 ⇒ 合作探究，导出结论 ⇒ 固化成果，列举习题</td></tr>
<tr><td rowspan="3">设计流程</td><td>导(学)：体现思维引导及主动学习</td><td>建议2 min</td><td>【导入新课】复习之前所学知识，整理成下图所示内容。
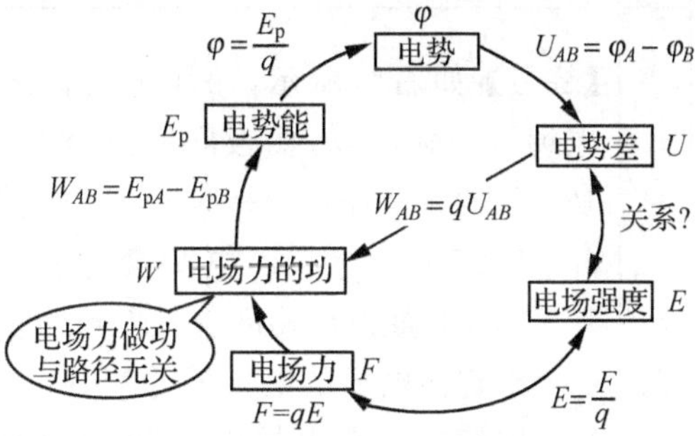
</td></tr>
<tr><td>研(学)：体现合作探究精神</td><td>建议6 min</td><td>【探究活动】引出电势差 U 与电场强度的关系。
(1) 如右图所示，若正电荷沿场强方向从 A 点移动到 B 点，从力的角度写出点电荷受到的电场力。
(2) 若正电荷沿场强方向从 A 点移动到 B 点，从力的角度写出静电力所做的功。
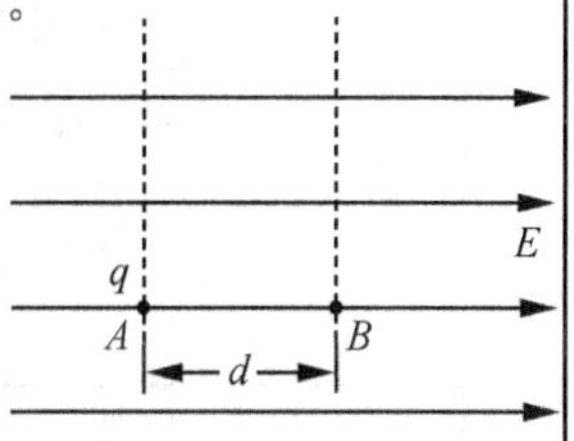

(3) 若正电荷沿场强方向从 A 点移动到 B 点，AB 之间的电势差为 U_{AB}，从能量的角度，静电力做功为多少？</td></tr>
<tr><td>展(示)：体现合作学习成果</td><td>建议2 min</td><td>【展示活动】
1. 总结得出公式 $U_{AB}=Ed$ 或 $d=\frac{U_{AB}}{E}$。
(1) 如下图所示，因 $W_{AB}=Fd_{AB}=qEd_{AB}$，$W_{AB}=qU_{AB}$，得 $U_{AB}=Ed_{AB}$ 或$E=\frac{U_{AB}}{d_{AB}}$。
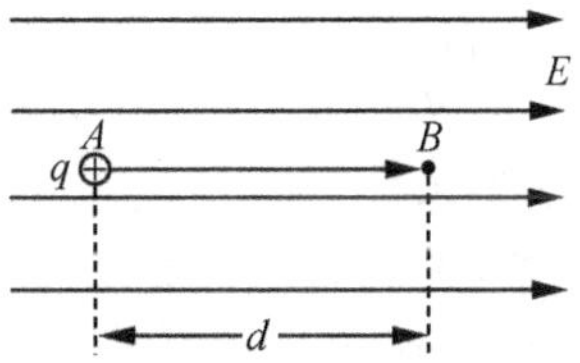

(2) 电场强度的单位：伏每米(V/m)。
(3) 电场强度的单位的换算关系：$1\ \text{V/m}=\frac{1\ \text{J/C}}{1\text{m}}=\frac{1\ \text{N}\cdot\text{m}}{1\ \text{C}\cdot\text{m}}=1\ \text{N/C}$。
(通过单位换算，学生了解到电场强度的两种定义方式的统一性)</td></tr>
</table>

续表

设计流程	展(示):体现合作学习成果	建议2 min	2. 总结公式 $U_{AB}=Ed$ 的物理意义。 总结:在匀强电场中,电场强度的大小等于电势差与两点沿电场方向的距离之比。也就是说,电场强度在数值上等于沿电场方向单位距离上降低的电势。
	练(习):体现教学效果	建议2 min	【练习】如右图所示,两块金属板之间的电场为匀强电场,两板间的电压 $U=3\times10^3$ V,两板间距离 $d=20$ cm,质子的质量 $m=1.67\times10^{-27}$ kg,电荷量 $q=1.60\times10^{-19}$ C,取重力加速度 $g=10$ m/s²。 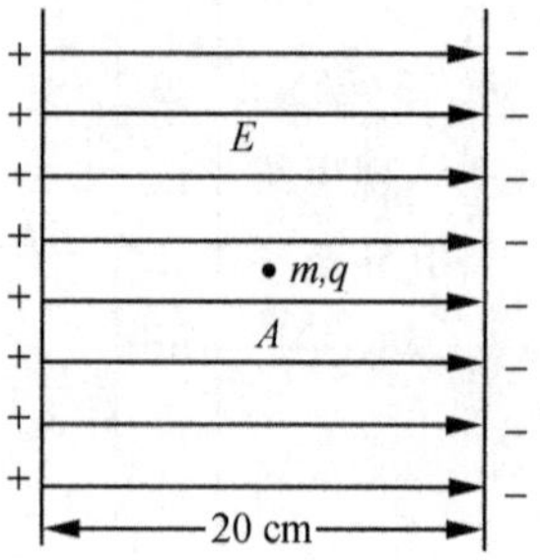 (1) 求匀强电场的电场强度大小。 (2) 比较质子在电场中 A 点受到的静电力和重力的大小,可得出什么结论? 教师点睛:因为微观粒子在电场中受到的静电力比重力大得多,所以在分析微观粒子(甚至一些带电微粒)在电场中的运动时,重力通常可忽略不计。在具体问题中,是否忽略带电微观粒子的重力要根据实际情况确定。
	评(价):体现激励性评价作用	建议2 min	【教师课堂总体评价】今天同学们通过集体研讨和习题反馈,得出了匀强电场中电场强度与电势差的关系的公式。大家在推导过程中,都能积极参与其中,并且得出最佳答案。其中,某组同学特别善于交流、学习态度好,某组同学书写工整、条理清晰、格式规范,他们都是同学们学习的榜样。希望同学们再接再厉,上好每一节课。
板书设计			电场强度与电势差的关系。 (1) 公式:$E=\dfrac{U_{AB}}{d}$。 (2) 单位:伏每米(V/m)。 (3) 换算关系:1 V/m=1 N/C。 (4) 适用条件:匀强电场。 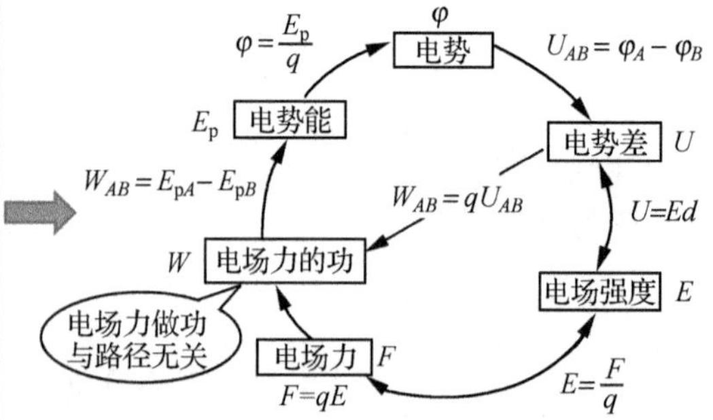

附：可能涉及的专题性问题

简述电势差与电场强度的关系。

【参考解答】电势差与电场强度之间存在着密切的关系，电场强度等于电势差与距离的比值。通过对电势差与电场强度的研究，我们可以更好地理解电学现象，并且能够应用于电路设计、电力传输等领域。因此，深入理解电势差与电场强度的关系对于电学学习和实践具有重要的意义。

福建省晋江市平山中学　杨清泉

十三、带电粒子的偏转

课程信息	《物理》必修第三册第 2 章第 4 节中的“带电粒子偏转”。
课标要求	能分析带电粒子在电场中的运动情况，能解释相关的物理现象。
片断教学目标	物理观念：通过对带电粒子在电场中的运动规律的学习，培养物质观念、运动与相互作用观念。 科学思维：从分析粒子受力情况入手，类比重力场中的平抛运动，培养应用类比法解决实际问题的能力。 科学探究：通过对加速和偏转方向问题的探究，理解加速和偏转问题的本质。 科学态度与责任：通过对示波器的了解，培养科学的态度，激发探究知识的热情。
教材分析	本节内容是第 1、第 2 两章知识点的综合运用，既包含了静电场部分的知识，也应用了力学部分的很多内容。本节主要介绍了带电粒子在电场中的加速和偏转，也介绍了示波管的工作原理。这样的安排，难度逐步递增，符合学生的认知规律。在教学过程中，教师应该根据学生的实际情况，细分教学内容，引导学生进行由浅入深的分析，逐步提高学生的综合分析水平。
学情分析	带电粒子在电场中的运动涉及很多知识点，对学生的综合能力有较高的要求，它是高考的常考热点内容。学生通过以往的学习，已掌握了一些力学和电场的基本知识，对本节涉及的匀变速直线运动、平抛运动等运动形式，以及牛顿运动定律、动能定理等已有了一定的了解，但综合运用知识解决问题的能力仍存在不足。教师需要引导学生由易到难，逐步开展分析，建立起整个过程的物理情景。
片断教学重难点	重点：带电粒子在匀强电场中的运动规律。 难点：会从力和运动的合成与分解的角度分析、计算带电粒子在电场中的偏转。
教学流程图	新课导入，情境引入 ⇒ 探究解惑，创设模型 ⇒ 合作探究，推导结论 ⇒ 学以致用，策略提炼

续表

设计流程	导(学)：体现思维引导及主动学习	建议2 min	【导入新课】 1. 展示示波器。 示波管主要由电子枪、偏转电极(XX'和YY')、荧光屏组成，如下图所示，管内抽成真空。电子枪的作用是产生高速飞行的一束电子。 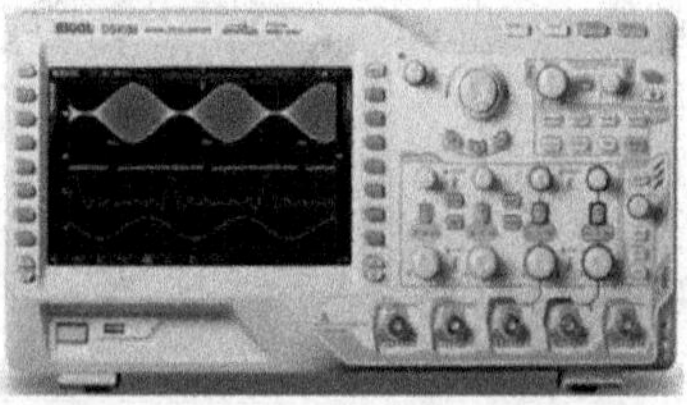 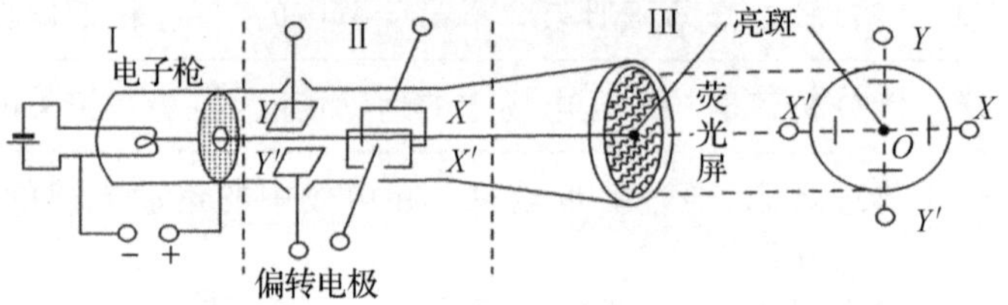 2. 观察现象。 (1) 当竖直偏转板、水平偏转板都未加电压时，电子束从电子枪发出后沿直线运动，在荧光屏上产生一个亮斑。 (2) 如果在竖直偏转板上加电压，水平偏转板上不加电压，电子束经过竖直偏转板时受到竖直方向电场力的作用而发生偏转，使打在荧光屏上的亮斑在竖直方向上发生偏移。 (3) 如果在水平偏转板上加电压，竖直偏转板上不加电压，打在荧光屏上的亮斑则在水平方向上发生偏移。 思考：学生通过类比的物理思想尝试得出偏转的规律。 总结：示波管在实际工作时，竖直偏转板和水平偏转板上都加上电压，打在荧光屏上的亮斑既能在竖直方向上偏移，又能在水平方向上偏移，亮斑的运动就是在竖直和水平两个方向上运动的合运动。
	研(学)：体现合作探究精神	建议6 min	【探究活动】 1. 如右图所示，一带电粒子沿垂直于匀强电场的电场强度方向以初速度 v_0 射入电场，若不计粒子的重力，带电粒子的加速度为多少？ 解析：由 $F=qE=q\dfrac{U}{d}$，得 $a=\dfrac{F}{m}=\dfrac{qE}{m}=\dfrac{qU}{md}$。 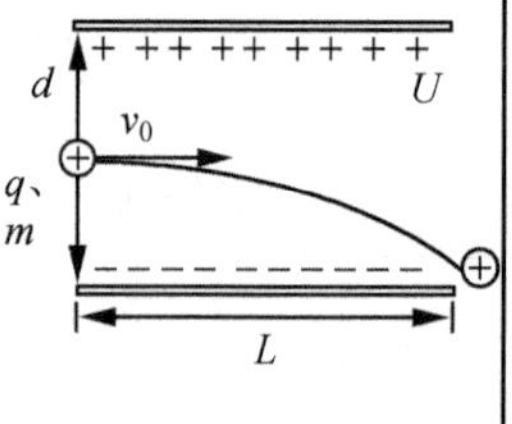 2. 粒子做什么运动？这种情境同哪种运动类似，这种运动的研究方法是什么？ 思考：粒子做类平抛运动，在垂直于电场强度的方向上做匀速直线运动，在沿电场强度的方向上做初速度为零的匀加速直线运动。

续表

设计流程	展(示)：体现合作学习成果	建议2 min	【展示活动】教师抽查学生活动结果，投影展示，并做激励评价。 (1) 飞行时间：$t=\frac{L}{v_0}$。 (2) 加速度：$a=\frac{F}{m}=\frac{qE}{m}=\frac{qU}{md}$。 (3) 竖直分速度：$v_y=at=\frac{qUL}{mdv_0}$。 (4) 竖直侧移量：$y=\frac{1}{2}at^2$ $=\frac{1}{2}\frac{qUL^2}{mdv_0{}^2}$。 (5) 速度偏转角：$\tan\theta=\frac{v_y}{v_0}=\frac{qUL}{mdv_0{}^2}$。 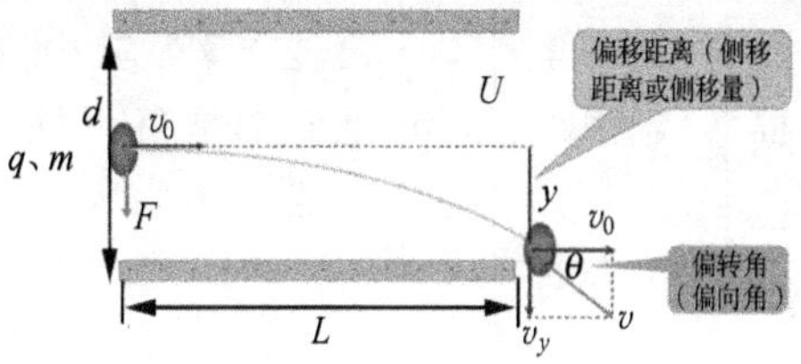 上式中各量如右图所示。 (6) 推论。 ①初速度相同的带电粒子，无论 m、q 是否相同，只要 $\frac{q}{m}$ 相同，则偏转距离 y 和偏转角度 θ 都相同。(轨迹重合) ②初动能相同的带电粒子，只要 q 相同，无论 m 是否相同，则偏转距离 y 和偏转角度 θ 都相同。(轨迹重合)
	练(习)：体现教学效果	建议2 min	【练习】如右图所示，一质子水平射入平行板中，由于受到竖直方向静电力的作用，质子射出时将发生偏转。已知质子的质量 $m=1.7\times10^{-27}$ kg，电荷量 $q=1.6\times10^{-9}$ C，射入时速度 $v_0=2.0\times10^5$ m/s，极板长 $L=4.0$ cm，两极板间距离 $d=2.0$ cm，极板间电压 $U=100$ V，入射方向与极板平行，不考虑重力的影响，求质子离开电场时竖直方向上偏移的距离 y 和偏转的角度 α。 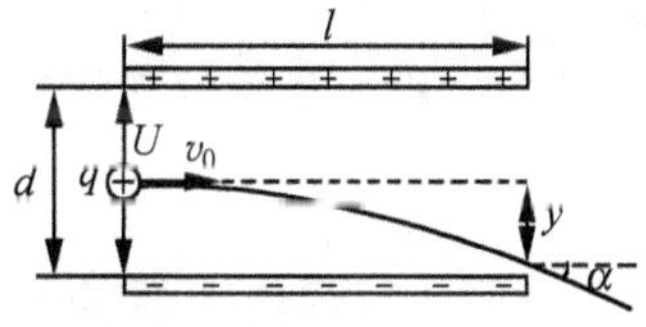 **图 2-20 带电粒子在电场中发生偏转的示意图** 讨论：带电粒子在电场中运动的偏转角度与哪些因素有关？对给定的带电粒子，在其速度一定时，要使通过偏转电场时偏转角度增大，应该怎样调节两极板间的电压？ 总结：分析带电粒子在电场中的动力学问题与分析力学中的动力学问题类似，只是多了静电力。根据条件，也可选择从能量的角度去分析。当带电粒子在匀强电场中运动，只考虑静电力，且初速度方向与静电力方向垂直时，其运动与平抛运动类似，通常称为类平抛运动。分析、处理的方法与平抛运动类似。

续表

设计流程	评(价)：体现激励性评价作用	建议2 min	【教师课堂总体评价】今天同学们探究带电粒子在电场中的运动规律,通过集体研讨和习题反馈,已基本掌握了带电粒子在电场中的类平抛运动。大家在分析推导的过程中,都能积极参与其中,并且得出最佳答案。其中,有几个同学的作答书写工整、条理清晰、格式规范,他们都是每位同学学习的榜样。希望同学们再接再厉,上好每一节课。
板书设计	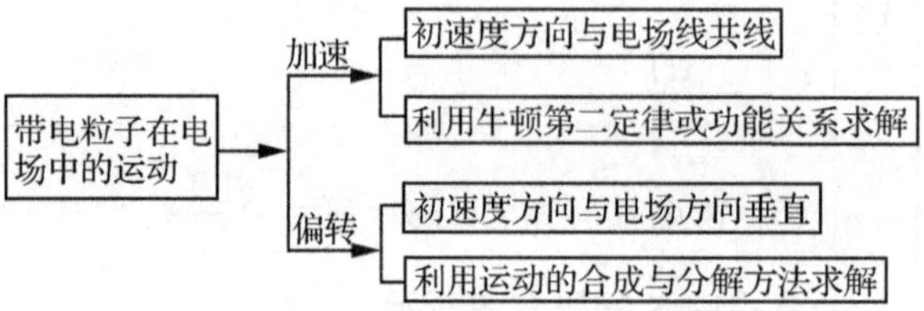		

附：可能涉及的专题性问题

如果带电粒子处于交变电场中，对其运动问题进行分析的核心在哪？

【参考解答】带电粒子在交变电场中受到的电场力随电场的变化而变化。抓住电场力随时间的变化规律,找准过渡量是解决这类问题的关键。通常解决方法是:先分析粒子的受力特点和运动状态,然后画出速度-时间图像,再结合速度-时间图像的物理意义(如斜率、截距、图线所围面积等的物理意义)进行综合分析。

福建省晋江市平山中学　杨清泉

十四、观察电容器的充、放电现象

课程信息	《物理》必修第三册第 2 章第 5 节中的“观察电容器的充、放电现象”。
课标要求	观察常见的电容器,了解电容器的电容,观察电容器的充、放电现象。能举例说明电容器的应用。
片断教学目标	通过观察电容器充、放电的实验建立能量观念,理解电容器的储存电荷的作用。观察利用传感器测量电容器充、放电过程中所生成的 i-t 图像,利用图像和积分思想定量研究电荷量。
教材分析	本节内容在电学专题中起到承上启下的作用,具有重要的地位。
学情分析	通过前面对电场知识的学习,学生已熟悉了比值定义法、微元法等,结合电流的定义,可以较快地掌握电容器电容的定义。通过观察实验,能够建立电容器储能的能量观念。

续表

<table>
<tr><td colspan="3">片断教学重难点</td><td>重点:通过观察电容器充、放电的实验建立能量观念。
难点:利用电容器充、放电过程中所生成的 i-t 图像研究电荷量。</td></tr>
<tr><td colspan="3">教学流程图</td><td>利用小实验引入课题 ⇒ 科学探究,观察现象 ⇒ 拓展探究,分析图像 ⇒ 巩固新知,及时评价</td></tr>
<tr><td rowspan="3">设计流程</td><td>导(学):体现思维引导及主动学习</td><td>建议2 min</td><td>【导入新课】
1. 展示神奇的瓶子(如右图所示,用到的材料有:一个矿泉水瓶、食盐、锡纸、胶带、一截电线、感应起电机)。

现象:有电火花产生。
定义:电路中具有储存电荷功能的装置叫电容器。
2. 出示电容器示教板:任何两个彼此绝缘又相隔很近的导体都可组成一个电容器。电容器能储存电荷。两个导体称为电容的两极,两极板之间的绝缘体称为电介质。
思考:电容器是如何将电荷储存起来的呢?</td></tr>
<tr><td>研(学):体现合作探究精神</td><td>建议6 min</td><td>【探究活动】
1. 探究电容器的充、放电现象。
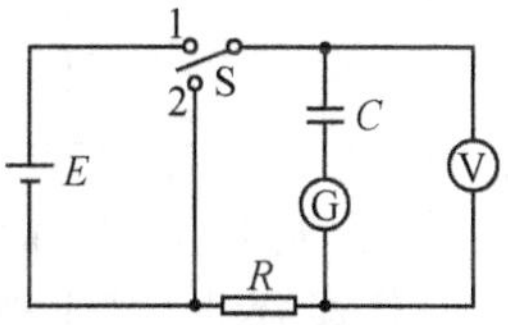

实验电路如右图所示。当开关拨到位置“1”时,电源 E 对电容器充电;当开关拨到位置“2”时,电容器放电。在充电和放电过程中,利用电流计观察电路的电流大小和方向的变化,利用电压表观察电容器两极板间电压的变化,进而判断电容器两极板上电荷量的变化。
2. 用传感器研究电容器的充、放电。
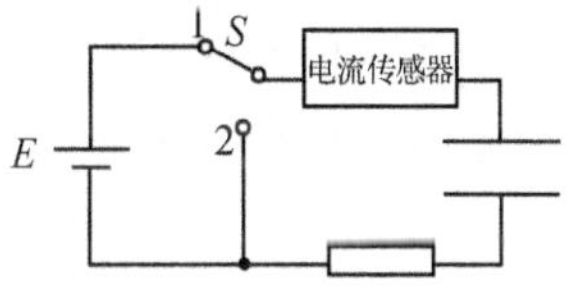

实验电路如右图所示。利用电流传感器观察电容器充、放电过程中电流随时间变化的图像。
3. 用更大的电压充电或更换不同的电容,再次进行探究实验。
(若比赛有现场实验要求,则此项时间建议增加 5 min)</td></tr>
<tr><td>展(示):体现合作学习成果</td><td>建议2 min</td><td>【展示活动】
1. 电容器充、放电过程中电流方向相反。电流瞬间达到最大值,之后慢慢变小,减小得越来越慢,直到为零,如右图所示。
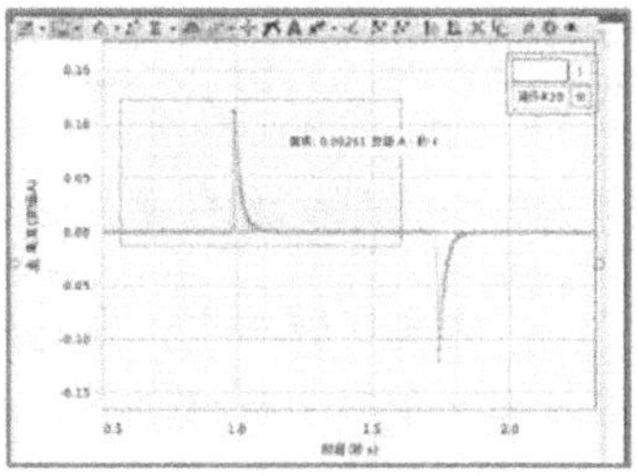
2. 回忆高一时根据 v-t 图像求做变速运动的物体在一段时间内的位移的方法,可以利用 i-t 图像得到充电过程中电容器所储存的电荷量。根据电流</td></tr>
</table>

续表

<table>
<tr><td rowspan="3">设计流程</td><td>展(示)：体现合作学习成果</td><td>建议2 min</td><td>的定义式 $i=\frac{Q}{t}$，可以求图像的 i 轴与 t 轴所围图形的面积。
3. 实验操作，观察记录。用传感器配套软件直接求电荷量，然后记录数据。
思考：如果用不同的电压给同一电容器充电，会得到怎样的数据呢？</td></tr>
<tr><td>练(习)：体现教学效果</td><td>建议2 min</td><td>【练习】右图所示为研究电容器充、放电现象的实验电路图，开始时电容器不带电。实验开始时，首先将开关 S 合向 1，这时观察到灵敏电流计 G 有短暂的示数，这说明电路中有电流流过，这过程叫作________。经过这一过程，电容器的两极板就会带上等量的异号电荷，其上极板带________电荷(选填“正”或“负”)，电路稳定后灵敏电流计 G 的示数为________。当把开关 S 由 1 合向 2 时，有________(选填“自左向右”或“自右向左”)流过灵敏电流计 G 的短暂电流，这个过程叫________。
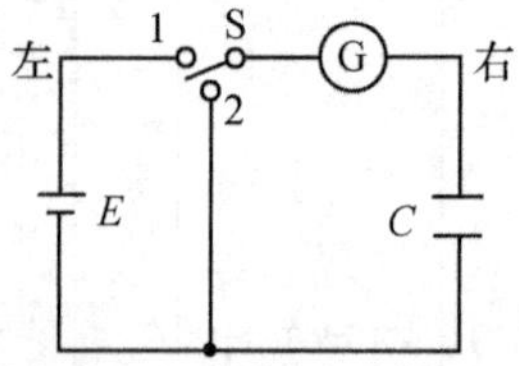
</td></tr>
<tr><td>评(价)：体现激励性评价作用</td><td>建议2 min</td><td>【教师课堂总体评价】今天同学们通过科学探究实验，直观地找到了电容器充、放电的规律和特征。其中，某组同学在探究过程中实验认真、测量准确，某组同学特别善于交流、学习态度好，他们是同学们学习的榜样。希望同学们再接再厉，上好每一节课。</td></tr>
<tr><td>板书设计</td><td colspan="3">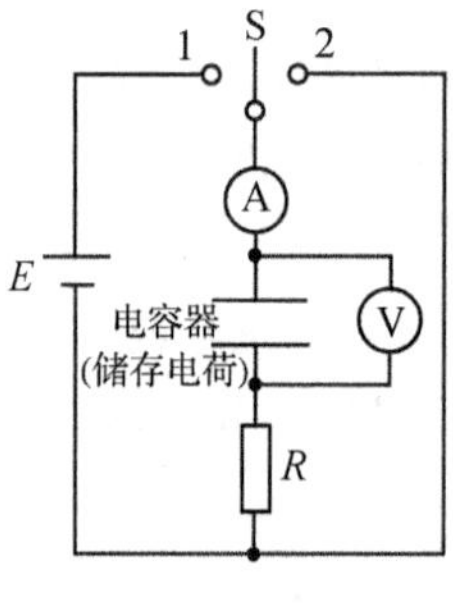
</td></tr>
</table>

附：可能涉及的专题性问题

1. 在实际教学中，你是如何引导学生建立电容器电容的概念的？

【参考解答】通过实验，收集实验数据。观察数据可以发现，对于同一电容器，电压和储存的电荷量是可以变化的。

教师将数据输入电脑，进行了图像拟合。通过观察可以发现，Q-U 图像是一条过原点的直线。再用不同规格的电容器做实验，利用收集得到的数据，作出 Q-U 图像(仍是一条过原点的直线)。

实验表明，电容器所带电荷量 Q 与两极板之间电压 U 成正比。Q/U 的比值是与电荷量和电压无关的物理量，反映了电容器储存电荷的能力，因此我们将它定义为电容器的电容，表达式为 $C=Q/U$。

2. 你是如何引导学生在课外进行电容器的制作的?

【参考解答】(1)找一张纸、两块金属片和两根铜丝，把一块金属片压到纸上，在上面用胶带粘紧，把另一块金属片压到纸的另一面，尽量让两块金属片对到一起(若有部分未对在一起，也不要紧)，把铜丝固定在两块金属片上，发现两金属片在不被直接导通的情况下，距离越近，电容越大；两金属片的正对面积越大，电容越大。

(2) 找一个玻璃瓶子，将其内外壁都贴上铝箔，一个储存正电荷，做电容器的正极，另一个储存负电荷，做电容器的负极。

福建省晋江市侨声中学　李雪蓉

十五、电容器的电容

<table>
<tr><td>课程信息</td><td>《物理》必修第三册第 2 章第 5 节中的“电容器的电容”。</td></tr>
<tr><td>课标要求</td><td>观察常见电容器，了解电容器的电容，观察电容器的充、放电现象。</td></tr>
<tr><td>片断教学目标</td><td>了解电容器的电容，知道电容的定义和影响电容的因素。</td></tr>
<tr><td>教材分析</td><td>教材在上一小节电容器的充、放电实验基础上引入电容的概念，通过验电器定性探究影响平行板电容器电容的因素。引导学生利用逻辑推理与实验相结合的研究方法，提升学生的科学思维水平与科学探究能力。</td></tr>
<tr><td>学情分析</td><td>经过前段时间的学习，学生的抽象思维、逻辑推理能力得到了初步的锻炼。因电子看不见、摸不着，比较抽象，学生不容易理解。可利用类比的方法，把抽象的东西通俗化、形象化，帮助学生更好地理解知识点，同时促进学生思维品质的提升。</td></tr>
<tr><td>片断教学重难点</td><td>重点：了解比值定义法及电容器电容的定义式、决定式。
难点：了解电容概念的建立过程及影响电容器电容大小的因素。</td></tr>
<tr><td>教学流程图</td><td>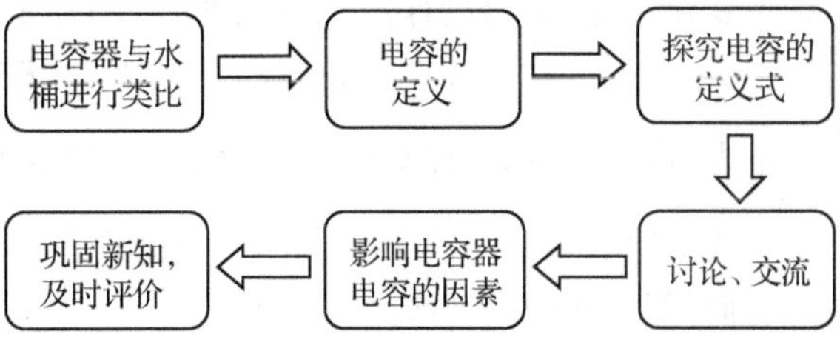
</td></tr>
</table>

续表

<table>
<tr>
<td rowspan="3">设计流程</td>
<td>导(学)：体现思维引导及主动学习</td>
<td>建议2 min</td>
<td>【导入新课】展示水桶和电容图片，如右图所示。前面演示了电容器的充、放电过程，电容的作用和水桶类似，水桶用来存储水，电容用来存储电荷。
思考：用什么来描述水桶存储水本领的大小？用什么来描述电容器存储电荷本领的大小？

</td>
</tr>
<tr>
<td>研(学)：体现合作探究精神</td>
<td>建议6 min</td>
<td>【探究活动】
1. 实验器材：电池 2 个、电容器 2 个(电容器 A：50 V，1 100 μF。电容器 B：25 V，3 300 μF)、石英钟 1 个。以上三种器材合为一组，共 12 组。
2. 实验原理：先用电池给电容器充电，再用电容器给石英钟供电，观察石英钟秒针走了几格。如右图所示，通过石英钟秒针走了多少格来判断电容器存储了多少电荷量。

3. 实验设计：对比探究，先用一节电池分别给两个电容器 A、B 充电，观察石英钟秒针走了几格。再用两节电池分别给两个电容器 A、B 充电，观察石英钟秒针走了几格。把实验数据记录在下面的表格中。
<table>
<tr><td rowspan="2">电容器</td><td rowspan="2">电池</td><td rowspan="2">电压</td><td colspan="4">石英钟秒针走的格数</td><td rowspan="2">对比分析</td></tr>
<tr><td>1</td><td>2</td><td>3</td><td>平均值</td></tr>
<tr><td rowspan="2">电容器 A</td><td>1 节</td><td>1.5 V</td><td></td><td></td><td></td><td></td><td rowspan="2"></td></tr>
<tr><td>2 节</td><td>3.0 V</td><td></td><td></td><td></td><td></td></tr>
<tr><td rowspan="2">电容器 B</td><td>1 节</td><td>1.5 V</td><td></td><td></td><td></td><td></td><td rowspan="2"></td></tr>
<tr><td>2 节</td><td>3.0 V</td><td></td><td></td><td></td><td></td></tr>
</table>
(若比赛有现场实验要求，则此项时间建议增加 5 min)</td>
</tr>
<tr>
<td>展(示)：体现合作学习成果</td>
<td>建议2 min</td>
<td>【展示活动】现在请各小组选出代表，简述你们的实验结果。
各小组讨论得出的共同结论：根据实验结果可以看出，电容器所带的电荷量 Q 与电容器两极板间的电势差 U 成正比。
教师引导：既然电容器所带的电荷量 Q 与电容器两极板间的电势差 U 成正比，我们可以用 Q 与 U 的比值来描述电容器的储存电荷的能力，称之为电容，即 $C=\dfrac{Q}{U}$(注意：这里的电容不是电容器的简称，是描述电容器储存电荷能力的一个物理量)。这种方法跟电阻的定义相似，都是比值定义法。
讨论：影响平行板电容器电容的因素有哪些？</td>
</tr>
</table>

续表

<table>
<tr><td rowspan="3">设计流程</td><td>展(示)：体现合作学习成果</td><td>建议2 min</td><td>教师点睛：平行板正对面积大，可以存储更多电荷，电容与电容器正对面积成正相关；电容器两极板靠得越近，电荷之间吸引力越大，单位面积可以储存更多电荷，电容与距离呈负相关；电容器的介电常数越大，电容器越不容易被击穿，可以储存越多电荷。更多的研究表明，平行板电容器的电容 C 与介电常数 ε 成正比，跟正对面积 S 成正比，跟极板间的距离 d 成反比，即 $C=\frac{S}{4\pi kd}$(真空中)，$C=\frac{\varepsilon_r S}{4\pi kd}$(介质中)。
式中，S 为两极板的正对面积，d 为两极板间的距离，k 为静电力常量，ε 为相对介电常数。</td></tr>
<tr><td>练(习)：体现教学效果</td><td>建议2 min</td><td>【练习】
1. 某一电容器，当电荷量为 4×10^{-6} C 时，两极板间的电势差为 20 V，求：
(1) 电容器的电容；
(2) 当所带电荷量减半时电容器的电容；
(3) 电容器不带电时的电容。
2. 一平行板电容器的两端与电压为 U 的恒压电源相连，极板上带有电荷量为 q。若将两极板间的距离增大为原来的 2 倍，求电容器极板所带的电荷量。</td></tr>
<tr><td>评(价)：体现激励性评价作用</td><td>建议2 min</td><td>【教师课堂总体评价】今天同学们通过集体研讨和探究实验，了解了电容器电容的定义及影响因素。其中，某组同学在探究过程中实验认真、测量准确，某组同学特别善于交流、学习态度好，他们是同学们学习的榜样。希望同学们再接再厉，上好每一节课。</td></tr>
<tr><td>板书设计</td><td colspan="3">

(电容器类似于容器)</td></tr>
</table>

附：可能涉及的专题性问题

1. 在实际教学中为什么选用钟表来测量电容器储存的电荷？

【参考解答】钟表是生活中常见的物品，指针转过的角度跟电荷量有关，利用它可以直观地记录电荷量的大小。它是一个简易的电量计，虽然没有 DIS 传感器精确度高，但是胜在形象直观、简单易做，对学生形成概念有积极意义。平时钟表都用电池供电，若改为电容供电，也可以让学生认识到电池和电容的区别：一个可以持续供电，一个是一次性放电，为后续讲解闭合电路欧姆定律打下基础。

2. 类比法在高中物理教学中有什么作用和意义？

【参考解答】类比法是一种重要的科学研究方法，通过在中学物理教学实践中应用类比法，对同一领域的物理问题和不同领域的物理问题的物理过程、数学形式、情景图像的类比分析和研究，找出有关事物之间的共性；用已知的物理规律去对照、描述未知的物理规律，使物理规律简洁明了，易于学生掌握。与此同时，在进行类比教学的过程中，通过具体事例，不但要让学生学会应用类比法来分析问题、解决问题，而且要使其科学创新思维能力得到一定的培养和增强。在本教学案例中，对电容器电容的定量探究是比较困难的，采用类比的方法，把电容和水桶进行类比，使问题形象化、具体化，更有利于学生学习和理解。

福建省南安市侨光中学　陈毓华

十六、电流

课程信息	《物理》必修第三册第 3 章第 1 节“电流”。
课标要求	能从微观视角和宏观表现分析电流的形成，对统计方法有初步了解。
片断教学目标	1. 知道形成电流的条件及三种速率，电流的两个表达式及大小、方向和单位，能解释自然现象。 2. 理解电流的定义式 $I=\frac{q}{t}$ 和微观表达式 $I=neSv$，掌握电流的计算方法，能解决相关的物理问题。 3. 通过对电流微观表达式的探究，从微观角度认识影响电流大小的因素，增强学生的科学探究和推理能力。
教材分析	本节是在初中物理电学知识和前面两章学习的基础上，由电场向电路过渡的一节，也是高中电路部分的基础。内容上既对以往所示电学知识进行了回顾，又从电场的角度深入分析。教材从现象到本质，从定性到定量安排教学内容。内容层层递进，难度由浅到深，便于学生学习和领会，并灵活运用已有的知识。

续表

<table>
<tr><td colspan="3">学情分析</td><td>通过初中课程的学习，学生已对电路有了初步的认识。通过前两章的学习，学生已经初步掌握了电学的相关知识。在本节的学习中，学生就要运用电场知识来对电路进行更加深入的分析和理解。由于对知识的迁移和灵活运用水平不足，在本节的教学中，教师要通过提示和引导，启发学生从“场”的角度理解“路”，从微观的角度了解电流产生的原因，为后续的学习打下基础。</td></tr>
<tr><td colspan="3">片断教学重难点</td><td>重点：电流的两个表达式及大小、方向和单位。
难点：电流的计算、电流的微观解释、电流两个表达式的应用。</td></tr>
<tr><td colspan="3">教学流程图</td><td>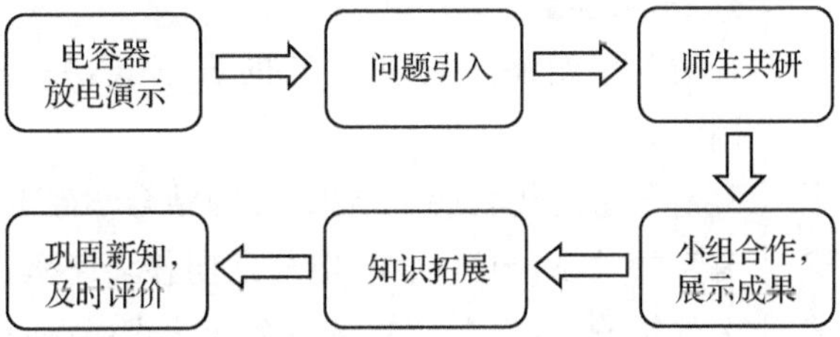
</td></tr>
<tr><td>设计流程</td><td>导(学)：体现思维引导及主动学习</td><td>建议2 min</td><td>【导入新课】
1. 如右图所示，将充电后的电容器的两极板接导线和电流计，观察电流计指针的偏转情况。
现象：电流计的指针发生偏转。
2. 将充电后的电容器的两极板接橡胶线和电流计，观察电流计指针的偏转情况。
现象：电流计指针不发生偏转。
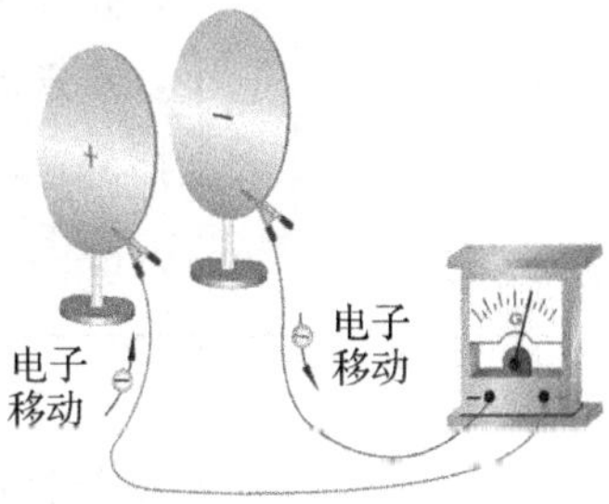

讨论：
① 为什么电流计中第一次有电流通过而第二次没有电流通过？产生电流需要什么条件？
教师点睛：第一次用导线(导体)连接有自由电荷，第二次用橡胶线(绝缘体)连接没有自由电荷，故需要自由电荷才能产生电流。
② 为什么第一次产生的电流不能持续？如何产生持续的电流？
教师点睛：电容器放电结束后，两个极板间没有电势差，自由电荷不发生定向移动，因此电流不能持续。
电流定义：物理学中将流过导体某一横截面的电荷量与所用时间的比值定义为电流，即 $I=\frac{q}{t}$。正电荷移动的方向是电流的方向，与自由电子移动的方向相反。</td></tr>
</table>

续表

设计流程	研(学)：体现合作探究精神	建议6 min	【探究活动】 1. 请通过课本例题分析影响电流大小的因素。 2. 计算电荷定向移动的速率：有一横截面积为 1 mm^2 的铜导线，每立方米体积内的自由电子数为 8.4×10^{28} 个，电子的电荷量为 1.6×10^{-19} C，若通过该导线的电流为 1 A，导线中自由电子定向移动的平均速率为多大？ (若比赛有现场实验要求，则此项时间建议增加 5 min)
	展(示)：体现合作学习成果	建议2 min	【展示活动】 1. 请各小组展示计算电流的表达式，并简要说明影响电流大小的因素。 2. 请各小组代表展示结果，教师结合学生得到的电流大小与电荷量没有直接关系，与截面积、电荷定向移动速率、单位体积自由电荷数等有关的结论，得出电流的另一个表达式：$I=neSv$。 3. 利用微观表达式求解得到自由电荷定向移动的速率较小，而生活中打开开关，灯立刻就亮了，这个现象与我们所求得的结论是不是矛盾？ 教师点睛：不矛盾。三种速率有较大区别。电流形成的速度是电场传播的速度，即光速；导体内自由电子无规则运动的速率约为 10^5 m/s；实际电子定向移动的速率很小，约 10^{-5} m/s。
	练(习)：体现教学效果	建议2 min	【练习】关于电流的概念，下列说法正确的是(　　)。 A. 导体中有电荷运动就形成电流 B. 电流是一个矢量，其方向就是正电荷定向移动的方向 C. 在国际单位制中，电流是一个基本物理量，其单位安[培]是基本单位 D. 对于导体，只要其两端电势差为零，电流也必为零 E. 在金属导体内当自由电子定向移动时，它们的热运动就消失了
	评(价)：体现激励性评价作用	建议2 min	【教师课堂总体评价】今天同学们通过集体研讨和分组讨论，得到了电流大小的两个表达式及电流方向等，通过电流的微观表达式，清楚了三种速率的区别。某组同学特别善于交流、学习态度好，他们是同学们学习的榜样。希望同学们再接再厉，上好每一节课。

续表

板书设计	电流 电流的形成——电荷的定向移动 电流形成的条件：自由电荷；电压；持续电压（电源） 电流的速度：无规则热运动速率——约10^5 m/s；电流形成速率——约3.0×10^8 m/s；电子定向移动的速率——约10^{-5} m/s 电流的方向：与正电荷定向移动的方向相同，与负电荷定向移动的方向相反；外电路，从电源正极到电源负极；电源中，从电源负极到电源正极 电流的大小：$I=q/t$；国际单位：安培（A） 电流的微观表达式——$I=neSv$

附：可能涉及的专题性问题

1. 推导电流的微观表达式时可以采用其他模型来推导吗？如何引导学生采用柱体模型？

【参考解答】可以采用其他模型，但柱体模型更加常用，比如引导学生观察平时的导线，或类比水流等。

2. 如何讲解电源的作用，才能让学生更容易理解？

【参考解答】可将电源类比抽水机模型进行讲解。

福建省泉州市第五中学　林志艺

十七、电阻

课程信息	《物理》必修第三册第3章第2节“电阻”。
课标要求	通过实验，探究并了解金属导体的电阻与材料、长度和横截面积的定量关系，会测量金属丝的电阻率。
片断教学目标	1. 知道影响导体电阻的因素，了解电阻定律，知道电阻率的概念及与温度的关系，能解释自然现象。 2. 掌握电阻定律并能进行相关的计算，能够分析电阻率与温度的关系，解决实际问题。 3. 能用控制变量法探究导体电阻与长度、横截面积和材料的关系，学会设计电路，增强实验能力。 4. 通过实验探究，坚持实事求是的科学态度，并能纠正错误，有学习和研究物理的内在动机，有主动应用科学知识帮助他人解决问题的意识。

续表

<table>
<tr><td colspan="3">教材分析</td><td>在上一节对电流有了新的认识的基础上，本节要引导学生对电阻概念进行更深入的探讨。从对电阻的定义，到对欧姆定律的理解，对影响导体电阻大小的因素的定量分析，对电阻率的介绍，再到由此引出的线性元件和非线性元件，导体、绝缘体和半导体的区分，最后对电阻的实际应用进行介绍，这些内容为后续的学习奠定了基础。</td></tr>
<tr><td colspan="3">学情分析</td><td>学生在初中阶段已经对电阻的基础知识有了一定的了解，但对其阻碍作用的认识并不深刻，对影响电阻大小的因素只限于定性的了解。本节内容要让学生通过探究实验定量认识影响电阻大小的因素，进而了解电阻定律，并由此对电阻率有一定的了解。同时，本节内容能让学生在原有基础上对探究实验的方法有进一步的理解，培养学生实事求是的科学态度和刻苦探索的精神。</td></tr>
<tr><td colspan="3">片断教学重难点</td><td>重点：理解电阻的概念，熟练运用伏安法测量电阻；掌握电阻定律，熟练运用公式 $R=\rho\dfrac{l}{S}$ 进行有关计算；能叙述电阻率的意义，能说出金属导体、半导体材料的电阻率随温度变化的规律，了解电阻率与温度有关。
难点：熟练运用伏安法测量电阻以及运用公式 $R=\rho\dfrac{l}{S}$ 进行有关计算。</td></tr>
<tr><td colspan="3">教学流程图</td><td>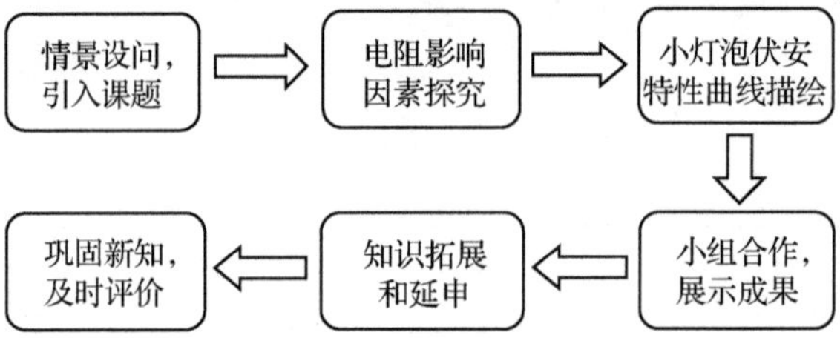
</td></tr>
<tr><td>设计流程</td><td>导(学)：体现思维引导及主动学习</td><td>建议 2 min</td><td>【导入新课】
1. 当电流通过导体时，导体对电流会有阻碍作用。我们称导体的这种阻碍作用为电阻。根据初中知识，如果用电压表测得导体两端的电压 U，用电流表测得导体两端的电流 I，则导体的电阻 $R=\dfrac{U}{I}$。能否说导体的电阻与导体两端电压成正比，与通过导体的电流成反比？
2. 导体的电阻与哪些因素有关呢？</td></tr>
</table>

续表

设计流程	研(学): 体现合作 探究精神	建议 6 min	【探究活动】 1. 如右图所示,分组实验,利用以下连接方式测量,分成三个类别: 1、2 组:同种材料,S 一定,改变 l,测 R。 3、4 组:同种材料,l 一定,改变 S,测 R。 5、6 组:不同材料,l 一定,S 一定,测 R。 请测量电阻,并绘制 I-U 图像。 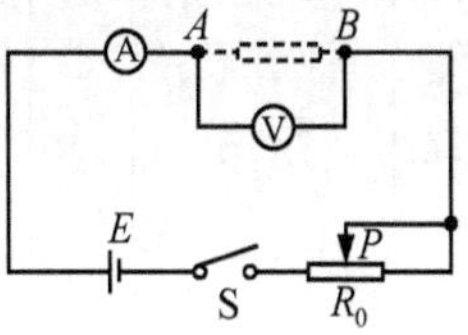 2. 请所有小组将电阻更换为小灯泡,再次测量多组电流和电压的关系,并绘制 I-U 图像。 (若比赛有现场实验要求,则此项时间建议增加 5 min)
	展(示): 体现合作 学习成果	2 min	【展示活动】 1. 现在请各小组分享第一个实验结果,并分析得出结论。 总结:导体的电阻 R 跟导体的长度 l 成正比,跟导体的横截面积 S 成反比,还跟导体的材料有关,即 $R=\rho\dfrac{l}{S}$。讲解各个物理量的意义,重点讲解电阻率的概念。 2. 请各小组分享第二个实验结果,并说说你们的想法。 教师根据学生回答,引导学生阅读教材“科学书屋”内容。 总结:金属的电阻率一般会随温度的升高而变大,绝缘体和半导体的电阻率大多会随温度的升高而减小。 3. 分析其中一组学生的图像,总结图像特点和物理意义等内容。 4. 总结生活中电阻的应用等。
	练(习): 体现教学 效果	建议 2 min	【练习】 1. 关于公式 $R=\dfrac{U}{I}$ 和公式 $R=\rho\dfrac{l}{S}$,下列说法正确的是(　　)。 A. 两式对一切情况都适用 B. $R=\dfrac{U}{I}$ 仅适用丁金属导体,$R=\rho\dfrac{l}{S}$ 适用于任何导体 C. 导体的电阻 R 与 U 成正比,与 I 成反比 D. 导体的电阻在温度一定时与导体长度成正比,与导体的横截面积成反比 2. 如右图所示,图线 1 表示导体的电阻为 R_1,图线 2 表示导体的电阻为 R_2,则下列说法正确的是(　　)。 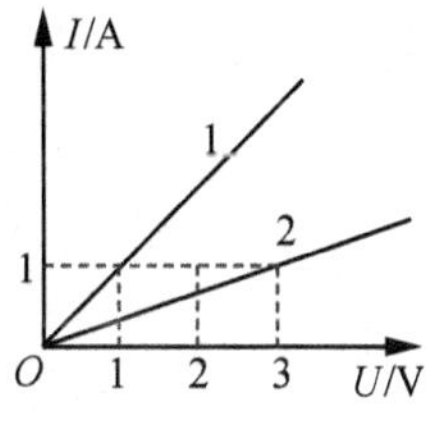 A. $R_1:R_2=1:3$ B. $R_1:R_2=3:1$ C. 通过 R_1、R_2 的电流大小相等时,电压之比为 $1:3$ D. 当 R_1、R_2 两端电压相等时,流过 R_1、R_2 的电流之比为 $1:3$

续表

<table>
<tr><td>设计流程</td><td>评(价)：体现激励性评价作用</td><td>建议 2 min</td><td>【教师课堂总体评价】今天同学们通过探究实验，得出了导体的电阻 R 跟它的长度 l、横截面积 S、材料有关，并绘制了 I-U 图像。其中，某组同学在探究过程中实验认真、测量准确、作图规范，某组同学特别善于交流、学习态度好，他们是同学们学习的榜样。</td></tr>
<tr><td>板书设计</td><td colspan="3">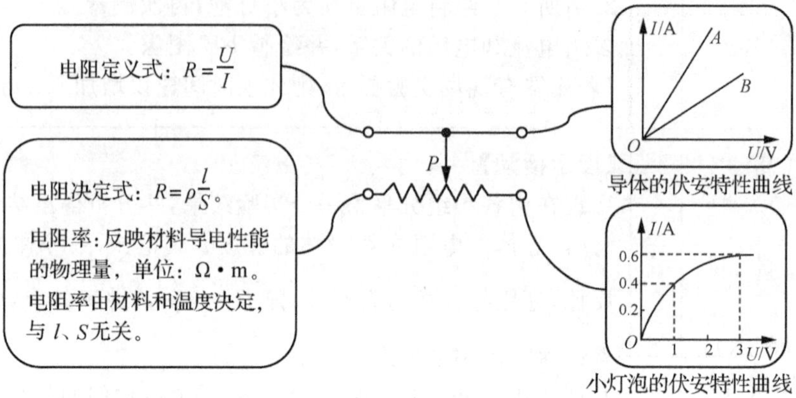

导体的伏安特性曲线
小灯泡的伏安特性曲线</td></tr>
</table>

附：可能涉及的专题性问题

1. 超导体中一旦有了电流，还需要电源来维持吗？

【参考解答】由于超导体的电阻为零，超导体中一旦有了电流，就不需要电源来维持了。

2. 电阻率越大，导体电阻就越大吗？

【参考解答】电阻率越大，材料的导电性能越差，但用这种材料制成的电阻不一定大，还取决于长度和横截面积。

福建省泉州市第五中学　林志艺

十八、电功和电功率

课程信息	《物理》必修第三册第 3 章第 3 节中的“电功和电功率”。
课标要求	理解电功、电功率的内涵，能进行有关计算。能区分额定功率和实际功率。
片断教学目标	通过“灯泡上的小风车”实验，能从能量转化的角度和电场力做功的角度理解电功，从而消除对电流做功的疑惑，形成与恒定电流相关的能量概念。了解一些常用的电气设备或家用电器的额定功率。

续表

<table>
<tr><td>教材分析</td><td colspan="3">教材在初中电功、电功率的基础上，从能量转化的角度对初中内容进行了回顾，从做功的角度对初中内容进行了深化，由电能公式和电荷量公式推导出电流做功公式，简单地介绍了电功率及实际功率、额定功率。</td></tr>
<tr><td>学情分析</td><td colspan="3">初中教材从能量转化的角度介绍电功，本节则从电场力做功的角度，让同学们更清楚地认识功能转化。高二学生虽然已经具备较强的抽象思维能力，但因电场力做功看不见、摸不着，故还须加强对基本概念的理解。</td></tr>
<tr><td>片断教学重难点</td><td colspan="3">重点：电流做功公式的推导和电功率公式的推导。
难点：从能量转化的角度和电场力做功的角度理解电流做功。</td></tr>
<tr><td>教学流程图</td><td colspan="3">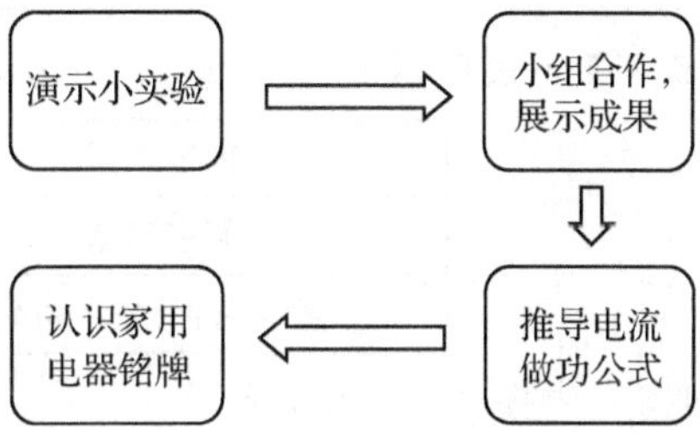</td></tr>
<tr><td rowspan="2">设计流程</td><td>导(学)：体现思维引导及主动学习</td><td>建议2 min</td><td>【导入新课】
1.灯泡、电热毯、电风扇等用电器可把电能转化成光能、热能和风能等。人类的生活已经离不开电能。电能是如何转化成其他形式的能的呢？
2.电流如何做功？
3.每个用电器都有自己的铭牌，同学们能否区别额定功率和实际功率？</td></tr>
<tr><td>研(学)：体现合作探究精神</td><td>建议6 min</td><td>【探究活动】请同学们用“灯泡上的小风车”实验来探究能量转化和电流做功。把一根大头针插在一小块硬纸片上，用胶水把硬纸片贴在功率不太大的白炽灯泡上，使大头针的针尖朝上，然后用三张纸条做一个小风车，把风车放在针尖上，打开台灯，发现小风车转了起来，说明电能转化成了灯泡的内能和光能，部分内能又转化成了小风车的动能。电能转化成其他形式能的过程就是电流做功的过程。
(若比赛有现场实验要求，则此项时间建议增加 5 min)</td></tr>
</table>

续表

<table>
<tr><td rowspan="3">设计流程</td><td>展(示)：体现合作学习成果</td><td>建议2 min</td><td>【展示活动】
1. 现在请各小组选出代表，阐述你们的实验结果，并简述你们得出的“电能转化和电流做功的关系”的结论。各小组得出共同的结论：电能转化成了灯泡的内能、光能，部分内能又转化成了小风车的动能。
2. 从电流做功的角度去探究，导体两端加上电压，就会产生电场。导体中的自由电荷在电场力的作用下会发生定向移动，这个过程中电场力就对电荷做了功，也就是我们所说的电功。利用电场力做功和电势差关系式、电流定义式，联立推导出电流做功公式 $W=UIt$。
3. 推导电功率公式 $P=UI$，认识一些生活中用电器的铭牌，区分实际功率和额定功率。</td></tr>
<tr><td>练(习)：体现教学效果</td><td>建议2 min</td><td>【练习】下表所示的是某型号洗衣机铭牌中所列的部分技术数据：<table><tr><td>额定电压</td><td>220 V</td></tr><tr><td>额定频率</td><td>50 Hz</td></tr><tr><td>额定洗衣、脱水功率</td><td>440 W</td></tr></table>根据表中提供的数据，求：
(1) 该洗衣机在额定电压下洗衣或脱水时通过洗衣机的电流 I；
(2) 该洗衣机洗衣、脱水 0.6 h 所消耗的电能 W。</td></tr>
<tr><td>评(价)：体现激励性评价作用</td><td>建议2 min</td><td>【教师课堂总体评价】今天同学们通过集体研讨，得出了电流做功的公式。其中，某组同学在探究过程中实验认真、现象明显，某组同学学习态度好，他们是同学们学习的榜样。希望同学们以他们为榜样。</td></tr>
<tr><td>板书设计</td><td colspan="3"></td></tr>
</table>

附：可能涉及的专题性问题

1. 在实际教学中你是如何引导学生理解电流做功这一物理思想的？

【参考解答】我们已经了解电流产生的条件，再画出电场中的自由电子定向移动时的运动情况和受力情况，发现自由电子受电场力做正功，电势能变少，电能转化成其他形式的能，电源源源不断地提供电能。

2. 如何向学生们介绍瓦特这个科学家？

【参考解答】瓦特为电功率的单位，这是为了纪念为蒸汽机发展做出重大贡献的英国科学家瓦特。瓦特于1776年制造出第一台有实用价值的蒸汽机，后人为了纪念这位伟大的发明家，把功率的单位定为“瓦特”。这一单位名称首先在1889年被英国科学促进协会第2次会议采用。1960年，国际计量大会第11次会议采用瓦特为国际单位制中功率的单位。瓦特开辟了人类利用能源新时代，使人类迈入蒸汽时代。

福建省泉州实验中学　关天赐

十九、焦耳定律

课程信息	《物理》必修第三册第3章第3节中的“焦耳定律”。
课标要求	理解焦耳定律，能用焦耳定律解释生产和生活中的电热现象。
片断教学目标	掌握纯电阻电路和非纯电阻电路的区别，了解焦耳定律在生产和生活中的应用，能解释生产和生活中的电热现象，解决与电热相关的问题；形成与恒定电流相关的能量观念。
教材分析	教材在初中焦耳定律相关内容的基础上，从纯电阻电路和非纯电阻电路两个角度，来区别电流做功和焦耳热的关系，加深电流做功和能量转化的观念。
学情分析	高二学生虽然已经接触过功能关系和电场力做功，但因能和功都是看不见、摸不着的，故应加深对基本概念的理解。
片断教学重难点	重点：纯电阻电路和非纯电阻电路的区别。 难点：电功和电热的区别，欧姆定律的适用条件。
教学流程图	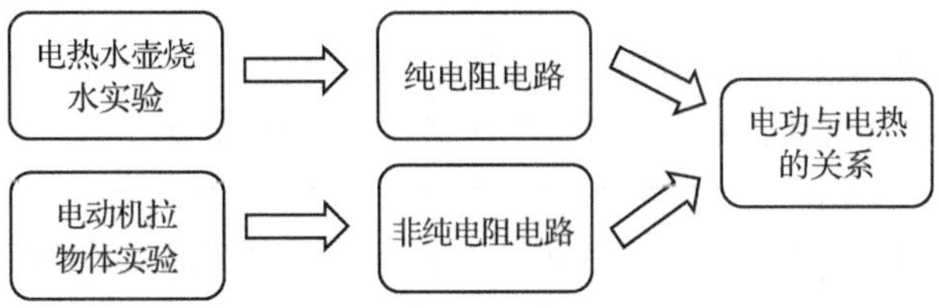

续表

设计流程	导(学)：体现思维引导及主动学习	建议2 min	【导入新课】热水器可以把水烧开，是因为电能转化成了热能；电动机把物品提起来，是因为电能转化成了物品的机械能。回想初中我们所学的，有电阻就会产生焦耳热，也就是说，会有一部分电能转化成热能。
	研(学)：体现合作探究精神	建议6 min	【探究活动】 1. 先量取一定质量的水，记录初始温度后，将之加入电热水壶中加热，记录水被烧开后的温度，用初中所学的比热容公式计算水吸收的热量。同时记录加热时间，并查清楚此电热水壶的功率，计算此过程中所消耗的电功。在误差允许的范围内，消耗的电功几乎和水吸收的热量是一样的，也就是说，电能全部转化成热能。 2. 准备好已知电功率的直流电动机，让其匀速拉动一定质量的钩码，记录钩码上升高度和上升所用的时间，利用 $W=Pt$ 求电功，用 $E=mgh$ 求物体的机械能增长量，发现消耗的电功大于机械能增量。这说明电能还转化成了其他形式的能。 讨论：电动机有阻值，部分电能转化成了焦耳热，电能没有完全转化为机械能。 (若比赛有现场实验要求，则此项时间建议增加 5 min)
	展(示)：体现合作学习成果	建议2 min	【展示活动】各小组展示计算过程和结果，并简述电功和电热的关系。发现电热水壶的电功几乎全部转化成热能，电动机的电功不是全部转化成机械能。 定义：把电能全部转化成热能的电路叫纯电阻电路($W=Q$)，把电能部分转化成热能的电路叫非纯电阻电路($W=Q+E$)。
	练(习)：体现教学效果	建议2 min	【练习】下列关于电功、电功率和焦耳定律的说法正确的是(　　)。 A. 电功率越大，电流做功越快，电路中产生的焦耳热一定越多 B. $W=UIt$ 适用于任何电路，而 $W=I^2Rt=\frac{U^2}{R}t$ 只适用于纯电阻电路 C. 在非纯电阻电路中 $UI>I^2R$ D. 焦耳热 $Q=I^2Rt$ 适用于任何电路
	评(价)：体现激励性评价作用	建议2 min	【教师课堂总体评价】今天同学们通过“水壶烧水实验”和“电动机拉重物实验”，得出电功和电热的关系，能区分纯电阻电路和非纯电阻电路，同学们也都非常认真地去做实验和计算数据。其中，某组同学做实验时非常积极认真。希望同学们向他们学习。

续表

板书设计	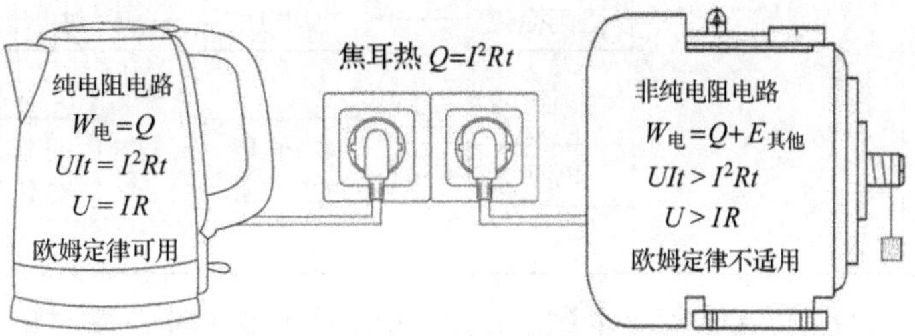

附：可能涉及的专题性问题

如何从微观角度理解“焦耳定律”？

【参考解答】电流通过金属导体时，在电场力的作用下，金属中的电子做定向移动，与金属离子不断碰撞，从而把一部分动能传递给离子，导致离子的热运动加剧，温度升高。

福建省泉州实验中学　关天赐

二十、串联电路的分压作用

课程信息	《物理》必修第三册第 3 章第 4 节中的“串联电路的分压作用”。
课标要求	了解串联电路电阻的特点。
片断教学目标	能熟练掌握和灵活运用串联电路中电压的关系式、串联电路总电阻随支路电阻变化的规律。
教材分析	串联电路是初中物理电学部分的内容之一，串联电路中的电流、电压、电阻规律也是在这一部分涉及的。高中电学部分对串联规律进行定量的阐释。相比于初中从感性、实验的角度得出结论，本节则更加重视理论推导。
学情分析	学生在初中已经学习过串联电路及其规律，但得出规律的过程主要是定性地分析和实验观察。本节的学习要求学生从理论上推导这些结论，并能熟练掌握和灵活运用，同时具备一定的数学公式推导能力。
片断教学重难点	重点：串联电路电压的关系式。 难点：串联电路总电阻随各电阻变化的规律。

续表

<table>
<tr><td colspan="2">教学
流程图</td><td colspan="2">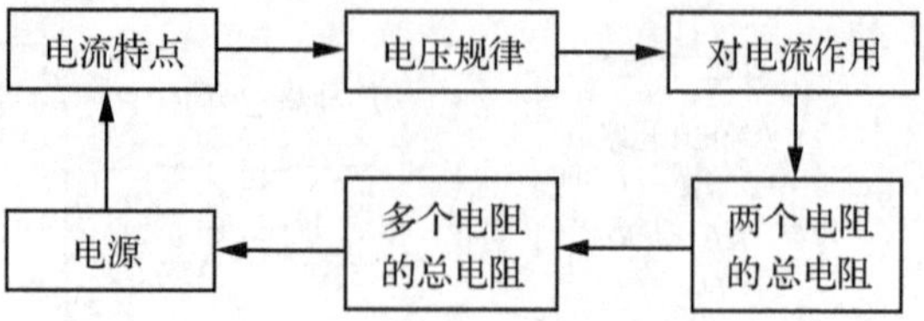
</td></tr>
<tr><td rowspan="2">设计流程</td><td>导(学)：
体现思维引导及主动学习</td><td>建议
2
min</td><td>【导入新课】能结合初中电学知识和刚刚学过的电阻定律解释串联电路中电流为何相等吗？
思考：恒定电流电路中各处电荷的分布是稳定的，因此串联电路中，相同时间内通过各点的电荷量一定相等，即串联电路中的电流处处相等。</td></tr>
<tr><td>研(学)：
体现合作探究精神</td><td>建议
6
min</td><td>【探究活动】
1. 怎样从电势、电势差的角度理解串联电路的电压规律？
思考：如下图所示，由电势差跟电势的关系，可得
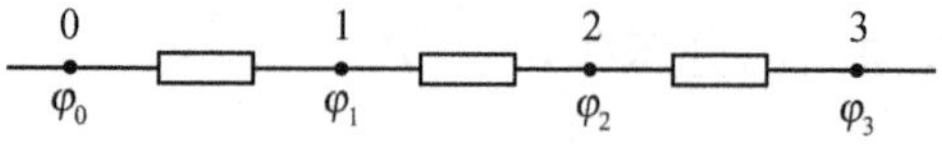

$U_{01}=\varphi_0-\varphi_1, U_{12}=\varphi_1-\varphi_2, U_{23}=\varphi_2-\varphi_3$
故 $U_{01}+U_{12}+U_{23}=\varphi_0-\varphi_3=U_{03}$，即串联电路两端的总电压等于各部分电路两端电压之和。
2. 串联电路中的电阻对电流具有什么作用？
思考：如右图所示，$U_1=IR_1$，$U_2=IR_2$，$U_3=IR_3$，得 $U_1:U_2:U_3=R_1:R_2:R_3$，即串联电路中每个电阻分得的电压与其电阻成正比。
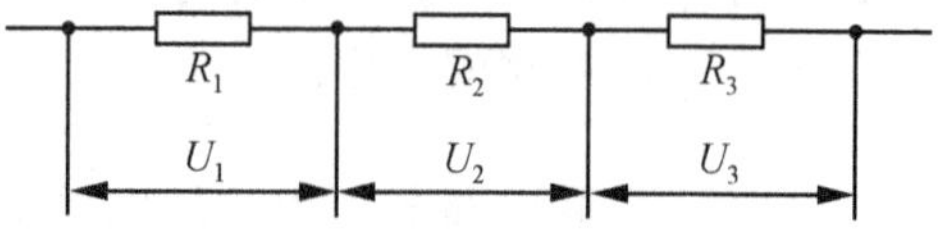

3. 两个电阻串联时总电阻怎样计算？
思考：如右图所示，因 $U=U_1+U_2$，故 $\frac{U}{I}=\frac{U_1}{I}+\frac{U_2}{I}$。
又 $R=\frac{U}{I}$，故 $R=R_1+R_2$。即两个电阻串联时，总电阻为两个电阻之和。
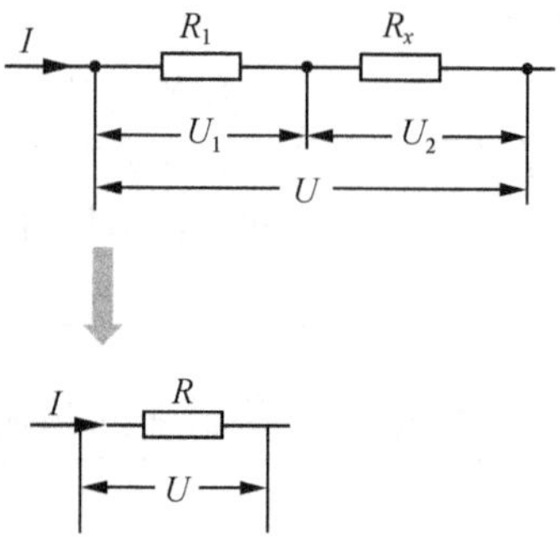
</td></tr>
</table>

续表

设计流程	展(示):体现合作学习成果	建议 2 min	【展示活动】多个电阻串联时总电阻的计算。 思考:$R=R_1+R_2+\cdots+R_n$,即串联电路的总电阻等于各部分电路电阻之和。
	练(习):体现教学效果	建议 2 min	【练习】由 $R=R_1+R_2$ 可知,R 比其中任一个导体的电阻 R_1 和 R_2 都要大,你能解释其中的原因吗? 思考:串联相当于增加了导体的长度。
	评(价):体现激励性评价作用	建议 2 min	【教师课堂总体评价】今天同学们通过集体研讨,得出了"串联电路电压的关系式和串联电路总电阻随各电阻变化的规律"的正确结论。其中,某组同学在探究过程中表现优异,某组同学特别善于交流、学习态度好,他们是同学们学习的榜样。希望同学们再接再厉,上好每一节课。
板书设计	串联电路中电流、电压、电阻规律如下: 1. 电流规律:$I_1=I_2=I_3=\cdots=I_n$。 2. 电压规律:$U_1:U_2:U_3:\cdots:U_n=R_1:R_2:R_3:\cdots:R_n$。 3. 电阻规律:$R=R_1+R_2+\cdots+R_n$。		

附:可能涉及的专题性问题

1. 串联电路中的故障有几类?

【参考解答】串联电路中的故障一般可归纳为两类。

(1) 开路(亦作"断路"):所有用电器都不工作,电流表无示数,只有跨在断点两边的电压表有示数,且示数接近(或等于)电源电压。

(2) 短路:被短路的部分用电器不工作,电流表有示数,接在被短路用电器两端的电压表无示数,接在其他用电器两端的电压表有示数。

2. 如何判断开路、短路?

【参考解答】

(1) 开路的判断。

①如果电路中用电器不工作(常是灯不亮),且电路中无电流,则电路开路。

②具体到哪一部分开路,有如下两种判断方式:

a. 把电压表分别和各处并联,若电压表有示数且比较大(常表述为等于电源电压),则电压表两接线柱之间的电路开路(电源除外)。

b. 把电流表分别与各部分并联,如其他部分能正常工作,电流表中有电流通过,则与电流表并联的部分断开了(适用于多用电器串联电路)。

(2) 短路的判断。

①串联电路中一部分用电器不能正常工作,其他部分用电器能正常工作,则不能正常工作的那部分电路短路。

②把电压表分别和各用电器并联,若电压表的示数为零,则表示用电器短路。

福建省泉州实验中学　韩焱培

二十一、并联电路的分流作用

课程信息	《物理》必修第三册第 3 章第 4 节中的“并联电路的分流作用”。
课标要求	了解关联电路电阻的特点。
片断教学目标	能熟练掌握和灵活运用并联电路电流的关系式、并联电路总电阻随支路电阻变化的规律。
教材分析	并联电路是初中物理电学部分的内容之一,并联电路中电流、电压、电阻规律也是在这一部分涉及的。高中电学部分对并联规律进行定量的阐释。相比于初中从感性、实验的角度得出结论,本节则更加重视理论推导。
学情分析	学生在初中已经学习过并联电路及其规律,但得出规律的过程主要是定性地分析和实验观察。本节的学习要求学生从理论上推导这些结论,并能熟练掌握和灵活运用,同时具备一定的数学公式推导能力。
片断教学重难点	重点:并联电路电流的关系式。 难点:并联电路总电阻随支路电阻变化的规律。
教学流程图	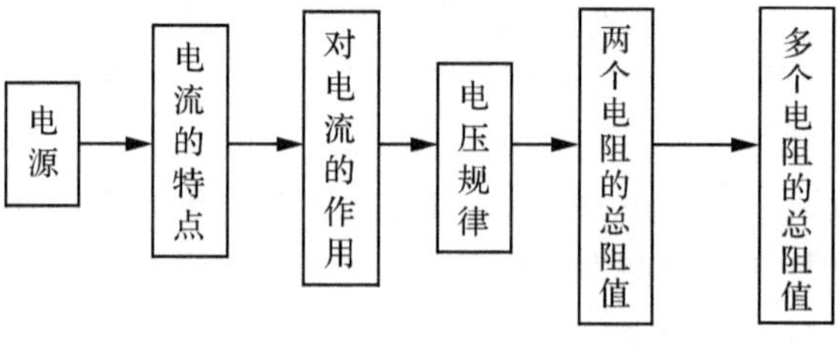

续表

<table>
<tr>
<td rowspan="2">设计流程</td>
<td>导(学)：体现思维引导及主动学习</td>
<td>建议2 min</td>
<td>

【导入新课】

1. 并联电路中的电流有何特点？为什么？

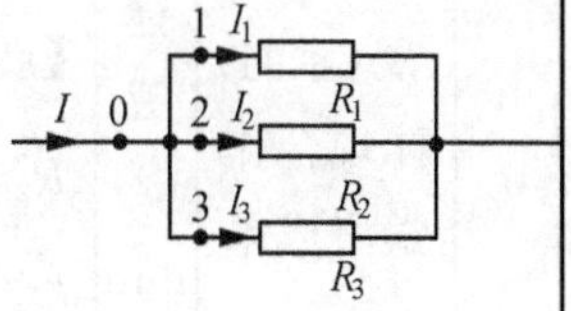

思考：电路中各处的电荷分布应保持不变，因此在并联电路中，在相等时间内通过干路0点的电荷量一定等于进入各支路1、2、3各点的电荷量之和，如右图所示，即 $q_0=q_1+q_2+q_3$，故$\frac{q_0}{t}=\frac{q_1}{t}+\frac{q_2}{t}+\frac{q_3}{t}$，则 $I_0=I_1+I_2+I_3$，即并联电路的总电流等于各支路电流之和。

2. 并联电路对电流具有什么作用？

思考：由 $I_1R_1=I_2R_2=I_3R_3$，得 $I_1:I_2:I_3=\frac{1}{R_1}:\frac{1}{R_2}:\frac{1}{R_3}$，即并联电路中每个电阻分得的电流与其电阻成反比。

3. 怎样从电势、电势差的角度理解并联电路的电压规律？

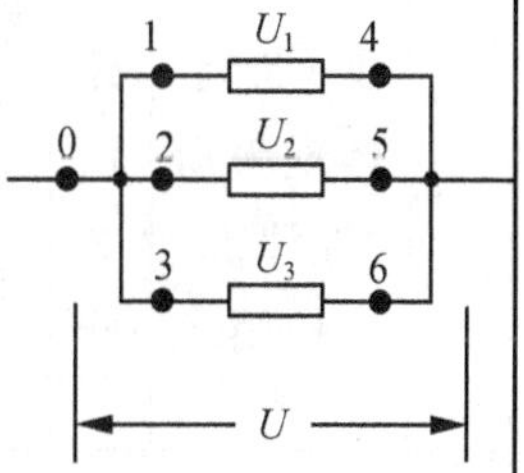

思考：如右图所示，由电势差跟电势的关系，可得 $\varphi_0=\varphi_1=\varphi_2=\varphi_3$，$\varphi_4=\varphi_5=\varphi_6$，故 $U=U_1=U_2=U_3$，即并联电路的总电压与各支路的电压相等。

4. 两个电阻并联时，怎样计算总电阻？

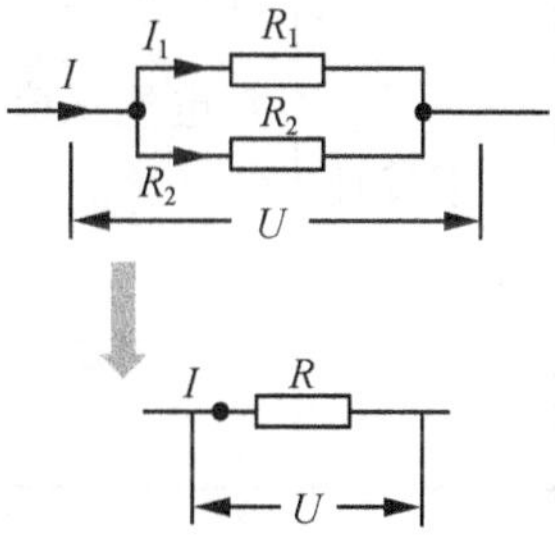

思考：因 $I=I_1+I_2$，故$\frac{I}{U}=\frac{I_1}{U}+\frac{I_2}{U}$。

又 $R=\frac{U}{I}$，故$\frac{1}{R}=\frac{1}{R_1}+\frac{1}{R_2}$。

</td>
</tr>
<tr>
<td>研(学)：体现合作探究精神</td>
<td>建议6 min</td>
<td>

【探究活动】 多个电阻并联时总电阻的计算。

思考：由$\frac{1}{R}=\frac{1}{R_1}+\frac{1}{R_2}+\cdots+\frac{1}{R_n}$，得并联电路总电阻的倒数等于各支路电阻的倒数之和。

两个电阻并联时，由总电阻的计算公式$\frac{1}{R}-\frac{1}{R_1}+\frac{1}{R_2}$，得 $R=\frac{R_1R_2}{R_1+R_2}$。

(若比赛有现场实验要求，则此项时间建议增加5 min)

</td>
</tr>
</table>

续表

<table>
<tr><td rowspan="3">设计流程</td><td>展(示)：体现合作学习成果</td><td>建议2 min</td><td>【展示活动】由 $R=\frac{R_1R_2}{R_1+R_2}$ 可知，R 比其中任一个导体的电阻 R_1 和 R_2 都要小，请解释原因。
思考：因为并联相当于增大了导体的横截面积。</td></tr>
<tr><td>练(习)：体现教学效果</td><td>建议2 min</td><td>【练习】如果两个阻值相差很大的电阻并联($R_1 \gg R_2$)，其结果有何特点？</td></tr>
<tr><td>评(价)：体现激励性评价作用</td><td>建议2 min</td><td>【教师课堂总体评价】今天同学们通过集体研讨，得出了“并联电路电流的关系式和并联电路总电阻随支路电阻变化的规律”的正确结论。其中，某组同学在探究过程中表现优异，某组同学特别善于交流、学习态度好，他们是同学们学习的榜样。希望同学们再接再厉，上好每一节课。</td></tr>
<tr><td>板书设计</td><td colspan="3">并联电路中电流、电压、电阻规律如下：
1. 电流规律：$I_0=I_1+I_2+I_3+\cdots+I_n$，$I_1:I_2:I_3:\cdots:I_n=\frac{1}{R_1}:\frac{1}{R_2}:\frac{1}{R_3}:\cdots:\frac{1}{R_n}$。
2. 电压规律：$U=U_1=U_2=U_3=\cdots=U_n$。
3. 电阻规律：$\frac{1}{R}=\frac{1}{R_1}+\frac{1}{R_2}+\cdots+\frac{1}{R_n}$，$R=\frac{R_1R_2}{R_1+R_2}$(两个电阻并联时)。</td></tr>
</table>

附：可能涉及的专题性问题

并联电路中有时一个支路短路，为什么其他用电器就不能工作？

【参考解答】要理解这个问题，就要明确短路的正确含义。短路是指某一段电路直接用导线连接，导致该段电路两端没有电压。短路影响到其他支路，导致非短路支路的用电器上没有电压，故用电器不能工作。

福建省泉州实验中学　韩焱培

二十二、游标卡尺的测量原理及使用

<table>
<tr><td>课程信息</td><td colspan="3">《物理》必修第三册第 3 章第 5 节中的“游标卡尺的测量原理及使用”。</td></tr>
<tr><td>课标要求</td><td colspan="3">了解游标卡尺的结构，理解其测量原理，能用来它来测量长度。</td></tr>
<tr><td>片断教学目标</td><td colspan="3">1. 用卡尺法测量圆柱体的直径，了解一些测量学的基本思想和方法。
2. 观察游标卡尺的结构，理解游标卡尺的原理。
3. 掌握游标卡尺的读数方法，练习使用游标卡尺。</td></tr>
<tr><td>教材分析</td><td colspan="3">游标卡尺的结构和原理较复杂。为此，教材先介绍了游标卡尺的作用和结构。教材依据由浅入深原则，以十分度游标卡尺为例，对原理进行说明。二十分度、五十分度的游标卡尺的原理虽然复杂些，但与其类似。</td></tr>
<tr><td>学情分析</td><td colspan="3">高二学生已对基本的长度测量工具比较熟悉，能用刻度尺测量长度，并且已具备一定的实验观察和分析的能力，但游标卡尺的测量原理与读数都较复杂，需要教师结合动画，指导学生亲自体验，以取得较好的学习效果。</td></tr>
<tr><td>片断教学重难点</td><td colspan="3">重点：游标卡尺的测量原理和读数方法。
难点：游标卡尺的测量原理和读数方法。</td></tr>
<tr><td>教学流程图</td><td colspan="3">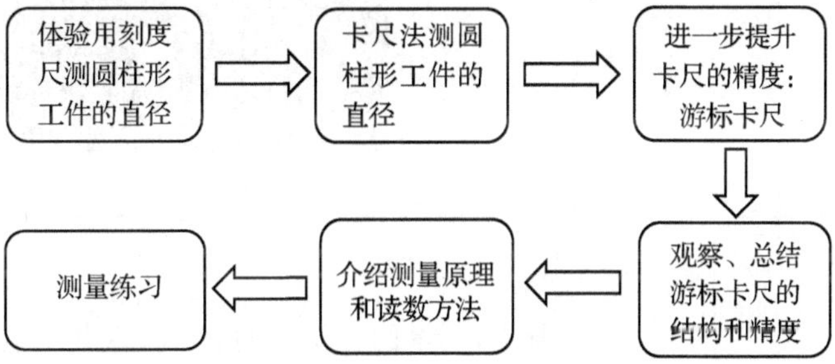
</td></tr>
<tr><td>设计流程</td><td>导(学)：体现思维引导及主动学习</td><td>建议 2 min</td><td>【导入新课】
1. 在初中阶段我们已经学习了一些常见的测量工具，如直尺、卷尺、三角尺等。这些统称为刻度尺，它们是最基本的测量工具。如果给你一个如下图所示的圆柱形工件，让你用刻度尺测量它的直径，你会发现什么问题？
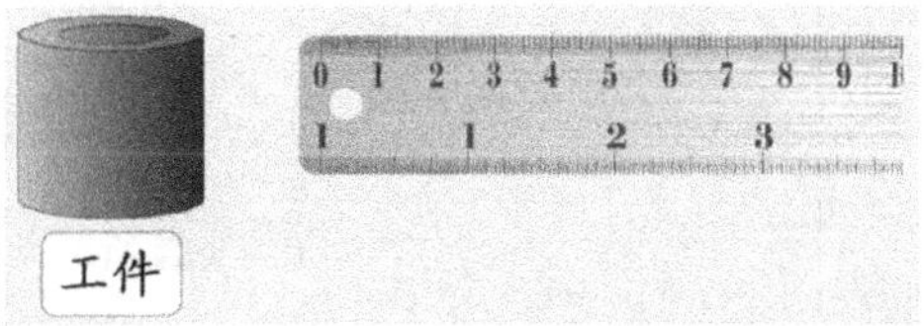
</td></tr>
</table>

续表

<table>
<tr>
<td rowspan="2">设计流程</td>
<td>导(学):
体现思维引导及主动学习</td>
<td>建议2 min</td>
<td>2. 如下图所示,早在公元九年,我国先民就发明并使用了更为便捷的可滑动青铜卡尺——新莽铜卡尺。新莽铜卡尺由固定尺、滑动尺、固定手爪、活动手爪组成,通过移动滑动尺,就可以将待测物体卡在固定手爪和活动手爪之间,再通过固定尺读出相应的刻度。这种卡尺的发明比欧洲同类型的卡尺早了 1 700 多年,是公认的现存世界上最古老的卡尺。
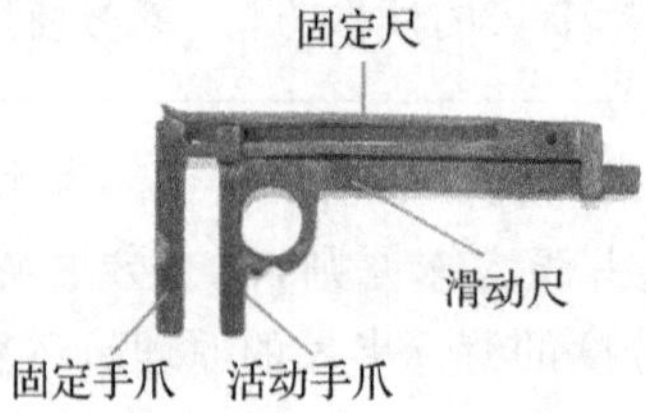

3. 按照新莽铜卡尺的原理前人仿制了如下图所示的铜卡尺。在测量时我们借助滑动尺上的指示线就可以按照刻度尺的读数方法,估读出待测物体的长度。如何进一步提高滑动卡尺的测量精度呢?
讨论:可以在尺子的 1 mm 间再画出更多的等分刻度线。虽然技术可行,但这些刻度线太细太密了,眼睛没法分辨。还有更好的办法吗?
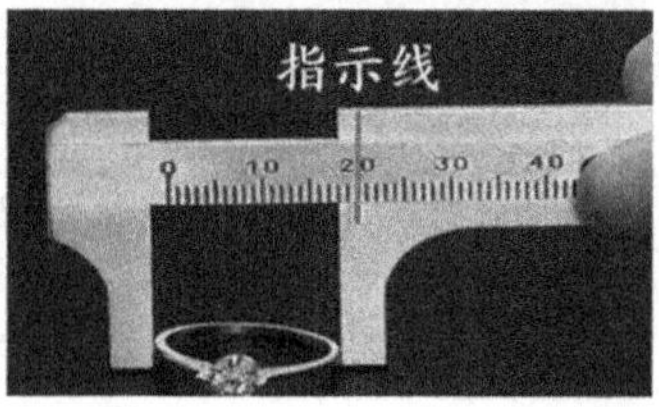
</td>
</tr>
<tr>
<td>研(学):
体现合作探究精神</td>
<td>建议6 min</td>
<td>【探究活动】
1. 如下图所示,测量圆柱形工件的直径(或圆孔的内径)时,发现实际操作过程中难以找到同一条直径的两个端点来放置尺子,导致测量误差偏大。
体验:用卡尺法代替直接贴靠法来解决定位困难。
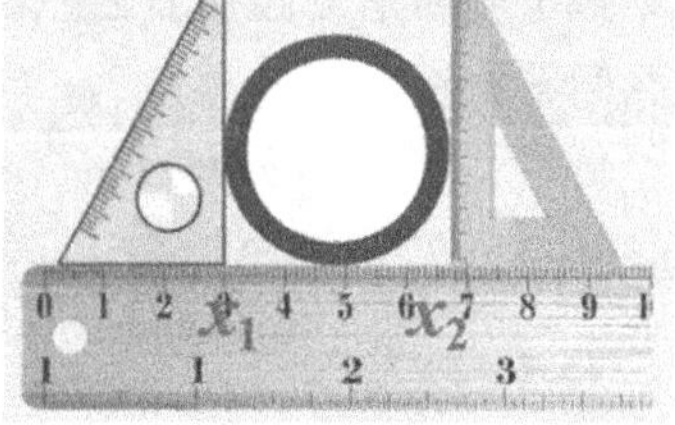
</td>
</tr>
</table>

续表

<table>
<tr>
<td>设计流程</td>
<td>研(学)：体现合作探究精神</td>
<td>建议6 min</td>
<td>
2.了解游标卡尺的测量原理，如下图所示，法国数学家约尼尔在滑动尺上加上了刻度，发明了一种新型的卡尺——游标卡尺。游标卡尺由内测量爪、外测量爪、深度尺、紧固螺钉、主尺和游标尺组成。在测量外径的时候用外测量爪卡住物体，在测量内径的时候用内测量爪撑住物体，在测量深度的时候用深度尺抵住物体。摆放完毕，可以利用紧固螺钉将卡尺固定，然后取出来读数即可。

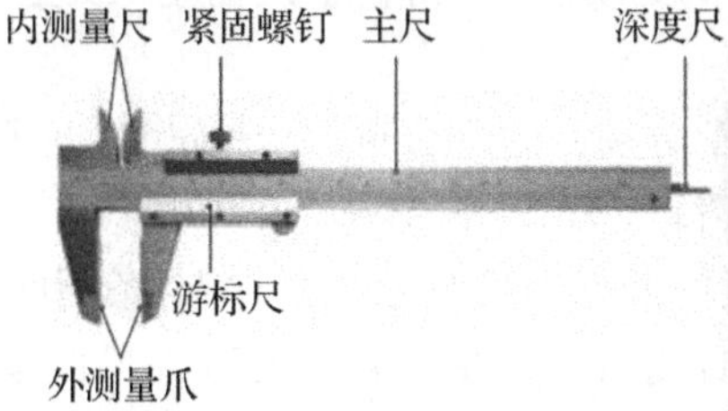

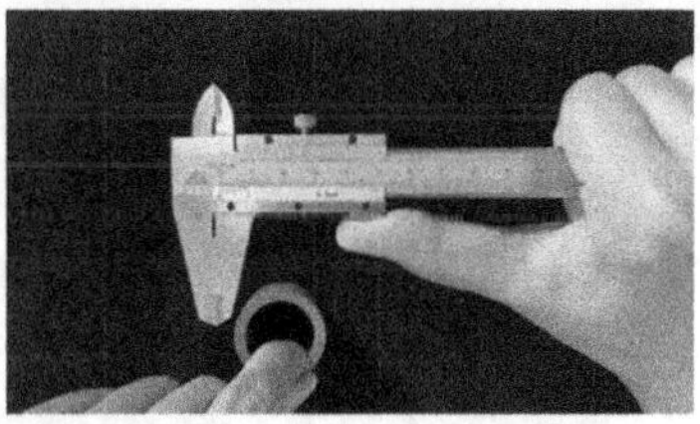

演示：测量前应查看游标尺和主尺的零刻度线是否对齐。如果对齐，就可以进行测量。使用时，用手握住主尺，四个手指抓紧，大拇指按在游标尺右下侧的半圆轮上，并用大拇指轻轻移动游标，使活动量爪卡紧被测物体，即可读数。

教师点睛：测量内径时，应先将内测量爪放入待测物体内部，将游标卡尺的内测量爪缓慢张开，直至内测量爪与待测物体的内壁贴合，且读数达到最大，即可读数。

3.测量外径时，用外测量爪卡住待测物体；测量深度时，把深度尺放到工件孔径内，再将深度尺深入到孔径最深处。然后让主尺的尺身与工件的外壁保持平行，即可读数。

游标卡尺的读数分为整数和小数两个部分。整数部分由主尺读出，小数部分由游标尺读出，所以读数等于主尺度数加游标尺度数。如下图所示，游标尺的第6条刻度线和主尺的某一条刻度线对齐，因此，物体最终的长度为这两条线段的长度之和，也就是主尺读出的6 mm，加上游标尺读出的6乘0.1 mm，读数等于6.6 mm。这种读数方法称为错位放大法，是无须进行估读的。利用这种方法巧妙地提升了卡尺的测量精度。

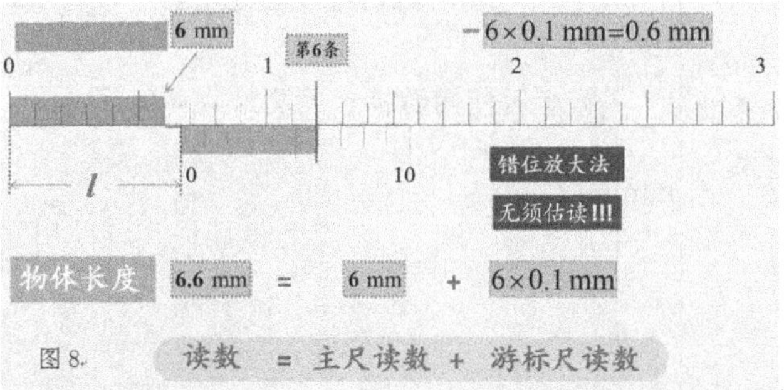

图8
</td>
</tr>
</table>

续表

设计流程

研(学)：体现合作探究精神　建议6 min

4. 请同学们观察游标卡尺的主尺和游标尺，思考如下问题：
(1) 主尺的最小分度是多少？
(2) 游标尺刻度的总长是多少？最小分度是多少？
(3) 游标尺与主尺上的最小分度相差多少？

展(示)：体现合作学习成果　建议2 min

【展示活动】

1. 观察游标卡尺的主尺。游标卡尺的主尺是普通的刻度尺，分度值为1 mm。

2. 请三位同学分别介绍十分度、二十分度、五十分度游标卡尺的总长和最小分度值。

讨论：十分度的游标卡尺游标尺上有10条刻度线，这是它的一个重要特征。让左右侧两爪合在一起。当游标尺的零刻度线与主尺零刻度线对齐时，我们发现游标尺的第10条刻度线与主尺的9 mm刻度线对齐，说明游标尺上的10个小格的总长为9 mm。所以游标尺的每一个小格为9 mm除以10，即等于0.9 mm。游标尺上的每一个小格与主尺上的每一个小格相差0.1 mm，即游标卡尺的精确度为0.1 mm，它决定了读数结果的位数，我们可以记为1/10 mm。(二十分度和五十分度类似)

教师点睛：指导学生共同总结游标卡尺的精确度，如下表所示。

刻度格数（分度）	刻度总长度	每小格与1mm的差值	精确度（可精确到）	记为
10	9mm	0.1mm	0.1mm	$\frac{1}{10}$
20	19mm	0.05mm	0.05mm	$\frac{1}{20}$
50	49mm	0.02mm	0.02mm	$\frac{1}{50}$

练(习)：体现教学效果　建议2 min

【练习】

1. 如下图所示，读出游标卡尺的示值。

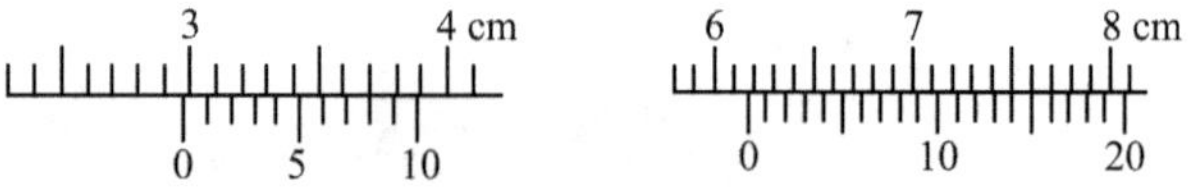

2. 练习使用游标卡尺测量物体的尺寸。

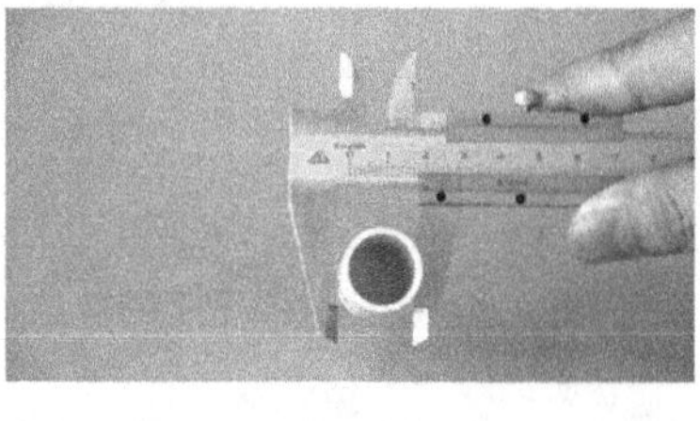

续表

<table>
<tr><td>设计流程</td><td>评(价)：体现激励性评价作用</td><td>建议 2 min</td><td>【教师课堂总体评价】这节课我们学习了游标卡尺的测量原理和读数方法。常见的游标卡尺有十分度、二十分度和五十分度三种，精确度分别为 0.1 mm、0.05 mm、0.02 mm。游标卡尺利用错位放大法，有效地提高了卡尺的测量原理，读数时，待测物体的长度等于主尺读数加游标尺读数，无须进行估读。今天大家的表现很好，课后还要继续加强对游标卡尺的使用练习。</td></tr>
<tr><td>板书设计</td><td colspan="3">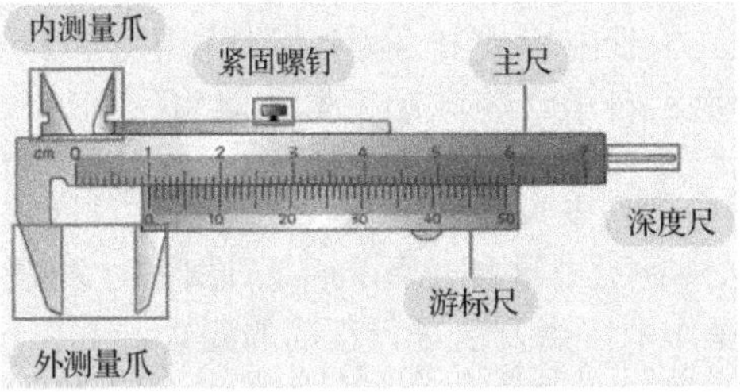

<table>
<tr><th>分度</th><th>精确度（可精确到）</th><th>测量原理</th><th>读数方法</th><th>是否需要估读</th></tr>
<tr><td>10</td><td>0.1mm</td><td rowspan="3">错位放大法</td><td rowspan="3">长度=主尺读数+游标尺读数
$l=n+km$</td><td rowspan="3">无须估读</td></tr>
<tr><td>20</td><td>0.05mm</td></tr>
<tr><td>50</td><td>0.02mm</td></tr>
</table></td></tr>
</table>

附：可能涉及的专题性问题

游标卡尺蕴含的测量思想和方法对学生今后的学习有什么帮助？

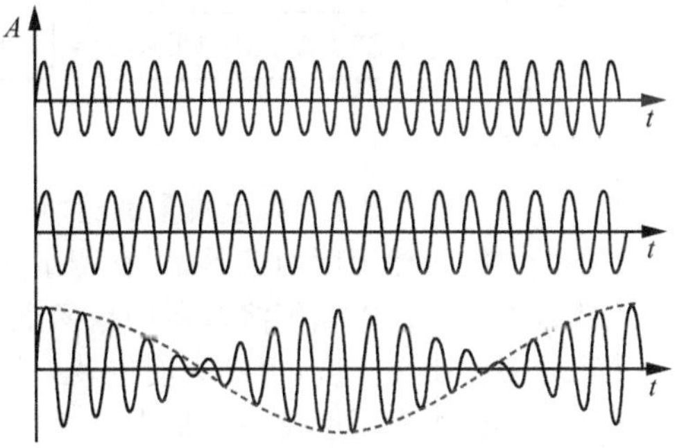

可以将游标卡尺的测量方法迁移到用拍频法测量超声波频率的研究和学习中。拍频法的测量原理如右图所示。频差较小、速度相同的两列同向共线传播的简谐波相叠加，即形成拍，拍频波的频率(即拍频)是相叠加的两列简谐波的频差。目前已有用拍频法制作的超声波频率测量仪，通过步进键盘调节频率的大小，近似测量超声波的频率。测量时，由信号发生器产生一列可调的参照超声波和一列未知频率的超声波，经过加法器叠加；逐渐调节参照超声波的频率，使两列超声波的频率接近，便获得稳定的拍频波；只要测量拍频波的频率，对照参照超声波就可知道待测波的频率。拍频现象实际上也体现了对比—转移—放大的思想，它把高频信号中的频率信息转移到差频信号之中，使得难以测量的高频信号转变为容易测量的低频信号。拍频法还可以应用于光速的测量，因为差频波不仅记录了频率信息，还记录了相位信息。通过比较相位的方法可以间接地测定光速。

福建泉州外国语中学　林德塈

二十三、螺旋测微器的测量原理及使用

<table>
<tr><td colspan="3">课程信息</td><td>《物理》必修第三册第 3 章第 5 节中的“螺旋测微器的测量原理及使用”。</td></tr>
<tr><td colspan="3">课标要求</td><td>理解螺旋测微器的测量原理，并会应用它进行长度的测量。进一步形成自觉遵守实验操作规程和谨慎操作的习惯。</td></tr>
<tr><td colspan="3">片断教学目标</td><td>通过实践，了解螺旋测微器的结构，理解它的测量原理，学会用它来测量长度。</td></tr>
<tr><td colspan="3">教材分析</td><td>学生在初中时，已经学过如何利用刻度尺来测量物体的长度，但是利用刻度尺测量长度有一定的局限性。本节内容安排学生学习使用更为精密的测量工具——螺旋测微器，培养学生的科学素养和动手操作能力。</td></tr>
<tr><td colspan="3">学情分析</td><td>学生在以往的实践中已经学会用刻度尺正确测量长度。学生对这种新测量工具的测量原理比较陌生。学生只有明白这种工具的工作原理，才能顺利领会其使用和读数方法，进而在实际操作中按照要求进行正确的测量。</td></tr>
<tr><td colspan="3">片断教学重难点</td><td>重点：掌握螺旋测微器的读数方法。
难点：理解螺旋测微器的工作原理。</td></tr>
<tr><td colspan="3">教学流程图</td><td>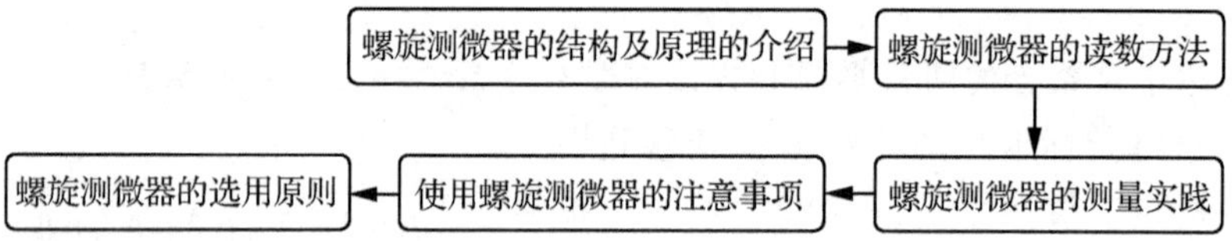
</td></tr>
<tr><td rowspan="2">设计流程</td><td>导(学)：体现思维引导及主动学习</td><td>建议 2 min</td><td>【导入新课】螺旋测微器(又叫千分尺)是比游标卡尺更精密的测量长度的工具，用它测量长度可以准确到 0.01 mm，测量范围为几个厘米。螺旋测微器的精密螺纹的螺距是 0.5 mm，可动刻度有 50 个等分刻度，可动刻度旋转一周，测微螺杆可前进或后退 0.5 mm，所以可动刻度每一小格表示 0.01 mm。同学们知道螺旋测微器的测量原理吗？其内部结构是如何构成的？</td></tr>
<tr><td>研(学)：体现合作探究精神</td><td>建议 6 min</td><td>【探究活动】以给定的 3D 打印的带螺母的螺距为0.5 mm的螺杆为材料，尝试制作一个简单的螺旋测量读数装置，如下图所示，以弄清螺旋测微器的结构及其工作原理。
(1) 通过带螺母螺杆，了解构造组件。
(2) 用累积法测量螺母转动 N 圈前进的距离，计算可动部分转动一周移动的距离。
</td></tr>
</table>

续表

<table>
<tr>
<td rowspan="3">设计流程</td>
<td>研(学)：体现合作探究精神</td>
<td>建议6 min</td>
<td>(3) 计算螺母转动前进一圈的距离，并依次求得转动 1/2 圈、1/4 圈、1/8 圈……螺母沿杆移动的距离。以此类推，假设将螺母周长进行 50 等分，计算得到转动 1 等份移动的距离。
(4) 将螺杆一侧切成平面，并按螺距标注上刻度线。
(5) 尝试进行读数。</td>
</tr>
<tr>
<td>展(示)：体现合作学习成果</td>
<td>建议2 min</td>
<td>【展示活动】螺旋测微器的固定刻度和可动刻度与普通刻度尺的刻度有很大的区别。在螺旋测微器的固定刻度上，除了有表示 1 mm、2 mm、3 mm等的整数刻度线外，在相邻两整数刻度线之间还有半毫米刻度线(简称半刻线)。半刻线就是将 1 mm 等分成两份，每一组相邻的整数刻线和半刻线之间的距离为 0.5 mm。在可动刻度上一共有 50 个等分刻度线。当旋钮旋转一周，测微螺杆便沿着旋转轴线的方向前进或后退一个螺距的距离。螺旋测微器的固定刻度的螺距是 0.5 mm，这刚好与固定刻度上相邻的整数刻线和半刻线之间的距离相同。圆周上的可动刻度有 50 个等分刻度，相当于把 0.5 mm 等分为 50 等份，因此，可动刻度每旋转一格，对应测微螺杆就会前进或后退 0.01 mm。所以，运用螺旋测微器测量长度时可以精确到0.01 mm。
如右图所示，螺旋测微器读数方法如下：
①先读固定刻度：找到固定刻度右边第一根主尺线(注意半刻度线有没有露出来)，若半刻度露出来，读数为 4.5 mm；如果半刻度线没有露出来，则为 4.0 mm。
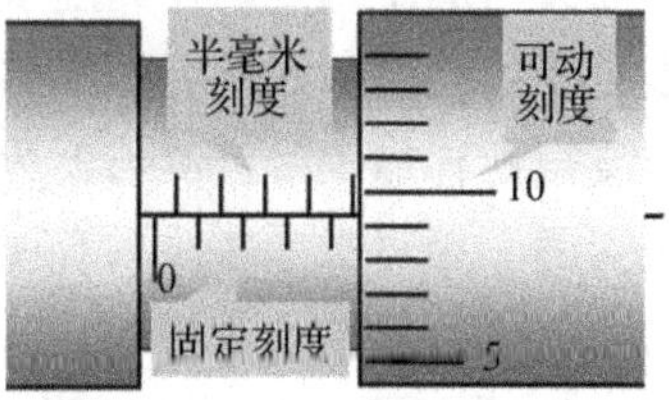

②再读可动刻度，且要往后估读一位。
右图中可动刻度读数为 9.2，则可动部分读数为
$9.2\times0.01=0.092(\text{mm})$。
③把固定刻度读数与可动部分读数相加，即 $4.5\ \text{mm}+0.092\ \text{mm}=4.592\ \text{mm}$。
公式如下：
测量值(mm)－固定刻度数(mm)＋可动刻度数(估读一位)×0.01(mm)</td>
</tr>
<tr>
<td>练(习)：体现教学效果</td>
<td>建议2 min</td>
<td>【练习】学生使用螺旋测微器测量薄金属片的厚度和金属丝的直径。注意螺旋测微器使用过程中的操作细节，比如粗调旋钮和细调旋钮的配合使用。学会正确地读数。</td>
</tr>
</table>

续表

<table>
<tr><td>设计流程</td><td>评(价)：体现激励性评价作用</td><td>建议 2 min</td><td>【教师课堂总体评价】同学们能主动思考，对螺旋测微器的测量原理提出自己的疑问，某组同学能准确使用螺旋测微器，并进行正确的读数。希望同学们在今后的实验中再接再厉，加强动手能力的培养。</td></tr>
<tr><td>板书设计</td><td colspan="3">原理
读数方法
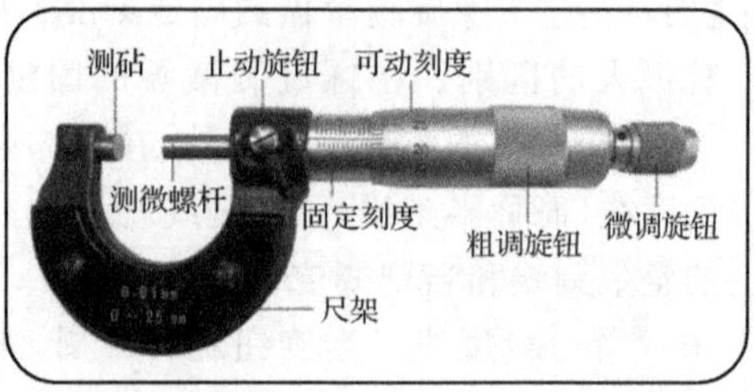

使用及注意事项
工具选用原则</td></tr>
</table>

附：可能涉及的专题性问题

1. 螺旋测微器出现零误差，如何处理？

【参考解答】在用螺旋测微器测量前校零时，如果测微螺杆与测砧接触，可动刻度的零刻度线与固定刻度的零刻度线不能完全对齐时，则要考虑零误差。例如，参考线与可动刻度零刻度线之间刚好相差一小格，零误差 $\delta=0.010$ mm。若用此螺旋测微器测量长度，当测砧与测微螺杆靠拢时被测长度为零而仪器的读数已经为 0.010 mm 了。可动刻度上的“5”号线实际上相对于参考线只有 4 小格。依此类推，用这种螺旋测微器测小钢球的直径时，直径的真实值=读数−零误差。

2. 简述螺旋测微器和游标卡尺读数的区别。

【参考解答】游标卡尺和螺旋测微器读数主要存在三点区别。①单位是否统一：游标卡尺主尺读数单位可能是 cm，而游标尺上的读数单位为 mm，单位可能不统一。而螺旋测微器固定刻度尺和可动刻度尺上的读数单位均为 mm，不存在单位统一的问题。因此，用游标卡尺主尺读数时容易忽视单位的统一而出错。②读数是否重叠：游标卡尺主尺读数负责整毫米数，游标尺只负责以毫米为单位的小数部分。而螺旋测微器固定刻度尺由于存在半格 0.5 mm，与可动刻度尺读数合并时会出现数据重叠现象。③结果是否估读：游标卡尺不估读，而螺旋测微器读数必须加上估计值。若以 mm 为单位，游标卡尺读数结果小数点后可能是一位数(10 分度)、二位数(20 分度和 50 分度)，而螺旋测微器读数结果小数点后均为三位数。

福建省泉州市第七中学　陈思鑫

二十四、伏安法测电阻

<table>
<tr><td>课程信息</td><td colspan="3">《物理》必修第三册第 3 章第 6 节中的“伏安法测电阻”。</td></tr>
<tr><td>课标要求</td><td colspan="3">理解伏安法测电阻的原理。</td></tr>
<tr><td>片断教学目标</td><td colspan="3">着眼于初高中的不同之处，分析电表的内阻对实验准确性的影响。</td></tr>
<tr><td>教材分析</td><td colspan="3">要求学生学会分析伏安法测电阻的误差，为以后的电学实验数据分析与处理打下良好的基础。</td></tr>
<tr><td>学情分析</td><td colspan="3">伏安法测电阻是初中物理电学部分的重点实验，对此学生有一定的了解。但原生的思维习惯可能会在头脑中作怪，把电表都当作理想的电表。</td></tr>
<tr><td>片断教学重难点</td><td colspan="3">重点：着眼于初高中的不同之处，分析电表的内阻对实验准确性的影响。
难点：理解伏安法测电阻的原理。</td></tr>
<tr><td>教学流程图</td><td colspan="3">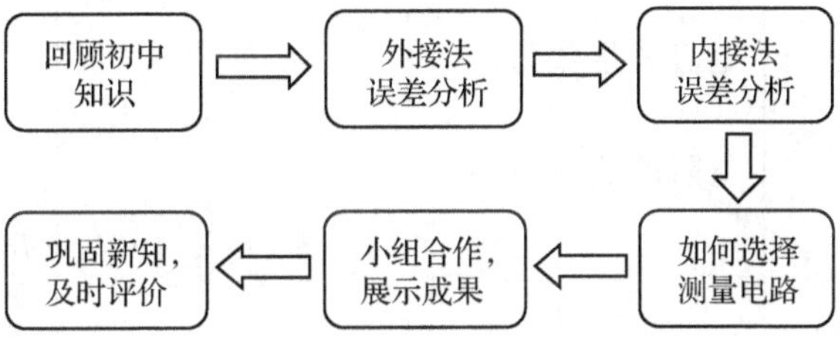
</td></tr>
<tr><td rowspan="2">设计流程</td><td>导(学)：体现思维引导及主动学习</td><td>建议 2 min</td><td>【导入新课】初中学过使用伏安法测量导体的电阻，需要测量电压和电流两个物理量，为此，要选择合适量程的电压表和电流表。</td></tr>
<tr><td>研(学)：体现合作探究精神</td><td>建议 8 min</td><td>【探究活动】用伏安法测电阻时，电表有两种常见的接法，如下图所示，分别是：电流表接在电压表两接线柱外侧，通常叫“外接法”；电流表接在电压表两接线柱内侧，通常叫“内接法”。
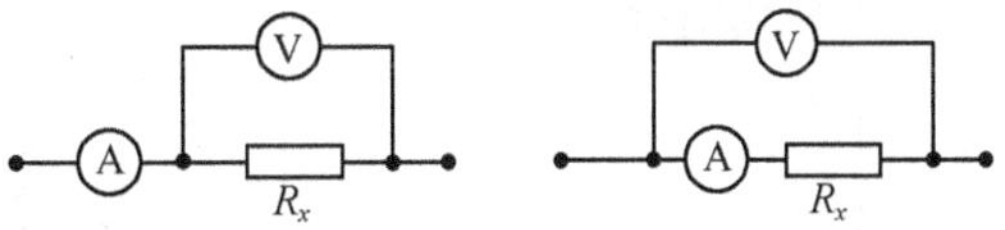

因电流表有分压作用，电压表有分流作用，用两种方法测量电阻均有误差，在实际应用中该如何选择呢？</td></tr>
</table>

续表

设计流程	研(学)：体现合作探究精神	建议8 min	(1) 当电流表外接时，电压表和电流表的示数各是多少？计算得到的电阻表达式是怎样的？与实际值的差别是怎样的？ 电压表读数为 $U_V=U_{R_x}$ 电流表示数为 $I_A=I_V+I_{R_x}$ 电阻的测量值为 $R_{测}=\frac{U_V}{I_A}=\frac{R_V R_x}{R_V+R_x}=R_{并}$ 由于$R_{真}=\frac{U_{R_x}}{I_{R_x}}=R_x$，故$R_{测}<R_{真}$。误差来源于电压表的分流。分流越小，误差越小。当测量小电阻时，即在$R_x \ll R_V$的情况下，使用外接法误差较小。 (2) 当电流表内接时，电压表和电流表的示数各是多少？计算得到的电阻表达式是怎样的？与实际值的差别是怎样的？ 电压表读数为 $U_V=U_A+U_{R_x}$ 电流表示数为 $I_A=I_{R_x}$ 电阻的测量值为 $R_{测}=\frac{U_V}{I_A}=R_A+R_x$ 由于$R_{真}=\frac{U_{R_x}}{I_{R_x}}=R_x$，故$R_{测}>R_{真}$。误差来源于电流表的分压。分压越小，误差越小。当测量大电阻时，即在$R_x \gg R_A$的情况下，使用内接法误差较小。 (3) 如何选择内接法与外接法？ 当$\frac{R_x}{R_A}>\frac{R_V}{R_x}$（即$R_x>\sqrt{R_A \cdot R_V}$）时用内接法；当$\frac{R_x}{R_A}<\frac{R_V}{R_x}$（即$R_x<\sqrt{R_A \cdot R_V}$）时用外接法；当$\frac{R_x}{R_A}=\frac{R_V}{R_x}$（即$R_x=\sqrt{R_A \cdot R_V}$）时两种接法均可。 总结：内接法、外接法的另一种选择方法——试探法。 如下图所示，按内接、外接的方式依次连接，观察电流表、电压表示数变化情况。

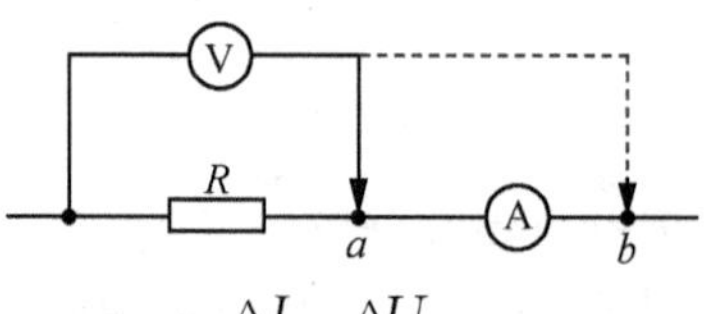

若电压表示数有明显变化，即$\frac{\Delta I}{I}<\frac{\Delta U}{U}$，用外接法；若电流表示数有明显变化，即$\frac{\Delta I}{I}>\frac{\Delta U}{U}$，用内接法。

续表

设计流程	展(示)：体现合作学习成果	建议2 min	【展示活动】 1. 当电流表外接时，误差来源于电压表的分流。分流越小，误差越小。当测量小电阻时，即在$R_x \ll R_V$的情况下，使用外接法误差较小。 2. 当电流表内接时，误差来源于电流表的分压。分压越小，误差越小。当测量大电阻时，即在$R_x \gg R_A$的情况下，使用内接法误差较小。
	练(习)：体现教学效果	建议4 min	【练习】下图所示是用电压表V和电流表A测电阻的一种方法。R_x为待测电阻。如果考虑到仪表本身电阻对测量结果的影响，则(　　)。 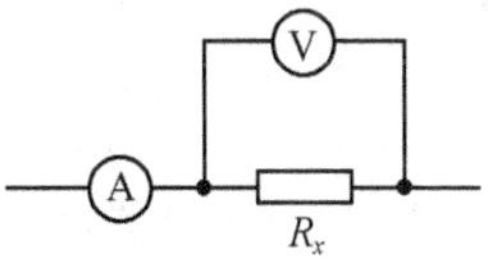 A. 电压表的读数等于R_x两端的实际电压，电流表的读数大于通过R_x的实际电流 B. 电压表的读数大于R_x两端的实际电压，电流表的读数小于通过R_x的实际电流 C. R_x的测量值大于R_x的实际值 D. R_x的测量值等于R_x的实际值
	评(价)：体现激励性评价作用	建议1 min	【教师课堂总体评价】今天同学们通过共同探究，得出了用伏安法测电阻的正确结论。其中某组同学分析到位，某组同学表述时条理清晰、逻辑严密。
板书设计	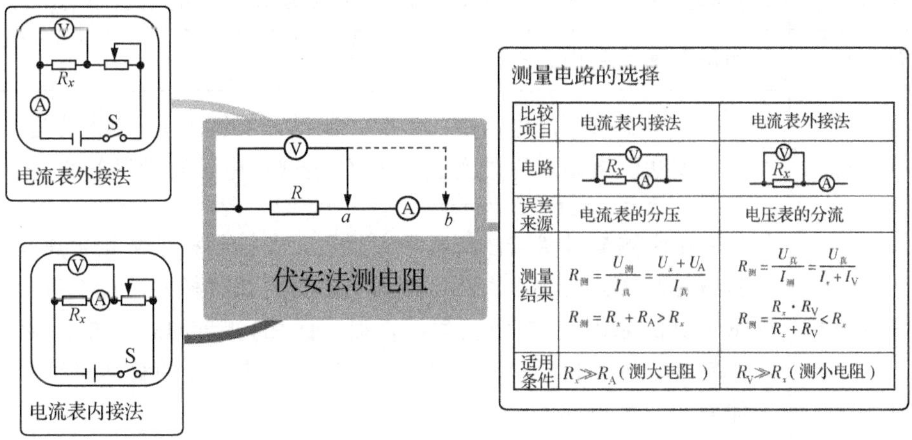 		

附：可能涉及的专题性问题

1. 选择实验器材的原则是什么？

【参考解答】

(1) 安全性原则。①电压表、电流表均不能超过其量程。②通过滑动变阻器和电阻的电流不能超过其允许通过的最大电流(额定电流)。③电源的最大输出电流不能超过其额定电流。

(2) 准确性原则。选用电表的量程时应考虑尽可能减小测量值的相对误差。电压表和电流表在使用时要尽可能使指针接近满刻度的量程。其指针应偏到满刻度的$\frac{1}{3}$以上，至少也要超过$\frac{1}{2}$。

(3) 方便性原则。如选用滑动变阻器，应考虑对外所供电压的变化范围，既能满足实验要求，又便于调节。调节时应用到大部分电阻线。

(4) 经济性原则。在同时满足以上三个原则的前提下，应使电源的功率尽可能小，以减小电能损耗。

2. 与电表读数相关的知识点有哪些？

(1) 分度值：每个小格代表的数值。

(2) 1 分度：每个小格代表的数值最后一位为"1"。

(3) 2、5 分度：每个小格代表的数值最后一位为"2"或"5"。

读数原则：1 分度的电表需要估读到分度值的下一位，2、5 分度的电表需要估读到本位(分度值的位数)。

福建省晋江市侨声中学　蔡秀华

二十五、测量金属丝的电阻率

课程信息	《物理》必修第三册第 3 章第 6 节中的"测量金属丝的电阻率"。
课标要求	会测量金属丝的电阻率。
片断教学目标	能完成测量金属丝的电阻率的实验。能设计实验方案，会正确进行微距测量，会用伏安法测电阻。通过实验教学，领悟减小电阻测量误差的方法和意义。
教材分析	教材在微距测量及伏安法测电阻实验之后安排了科学测量金属丝的电阻率的实验，通过该实验，让学生知道金属丝的长度和直径的测量要选用不同的长度测量工具的原因；引导学生学习合理、科学的测量的思想方法，认识到物理测量的精度依赖实验器材和科学方法，努力提升学生的科学思维水平和实验探究能力。

续表

<table>
<tr><td>学情分析</td><td colspan="3">高二学生已初步具备测量方面的基础实验素养，但要学会理解实验原理，能正确选用实验仪器，增强实验能力，促进科学探究素养的提升。</td></tr>
<tr><td>片断教学重难点</td><td colspan="3">重点：长度测量、电学量测量器材的综合使用，伏安法测电阻电路的内接法和外接法的选择，特别是电流表与电压表量程挡位的选择、表盘上示数的读数与记录的科学性问题、安全性问题。
难点：伏安法测电阻时电流表与电压表量程挡位的选择、表盘上示数的读数与记录的科学性问题。</td></tr>
<tr><td>教学流程图</td><td colspan="3">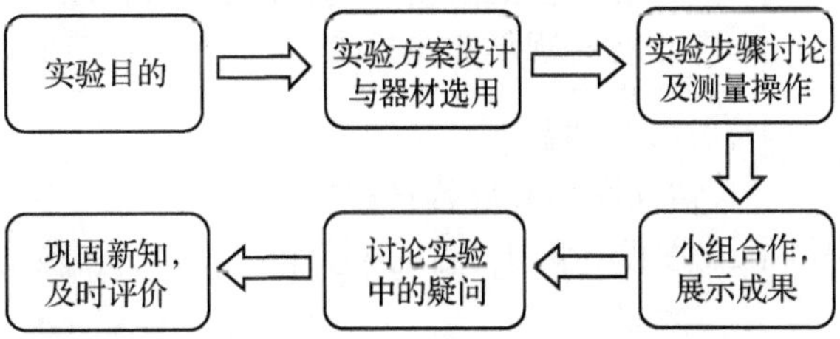</td></tr>
<tr><td rowspan="2">设计流程</td><td>导(学)：体现思维引导及主动学习</td><td>2 min</td><td>【导入新课】对一捆金属导线，你如何鉴别它的导电性能？
讨论：可通过测量金属丝的电阻率来鉴别导线的导电性能。
由电阻定律 $R=\rho\frac{l}{S}$，得 $\rho=\frac{S}{l}R=\frac{\pi d^2U}{4lI}$，可见，测量电阻率就涉及直接测量和间接测量多个物理量。选用合适的测量器材，采用科学的测量方法及统筹安排实验步骤，是非常重要的。</td></tr>
<tr><td>研(学)：体现合作探究精神</td><td>建议 6 min</td><td>【探究活动】
1. 电路设计。
回顾伏安法测电阻的电路及电路元件，讨论测量电路的内接法与外接法(考虑到学生实验基础，先不涉及供电控制电路的分压式接法)。
若提供电源(4 V)，为了多次测量减小误差，须使用滑动变阻器，应怎样将其串联在电路中，其四个接线柱应如何连接？
(师生互动，共同探究，最终画出右图)
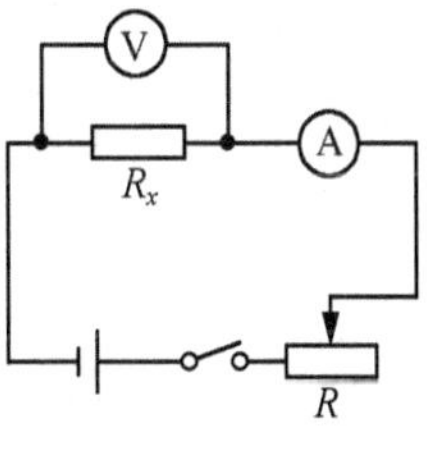
2. 器材选用。
(1) 为什么金属丝的长度和直径的测量要选用不同的长度测量工具？
结论：用最小刻度为 1 mm 的刻度尺测量金属丝的长度；用螺旋测微器测量金属丝的直径，它比使用刻度尺测量的精度高。</td></tr>
</table>

续表

设计流程	研(学): 体现合作 探究精神	建议 6 min	(2) 如何选择电表量程? 教师点睛:无论是电流表还是电压表,都需在表针静止状态下才能读数。此状态下的电路为纯电阻电路,从能量的角度看,电路中的电流宜小,热损耗小。从电表读数误差的角度来看,尽量使指针偏转范围大些,以减小读数误差。 3. 探究影响实验结果的因素。 考虑电路状态对实验的影响,有些数据的测量是在实验前测量合理还是实验后测量更合理?或是实验前后均可?(如本实验中金属丝的长度和直径的测量) 总结:金属丝的长度和直径的测量无关顺序,可以提前测量好。 (若比赛有现场实验要求,则“研”的环节时间建议增加数分钟)
	展(示): 体现合作 学习成果	建议 2 min	【展示活动】 1. 请同学们看屏幕投影内容: A. 按设计的电路图连接电路,并将滑动变阻器的滑片置于阻值最大端。 B. 用螺旋测微器多次测量金属丝的直径,算出其平均值。 C. 闭合开关,改变滑片位置,测出若干组电流、电压值,填入设计的表格中。 D. 把金属丝两端固定在接线柱上,使其拉直,用刻度尺多次测量接入电路部分的金属丝的长度,算出其平均值。 E. 测量结束后断开开关,拆除电路,整理实验器材。 总结:实验合理顺序是 B→D →A→C→E。 2. 展示学生实验中有价值的问题(照片或视频),并提出纠正措施。 3. 现在请各小组选出代表,将你们的测量数据填入实验报告的表格中。利用电子表格软件快速得出电阻率和相对误差(设误差允许范围是±5%)。 教师点睛: ① 测金属丝的直径时都会出现误差。可通过变换不同的位置和角度测量,然后求平均值,以达到减小误差的目的。 ② 测金属丝的长度时同样不可避免地会出现误差,但一定要注意测量的长度是连入电路中的电阻丝的长度。 ③ 电压表、电流表读数时会出现偶然误差。 ④ 不论是内接法还是外接法,电压表、电流表的内阻对测量结果都会产生影响。由于金属丝的电阻不太大,本实验应采用电流表外接法测电阻。 ⑤ 若电流过大,通电时间过长,则会因电阻丝发热,导致电阻阻值发生变化,影响测量结果。

续表

<table>
<tr>
<td rowspan="2">设计流程</td>
<td>练(习)：体现教学效果</td>
<td>建议2 min</td>
<td>【练习】某同学做测量金属丝的电阻率的实验。若测得金属丝的长度$L=50.00\ \text{cm}$，
(1) 直径如图①所示，其读数应为$d=$________ mm。
(2) 这位同学在一次测量时，电流表、电压表的示数分别如图②、图③所示。由图可知，电流表、电压表的示数分别为$I=$________ A和$U=$________ V(电流表和电压表分别用0.6 A和15 V的量程)，由此可计算出金属丝的电阻率为________。(只用物理量符号表示，写出式子即可。也可以借助计算器，进一步计算出电阻率的大小)
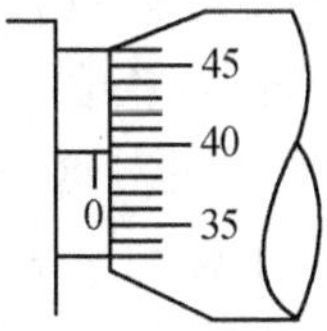
图①

图②
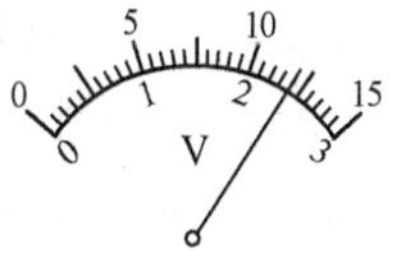
图③
总结：建议多次测量取平均值。在测电阻时，最好用图像法(U-I图线)得到电阻值。在描点时，要尽量使各点间的距离大一些，作拟合线时要让各点均匀分布在直线的两侧，个别明显偏离直线较远的点可以舍去。</td>
</tr>
<tr>
<td>评(价)：体现激励性评价作用</td>
<td>建议2 min</td>
<td>【教师课堂总体评价】今天同学们探究了各测量量的实验电路设计及读数与记录的科学性问题，通过动手操作，得到第一手测量数据，计算出了金属丝的电阻率。其中，某组同学在实验过程中操作规范、记录准确，某组同学特别善于交流、学习态度好，他们是同学们学习的榜样。希望同学们总结经验，认真做好每一个实验，努力提升自己的实验水平。</td>
</tr>
<tr>
<td colspan="2">板书设计</td>
<td colspan="2">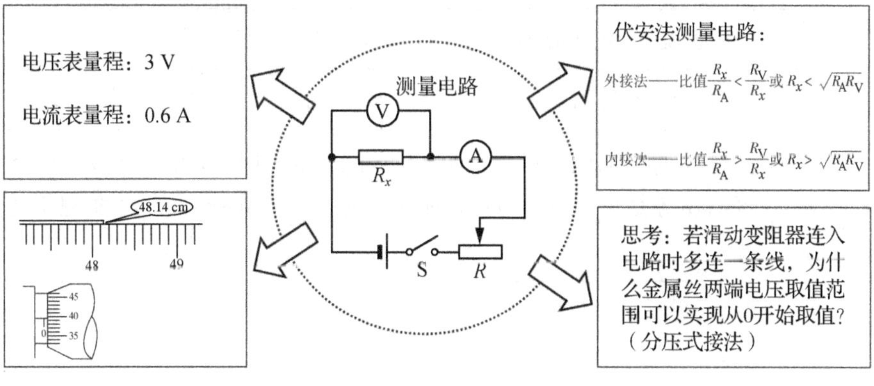</td>
</tr>
</table>

附：可能涉及的专题性问题

1. 测金属丝的电阻率是教材上安排的第一个电路部分的学生分组实验，测量量多达四个，教学任务之艰可想而知，实验教学环节的重点应该放在哪里？

【参考解答】根据教材上的素养提升要求：“能提出并准确表述在实验中可能遇到的物理问题；能在他人指导下制订实验方案，能选用电流表和电压表进行实验，能考虑实验中的安全问题；能分析实验数据，测得金属丝的电阻率；能撰写完整的实验报告，在报告中能呈现设计的实验表格，以及数据分析过程和实验结论，能进行反思与交流。注意提升实验设计能力、实验器材的选用能力和误差分析能力”等，可以看出以上能力点均有要求。

考虑到前面所学内容的衔接及学生实验能力增强的循序渐进，在学生明确测电阻电路用外接法后，可以以互动讨论形式，重点辅导学生如何选择电流表与电压表的量程和挡位、如何正确读数与科学记录数据等，引导学生深入讨论。若学生对这些问题不大理解，操作时往往束手无策。只有排除了基本的电学实验中的障碍，才有利于后续电路实验的教与学。至于滑动变阻器分压式电路，可以在课后通过作业形式，先让学生自主学习，待讲评提升。

2. 若未知金属丝阻值的大致大小，可采用试触的办法判断电流表的内、外接法，还应注意什么问题？

【参考解答】把电压表的一个接头分别与 a、b 接触一下，若电压表的示数有明显变化，由串联电路分压特点可知，电流表的分压作用较强，这表明被测电阻的阻值较小，所以应选用电流表外接法。若电流表的示数有明显变化，由并联电路的分流特点可知，电压表的分流作用较强，这表明被测电阻是一个高阻值电阻，所以应选用电流表内接法。

值得注意的是，用电表进行读数时，表头线圈会因焦耳热升温。在表针摆动时，电流越大，安培力越大。所以，试触动作应快，这样才能使电表免于烧坏，即使电压或电流的示数过大，也不至于把电表指针打弯而损坏电表。

福建省晋江市永和中学　缪于清

二十六、电动势

课程信息	《物理》必修第三册第 4 章第 1 节中的“电动势”。
课标要求	理解电动势的内涵和外延，为闭合电路欧姆定律的学习做好准备。
片断教学目标	通过与电压类比，理解电动势的概念，推导电动势的定义式；结合生活实例，了解电动势是表征电源特性的物理量，从能量守恒的角度理解电动势的物理意义。

续表

<table>
<tr><td>教材分析</td><td colspan="3">电动势是电学中的一个重要概念，是高中物理教学中突出的难点。电动势既具有概念的一般特征，又有其特殊性，它几乎贯穿“恒定电流”“电磁感应”“交流电”三章内容。
电动势有两个重要特征：①内在特征。电动势是由电源本身的性质决定的，它表征了电源将其他形式的能转化为电能的本领。②外显特征。电动势等于电源没有接入电路时两极间的电压，其值可用电压表粗略测量；电源接入电路后，电动势等于内、外电压之和。在建立概念时，本节还提到了非静电力，让学生从功和能的角度理解非静电力，知道非静电力在电路中的作用，并能从非静电力做功的角度理解电动势的概念。非静电力还在后面电磁感应中被广泛提及和应用。本次非静电力的学习将为之后的学习做铺垫。电动势概念体现的思想和方法有能量转化思想、类比方法和比值定义法等。</td></tr>
<tr><td>学情分析</td><td colspan="3">学生在初中阶段学过部分电路欧姆定律。经过上一章的学习，学生掌握了电场的性质，对电场中的功能关系有一定的了解。学生在初中阶段接触的电源均为理想电源，即路端电压不变。这一思维定式在学习过程中起到阻碍作用。
电动势是表征电源特性的物理量，其概念建立过程较为抽象。学生对非静电力、非静电力做功及非静电力做功的本领，理解起来较为困难。特别是对电源内阻如何产生，学生更不易理解。
了解到学生的主要困惑如下：
①有了电压，为什么还要建立电动势的概念？
②电动势不就是电压吗？
③既然电动势是电源本身的特性，电池用久了，其两端的电压值为什么还会变小呢？</td></tr>
<tr><td>片断教学重难点</td><td colspan="3">重点：电动势的概念（本质、物理意义、定义式）。
难点：对电源内部非静电力做功的理解。</td></tr>
<tr><td>教学流程图</td><td colspan="3">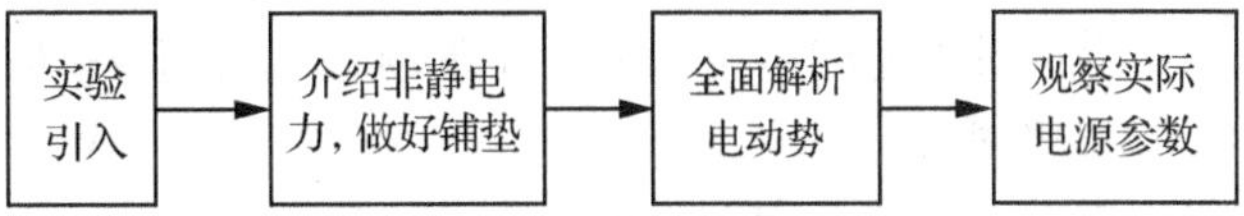
</td></tr>
<tr><td>设计流程</td><td>导(学)：体现思维引导及主动学习</td><td>建议2 min</td><td>【导入新课】
1. 如右图所示，两个导体 A、B 构成一个小容量的电容器，充电后二者之间存在一定的电势差。把小灯泡 L 与两个导体连接起来，闭合开关，会看到什么现象？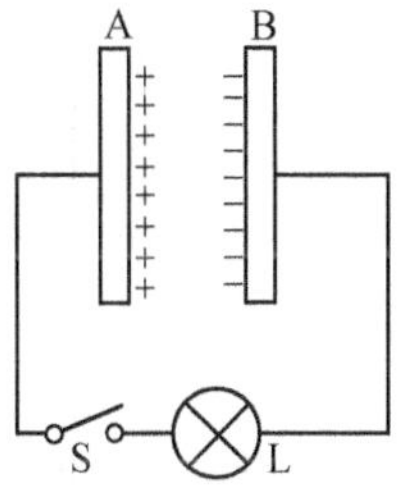
</td></tr>
</table>

续表

<table>
<tr>
<td rowspan="2">设计流程</td>
<td>导(学):体现思维引导及主动学习</td>
<td>建议2 min</td>
<td>现象:电容器放电,由于放电电流持续的时间很短,等不到灯丝温度升高电流就停止了,因此看不到灯泡发光。
教师点睛:如果用一个大容量的电容器,则可以看到小灯泡发光,但它的亮度会慢慢减弱,直至完全熄灭。
2. 如下图所示,如果用电池替代电容器,闭合开关,会看到灯泡持续发光,这说明电路中有了持续的电流。这里电池起了什么作用?
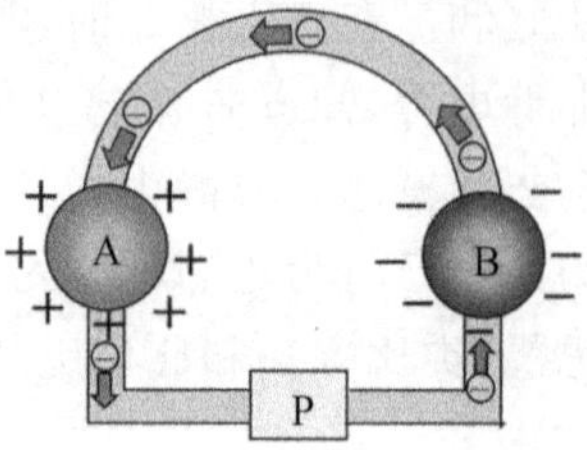

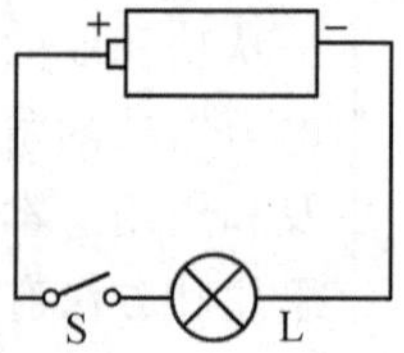

电池能保持导体两端的电势差(电压),使电路中有持续的电流。</td>
</tr>
<tr>
<td>研(学):体现合作探究精神</td>
<td>建议5 min</td>
<td>【探究活动】
1. 如右图所示,在电源外部,正电荷怎样移动?在电源内部,正电荷怎样移动?电源内部的正电荷受到电场力的方向如何?电场力做正功还是做负功?什么力克服电场力做功?
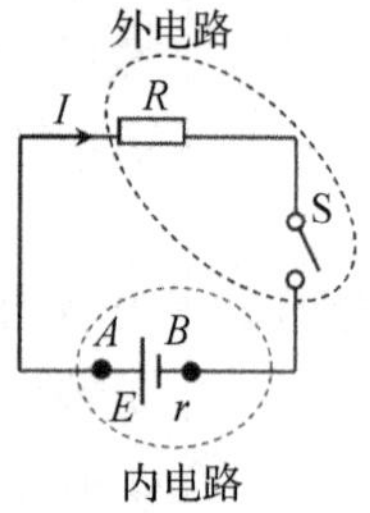

教师点睛:由导线、电源、开关和用电器构成的电路叫作闭合电路。
2. 电源内部的非静电力是由什么提供的?非静电力做功对应着什么样的能量转化?电源内部的能量是如何转化的?
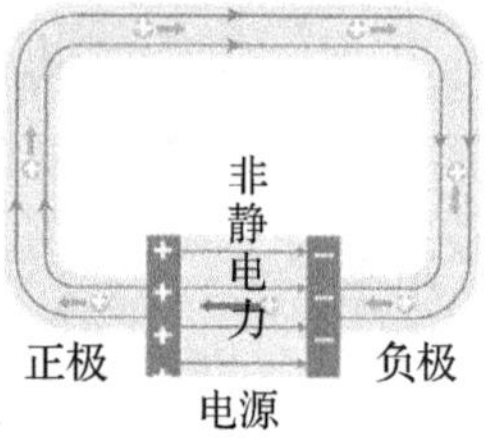

展示实物或模型:如下图所示,在干电池中,非静电力由化学作用提供,它使化学能转化为电势能;在发电机中,非静电力是电磁力,它使机械能转化为电势能。
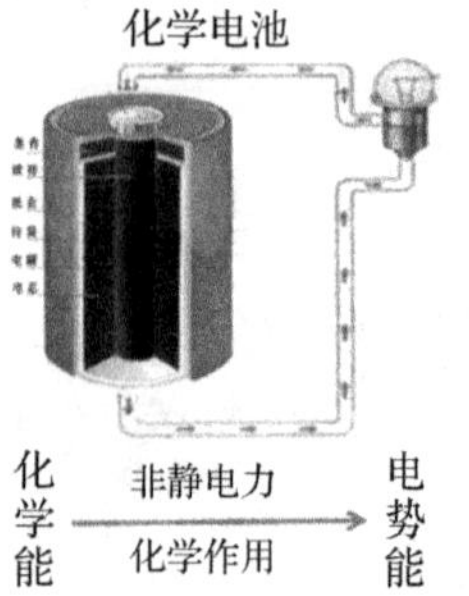

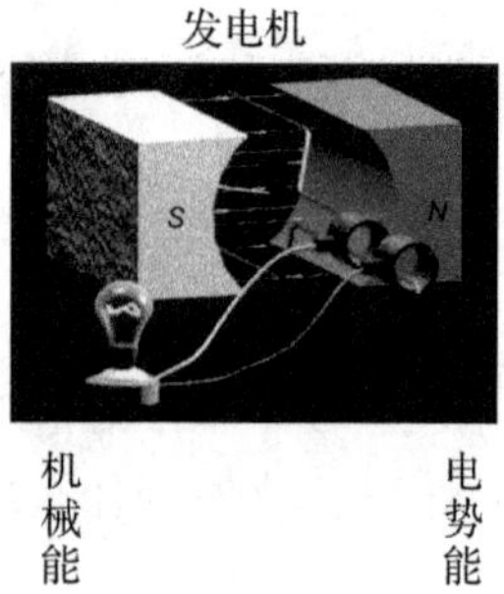
</td>
</tr>
</table>

续表

<table>
<tr>
<td rowspan="2">设计流程</td>
<td>研(学)：
体现合作
探究精神</td>
<td>建议
5
min</td>
<td>提示：如下图所示，可将电源类比抽水机，抽水机增加了水的重力势能。
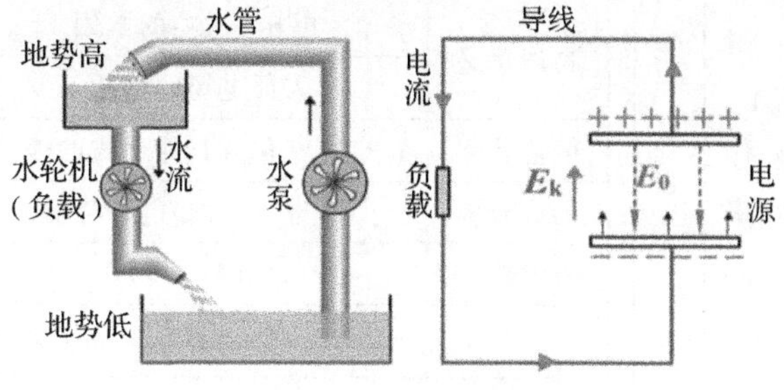

电源和水泵作用的类比
结论：
①电源是通过非静电力做功，将其他形式的能转化为电能的装置。
②不同的电源非静电力做功的本领不同，使单位正电荷所增加的电势能不同。</td>
</tr>
<tr>
<td>展(示)：
体现合作
学习成果</td>
<td>建议
5
min</td>
<td>【展示活动】
1. 展示各种型号的干电池、蓄电池所标的电动势，如下图所示。
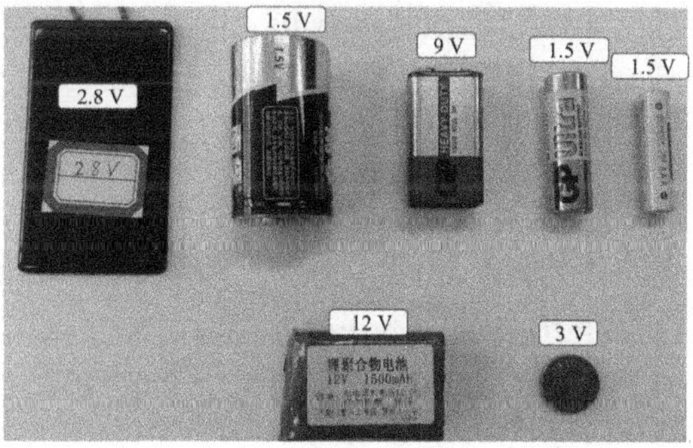

讨论：如何衡量电源非静电力做功的本领？电动势的定义式是什么？物理意义是什么？单位是什么？决定因素是什么？
教师点睛：使单位正电荷所增加的电势能，即移动单位正电荷非静电力所做的功。电动势在数值上等于非静电力把 1 C 的正电荷在电源内从负极送到正极所做的功，反映电源把其他形式的能转化为电势能本领的大小。电动势的单位是伏[特]。电动势的大小由电源中非静电力的特性决定，跟电源的体积和外电路均无关。
2. 电动势与电压的对比。
引导学生完成下列表格：</td>
</tr>
</table>

续表

<table>
<tr><td rowspan="3">设计流程</td><td>展(示):体现合作学习成果</td><td>建议5 min</td><td>
<table>
<tr><td>物理量</td><td>电压 U</td><td>电动势 E</td></tr>
<tr><td>定义式</td><td>$U=W_{电}/q$</td><td>$E=W_{非}/q$</td></tr>
<tr><td rowspan="2">物理意义</td><td>电场力做功的本领</td><td>非静电力做功的本领</td></tr>
<tr><td>表征电场的性质</td><td>表征电源的性质</td></tr>
<tr><td>能量转化</td><td>电能转化成其他形式的能</td><td>其他形式的能转化成电能</td></tr>
<tr><td>电势升降</td><td>(沿电流方向)电势降低</td><td>(沿电流方向)电势升高</td></tr>
<tr><td>单位</td><td>伏[特](V)</td><td>伏[特](V)</td></tr>
<tr><td>联系</td><td colspan="2">电动势等于电源未接入电路时两极间的电压</td></tr>
</table>
3. 展示手机锂电池,观察电源参数,如电池的电动势、内阻、容量等。</td></tr>
<tr><td>练(习):体现教学效果</td><td>建议2 min</td><td>【练习】在炎热的夏天我们经常看到有的小朋友的太阳帽前有一小风扇,如右图所示,该小风扇与一小型的太阳能电池板相接,由该电池板对其供电。经测量该电池能产生的电动势 $E=1.0\ \mathrm{V}$,则下列关于该电池的描述正确的是(　　)。
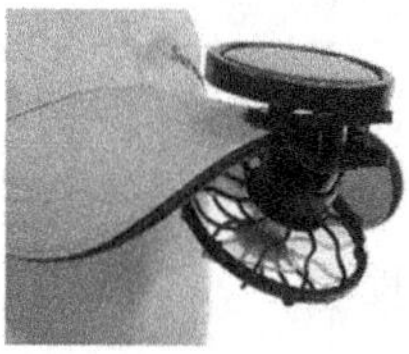
A. 通过 1 C 电荷量该电池能把 1.0 J 的太阳能转化为电能
B. 单位时间内可把 1.0 J 的太阳能转化为电能
C. 该电池把其他形式的能转化为电能的本领比一节 7 号干电池的本领大得多
D. 把该电池接上风扇,电池两端的电压为 1.0 V</td></tr>
<tr><td>评(价):体现激励性评价作用</td><td>建议2 min</td><td>【教师课堂总体评价】教师捕捉学生的闪光点,及时评价,加强师生互动,促进教学生成。同时开展了学生自评和互评,效果良好。希望同学们再激再励,上好每一节课。</td></tr>
<tr><td colspan="2">板书设计</td><td colspan="2">闭合电路欧姆定律(电动势)
1. 闭合电路:外电路(用电器、导线、开关),内电路(电源内部)。
2. 电动势:非静电力把正电荷从负极搬运到正极所做的功与被搬运的电荷量的比值。
(1) 数值上等于非静电力把 1 C 的正电荷在电源内从负极移送到正极所做的功。
(2) 定义式:$E=\frac{W_{非静电力}}{q}$。
(3) 国际单位:伏[特](V),1 V=1 J/C。
(4) 电动势和电压的比较。
3. 电源的三个重要参数:电动势 E、内阻 r、电池容量[单位:安·时(A·h)、毫安·时(mA·h)]。</td></tr>
</table>

附：可能涉及的专题性问题

1. 在实际教学中你是如何引导学生建立非静电力的概念的？

【参考解答】建构模型，借助类比，通过问题串的方式逐步引导。

（1）引出非静电力。

提出问题，让学生思考：在电源外部，正电荷怎样移动？在电源内部，正电荷怎样移动？电源内部的正电荷受到的电场力的方向如何？电场力做正功还是做负功？什么力来克服电场力做功？

（2）如右图所示，讲解非静电力做功与能量转化。

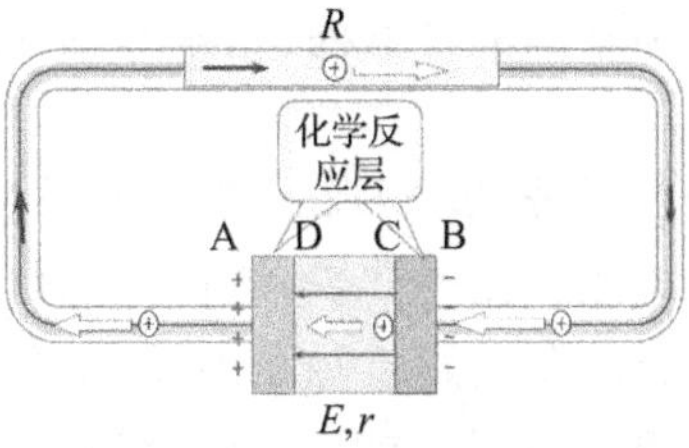

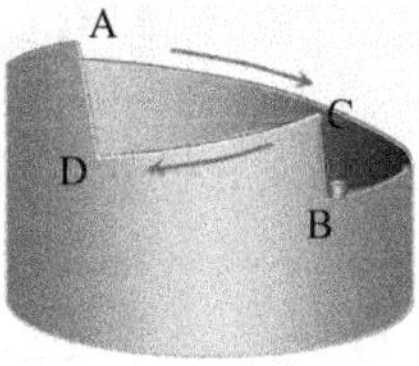

非静电力概念比较抽象，可以从分析化学电源入手突破难点。①结合化学电源演示，让学生观察到“金属板插入酸溶液中，板与溶液间出现电势差，而且电池极性与电场力移动电荷的方向相反（电池内部电流由负极到正极）”这一事实，从而对化学电池中“存在其他形式的能（化学能）转化成电能”这一论断表示信服。②从能量守恒角度，分析以化学电池为电源构成的闭合回路中发生的能量转化过程，阐述电源内部存在非静电力的可能及非静电力做功的必然性。在此基础上提出电动势就是表示电源内部非静电力做功，把其他形式的能转化为电能的本领的物理量。

2. 在实际教学中你是如何引导学生理解电动势的概念的？

【参考解答】

（1）重视概念的形成过程：由非静电力概念逐步引入，做好充分的铺垫，从静电力做功（能量转化）的本领顺势引出电动势的概念。

（2）通过电动势和电压的对比，让学生深刻理解电动势的概念。

福建省晋江市养正中学　苏清水

二十七、闭合电路欧姆定律

课程信息	《物理》必修第三册第4章第1节中的“闭合电路欧姆定律”。
课标要求	理解闭合电路欧姆定律，会测量电源的电动势和内阻。
片断教学目标	1.能量观念。 通过理论分析和逻辑演绎，理解闭合电路欧姆定律的本质，形成能量观念。 2.科学思维。 （1）建立微观模型，从定性的角度进行科学推理，找出电源内部能量转化关系。 （2）完成闭合电路欧姆定律公式的推导，体会能量守恒定律在电路中的具体表现。 3.科学探究与责任。 （1）联系生活实际，结合实验建立物理模型，对电源内部进行分析。

续表

<table>
<tr><td>片断教学目标</td><td colspan="3">(2) 经历理论探究和实验探究过程，分析推导得出闭合电路欧姆定律。
(3) 将物理知识应用于生活实际，在学习中贯穿学以致用的理念。</td></tr>
<tr><td>教材分析</td><td colspan="3">闭合电路欧姆定律是电学部分的核心内容，具有承前启后的作用。它既是本章知识的高度总结，又是本章拓展部分的基础。学生通过学习，即能从对部分电路的认知上升到对全电路规律的掌握，又能从静态电路的计算提高到对含电源电路的动态分析及推演。同时，闭合电路欧姆定律能够充分体现功和能的概念在物理学中的重要性，是学习功能关系的好素材。</td></tr>
<tr><td>学情分析</td><td colspan="3">学生通过前面的学习，理解了静电力做功与电荷量、电势差的关系，了解了静电力做功与电能转化的知识，认识了如何从非静电力做功的角度描述电动势，并处理了部分电路欧姆定律的相关电路问题，已经具备了通过功能关系分析闭合电路欧姆定律，并应用闭合电路欧姆定律分析问题的知识与技能，但对全电路的感性认识不足，分析问题容易产生片面性，头脑中的物理图景倾向于分离的静态画面，对动态电路分析容易只凭局部了解就草率得出结论。</td></tr>
<tr><td>片断教学重难点</td><td colspan="3">重点：理解闭合电路欧姆定律，熟悉路端电压与外电阻、电流的关系。
难点：应用闭合电路欧姆定律解决实际问题。</td></tr>
<tr><td>教学流程图</td><td colspan="3">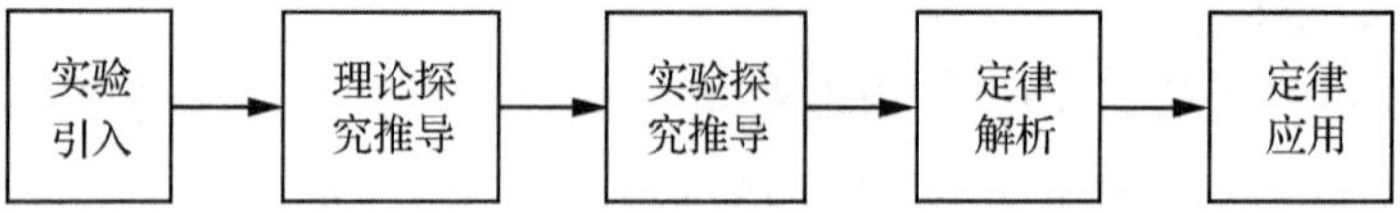
</td></tr>
<tr><td>设计流程</td><td>导(学)：体现思维引导及主动学习</td><td>建议 2 min</td><td>【导入新课】是不是接入电路的电源的电动势越大，电路中电流就越大？
用右图所示的两个电路示教板进行演示。
(1) 演示如何测电动势。
将开关切换到 1 的位置，将电压表接在电源的两端，测出电源电动势（电压表可以看成断路）。测出 $E_1=3$ V，$E_2=4$ V。
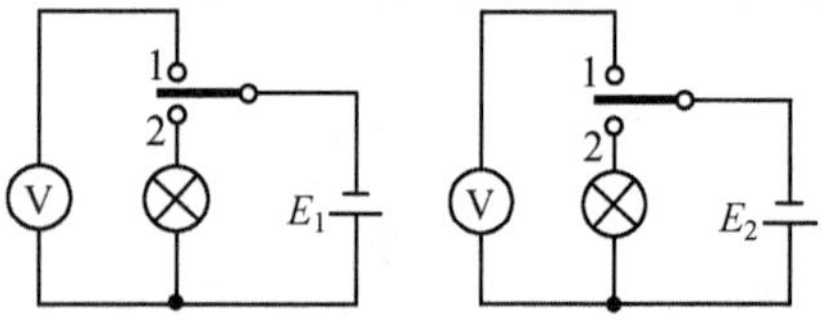

(2) 比较两个规格相同的灯泡的亮度。
将开关切换到 2 位置，接 E_1 时灯泡（3 V）很亮，接 E_2 时灯泡（3 V）几乎不亮，与预期的结果出入很大。
思考：灯泡两端电压（外电压）与电动势的关系。</td></tr>
</table>

续表

<table>
<tr>
<td rowspan="2">设计流程</td>
<td>研(学)：
体现合作
探究精神</td>
<td>建议
7
min</td>
<td>

【探究活动】

1. 猜想：如下图所示，根据稳恒电路的特征，猜想内、外电压与电源电动势的关系。

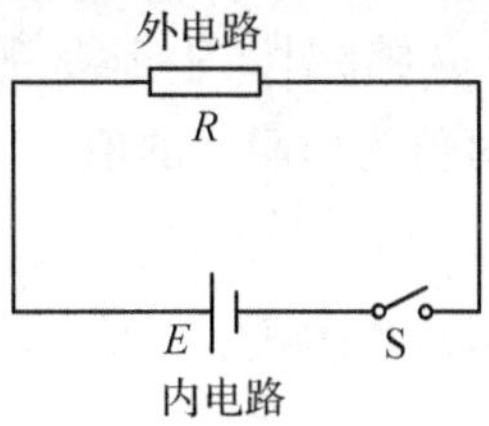

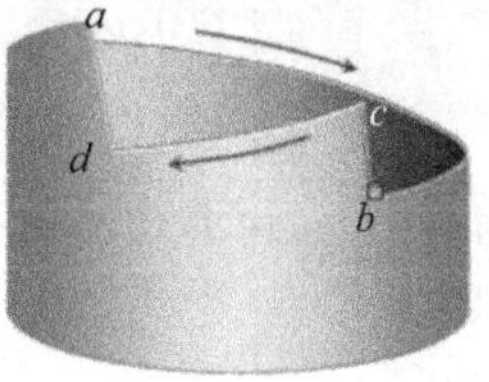

2. 设计实验，如右图所示，验证猜想。

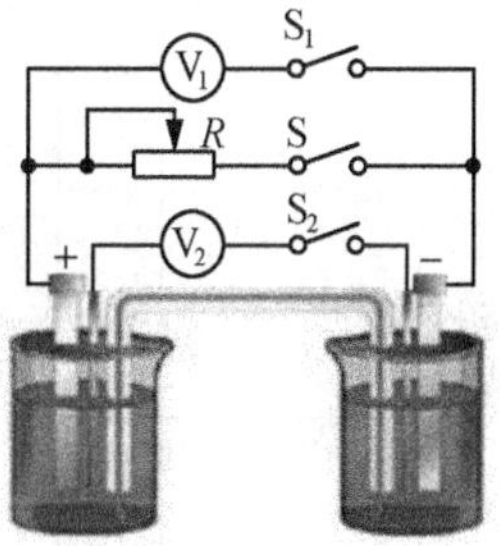

(1) 提出问题：如何测量电源外电压、电源电动势、电源内电压？

(2) 实验步骤略。

(3) 将实验数据记录在下表中。

<table>
<tr><td>次数</td><td>1</td><td>2</td><td>3</td><td>4</td><td>5</td><td>6</td></tr>
<tr><td>U_1/V</td><td></td><td></td><td></td><td></td><td></td><td></td></tr>
<tr><td>U_2/V</td><td></td><td></td><td></td><td></td><td></td><td></td></tr>
</table>

(4) 请学生对数据进行分析，得出结论：

$$E=U_{内}+U_{外}。$$

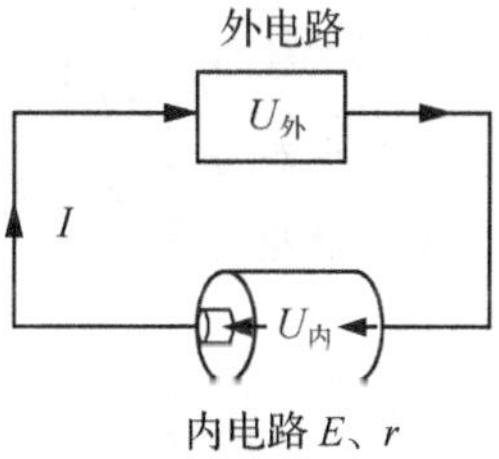

教师点睛：如右图所示，从能量守恒角度推导闭合电路中的电动势与内、外电路电压的关系。

</td>
</tr>
<tr>
<td>展(示)：
体现合作
学习成果</td>
<td>建议
5
min</td>
<td>

【展示活动】

1. 演示实验。

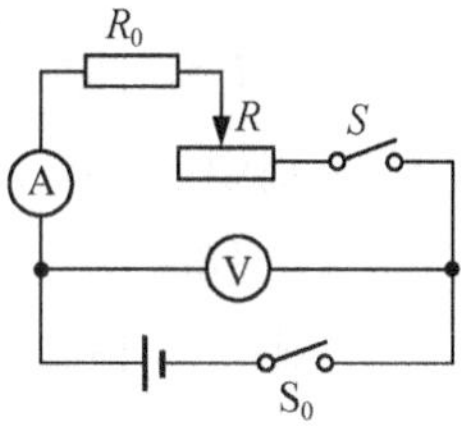

(1) 由大到小改变外电阻，如右图所示，记录电流表、电压表的示数变化情况。

(2) 分析实验数据，当外电阻减小时，电流和路端电压如何变化？

总结：闭合电路中的电流跟电源的电动势成正比，跟内、外电路的电阻之和成反比，这个结论叫作闭合电路欧姆定律，其数学表达式为 $I=\frac{E}{R+r}$(外电路是纯电阻电路)，$E=U_{外}+U_{内}$(任何电路)。

</td>
</tr>
</table>

续表

<table>
<tr>
<td rowspan="3">设计流程</td>
<td>展(示):
体现合作学习成果</td>
<td>建议
5
min</td>
<td>2. 作出路端电压与负载的关系图。
依据实验数据,以路端电压 U 为纵坐标,电流 I 为横坐标,采用描点、拟合图像的方法,作出 U-I 图像。图像的纵轴截距为电动势 E 的值,图像的斜率绝对值为内阻 r 的值。
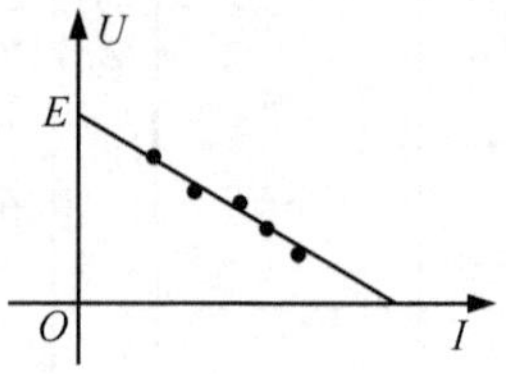

教师点睛:
①当 $R=\infty$ 时(断路),$I=0$,$U_{外}=E$。(可以用内阻较大的电压表粗略测量电源电动势)
②当 $R=0$ 时(短路),$U_{外}=0$,$I=\frac{E}{r}$。(比较危险,易着火)
3. 演示短路着火实验。用两节 1.5 V 新的干电池,将一根长 10 cm、阻值为 20 Ω 左右的电阻丝绕在火柴头上,闭合开关后几秒钟,火柴就会被点燃。</td>
</tr>
<tr>
<td>练(习):
体现教学效果</td>
<td>建议
2
min</td>
<td>【练习】手电筒里的电池使用一段时间后,灯泡会变暗,这时需要更换新电池。有些人舍不得丢掉旧电池,就用一节旧电池串一节新电池使用,你觉得这样做合理吗?请进行论证说明。(新电池电动势 1.5 V,内阻 0.3 Ω,旧电池电动势约 1.3 V,内阻约 10 Ω,灯泡电阻约 10 Ω)
引导分析:
①使用两节新电池,灯泡两端电压是多少?
②使用一节新电池、一节旧电池,灯泡两端电压是多少?
③通过对比,说明新旧电池搭配是否合理?</td>
</tr>
<tr>
<td>评(价):
体现激励性评价作用</td>
<td>建议
2
min</td>
<td>【教师课堂总体评价】
今天各小组在探究实验中都十分投入、认真,特别是某组同学能用类比的方法展示其实验结果[类比:赚钱 = 花钱(电势升高 = 电势降低)]。同学们形成了全电路的感性认识,能从系统和全局的角度思考问题。</td>
</tr>
<tr>
<td colspan="2">板书设计</td>
<td colspan="2">1. 闭合电路欧姆定律。
(1) 内容:闭合电路中的电流跟电源的电动势成正比,跟内、外电路的电阻之和成反比。
(2) 公式:$I=\frac{E}{R+r}$(纯电阻电路),$E=U_{外}+U_{内}$(任何电路)。</td>
</tr>
</table>

续表

<table>
<tr>
<td>板书设计</td>
<td>
2. 路端电压与负载的关系：

$$U_{路}=E-Ir=E-\frac{E}{R+r}r$$

3. U-I 图像。
(1) 图像的纵轴截距——电动势 E。
(2) 图像的斜率绝对值——内阻 r。
(3) 外电路断开，$U_{路}=E$（测电源电动势）。
(4) 外电路短路，$I_{短}=\frac{E}{r}$（易烧坏电源）。
或

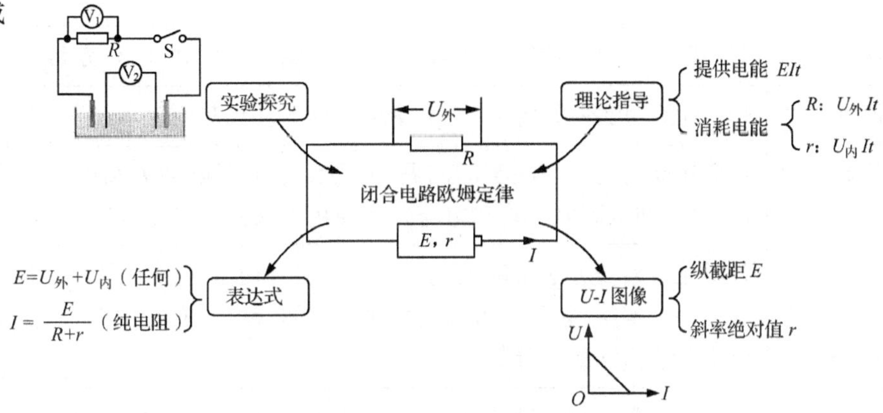

</td>
</tr>
</table>

附：可能涉及的专题性问题

在实际教学中你是如何引导学生得出闭合电路欧姆定律的？

【参考解答】

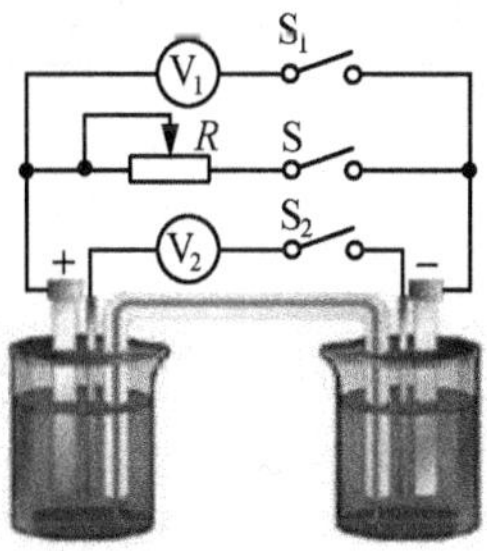

(1) 实验探究。

①如右图所示，断开开关，粗测电动势 E。

②闭合开关，移动滑动变阻器的滑片，得到多组 $U_{外}$ 和 $U_{内}$ 的值。

③从实验数据看出：$E=U_{外}+U_{内}$。

(2) 理论推导。

外电路消耗电能为 $U_{外}It$，内电路消耗电能为 $U_{内}It$，电源提供的电能为 EIt，有 $EIt=U_{外}It+U_{内}It$，遵循能量守恒定律。

(3) 与生活经验进行类比。

将电能消耗与儿童滑下滑滑梯重力势能减少进行类比。

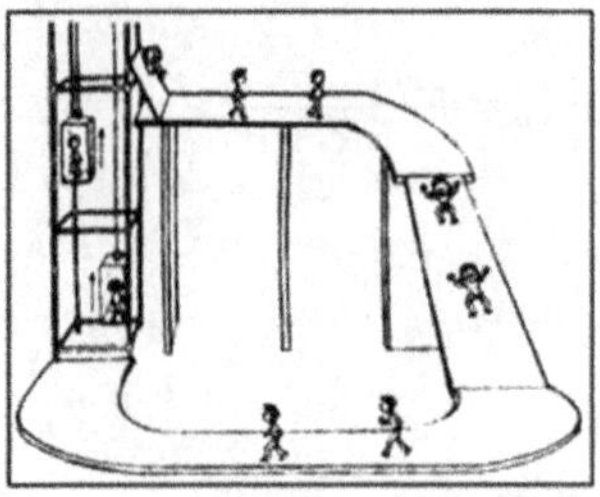

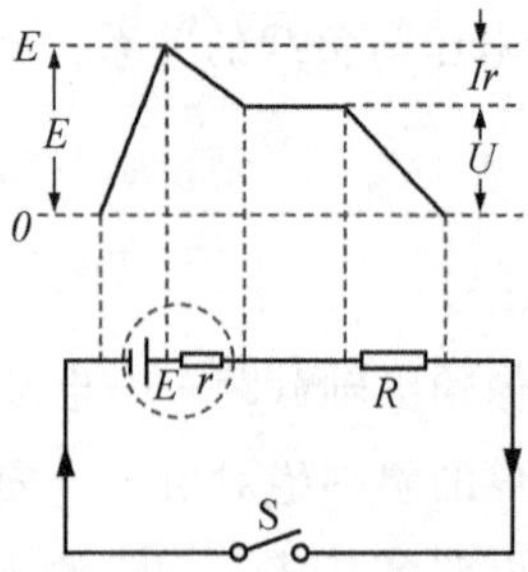

福建省晋江市养正中学　苏清水

二十八、科学测量:电源的电动势和内阻

<table>
<tr><td>课程信息</td><td colspan="3">《物理》必修第三册第 4 章第 2 节“科学测量:电源的电动势和内阻”。</td></tr>
<tr><td>课标要求</td><td colspan="3">理解闭合电路欧姆定律,会测量电源的电动势和内阻。</td></tr>
<tr><td>片断教学目标</td><td colspan="3">会应用欧姆定律解决实际问题,知道测量电源电动势和内阻的原理及常用方法;复习和巩固电压表和电流表的使用方法。</td></tr>
<tr><td>教材分析</td><td colspan="3">教材通过实验方法来测定电源的电动势和内阻。这个实验是高中物理非常重要的一个实验,它不仅可帮助学生理解闭合电路欧姆定律,还能培养学生的实验操作能力和数据分析能力。</td></tr>
<tr><td>学情分析</td><td colspan="3">学生已经学习了电路的基本知识,并具备基本的实验操作技能。通过该实验,学生不仅能够深入理解电源电动势和内阻的概念及其与电路性能的关系,还能够掌握实验方法和技能,培养科学素养和安全意识,增强团队合作能力。</td></tr>
<tr><td>片断教学重难点</td><td colspan="3">重点:电源电动势和内阻的测量方法。
难点:电源电动势和内阻的测量方法。</td></tr>
<tr><td>教学流程图</td><td colspan="3">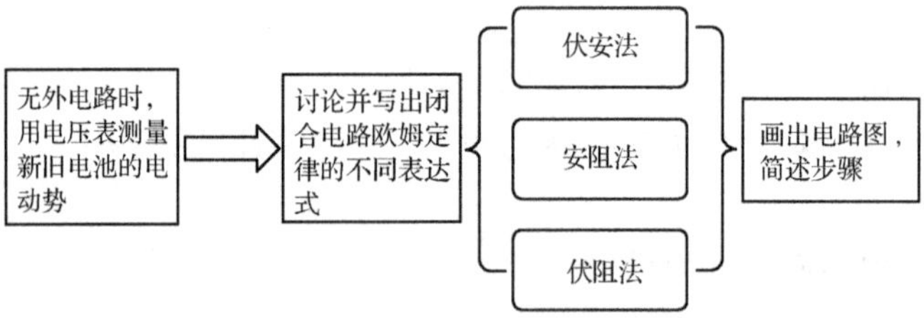</td></tr>
<tr><td>设计流程</td><td>导(学):体现思维引导及主动学习</td><td>建议 2 min</td><td>【导入新课】在无外电路时,直接用电压表测到的电源的电动势并不准确。如何比较准确地得到电源的电动势和内阻呢?</td></tr>
</table>

续表

设计流程	研（学）：体现合作探究精神	建议6 min	【探究活动】如何用简便的方法得到电源的电动势？闭合电路欧姆定律有几种表达方式？结合不同的表达式，需要测量哪些物理量？ (1)请设计实验电路图。 ①伏安法：$E=U+Ir$（测 U、I）。 ②伏阻法：$E=U+\frac{U}{R}r$（测 U、R）。 ③安阻法：$E=I(R+r)$（测 I、R）。 (2)下面两幅电路图能互相替换吗？哪个更符合实验要求？ 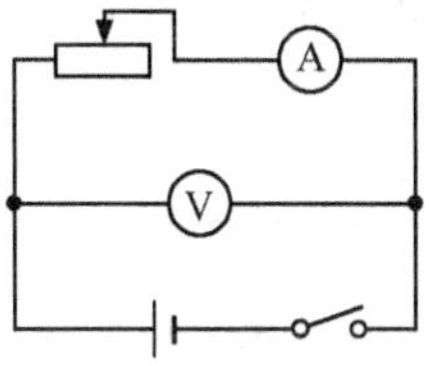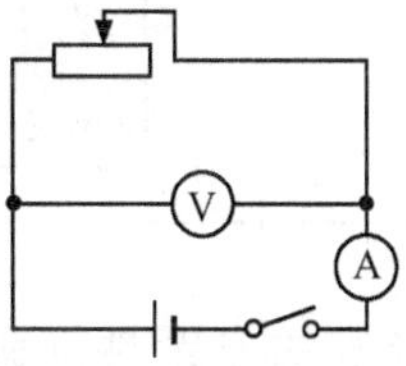
	展（示）：体现合作学习成果	建议2 min	【展示活动】现在请各小组选出代表，展示小组写出的闭合电路欧姆定律的表达式，并简述需要测量的物理量。
	练（习）：体现教学效果	建议2 min	【练习】根据右图所示的电路，采用伏安法测量一节干电池的电动势和内阻。电池的内阻较小，为了防止在调节滑动变阻器时造成短路，电路中用一个定值电阻 R_0 起保护作用。除电池、开关和导线外，可供使用的实验器材还有量程为 0.6 A、3 A 的电流表，量程为 3 V、15 V 的电压表，额定功率为 5 W、阻值为 1 Ω 的定值电阻，额定功率为 10 W、阻值为 10 Ω 的定值电阻，阻值范围为 0～10 Ω、额定电流为 2 A 的滑动变阻器，阻值范围为 0～100 Ω、额定电流为 1 A 的滑动变阻器。 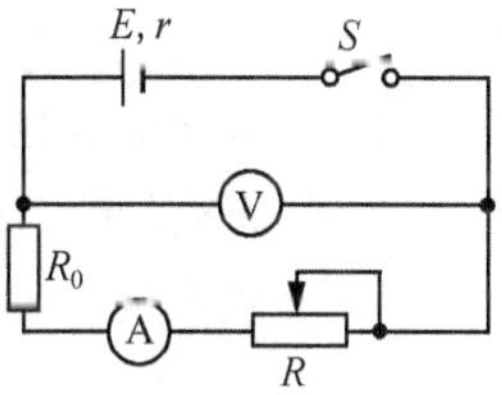 要正确完成实验，电压表的量程应选择________ V，电流表的量程应选择________ A，R_0 应选择________ Ω，R 的阻值范围应选择________ Ω。
	评（价）：体现激励性评价作用	建议2 min	【教师课堂总体评价】今天同学们通过集体研讨，得到了如何测量电源电动势和内阻的正确方法。其中，某组同学在探究过程中实验认真、测量准确，某组同学特别善于交流、学习态度好，他们是同学们学习的榜样。希望同学们再接再厉，上好每一节课。

续表

<table>
<tr><td>板书设计</td><td>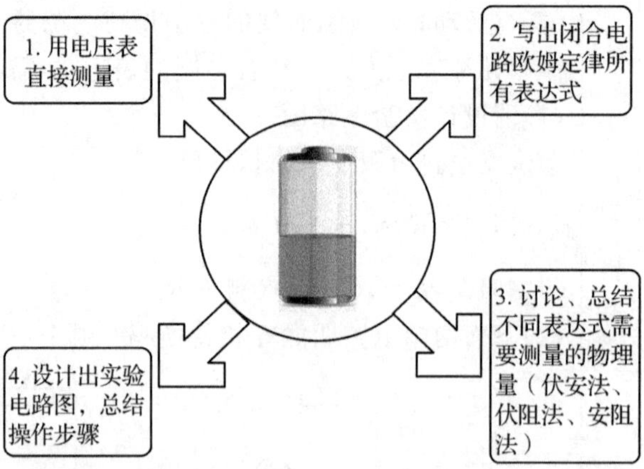
</td></tr>
</table>

附：可能涉及的专题性问题

测量电源电动势和内阻时特别需要注意的问题有哪些？

【参考解答】

（1）电源类型的选择。不同类型的电源具有不同的电动势和内阻特性，因此，在实验前需要根据实验需求选择合适的电源类型。

（2）电压和电流的测量精度。在实验过程中，需要精确测量电压和电流的值。测量精度的提高可以通过使用高精度的测量仪器或进行多次测量取平均值来实现。

（3）电路布局和布线。在测定电源电动势和内阻的实验中，电路布局和布线的合理性对实验结果有着重要的影响，因此，需要合理规划电路布局和布线，以减小线路电阻和寄生效应对实验结果的影响。

（4）负载效应。在实验过程中，负载的电阻值会对电源的电动势和内阻产生影响，因此，需要选择合适的负载，并考虑其电阻值对实验结果的影响。

（5）温度稳定性。温度的变化会影响电源的电动势和内阻，因此，需要控制实验环境的温度，并考虑温度变化对实验结果的影响。

（6）系统校准和误差修正。为了获得更准确的电动势和内阻值，需要进行系统校准和误差修正，这包括对测量仪器进行校准、对实验数据进行修正等。

福建省石狮市第三中学　刘　斌

二十九、认识多用表

课程信息	《物理》必修第三册第 4 章第 3 节中的“认识多用表”。
课标要求	知道多用表的外部构造和内部工作原理。
片断教学目标	知道电流计改装成多用表的原理，认识其内部结构。

续表

<table>
<tr><td colspan="2">教材分析</td><td colspan="2">教材通过问题展开，因电压表和电流表均是由电流计改装而成的，由此引出能否利用电流表设计出直接测量电阻的仪器，并将三种表的测量功能结合起来，制作一个能直接测量电压、电流、电阻的仪器。通过对本节内容的学习，学生可以增强解决实际问题的能力、科学思维及科学探究的能力。</td></tr>
<tr><td colspan="2">学情分析</td><td colspan="2">学习多用表对学生的知识储备、思维方法等方面有一定的要求。</td></tr>
<tr><td colspan="2">片断教学重难点</td><td colspan="2">重点：多用表的外部结构和内部工作原理。
难点：多用表的内部工作原理。</td></tr>
<tr><td colspan="2">教学流程图</td><td colspan="2">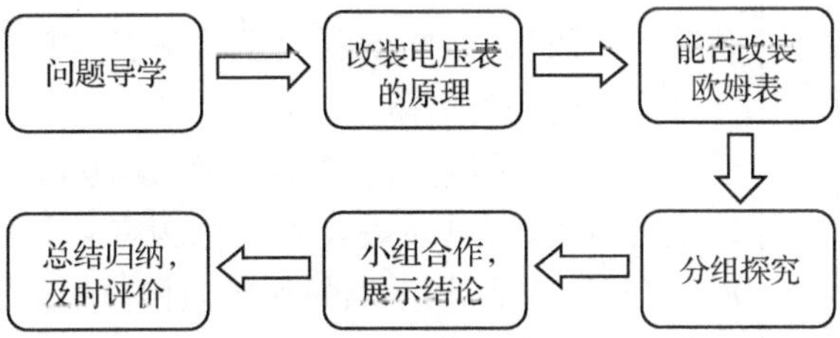</td></tr>
<tr><td rowspan="2">设计流程</td><td>导(学)：体现思维引导及主动学习</td><td>建议2 min</td><td>【导入新课】
1. 观看视频，展示电流表改装为电压表的原理和动画过程。
2. 提出问题：能否将电流表改装为测量电阻的欧姆表？
3. 引导学生思考，能否将测量电压、电流和电阻的功能结合起来，融合到一个仪器中。</td></tr>
<tr><td>研(学)：体现合作探究精神</td><td>建议6 min</td><td>【探究活动】以电流表改装为欧姆表为例，让学生进行分组探究。
1. 通过闭合电路欧姆定律进行理论推导。
如右图所示，在满偏电流为 I_g、内阻为 R_g 的电流表上串联一个电动势为 E、内阻为 r 的电源和一个可变电阻 R，AB 两端接有一个待测电阻 R_x。根据闭合电路欧姆定律，回路中的电流 $I=\frac{E}{R+r+R_g+R_x}$，则待测电阻 $R_x=\frac{E}{I}-(R+r+R_g)$。在 E、$(R+r+R_g)$ 不变的情况下，待测电阻 R_x 与回路中电流 I 有着一一对应的关系，由此便可在电流表刻度盘上直接标识电阻 R_x，这就是欧姆表。
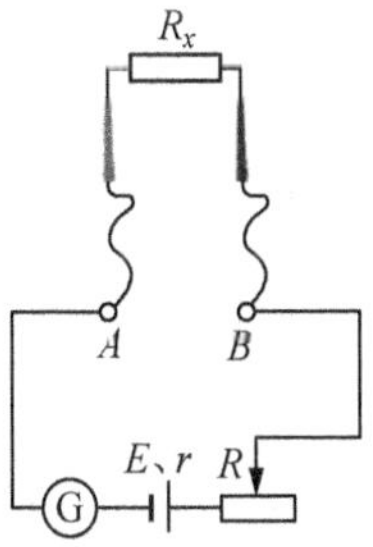
2. 发现将电流表改装成欧姆表的设计思想后，引导学生思考欧姆表的组成及体验欧姆表的制作过程。</td></tr>
</table>

续表

设计流程	展(示)：体现合作学习成果	建议2 min	【展示活动】请各小组选出代表，简述你们的探究结果，并简述欧姆表的组成及欧姆表的制作方法。 总结：欧姆表是根据闭合电路欧姆定律制成的，内部电路如图①所示，由表头G、电源、调零电阻R(一个可变电阻)三者串联而成。在欧姆表外部，红、黑表笔间接上被测电阻后，就与欧姆表内部电路一起组成了闭合电路。 ①欧姆表测量电阻的理论依据是闭合电路欧姆定律，通过表头的电流为$I=\frac{E}{R+r+R_g+R_x}$，R_x与电流I一一对应，故可以将表盘上的电流值改为电阻值，这样就制成了欧姆表。其中，R为调零电阻，$(R+R_g+r)$为欧姆表的内阻。 ②当红、黑表笔断开时，如图②所示，电流表中电流为零，此时表笔间电阻无穷大，所以在表盘上电流为零处标电阻∞；当红、黑表笔短接时，如图③所示，调节欧姆调零电阻，使电流表指针满偏，所以在电流满偏处标电阻“0”。 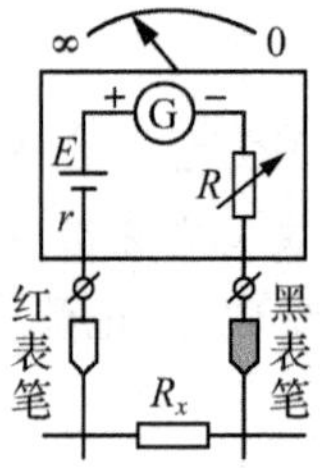 图① 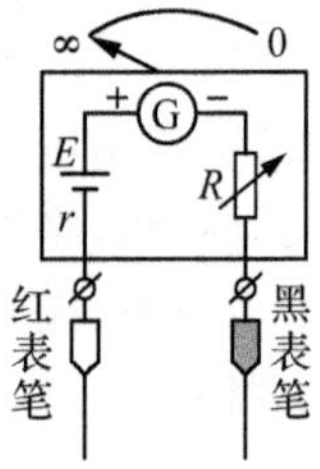 图② 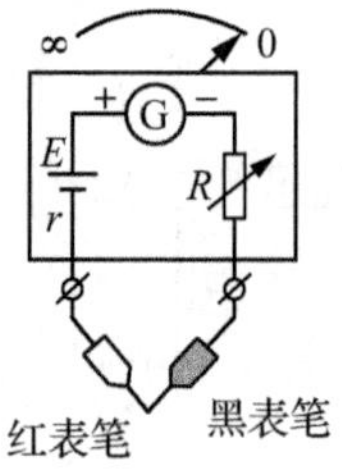 图③ ③I与R_x不是线性关系，欧姆表的刻度不均匀。 ④欧姆表指针偏角(偏角是指相对零电流位置或左端的∞刻度而言的)越大，表明被测电阻越小。 ⑤中值电阻：当外加电阻$R_x=r+R_g+R$时，电流为$I=\frac{E}{R+r+R_g+R_x}=\frac{1}{2}I_g$，此时电流表指针指在刻度盘的中央，该电阻叫中值电阻。 教师点睛：电压表、电流表和欧姆表有着共同的组成部分——小量程的电流表。将这三种表的测量功能结合起来，便是常用的多用表。如下页图所示是指针式多用表的外形图。该多用表的表盘上有三条刻度线，最上方的刻度线为电阻示数，中间的刻度线为直流电压、直流电流和交流电压示数，最下方的刻度线表示量程为2.5 V的交流电压示数。表的下半部有选择开关，可选择欧姆挡(Ω)、直流电流挡(mA)、直流电压挡(V)和交流电压挡(V)。欧姆挡上的数值表示倍率，其他

续表

<table>
<tr><td rowspan="3">设计流程</td><td>展(示)：体现合作学习成果</td><td>建议2 min</td><td>挡位的数值表示量程。测量时要注意量程和最小分度值。另外，该多用表还有标有正、负的测试笔插孔，机械调零旋钮及欧姆调零旋钮等。

</td></tr>
<tr><td>练(习)：体现教学效果</td><td>建议2 min</td><td>【练习】关于欧姆表及其使用中的问题，下列说法正确的是(　　)。
A. 接表内电源负极的应是黑表笔
B. 换挡后，都要重新调零
C. 表盘刻度是均匀的
D. 表盘刻度最左边表示电阻阻值为 0</td></tr>
<tr><td>评(价)：体现激励性评价作用</td><td>建议2 min</td><td>【教师课堂总体评价】今天大家通过分组合作实验，认识了多用表的外部结构和内部原理。其中，某组同学在实验过程中表现优异，某组同学特别善于交流。其他同学要向他们学习。希望同学们保持对学习的热情，继续提升自己。</td></tr>
<tr><td colspan="2">板书设计</td><td colspan="2">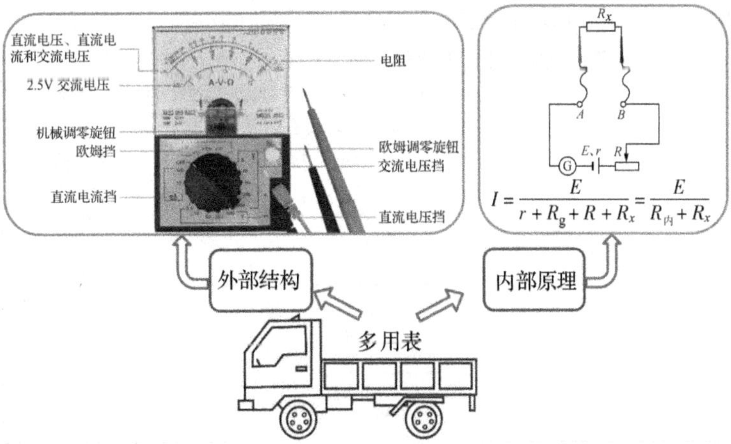
</td></tr>
</table>

附：可能涉及的专题性问题

1. 使用多用表能否直接测正在发光的小灯泡的电阻？

【参考解答】使用多用表的欧姆挡测电阻时，多用表内部有电源。若不断开电路，直接测量正在发光的灯泡，则电路中存在两个电源，容易损坏多用表。

2. 用多用表测电阻时两手能接触表笔的金属部分吗？

【参考解答】不能。测量电阻时两手不能接触表笔的金属部分，否则就相当于把人的电阻并联在电路中。

福建省晋江市养正中学　王振波

三十、多用表的读数

课程信息	《物理》必修第三册第 4 章第 3 节中的“多用表的读数”。
课标要求	能使用多用表测量电学量并准确读数。
片断教学目标	学会用多用表测量电学量并准确读数。
教材分析	教材通过展示指针式多用表的外形图，让学生对陌生的新型电表有感性认识，并通过具体案例展现测量不同电学量的过程，教会学生认识量程、精确度、准确值和估读值。其目的在于增强学生灵活运用所学知识解决实际问题的能力。
学情分析	多用表的读数对学生而言是难点，尤其是量程的选择和多用表使用的注意事项。教师可以先让学生自学多用表，然后用不同的案例深入分析，帮助学生更好地理解和应用多用表。
片断教学重难点	重点：多用表的读数。 难点：多用表的量程选择。
教学流程图	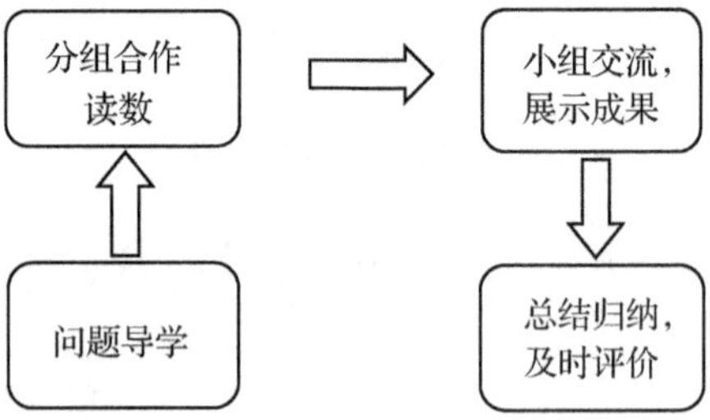

续表

<table>
<tr><td rowspan="3">设计流程</td><td>导(学)：体现思维引导及主动学习</td><td>建议2 min</td><td>【导入新课】我们已经学习了多用表的结构及原理，用多用表测量电压、电流、电阻时如何读数？用多用表读数时有哪些注意事项？</td></tr>
<tr><td>研(学)：体现合作探究精神</td><td>建议6 min</td><td>【探究活动】多用表读数案例。
1. 测量直流电压，开关选择对应量程为 2.5 V，指针位置如图①所示。
2. 测量直流电流，开关选择对应量程为 100 mA，指针位置如图②所示。
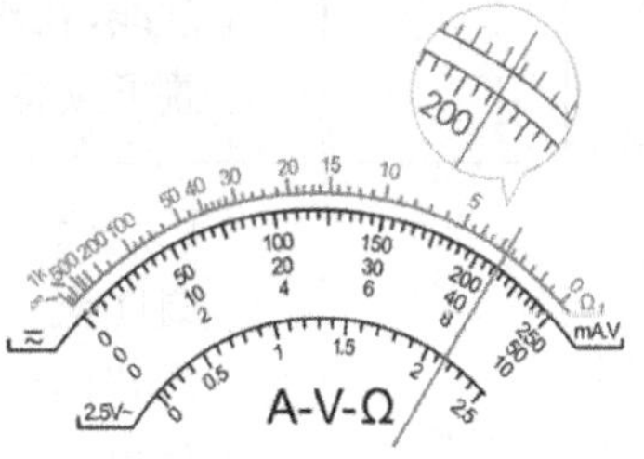

图①
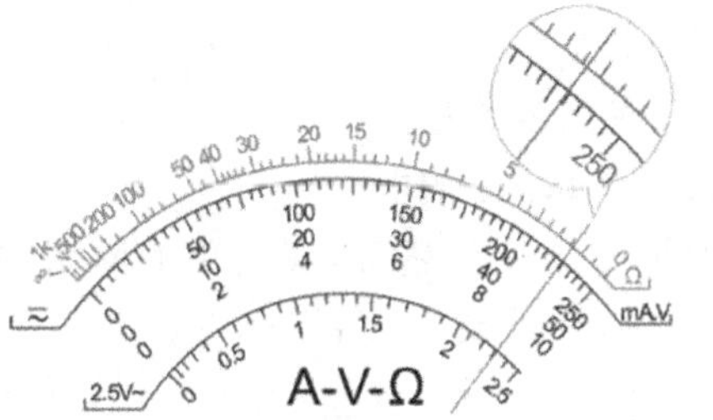

图②
3. 测量电阻，选择倍率为“×10”，指针位置如图③所示。

图③</td></tr>
<tr><td>展(示)：体现合作学习成果</td><td>建议2 min</td><td>【展示活动】请将数据填写在表格中(视频展台投影)，并简述测量过程及结果。
总结：
①测量直流电压，选择对应量程为 2.5 V，指针位置如图①所示。看第二排刻度线(可参考第一排数字)，由此量程可确定刻度每大格(相邻有数字的刻度间)值为 0.5 V，每小格值为 0.05 V，即测量精度为 0.05 V。由指针位置可读得电压准确值为 2.1 V，估读值为小格值的 $\frac{2}{5}$，即 0.02 V，所以电压测量值为 2.12 V。</td></tr>
</table>

续表

设计流程	展(示)：体现合作学习成果	建议2 min	②测量直流电流，选择量程为100 mA，指针位置如图②所示。看第二排刻度线(可参考第三排数字)，由此量程可确定刻度每大格值为20 mA，每小格值为2 mA，即测量精度为2 mA。由于指针位置接近92 mA，所以电流测量值为92 mA。 ③测量电阻，选择倍率为“×10”，指针位置如图③所示。看第一排刻度线，在刻度10～15之间有5小格，可确定每小格值为1。由指针位置可读得刻度值为10.6，倍率为“×10”，电阻测量值为106 Ω。
	练(习)：体现教学效果	建议2 min	【练习】右图所示为多用表的刻度盘。若选用倍率为“×100”的欧姆挡测电阻，则所测电阻的阻值为________ Ω；如果要用此多用表测量一个阻值约为2.0×10^4 Ω的电阻，为了使测量结果比较精确，应选用的欧姆挡的倍率是________。(选填“×10”、“×100”或“×1 k”) 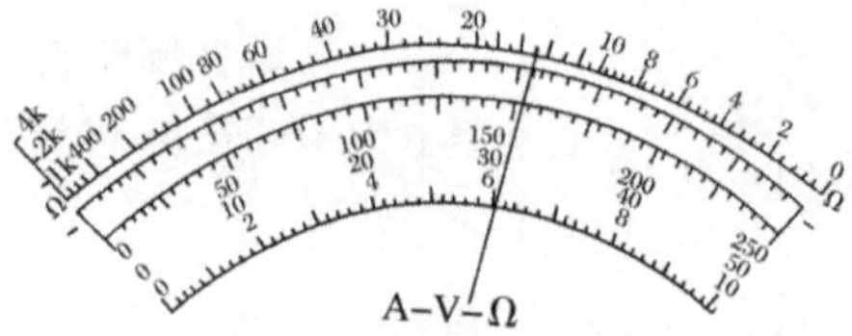
	评(价)：体现激励性评价作用	建议2 min	【教师课堂总体评价】今天大家通过分组合作，学会了使用多用表测量电压、电流和电阻的方法。其中，某组同学在分组交流过程中表现突出、测量准确，某组同学特别善于交流，值得其他同学学习。希望同学们勇往直前、积极进取。
板书设计	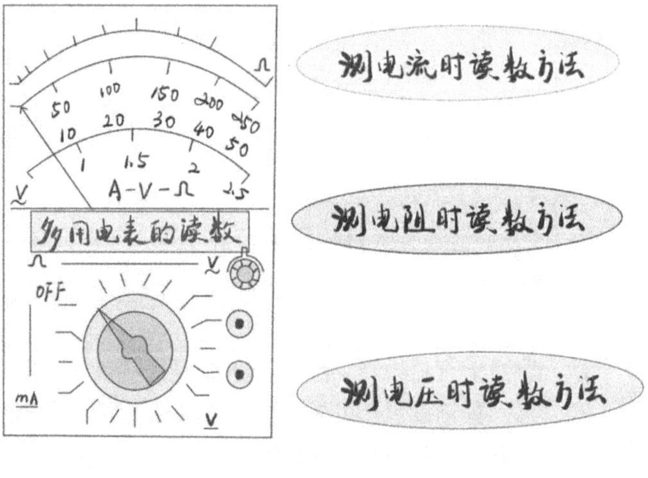 		

附：可能涉及的专题性问题

1. 如何减小多用表测电阻的误差？

【参考解答】选好挡位：让指针靠近中值时，测量误差会减小。若不知道待测电阻的大约值，可任选一个挡位，进行欧姆调零后再测量。①若偏转角度过大（说明电阻小），换小挡，进行欧姆调零后再测电阻；②若偏转角度太小（说明电阻大），换大挡，进行欧姆调零后再测量电阻。换挡后要重新进行欧姆调零。指针靠近中值的挡位测量的阻值接近真实值，因为中值附近刻度比较均匀，测量误差较小。

2. 为什么多用表测量小阻值电阻时读数不准？

【参考解答】出现此种情况的原因主要有三：一是小阻值电阻的引线电阻相比本体电阻不能忽略，导致表笔接触引线的位置会直接带来测量偏差；二是表笔与引线的接触电阻与本体电阻相比不能忽略，表笔与引线的接触电阻在测量电路中与被测电阻是串联的；三是多用表低阻值挡的测量电流较大，容易引起内置电池的电压变化（内阻压降和放电容量压降）。

福建省晋江市养正中学　王振波

三十一、磁场　磁感应强度

课程信息	《物理》必修第三册第5章第1节中的“磁场　磁感应强度”。
课标要求	了解磁感应强度，会用磁力线描述磁场，会用磁感应强度的定义式进行有关计算。体会物理模型在探索自然规律中的作用。
片断教学目标	能自己设计探究磁场对通电导线的作用的实验方案，通过实验、类比和分析，寻找描述磁场强弱的物理量——磁感应强度；进一步体会通过比值定义物理量的方法；知道磁感应强度的定义，知道其方向、大小、定义式和单位。
教材分析	教材从定量的角度来描述磁场，用电流元所受磁场力和电流元的比值定义磁感应强度，进一步深化用物理量之比定义新概念的方法，符合中学生的认知水平。磁感应强度是本章的重点内容，也是学习电磁感应的基础，是电磁学的核心内容之一。
学情分析	中学生喜欢进行实验探究，热爱亲自动手操作。教师在课前要准备好实验器材，通过演示实验，激发学生的学习兴趣，将概念建立在对实验数据的分析上，培养学生的科学探究素养。
片断教学重难点	重点：磁感应强度的定义。 难点：磁感应强度概念的建立。

续表

<table>
<tr><td colspan="3">教学流程图</td><td>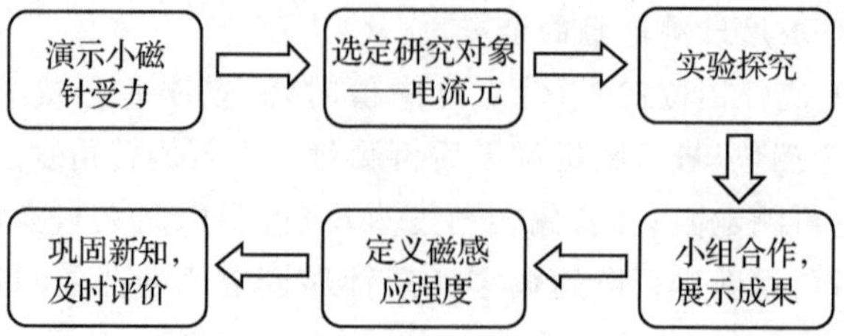
</td></tr>
<tr><td rowspan="2">设计流程</td><td>导(学)：体现思维引导及主动学习</td><td>建议2 min</td><td>【导入新课】在研究电场时，我们通过分析检验电荷在电场中的受力情况，引入了电场强度这个物理量，用它来描述电场的强弱和方向。磁场也有强弱之分。巨大的电磁铁能吸起成吨的钢铁，小磁体则只能吸起几枚铁钉。
如何定量地描述磁场的强弱呢？要检验磁场的强弱，选择什么作为研究对象呢？
(1) 磁感应强度的大小能否从小磁针受力的情况来研究？
体验：小磁针在磁场中受力实验探究。
讨论：不能，因为N极不能单独存在，因而不可能测量N极受力的大小，也就不可能确定磁感应强度的大小。
(2) 磁场不仅能对磁体有作用力，还对通电导体有作用力。能否用很小一段通电导体来检验磁场的强弱？
体验：通电导体在磁场中受力实验探究。
讨论：能用很小一段通电导体来检验磁场的强弱，这样既可以知道导线中电流的大小，又能测量导线的长度，从而可以进行定量的研究。</td></tr>
<tr><td>研(学)：体现合作探究精神</td><td>建议6 min</td><td>【探究活动】
1. 进行定性实验探究。
问题：通电导线在磁场中的受力大小会受哪些因素的影响？
猜想：电流强度、导线长度、电流方向可能会影响通电导线在磁场中的受力大小。
实验目的：探究均匀磁场中与磁场垂直的导线受力 F 和 I、L 的关系。
实验方法：控制变量法。
实验步骤：
①如下页图所示，控制导线长度不变，改变 I，观察 F 的变化。比较不同情况下导线摆动幅度大小与导线中电流大小之间的关系。
②控制 I 不变，改变导线长度。比较不同情况下导线摆动幅度大小与通电导线在磁场中的长度之间的关系。</td></tr>
</table>

续表

<table>
<tr>
<td rowspan="2">设计流程</td>
<td>研(学)：
体现合作
探究精神</td>
<td>建议
6
min</td>
<td>
2. 为了更为准确地得出结论，我们可借用传感器进行定量实验探究。
问题：通电导线在磁场中受到的力与电流大小、导线长度有何定量关系？
猜想：当通电导线与磁场方向垂直时，通电导线在磁场中受到的力与电流大小、导线长度可能成正比关系。
实验步骤：
①如下图所示，控制导线长度不变，改变电流，定量探究通电导线在磁场中受到的力与电流的关系。
②控制电流不变，改变导线长度，定量探究通电导线在磁场中受到的力与导线长度的关系。
③同时改变磁场中导线长度和电流的大小，定量探究通电导线在磁场中受到的力与电流和导线长度乘积的关系。
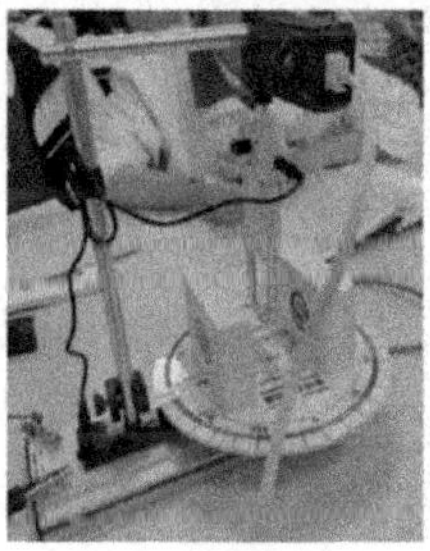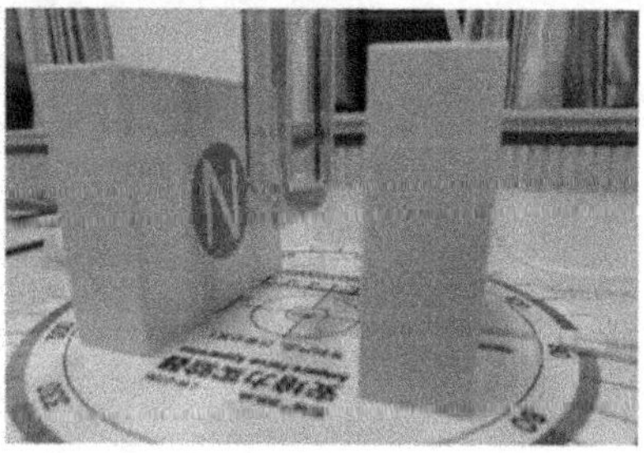</td>
</tr>
<tr>
<td>展(示)：
体现合作
学习成果</td>
<td>建议
2
min</td>
<td>【展示活动】现在请各小组选出代表，简述实验结果。各小组得出共同的结论：当同时改变接入线路的通电导线长度及电流大小时，通电导线在磁场中所受的力也随之变化，但通电导线在磁场中受到的力与电流和导线长度乘积的比值是一个定值。
讨论：刚才是在均匀磁场中做实验，如果磁场不均匀呢？
教师点睛：我们可以利用微元法，考虑极短的一段通电导线受到力的作用。我们把长度很短的通电导线中电流和导线长度的乘积称为电流元。电流元是一个理想模型。用类似电场定义的方法，我们来定义磁场 B：电流元 IL 受到的最大磁场力 F 与电流元 IL 的比值(比值定义法)，</td>
</tr>
</table>

续表

设计流程	展(示)：体现合作学习成果	建议2 min	即 $B=\frac{F}{IL}$(通电导线与磁场方向垂直)，单位为特斯拉，符号 T，1 T=1 N/(A·m)。磁感应强度是矢量。物理学中把小磁针静止时 N 极所指的方向规定为该点的磁感应强度的方向，简称为磁场的方向。
	练(习)：体现教学效果	建议2 min	【练习】请同学们根据刚才测得的实验数据计算一下实验中导线所处位置的磁感应强度的大小，然后再用磁感应强度传感器来验证这个数值。
	评(价)：体现激励性评价作用	建议2 min	【教师课堂总体评价】今天同学们通过集体研讨和探究实验，得出了关于"通电导线在磁场中的受力大小会受哪些因素影响"的正确结论。其中，某组同学在探究过程中实验认真、测量准确，某组同学特别善于交流、学习态度好，他们是同学们学习的榜样。希望同学们再接再厉，上好每一节课。
板书设计			类比电场的描述——电场强度 E 选择探究对象——电流元 探究方法——控制变量法 数据处理——图像法 实验结论——$F\propto IL$ 磁场的描述 磁感应强度 B  定义——电流元 IL 受到的最大磁场力 F 与电流元 IL 的比值 定义式——$B=F/IL$（通电导线与磁场方向垂直） 单位——特斯拉，符号 T，1 T=1 N/（A·m） 方向——小磁针静止时 N 极所指的方向 物理意义——描述磁场的强弱和方向

附：可能涉及的专题性问题

1. 应用比值定义法的注意点有哪些？

【参考解答】

(1) 比值定义法的定义。

用几个基本的物理量的比来定义一个新的物理量的方法，在物理学中叫作比值定义法。

(2) 比值定义法的特点。

比值定义法的基本特点是被定义的物理量往往是反映物质的最本质的属性，或基本运动特征，它不随定义所用的物理量的大小而改变。例如，用路程 s 跟时间 t 之比表示速度，但是速度却与 s 和 t 无关，只是用 $\frac{s}{t}$ 来计算出速度的大小；用质量 m 与体积 V 的比值来定义密度 ρ，但密度是物体本身的一种属性，不随 m 和 V 的变化而变化。物理学中有两类物理量是非常适合利用比值定义法来定义的。一类是描述物质或物体属性特征的物理量，如密度 ρ、比热容 c、热值 q、电阻 R、电场强度 E、磁感应强度 B、电容 C 等。它们的共同特征是由物质或物体本身所决定。定义时，需要选择一个能反映某种性质的检验实体来研究。比如：定义密度时，需要选择体积不同的同种物体和体积相同的不同种类物体，观测其质量的大小，再采用比值 $\frac{m}{V}$ 进行。另一类是一些描述物体运动状态特征的物理量，如速度 v（初中）、加速度 a、角速度 ω（高中）等。这些物理量是通过简单的运动引入的，比如匀速直线运动、匀变速直线运动、匀速圆周运动。这些物理量定义的共同特征是相等时间内某物理量的变化量相等。用变化量与所用的时间之比就可以表示变化快慢的特征。

（3）使用比值定义法时的注意点。

①应用比值定义法定义物理量往往需要一定的条件：一是客观上需要，二是间接反映特征属性的两个物理量可测，三是两个物理量的比值必须是一个定值。

②不能将比值定义法的公式纯粹数学化。利用比值定义法描述事物简单明了，在物理学中应用广泛。在数学形式上用比例表示的式子不一定就应用了比值定义法。如公式 $t=s/v$，只是数学形式上的比值，实际上不具备比值定义法的其他特点。所以不能把比值定义法与数学形式的比例简单地联系在一起。

③要正确区分比值定义法和比值法。例如，压强、功率等物理量是用比值法去定义的，但不能说是用比值定义法定义的，因为它们随着比值的物理量的变化而变化，不是一个定值。比值定义法就像测量物体长度的一把尺子，物体的长度不以有没有这把尺子而变化。

2. 在实际教学中你是如何引导学生理解“磁感应强度”这一物理概念的？

【参考解答】设置环环相扣的问题，注重学生的活动与体验，让学生亲自参与实验，完成探究过程，得出结论，最后利用得到的结论对生活现象进行解释，完成知识的迁移。整个过程符合深度学习的特征，促进学生核心素养的落实。

福建省长乐第一中学　李清华

三十二、电流的磁场

课程信息	《物理》必修第三册第 5 章第 1 节中的“电流的磁场”。
课标要求	会用安培定则判断通电直导线和通电线圈周围的磁场方向。
片断教学目标	会用安培定则判断通电直导线和通电线圈周围的磁场方向。
教材分析	电流的磁场是整个经典电磁学的基础和核心内容之一。本节是高中阶段学习磁学的开始，同时也为以后学习磁场对电流的作用、磁场对运动电荷的作用、电磁感应等知识奠定基础。
学情分析	学生在初中阶段已经学习了磁性、磁体、磁极等基本知识，具备了一定的基础；在高中阶段已经学习了电场、电场线等知识，为电场和磁场、电场线和磁力线对比学习创造了条件；学生的立体空间抽象能力较弱，需要借助实验来增强。

续表

<table>
<tr><td colspan="3">片断教学重难点</td><td>重点:学习用磁力线来描述磁体和电流周围磁场的分布,以及应用右手螺旋定则来判断电流产生的磁场方向。
难点:用磁力线描述电流周围磁场的空间分布。</td></tr>
<tr><td colspan="3">教学流程图</td><td>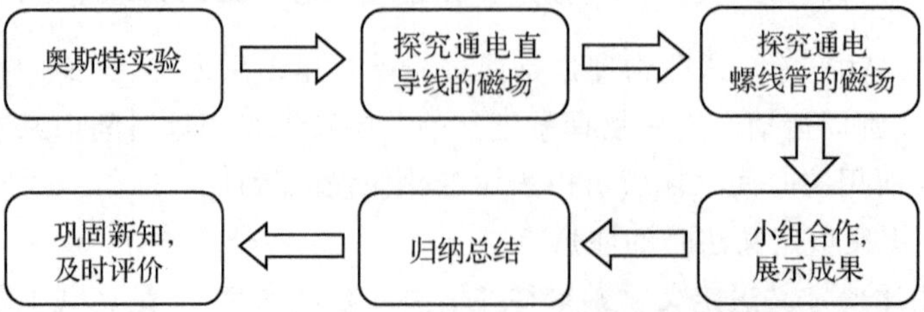
</td></tr>
<tr><td rowspan="2">设计流程</td><td>导(学):体现思维引导及主动学习</td><td>建议2 min</td><td>【导入新课】展示奥斯特实验,如右图所示。说明电流对磁体有力的作用,电流周围有磁场,那么电流周围的磁场是什么样的?
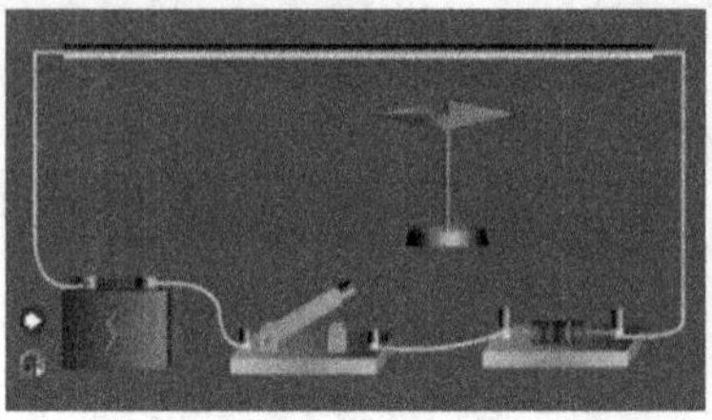</td></tr>
<tr><td>研(学):体现合作探究精神</td><td>建议6 min</td><td>【探究活动】
1. 探究直线电流周围的磁场分布。结合情景问题,重新认识电流周围的磁场。
(1)沿着电流方向观察,如图①所示。
(2)垂直电流方向观察,如图②所示。

图①

图②
2. 如下图所示,探究环形电流、通电螺线管周围的磁场分布。
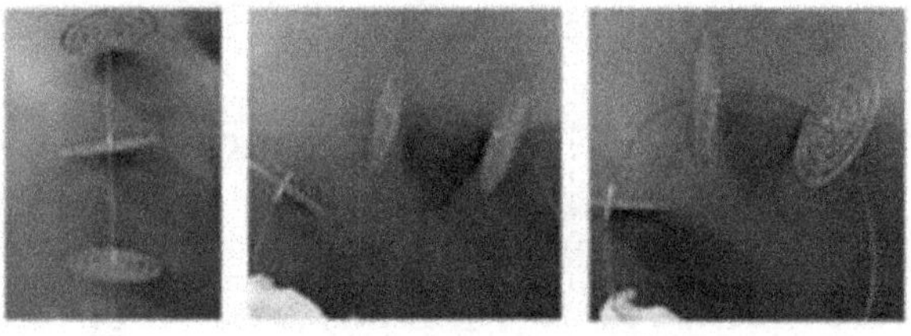
图③
(1)用小磁针探查环形电流周围磁场的分布,判断环形电流的磁场方向。</td></tr>
</table>

续表

<table>
<tr><td rowspan="4">设计流程</td><td>研(学)：体现合作探究精神</td><td>建议6 min</td><td>(2)用小磁针探查通电螺线管周围磁场的分布，判断通电螺线管周围的磁场方向。</td></tr>
<tr><td>展(示)：体现合作学习成果</td><td>建议2 min</td><td>【展示活动】请各小组选出代表，阐述实验结果，即直线电流、环形电流、通电螺线管周围的磁场分布。
教师点睛：物理学家安培早就归纳出了电流周围磁场分布规律——安培定则。用右手握住导线，让伸直的拇指所指的方向与电流的方向一致，弯曲的四指所指的方向就是磁力线环绕的方向。让右手弯曲的四指与环形(或螺线管)电流的方向一致，伸直的拇指所指的方向就是环形导线(或螺线管)轴线上磁场的方向。</td></tr>
<tr><td>练(习)：体现教学效果</td><td>建议2 min</td><td>【练习】电子绕氢原子核顺时针高速旋转，如右图所示，角速度为 ω，下列说法正确的是(　　)。
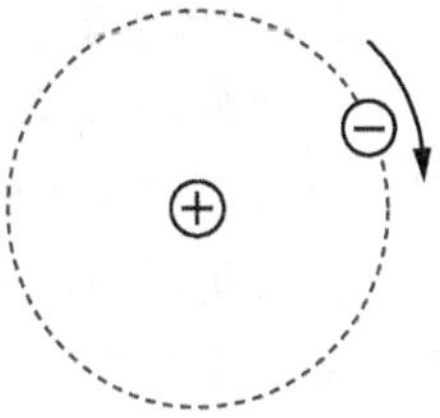
A. 由于只有一个电子定向运动，因此不能形成电流
B. 虽然只有一个电子定向运动，但能形成顺时针电流
C. 在原子核处存在方向垂直纸面向里的磁场
D. 在原子核处存在方向垂直纸面向外的磁场</td></tr>
<tr><td>评(价)：体现激励性评价作用</td><td>建议2 min</td><td>【教师课堂总体评价】今天同学们通过集体研讨和探究实验，探测了电流周围的磁场，验证了安培定则。其中，某组同学在探究过程中实验认真、测量准确，某组同学特别善于交流、学习态度好，他们是同学们学习的榜样。希望同学们再接再厉，上好每一节课。</td></tr>
<tr><td colspan="2">板书设计</td><td colspan="2">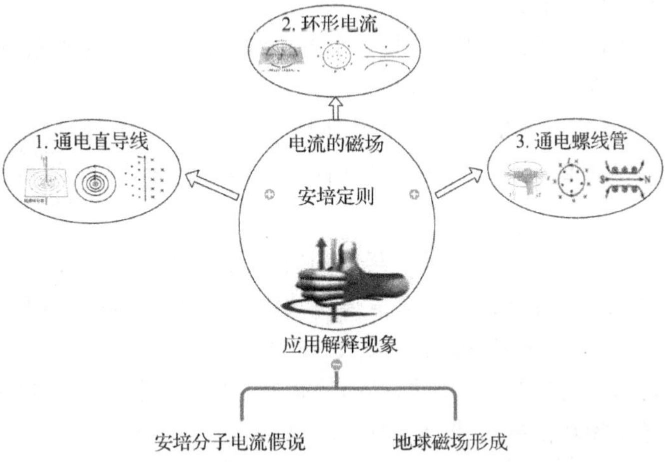
</td></tr>
</table>

附：可能涉及的专题性问题

1. 怎么理解安培分子电流假说？

【参考解答】人们发现磁是由电的运动导致的。为了解释天然磁性，法国物理学家安培提出了分子电流假说，内容如下：任何一个原子或分子，都可以看作有电荷绕着中心旋转，总体形成一个微小的环电流，即分子电流。根据电流激发磁场的规律，这个分子电流将产生一个磁矩，它的大小为分子电流包围的面积乘以分子电流的等效电流，方向与环流方向成右手螺旋关系。很显然，磁矩的方向正好沿环流形成的磁场的方向。一般情况下，物质的分子电流排列是混乱的，因此物质不显磁性。当受到外磁场作用时，这些分子电流将大致整齐排列。它们的磁矩尽可能沿一个方向排列，就像无数个小磁针聚集在一起，形成一个总的磁场，由它们构成的物质整体就呈现磁性了。安培具有极强的物理直觉，在他那个时代，分子的存在与否备受争议。安培借用分子电流的概念解释磁性的来源，说明安培具有非凡的勇气。分子一词恰能体现磁性的微观起源。

2. 地磁场是如何产生的？

【参考解答】地磁场是地球所具有的最古老的特征之一。地磁场是地球上生物宜居环境的重要保障，它保护着地球大气层，使其免遭太阳风、宇宙射线等的冲蚀而不至于消失殆尽。具有漫长历史的地磁场并不是一成不变的。它的极性平均每百万年就要倒转好几次，即使在人类时间尺度上它的强度和形态也在发生着变化。因此，磁极变化也会对全球导航和卫星通信等产生重大影响。地磁场是由含金属离子的液态外核流体的运动产生的，维持地磁发电机运转需要巨大能量。在演化的过程中，内核结晶过程中释放的潜热为地磁发电机提供了重要的能量来源。实际上，巨大旋转导电流体有序、强劲的运动是所有行星产生磁场必不可少的条件，太阳系中就有多个这样的例子。科学界对于不太久远的地史时期的地磁场的产生已有共识，那就是，随着地核冷却，固态内核逐渐形成，内核形成过程中所释放的潜热和重力势能维持了地磁发电机运转，产生现有的地磁场。

3. 如何区分三定则（安培定则、左手定则、右手定则）？

【参考解答】在初学磁场的时候，同学们会遇到安培定则、左手定则和右手定则，如何更好更快地区别和使用它们呢？

安培定则也叫右手螺旋定则，是表示电流和电流激发磁场的磁力线方向间关系的定则。通电直导线中的安培定则（安培定则一）：用右手握住通电直导线，让大拇指指向直导线中电流方向，那么四指指向就是通电导线周围磁场的方向。通电螺线管中的安培定则（安培定则二）：用右手握住通电螺线管，让四指指向电流的方向，那么大拇指所指的那一端就是通电螺线管的 N 极。

左手定则：伸开左手，使拇指与其余四指垂直，并且与手掌在同一平面内。让磁力线从掌心进入，四指指向电流的方向，拇指指向就是导体所受安培力的方向。

右手定则：伸开右手，使拇指与其余四指垂直，并且都与手掌在同一平面内。让磁力线从掌心进入，拇指指向导体运动的方向，四指所指的方向就是感应电流的方向。用右手定则来判断通电导线做切割磁力线运动时感应电流的方向。

当我们要用这些定则时，可以这样来辨别要用哪一个：如果题目要求我们解决力学类问题，那么就用左手定则；反之，题目说的不是力学类问题，就用右手定则。例如，知道电流方向，求磁场，用安培定则；知道磁场及导体棒运动方向，求电流方向，就用右手定则；知道磁力线方向和电流方向，求力，就用左手定则。

福建省长乐第一中学　季清华

三十三、磁通量

<table>
<tr><td>课程信息</td><td colspan="3">《物理》必修第三册第 5 章第 2 节中的“磁通量”。</td></tr>
<tr><td>课标要求</td><td colspan="3">知道磁通量，建立磁通量、磁通密度的概念。能结合实例计算磁通量的大小，能对磁通量的变化进行定性的判断和定量的计算。</td></tr>
<tr><td>片断教学目标</td><td colspan="3">建立磁通量的概念，对磁通量的变化进行定性的判断和定量的计算。</td></tr>
<tr><td>教材分析</td><td colspan="3">教材强调法拉第受奥斯特发现“电生磁”的启发，历经 10 年才发现“磁生电”现象，引导学生学习法拉第的科学探索精神。教材循序渐进，由平面与磁场方向垂直时磁通量的计算过渡到平面与磁场方向不垂直时的计算，并通过磁通量计算式的变形，得出了磁感应强度的另一种名称——磁通密度。最后借助例题的分析与解答，说明了计算磁通量的具体方法和基本思路。</td></tr>
<tr><td>学情分析</td><td colspan="3">磁通量是中学生遇到的唯一通量，对中学生而言，理解其物理意义是非常困难的，但是磁通量又是一个非常重要的基本概念，是学习电磁感应的基础。</td></tr>
<tr><td>片断教学重难点</td><td colspan="3">重点：磁通量的物理意义和定义式。
难点：磁感应强度和有效面积的关系。</td></tr>
<tr><td>教学流程图</td><td colspan="3">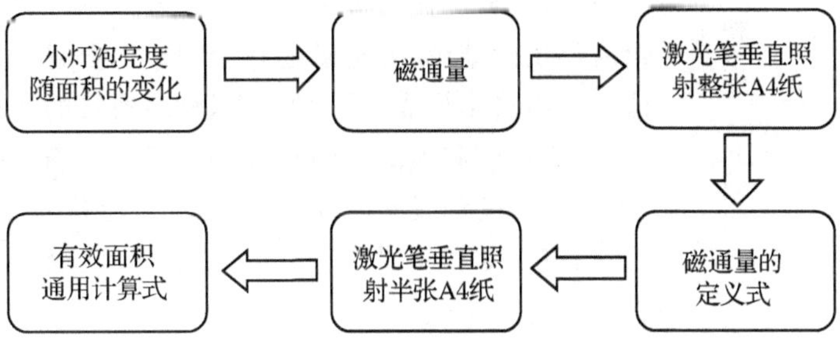
</td></tr>
<tr><td>设计流程</td><td>导(学)：体现思维引导及主动学习</td><td>建议 2 min</td><td>【导入新课】在电磁炉上面的盆子里装一些水，防止干烧。电磁炉面板上有一个小灯泡，跟导线组成一个闭合回路，没有电源。打开电磁炉瞬间，请注意观察小灯泡是否发光，如果发光，其亮度是否变化？</td></tr>
</table>

续表

<table>
<tr>
<td rowspan="3">设计流程</td>
<td>研(学)：体现合作探究精神</td>
<td>建议6 min</td>
<td>【探究活动】
1. 当电磁炉面板上小灯泡和导线所围面积发生改变时小灯泡的亮度是否发生变化？
现象：小灯泡的亮度发生变化。
提问：根据磁通量的概念，感应强度 B 与面积 S 的乘积称为穿透这个平面的磁通量。如果面积为 S 的平面与磁场方向垂直时，$\Phi=BS$；如果面积为 S 的平面与磁场方向不垂直时，则穿过该面积的磁通量还会不会是 BS 呢？
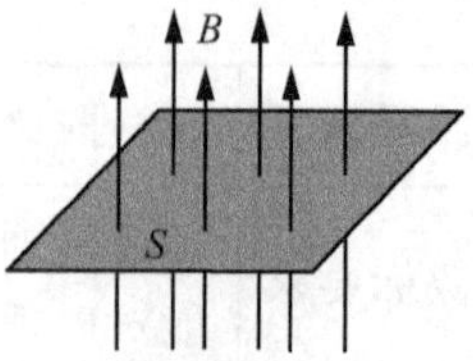

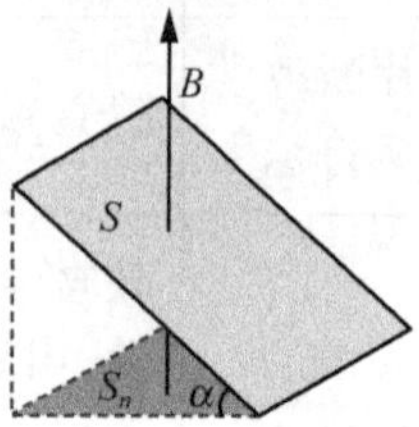

2. 准备 9 根激光笔，把它们捆成圆形，同时打开激光笔并垂直射向一张 A4 纸。这里用激光模拟磁力线，可以看到纸的背面有 9 个红点，这表示有 9 条磁力线穿过纸面。保持激光光线方向不变，旋转纸面，如右图所示，可以看到纸面上的红点数量发生改变，甚至有红点消失。
3. 用刚才的 9 根激光笔垂直射向半张 A4 纸，可以看到纸的背面还是有 9 个红点，这表示还是有 9 条磁力线穿过纸面。</td>
</tr>
<tr>
<td>展(示)：体现合作学习成果</td>
<td>建议2 min</td>
<td>【展示活动】
1. 请各小组选出代表，简述如何理解“平面与磁场方向不垂直时，穿过该面积的磁通量与平面转过夹角之间的关系”，并举例说明。比如有同学把磁力线比作下大雨时的雨线，用雨落在平坦的屋顶或落在人字形屋顶，来形象类比线圈平面与磁场方向垂直或不垂直的情形。共同讨论后得出的结论：要把磁场和线圈平面分解到相互垂直的方向。
2. 请各小组选出代表，简述如何理解磁通量的变化。
(1)磁感应强度和线圈平面垂直，面积不变，磁感应强度变化。
(2)磁感应强度和线圈平面垂直，磁感应强度不变，面积变化。
(3)磁感应强度和线圈平面不垂直，面积和磁感应强度都不变，但它们的夹角变化。
结论：磁感应强度变化、面积变化或者它们的夹角变化都会引起磁通量变化。</td>
</tr>
<tr>
<td>练(习)：体现教学效果</td>
<td>建议2 min</td>
<td>【练习】面积为 0.5 m^2 的矩形线圈处于磁感应强度为 3 T 的匀强磁场中，线圈平面与磁场方向垂直，穿过该线圈的磁通量是多少？如果转动线圈，使线圈平面与磁场方向夹角为 60°，如右图所示，穿过该线圈的磁通量又是多少？
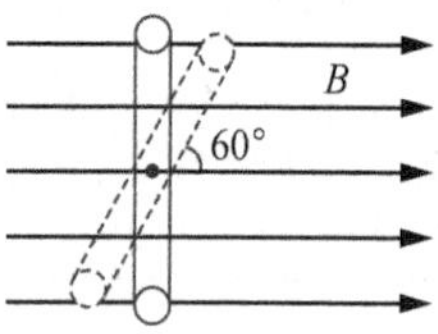
</td>
</tr>
</table>

续表

设计流程	评（价）：体现激励性评价作用	建议 2 min	【教师课堂总体评价】今天同学们表现很好，畅所欲言。通过集体研讨和探究实验，得出了磁通量的概念，得到了对磁通量的变化进行定性判断和定量计算的正确方法。希望同学们再接再厉，上好每一节课，在每一堂课都有所收获，切实提高物理学科素养。
板书设计	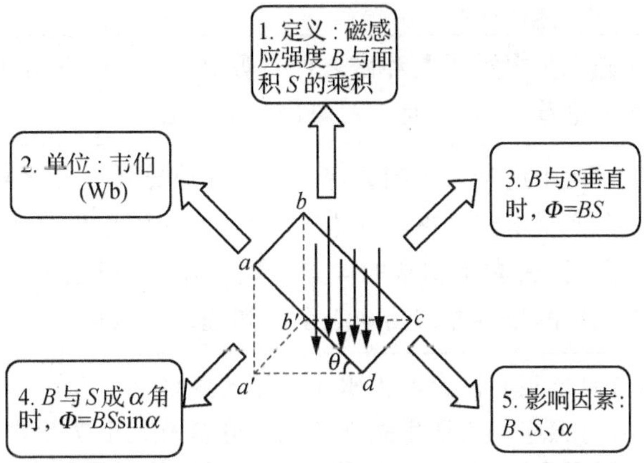		

附：可能涉及的专题性问题

1. 闭合线圈在匀强磁场中切割磁力线，磁通量一定发生变化吗？

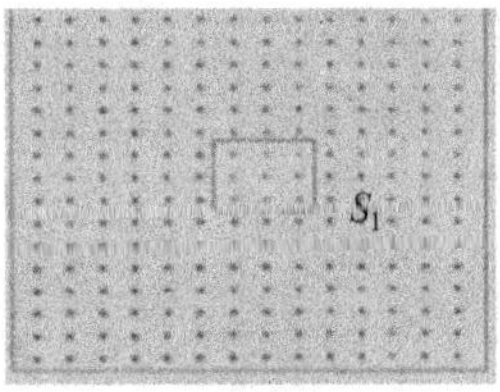

【参考解答】如右图所示，只要闭合线圈在匀强磁场中的有效面积没有变，那么即便切割磁力线，闭合线圈的磁通量也不会发生变化。

2. 如果同时改变磁场和线圈的有效面积，闭合线圈中的磁通量就一定发生变化吗？

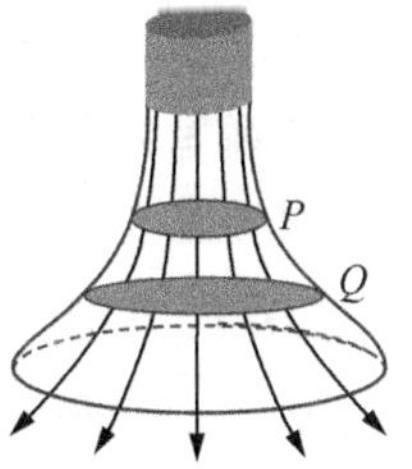

【参考解答】如右图所示，选择外形跟条形磁铁磁力线形状比较接近的一只喇叭，去掉其他部件，只留下塑料外壳。在喇叭的底部固定强磁铁，将一个可以改变面积的活动的线圈套在喇叭外表面，双手拿着线圈保持线圈始终紧贴着喇叭外表面上移或下移，可以让穿过线圈的磁通量保持不变。

福建省惠安县荷山中学　何志远

三十四、电磁感应现象

<table>
<tr><td>课程信息</td><td colspan="3">《物理》必修第三册第 5 章第 2 节中的“电磁感应现象”。</td></tr>
<tr><td>课标要求</td><td colspan="3">通过实验观察和探究，了解电磁感应现象，知道产生感应电流的条件，体验科学探索过程，提升科学探究素养。</td></tr>
<tr><td>片断教学目标</td><td colspan="3">通过实验探究，理解产生感应电流的条件。</td></tr>
<tr><td>教材分析</td><td colspan="3">教材进一步揭示了电和磁之间的联系，为电磁感应电律的研究奠定了实验基础和理论基础，它也是学习电磁波的基础。</td></tr>
<tr><td>学情分析</td><td colspan="3">学生在初中已学习了闭合回路的一部分导体在磁场中做切割磁力线运动时回路中会产生电流。在学习本节内容之前，学生已经学习了磁通量的概念，知道了电生磁，具有了初步的电与磁相互作用、相互联系的观念，但是对产生电磁感应现象的根本原因还缺乏全面和理性的认识。</td></tr>
<tr><td>片断教学重难点</td><td colspan="3">重点：通过实验探究产生感应电流的条件。
难点：对感应电流产生条件的理论分析及几个实验之间的逻辑关系。</td></tr>
<tr><td>教学流程图</td><td colspan="3">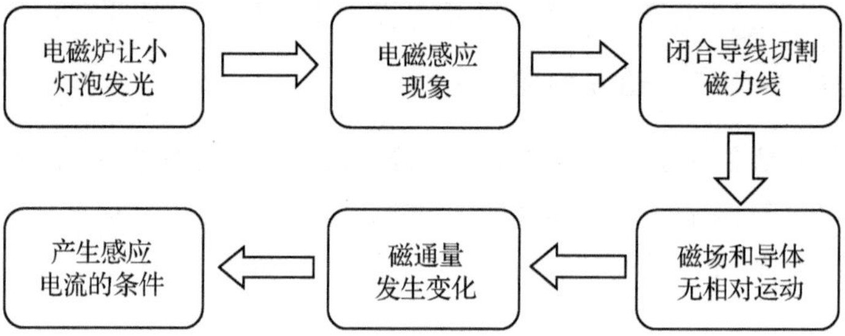
</td></tr>
<tr><td rowspan="2">设计流程</td><td>导(学)：体现思维引导及主动学习</td><td>建议 2 min</td><td>【导入新课】上一节电磁炉实验中，小灯泡发光说明有电流通过，这个电流称作感应电流，这种现象叫作电磁感应现象。磁在什么条件下才能生电呢？下面我们通过实验来进行探究。</td></tr>
<tr><td>研(学)：体现合作探究精神</td><td>建议 6 min</td><td>【探究活动】
1. 如右图所示，将导轨、可移动导体棒 AB 放置在磁场中，并和电流表组成闭合回路，注意观察在下列情况下电路中是否有电流产生。
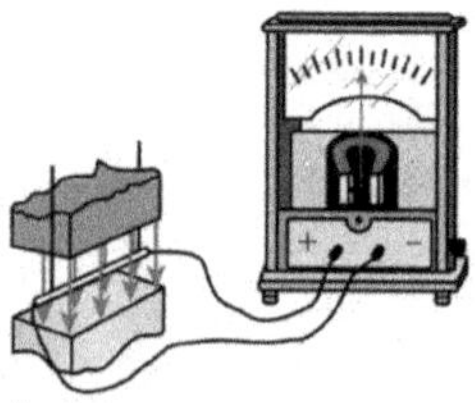
(1) 让导体棒与磁场保持相对静止；
(2) 让导体棒平行于磁力线运动(与导轨不分离)；</td></tr>
</table>

续表

设计流程	研(学)： 体现合作 探究精神	建议 6 min	(3) 让导体棒做切割磁力线运动(与导轨不分离)。 2. 如右图所示，将螺线管与电流表组成闭合回路，把条形磁铁插入或拔出螺线管，注意观察电路中是否有电流产生。 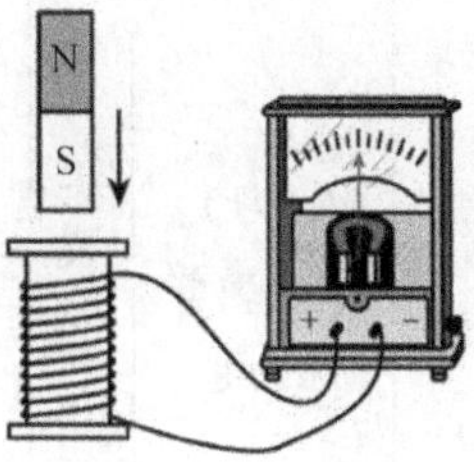 (1) 条形磁铁静止在螺线管中； (2) 将磁铁插入或拔出螺线管。 3. 如右图所示，螺线管 a 和滑动变阻器、电源、开关组成一个回路。螺线管 a 放在螺线管 b 中，螺线管 b 与电流表组成一个闭合回路。注意观察下列情况下电路中是否有电流产生。 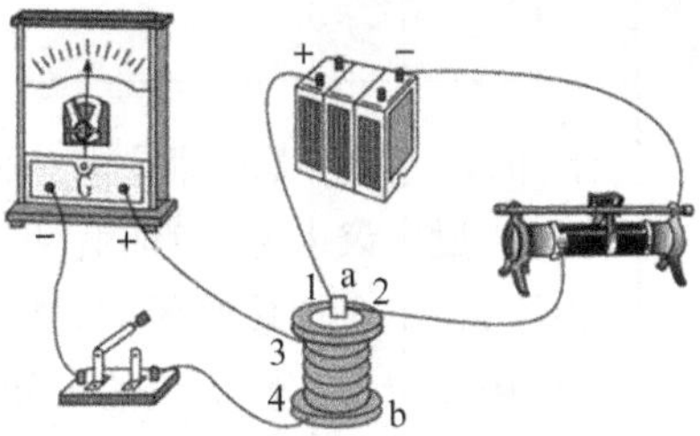 (1) 开关闭合瞬间； (2) 开关闭合后保持滑动变阻器的滑片不动； (3) 开关闭合后快速移动滑动变阻器的滑片； (4) 开关断开瞬间。
	展(示)： 体现合作 学习成果	建议 2 min	【展示活动】 1. 请各小组选出代表，简述通过对探究活动 1 和 2 实验现象的观察与分析所得出的结论。 讨论：在探究活动 1 中，当导体棒 AB 在磁场中静止或平行于磁力线运动时，闭合回路中都没有电流；当导体棒 AB 做切割磁力线运动时，闭合回路中有电流产生。在探究活动 2 中，当条形磁铁静止在螺线管中时，回路中没有电流产生；将磁铁插入或拔出螺线管时，组成螺线管的导线切割磁力线，闭合回路中有电流产生。两个探究实验的共同点是当导体棒做切割磁力线运动时，穿过闭合回路的磁通量都发生了变化。 2. 请某小组选出代表，简述通过对探究活动 3 实验现象的观察与分析所得出的结论。 讨论：在探究活动 3 中，导体和磁场之间并没有发生相对运动。当螺线管内的电流不变时，螺线管 b 所在回路没有电流产生；当螺线 a 的电流变化时，螺线管 b 所在回路中就产生了电流。 3. 请某小组选出代表，简述三个探究实验的共同点，以及由此所得出的结论。 结论：三个探究实验的共同点是，不论闭合线圈是否切割磁力线，只要回路中的磁通量发生了变化，就有电流产生。所以通过磁场产生电流的条件可以归纳为闭合回路的磁通量发生变化。

续表

<table>
<tr><td rowspan="2">设计流程</td><td>练(习)：体现教学效果</td><td>建议2 min</td><td>【练习】如右图所示，当线圈在匀强磁场中绕转轴转动时，线圈中是否有感应电流？为什么？
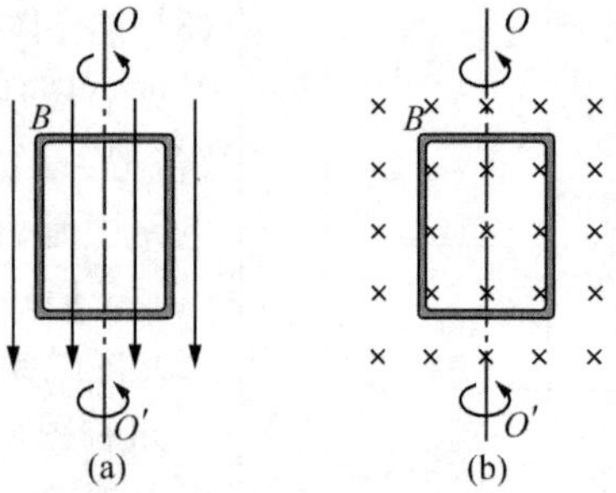
</td></tr>
<tr><td>评(价)：体现激励性评价作用</td><td>建议2 min</td><td>【教师课堂总体评价】本节课我们从实验引入、提出问题，到合作探究、归纳概括，再到分析验证，环环相扣、层层递进，经历了科学探究的重要环节，体会了科学探究的一般思路，体现了从感性认识上升到理性认识的认知规律。希望大家继续努力！</td></tr>
<tr><td colspan="2">板书设计</td><td colspan="2">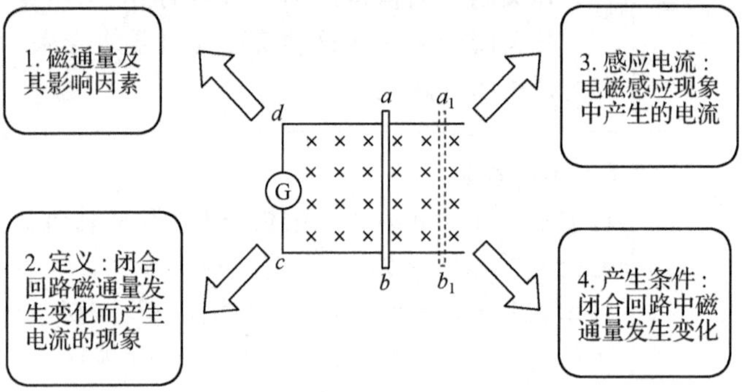
</td></tr>
</table>

附：可能涉及的专题性问题

简述电磁感应的探索历程。

【参考解答】1820 年，奥斯特发现电流磁效应后，许多物理学家便试图寻找它的逆效应，提出了磁能否产生电、磁能否对电作用的问题。1822 年，阿喇戈和洪堡在测量地磁强度时，偶然发现金属对附近磁针的振荡有阻尼作用。1824 年，阿喇戈根据这个现象做了铜盘实验，发现转动的铜盘会带动上方自由悬挂的磁针旋转，但磁针的旋转与铜盘不同步，稍滞后。电磁阻尼和电磁驱动是最早发现的电磁感应现象，但由于没有直接表现为感应电流，当时的研究者未能给予说明。

1831 年，法拉第绕了两个线圈：其一为闭合回路，在导线下端附近平行放置一磁针；其二与电池组相连，接上开关，形成有电源的闭合回路。实验发现：合上开关瞬间，磁针偏转；断开开关瞬间，磁针反向偏转。这表明在无电池组的线圈中出现了感应电流。法拉第立即意识到这是一种非恒电的暂态效应。紧接着他做了几十个实验，把产生感应电流的情形概括为五类：变化的电流、变化的磁场、运动的恒定电流、运动的磁铁、在磁场中运动的导体，并把这些现象正式命名为电磁感应。进而法拉第发现在相同条件下不同金属导体回路中产生的感应电流与导体的导电能力成正比。他由此认识到：感应电流是由与导体性质无关的感应电动势产生的。即使没有回路，没有感应电流，感应电动势也依然存在。

后来，科学家给出了确定感应电流方向的楞次定律及定量描述电磁感应规律的法拉第电磁感应定律，并按产生原因的不同，把感应电动势分为动生电动势和感生电动势两种，前者起源于洛伦兹力，后者起源于磁场变化产生的有旋电场。

福建省惠安县荷山中学　何志远

第四章 高中物理观评课

第一节 观评课的方法与笔记的撰写

在片断教学比赛、教师职务晋升及教师面试过程中，很多用人单位都会加入观评课环节。要求选手在限定时间内观看一节完整的课堂教学录像，然后撰写一份评价稿。在这一环节中要做好两件事情：一是在观课的过程中，认真做好笔记；二是将笔记整理成观评课的发言稿。

一、做好观评课笔记

第一步，观评课笔记的一种简单记录方法就是将心中所想分为“优点或亮点”和“缺点或不足”两大类记录下来。

第二步，将记录下来的“优点或亮点”再次分类，如可分为“教师的教”(运用了什么样的教学方法，它好在哪里)、“学生的学”(学生参与了什么样的活动，参与程度等)和“学习效果”(最终学习的主体取得了什么样的学习效果，培养了何种能力，提升了什么样的素养等)三大类来评价。

第三步，把记录下来的“缺点或不足”改写成对教师课堂的教学建议。例如，本节课在实验环节中出现了测量不准确问题，我们可以采用更科学的方法(写出具体方法)，取得更准确的数据等。

观评课的基本框架如图 4-1 所示。

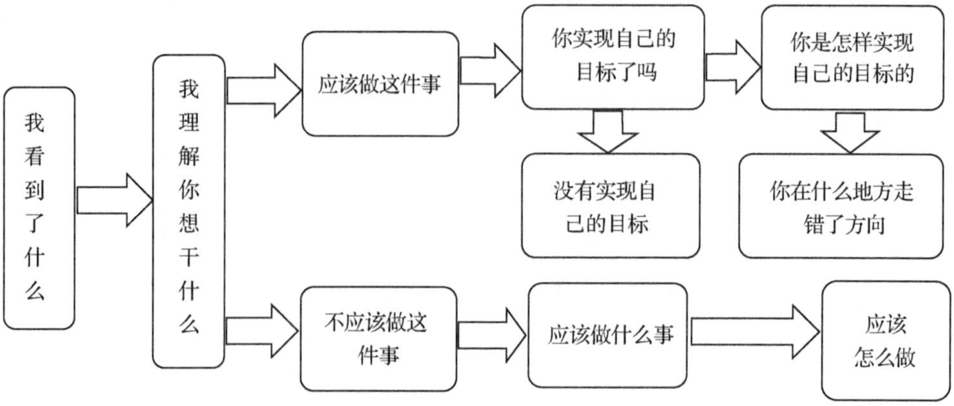

图 4-1 观评课的基本框架

二、分析观评课

1. 从教学现象、教学水平分析观评课

这类观评课是以学习为主，对教学现象、教学水平进行分析。

观评课第一层次的结构性要素如下：

(1) 教学现象分析：情景、问题、活动、事例、题目、教学形式、实验、教具、多媒体课件、板书、讲演、情绪等。

(2) 教学水平分析：学生调控、师生互动、教材解读、课堂评价等。

2. 从教学技术、教学质量、教学价值观分析观评课

此类观评课以学习可以举一反三的经验、理念为主，对教学技术、教学质量、教学价值观进行分析。

观评课第二层次的结构性要素如下：

教学技术分析：导入、传授、强化、巩固、拓展等。

教学质量分析：目标、内容、过程、结果等。

教学价值观分析：课程观、教学观、质量观、学生观等。

总之，观评课的分析指标主要有：一是体现课程观，是教教材还是用教材教；二是体现教学观，是否做到教师主导、学生主体并重；三是体现质量观，即是否坚持有效性、主动性第一；四是体现学生观，师生是否相互尊重、平等对话。一堂好课最终应该达到目标适切、内容恰当、过程合理、结果有效。

三、从更一般的角度判断观评课

教师还要学会从更一般的角度判断课的整体状态和教学境界。

1. 上对课

"上对"指教师能按照教材和教学参考书提供的教案，准确完成教学任务，没有知识性、方法性、过程性错误。这一点对新教师来说非常关键。要上对课，不仅需要教师有扎实的学科知识，而且要善于表达，能把想要讲的东西讲清楚、讲明白，让学生听懂、接受。

2. 上好课

"上好"指教师在把握教材与教学参考书的基础上能对其中的部分内容或活动做修改，使之更加符合学生的实际需要。这里的"好"是一个相对概念，指相对于教材与教学参考书中原有的内容来说加一点、改一点，使之更加容易让学生理解。这需要教师有一定的教学经验积累和学科创新能力。

3. 上活课

"上活"指教师不拘泥于教案，能根据课堂教学的实际情况活用教案。教师上课不能没有预设、没有准备。但预设与实际之间肯定会有不一致，需要教师在课堂上随时做出调整。

4. 上全课

"上全"指教师在课上能兼顾"三位一体"或学生全面发展的目标，不仅有知识与技能要求，还要关注过程与方法、情感态度与价值观。目前在实施新课改过程中这是一个令教师很难把握的问题。一节课能否照顾到方方面面，评课标准是否必须是全面的，要实事求是。

5. 上实课

“上实”指必须上出实际效果。实施素质教育的课堂教学改革不是简单的形式改革，而是要关注实际效果。一是要提高学生主动学习的热情，加强对学生学习过程的了解——备课先备学生，鼓励学生积极参与课堂讨论；二是要提高学生有效学习的程度，增强驾驭课堂教学的能力，实施开放性教学。

四、观评课后评价内容的撰写

在完成观评课笔记后，撰写听课评价时，除了按上面的步骤认真梳理笔记外，还要延伸课堂内容。

1. 写教学过程

有人将教学过程叫“课堂随记”。大多数教师都会撰写，但都有一个通病，就是过详过细，往往忽略了教学中的精华——课堂中的高潮、别出心裁的手法、优秀的教学设计及特色，从而因小失大。除重点、难点外，教学过程要一笔带过，去粗存精，切记不要面面俱到、记流水账；要善于捕捉教学过程中的闪光点、重点、细节等。这样才能为后面的分析、思考及评课积累依据。

2. 写教学高潮

教学高潮就是师生配合默契的同时，课堂形成一种热烈的氛围，此时师生精神高度集中，教学效果良好。这时就要求听课教师把课堂高潮记下来，当然不是表面的记载，而是要记下授课者用什么方法将课堂引入高潮，如何巧设悬念，如何引发争论，等等，做到边听、边思考、边记录。

3. 写教学闪光点

一堂好的公开课凝聚着授课教师的许多心血和智慧。一旦各方面配合得当，师生进入角色，灵感便会一触即发；各种论证、资料教师便会信手拈来；课堂气氛异常浓郁，高潮迭起，闪光点便会接踵而来。这时听课教师要抓住闪光的一刻，将它记录下来。它是珍贵的教学资料，甚至会启迪、改进自己的教学方法，深化自己的教学层次。

4. 写教学特色

不同的教师有不同的教学方法，也有自己的教学风格及独特的教学特色，即使同一教学方法也有不同的表现手法。有的教师运用情景交融法、倒叙法、实验法、悬念法等；有的教师偏重情感教学；有的教师在情景教学中使学生如临其境，自如发挥；有的教师在兴趣教学中让学生笑声不断，波浪迭起。在教态上，有的教师严肃、庄重，课堂秩序井然，教学结构井井有条；有的教师教态大方活泼，使学生感到亲切自然，课堂气氛浓郁。所有特色，不一而足，听课时记下这些难忘的镜头，有机融入自己的教学实践中，受益匪浅。

5. 写教学不足

在观评课中，作为前来听课的教师，除了吸取好的教学方法外，也要客观恰当地指出授课者的缺点和不足。这就要求记听课笔记时抓住重点，认真分析本节课的教学结构、教学环节，在教材处理、课堂调节、课堂节奏等方面找出成功中的不足，如结构松散、节奏平淡、过度生硬、层次不清、实验过程不规范、信息技术运用不当等。

6. 写教学感悟

教学感悟即教学体会，也是听课、评课，进行教学教研交流的终极目标。体会是听课后的收获，感悟是汲取、吸收、改革自己固有教学方法的动力和源泉。

教学感悟来自听课所得，具体地讲，来自自己翔实的科学记载及理性思考、分析后的听课笔记，对提高自己的教学水平和教研理论水平起着重要作用。

【参考文献】

[1] 陈汝平. 新课程背景下的有效教学[D]. 重庆：重庆师范大学，2005.
[2] 王云秀. 课堂笔记现状的研究[J]. 昆明大学学报，2006(1)：71-73.

第二节　听课记录案例

《电流的磁场——让磁悬浮列车浮起来》听课记录表由福建师范大学物理与能源学院2023级学科教学(物理)专业蔡美婷提供。

听课记录表

第 3 次听课 **听课人姓名：蔡美婷 学号:QSZ20230019**

学校班级	福建师范大学附属中学	听课时间	2023 年 12 月 15 日第二节
课题	电流的磁场——让磁悬浮列车浮起来	授课教师	郑华

教学环节	教学过程和教学方式	自己的理解和评价
引入	1.演示实验：闭合开关后，磁悬浮列车浮起来了。 2.提出问题：磁悬浮列车为什么能浮起来？ ➢ 学生对磁悬浮列车进行受力分析，得知列车受到磁场力的作用，在教师引导下做出猜想：电能生磁。 ➢ 推理思路： ① 列车受与重力方向相反的磁场力→同名磁极相互排斥。 ② 通电后列车周围有磁场，受到磁场力的作用→电能生磁。	通过演示自制的磁悬浮列车浮起来的实验让学生感受到高科技并不遥远，激发学生的求知欲；通过对磁悬浮列车浮起来的原理分析，让学生体会如何拆解并解决疑难问题。
新课讲授	衔接过渡：电流能否产生磁场呢？早在 1812 年，物理学家奥斯特就已经针对很多电与磁的现象提出猜想：电会不会生磁？直到 1820 年，才做了奥斯特实验，终于证明了电可以产生磁。我们今天一起来重温两百年前的奥斯特实验。 **一、奥斯特实验：电流周围存在磁场**	
实验探究	1.如何证明电流周围存在磁场→提出实验方案： 在电流附近放置小磁针，小磁针偏转，表明有磁场。 2.分析实验原理： 小磁针偏转→处于磁场中→受到力的作用。 3.实验注意事项： ① 电路中未接电阻→电流大→闭合开关看到现象后立即断开开关。 ② 观察重点：小磁针偏转并静止时 N 级的朝向。	让学生从实验目的出发，追随奥斯特的脚步，逐步建构实验方案，不仅能够让学生理解实验原理，还能培养学生的科学探究能力。
	4.学生分组实验——汇报现象： 小磁针在通电导线附近发生偏转，有的顺时针偏转，有的逆时针偏转。（小磁针偏转方向不同） ⇓ 在学生观察到的现象基础上进行下一步实验 5.改变电流方向，观察对比小磁针的偏转方向。 ➢ 学生汇报现象并在教师引导下得出结论：改变电流方向，小磁针的偏转方向不同，所以电流方向影响了磁场的方向，电流周围存在磁场。 ➢ 教师总结奥斯特实验：电流周围有磁场，且磁场方向与电流方向有关。强调奥斯特的贡献：人类第一次发现电与磁的关系。	实验观察有重点，让学生都能够投入实验中。并且教师在学生汇报其观察到的实验现象后进行下一步的引导，注重课堂生成，真正做到了以学生为主体。

<table>
<tr>
<td></td>
<td>
二、任务驱动研究
任务 1：争当“小工程师”，让磁悬浮列车“浮起来”。
提出问题：磁悬浮列车怎么浮？（把庞然巨物托起来）
① 磁场足够强 ⇨ 实现强磁场。
② 保证列车与轨道是同名磁极 ⇨ 控制磁场的方向。

任务 2:如何增强电流的磁场。
1.探究通电导体周围磁场与电流大小的关系。
➢ 学生方案 1：通过增加电池的节数，增大电流大小，由小磁针的偏转幅度判断磁场的强弱。
交流讨论：引导学生分别从安全性和环保性两个角度对方案进行分析→此方案不可行。
2.探究通电螺线管周围的磁场叠加。
➢ 学生方案 2：缠绕导线，使得磁场叠加。
教师类比引导：
一根导线的磁场有限，多根导线并在一起，磁场叠起来就可以达到很大值。
一个人的力量有限，团体的力量很大，而且团体需要朝着同一个目标前进。
把导线缠绕起来后，电流的方向相同，这样磁场可以进行叠加。

任务 3:怎么判断通电螺线管的极性？（控制磁场的方向）
1.探究通电螺线管周围的磁场分布。
衔接：怎么确定看不见、摸不着的场的情况？——放置小磁针或铁屑。
教师演示实验：通电螺线管附近的铁屑分布——与条形磁铁的磁场相似。
教师得出结论：通电螺线管附近存在磁场且与条形磁铁的磁场相似。

2.探究通电螺线管的磁极。
➢ 确定方案：通电后，在螺线管的两极附近放置小磁针，由小磁针的 N 级指向→螺线管两极的磁场的极性。
➢ 画出螺线管的电流方向：为研究方便，引入简化图→画出接线柱→结合电流流入的方向和导线绕法判断。
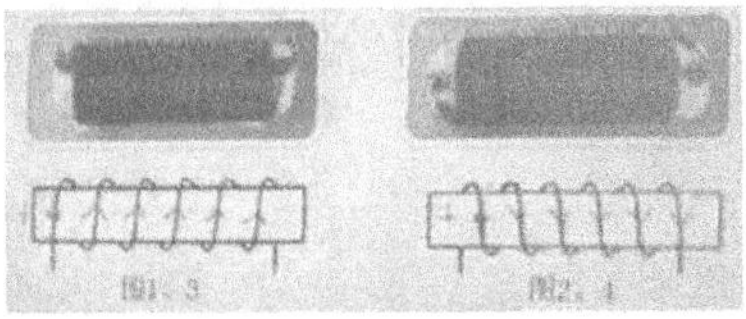
➢ 明确任务：做实验时记录螺线管两极的小磁针指向以及线圈上的电流方向，改变电流的方向，重复实验，最后得到多组数据。
</td>
<td>
通过任务的形式驱动问题的研究，将问题抛给学生，促进学生分析、思考，从怎么让磁悬浮列车浮起来这一问题，引出课堂上要讨论的两大主题：实现强磁场与控制磁场的方向。

在交流讨论环节，引导学生联系生活实际分析实际问题，培养学生的创新能力。

用团体力量大这样的例子类比，不仅可以促进学生对磁场强度叠加的特点与条件的理解，还可以教导学生应当团结，劲儿往一处使。
</td>
</tr>
</table>

	➢ 同时展示、分析两组同学的实验结果： 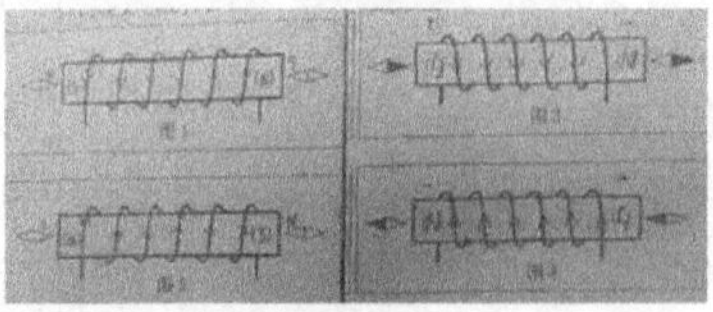 ① 相同绕线方式的螺线管对比： 图 1:电流方向向下→右侧磁极为 N 级 图 3:电流方向改变（向上）→右侧磁极变为 S 级 图 2:电流方向向下→右侧磁极为 N 级 图 4:电流方向改变（向上）→右侧磁极变为 S 级 ✧ 结论 1:电流方向改变，会引起磁极方向改变。 ② 不同绕线方式的螺线管对比： 图 1、图 2 绕线不同，电流方向均向下，磁场方向均向右 图 3、图 4 绕线不同，电流方向均向上，磁场方向均向左 ✧ 结论 2:通电螺线管的极性只和电流方向有关，与绕线方式无关。 提出问题：有什么办法能够快速判断出通电螺线管的磁极？ ⇩ 右手螺旋定则（安培定则） 教师指导学生动手操作：把标有电流的贴纸贴在右手的手指上，让电流流向手指指尖，把标有 N 级的贴纸贴在右手的拇指上，让右手沿着电流的方向握住螺线管，大拇指伸直所指的方向就是 N 级的指向。 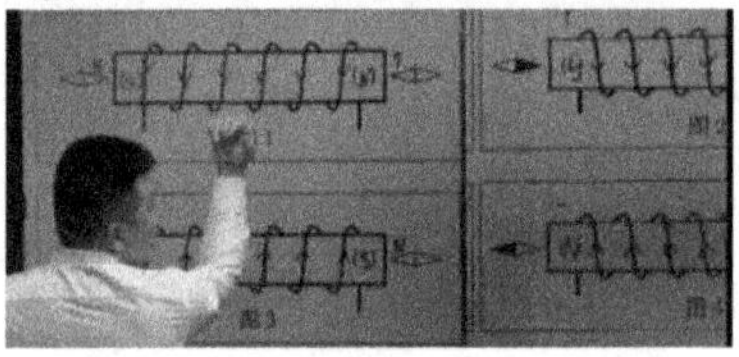 **任务达成：制作磁悬浮列车模型。** 1.任务细化。 （1）判断模型下方磁铁的磁极——可以利用小磁针指示。 （2）判断通电螺线管的磁极——通电后用类似方法判断。 （3）利用通电螺线管让磁悬浮列车模型悬浮在底座上——同名磁极相互排斥。如果被吸住了，可以改变电流的方向。 2.学生分工合作，动手实践。 3.教师点评。 通过今天的学习，我们了解到让磁悬浮列车浮起来的原理。要让列车真正地运行起来，还要学习更多的知识丰富自己。少年智则国智，少年强则国强。希望同学们今后努力学习，争取能够为国家的强盛做出应有的贡献！	学生明确任务后能够有目的性、有针对性地进行实验、同时对比不同组学生的数据，不仅可以节省实验时间，还可以保证数据的真实性。通过对比相同绕线方式的螺线管的磁场方向与不同绕线方式的螺线管的磁场方向，得出结论：螺线管的磁场方向与绕线方式无关，只与电流方向有关。为寻找出最快判断其磁性的有效方式，使用安培定则。这符合模型建构的理念，逻辑严谨、科学。 教师不仅肯定了学生的努力，还激励了学生要更加发奋图强，激起学生为中华之崛起而读书的决心，符合立德树人的理念。

点评

郑老师这节课以问题解决——让磁悬浮列车浮起来为线索，开展对电流的磁效应的教学，提升了学生的核心素养，即遇到真实问题时能分析问题、拆解问题，最后解决问题。通过教师启发与学生探索相结合的形式，层层递进，从磁悬浮列车浮起来的原理出发引出课堂的两大主题：实现强磁场与控制磁场的方向。学生最终掌握了电流的磁效应，并学会调控电流产生的磁场的大小和方向。整节课内容丰富，节奏适中，突出教学的重点和难点，很好地完成了教学任务。

1. 课堂站位高，树人做得好

教师以磁悬浮列车为课堂的载体，拉近了学生与高科技的距离。通过分析磁悬浮列车浮起来的原理，不仅让学生体会了如何拆解并解决疑难问题，还激起了学生为中华之崛起而读书的决心，符合立德树人的理念。

2. 课堂逻辑强，框架建得好

从“磁悬浮列车为什么能浮起来”这一问题引出实现强磁场与控制磁场的方向两个主题，再进一步引导学生探究电流与磁场的大小、方向之间的关系，在安培定则得出前，让学生亲自做实验并观察对比分析后，出于方便解决问题的需要，这才有了用右手螺旋定则来快速判断螺线管的极性。模型建构的过程完整且科学严谨。

3. 课堂以学生为主体

整堂课中有意义的提问多，让学生深度参与到课堂学习中。教师以学生的回答为基础，进一步引导，注重课堂生成，真正做到以学生为主体；在提问过程中不限制学生的思维，能够引导学生结合生活实际情况作答，比如从安全性、环保性等角度切入，关注了物理学科与环保、社会之间的关系。

总而言之，这节课的教学以问题解决为主线，将科学探究与科学思维紧密结合，通过精心设计的问题串不断启发学生进行深度思考，既加深了学生对电流的磁效应的认识，也让学生体会到高科技并不遥远，切实培养了学生科学探究的能力与科学看待生活的态度。

第三节　观评课的范式

一、观评课的概念

从字面意义上讲，观评课是对教师的课堂教学质量进行评价。从广义上讲，评价是依据一定标准对人或事进行价值的分析、衡量和判断。教育评价是指按照一定的价值标准和教育目标，利用测量和非测量的种种方法系统地收集资料信息，对学生的发展变化及影响学生发展变化的各种要素进行价值分析和价值判断，并为教育决策提供依据的过程。

按照教育评价的这一定义，观评课是指按照同行或专家的教育理念和对教育目标、课程目标等的理解，利用课堂观察收集到的资料信息，对教师的教和由此而引起的学生认知、情感和行为等的发展变化的各种要素进行价值分析和判断，并为教师提高课堂教学质量和促进专业发展提供依据的过程。第一个教师是上课的教师，是被评价者；第二个教师包含上课、听课、观评课的所有教师，是学科教师共同体。虽然上课的教师因为提供了一堂课而成为被评价者，但最好的观评课境界是，观评课评的是课而不是人。也就是说，教研意义上的观评课不是对教师业务能力的鉴定，不与教师职称评定、职务晋升等教学业绩考核直接或间接挂钩。通过课堂观察收集到的资料信息可以是定性的，也可以是定量的。例如：可以观察记录教师提出的问题，然后分析问题设置的优劣，这是定性评价；也可以对教师某个环节或整节课提出的问题的数量进行评价，这是定量评价。可以定性评价教师课堂的节奏，也可以对各环节的时间进行定量评价，从而说明教师课堂节奏的把握情况。可以定性评价课堂中学生学习的主体性，也可以定量评价学生提问的次数、回答问题的次数、动手活动的次数等。另外，除了对课堂教学进行分析和价值判断外，观评课时一般还要给出一些教学建议。

二、观评课的原则

观评课的目的是提高学科教师共同体的课堂教学质量，为促进教师专业发展提供依据。观评课首先要保证符合教师专业发展的一般规律，在此基础上根据对教学过程及其本质的认识，对学生学习规律和教育教学规律的认识，以及学科自身的特点和教学的实际情况进行评价。由此，观评课要遵循以下原则：

1. 教育性和发展性原则

教学过程非常复杂。教师是影响教学过程的主要因素。尽管教师在教学时有相应的课程和教育目标，但是教师是具有鲜明个性特征的人，这使教学在本质上是个性化的，这种个性化是教学创新的前提。但在多样性、个性化的背后，教师总体上还呈现出专业成长过程的一般规律性，即教师专业成长具有阶段性规律。教育性和发展性原则主要针对教师的个性化和教师专业成长的阶段性，要求观评课从尊重教师个体差异和潜能发展的目的出发开展活动。无论是什么情况下的观评课，都要符合教师专业发展的一般规律，都要能促进学科教学共同体对教学的热爱和对教育本质的不懈追求，促进教师个性、创造性自由发展。

有人将教师的成长划分为入职适应期、成熟胜任期、高原平台期、成功创造期、退职回归期五个阶段。下面主要介绍入职适应期、成熟胜任期、成功创造期三个阶段。一般入职3～5年的教师处于入职适应期。这个阶段的教师虽然缺乏教学经验，但他们对教学具有很高的热情，学习能力强，易于接受新事物。从一定意义上讲，这个阶段是教师成长的关键期，这一阶段的教学经历会对教师的职业生涯产生深远的影响。因此，对于这个阶段的教师，观评课一定不能对其带来任何负面的影响，即观评课不能给教师带来心理上的痛苦和恐惧，不能挫败其教学的热情和自信心，扼杀其创造力。但是任何评价都不可避免地存在对价值高低的判断，这就需要评价者先对教师的教学给予积极的肯定、真诚的鼓励，再根据教师的特点、学科课程目标、先进的教育理念等对课堂教学提出中肯的改进建议。成熟胜任期教师的教龄一般为5～10年。这个阶段的教师已经克服了适应期的各种不适与恐惧，教学工作水平有很大提升，大多数教师会有更进一步职业发展的需求，他们希望得到更多发展的机会，希望得到同行专家的引领和指导，因此，在观评课时评价者可以在肯定鼓励的基础上更多地分析其教学设计、教学技能方面的不足之处，提出改进的建议。成功创造期教师的教龄为20～30年，在此之前很多教师有一个高原平台期，处于高原平台期的教师要所突破，则可能需要在教育理论方面获得更多的感悟，并能转化为相应的教学实践。观评课中的教育性和发展性原则就是遵循教师专业发展的一般规律，促进学科教师共同体通过对一堂课的分析和判断，反思自己的教学行为和教学理念，强化职业理想，达到有个性特色、有创造性的自主发展。

2. 科学性原则

物理教学应注重科学性，观评课也当如此。观评课时的科学性原则主要表现为两个方面。

第一，对学科的专业知识、思想、方法，以及教育理念、教育思想的判断要正确无误。比如，伽利略在研究力与运动的关系时采用了理想实验（思想实验）的方法，如教师讲成了“采用在实验的基础上逻辑推理的方法”，则是不准确的，在观评课时如果对其加以肯定则是不科学的。若教师采用演示教学伽利略理想实验，虽然演示实验的教学更直观，教学效果更好，但伽利略理想实验就是一种头脑中的实验，演示实验反而使其变成了一个真实的实验，对理解理想实验的方法并不见得更好。再比如，评价一节课是否体现了以学生为主体的教学观念，不能只从表面上看学生是否动手探究。事实上，学生如果不明所以盲目动手探究，并不能体现以学生为主体。相反，教师讲授如果建立在对学生已有概念和经验精准把握的基础上，设置问题情境引发学生的认知冲突和积极思维，虽然学生无动手探究，但其本质上体现了以学生为主体。观评课时如果只看表面现象，则有可能产生错误评价。

第二，观评课内容必须是专业上的有依据的分析和判断，不能主观臆断，也不能凭权威。比如，观评课时如果未与上课教师交流过其教学目标，不清楚上课教师的教学目标到底是什么，就不能妄下（个人认为）“教学目标比较明确”的结论；没有对学生学习结果的科学测量，就不能轻易下（个人认为）“教学效果比较明显”的结论。当然，这里的“个人认为”也并非意味着完全否定教师的个人经验，而需要具体说明根据什么经验下此结论；更不是意味着不能评价教学目标和教学效果，而是要具体指出什么教学行为达到了什么教学目标，取得了什么教学效果。

目前有些学校已经用议课代替观评课，其目的是更加强调观评课中的对话与交流。教学活动是一项复杂的、开放性的活动，往往没有标准答案或者答案有很多种。这种性质决定了对教学的评价不能进行简单的单向分析和判断，而应该从多角度考查。观评者与被观评者地位是平等的。观评者不宜对任何课进行一锤定音的评价，被观评者也无须唯观评课者权威是瞻。正如有人指出：“真理不需要权威来肯定，真理只需要内心的思想来肯定。”观评课并不需要对授课者的教学做出权威判断。观评课评价不是观评者本人的主观臆断和理念移植，只有获得双方心灵的认同才有意义，才可能对双方的教育教学产生正向激励作用。

3. 具体、可操作性原则

观评课必须要有用、有效，尽量避免空泛、笼统、模糊。具体、可操作性原则就是要求观评课必须有指向性，必须是对特定现象进行实在而具体的专业分析，并提出现实的可操作的改进措施。比如，在向心力教学中，上课教师通过拆解向心力演示仪，让学生经历了向心力演示仪实验方案的设计过程。该教师对此教学过程对应的教学目标描述如下：

通过实验探究，理解向心力的大小与哪些因素有关，掌握向心力大小的计算公式；在实验探究中能够利用控制变量法设计实验方案，体验成功的喜悦和讨论交流的重要性。

针对此教学目标，如果观评者只做出教学目标明确、比较明确或不明确的评价，那么估计参与观评课活动的教师无一人能理解观评者到底表达的是什么。而如果观评者对此的评价如下：

该教学目标体现了教师能抓住教学重点，采用控制变量法让学生探究并理解向心力的大小与哪些因素有关。但这个目标不一定要学生经历拆解仪器的过程，实际上只要直接用该仪器进行探究即可达到。而在拆解仪器的过程中学生能体会到从原理到产品的实际制作过程中所需要的逻辑分析、转换等创造性思维，并且能体会科学与技术的关系。因此，这个教学过程还可以达到培养学生思维的灵活性、变通性，让学生体会科学与技术的关系，促进学生对科学本质的理解等目标。建议教师在教学设计和实施时能关注这些核心素养目标。

这样的评价就是具体、清晰、可操作的，对教师专业发展也能起到一定作用。

具体、可操作性原则就是指观评课不必全，但要深入。如果面面俱到，没有具体到实质，不深入、不透彻，就会给人假大空的感觉。评教学效果就指出其教学效果是什么，评教学逻辑就指出其教学逻辑是什么，评教学技能就指出教学技能如何，有什么特点。

总之，观评课内容要科学、准确、有依据，要有用、有效，能让学科教师都认同。一个人的观评课不可能照顾到所有方面。观评课活动前组织者可给多名教师分别布置有侧重点的观评课任务，让教师能够专注于某方面，从而进行具体、深入的评价。观评课活动要让教师觉得有用，愿意参加，在所有教师的主动参与下不断促进学科教师专业的持续发展。

三、观评课的范式

观评课一定是跟听课联系在一起的，用什么方法听课决定了能怎么观评课。有些观评课活动并非一种教研活动，而是一种对教师的考核方式。例如，要求在限定时间内让教师听一节课后进行观评课。在这种情况下究竟要怎么观评课呢？

我们分析活动的目的是什么。这种观评课能达到的目的有两个方面：一是直接考查教师如何研究一节课，即教师的教学研究能力；二是间接考查教师的教学能力，包括教学内容的选择和处理能力、教学设计能力、教学技能及教学的思想和观念。这两个方面并不是截然分开的，而是有着紧密的联系。基于以上分析，在这种情况下，观评者一般要基于教学效果评教师的教和学生的学，并提出教学建议。仅以此角度的观评课作为特定情况下观评课的范式。

1. 评教师的教

一是评价教师对课程教学内容的理解、选择和处理能力；二是评价教师的教学能力，即对学生学情的了解，以及基于教学内容和学情而设计并实施有效教学过程。另外，还要评价教学过程中体现出的教师的教学理念、教学技能，以及达到的教学目标。根据这些内容总结出的教师的教可评价的要素如表 4-1 所示。

表 4-1　教师的教可评价的要素

评价维度	关系维度	评价要素
教学过程	教学内容	1. 知识、方法准确无误 2. 逻辑结构顺畅，重点突出 3. 符合学生认知、情感特点 4. 挖掘渗透立德树人素材 5. 教学内容的选择和处理方面有所创新
	学生	1. 基于学生已有概念和经验 2. 促进学生有意义建构知识或深度学习 3. 使用形成性评价促进学习，呈现生成性教学 4. 教师的指导程度和学生的自主程度关系恰当 5. 体现出师生之间的情感交流 6. 在学习方法的引导方面有所创新
	教学目标	1. 教学目标达到课程标准的基本要求 2. 达成立德树人教育目标
	教学 思想理念	1. 体现以学生为主体的教学理念 2. 体现启发式教学思想 3. 体现学以致用的教学思想 4. 渗透科学教学，体现科学的教学理念
教学技能	讲解技能	1. 普通话准确、简洁、流畅，吐字清晰，无口头禅 2. 语速节奏适当，语调有起伏变化，语言生动、形象、有感染力 3. 科学术语准确、规范；讲解能抓住关键，条理清楚、逻辑性强 4. 讲解能与直观的板书、板画、演示、提问相配合，并能根据课堂的变化强化讲解训练 5. 讲解时注意学生参与度，能根据学生神态、表情及时调整讲解的内容、方式和速度
	教学组织技能	1. 教师的组织和管理使课堂松紧有度、收放自如，各项教学活动紧紧围绕教学目标 2. 通过恰当的鼓励、体态动作、诙谐的语言等强化学生学习动机，营造和谐的教学氛围 3. 适当组织学生练习、讨论、做实验，运用多样化的教学手段促进学生学习
	提问、交流 互动技能	1. 设计启发学生思维的科学问题 2. 对学生回答给予反馈或追问，激发高阶思维 3. 在与学生互动中体现课堂教学机智 4. 师生情感交流和谐通畅
	教学手段、教 学媒体应用	1.板书规范，体现知识结构 2.自制教具具有创新性 3.实验演示操作规范，实验现象明显，教给学生观察的方法 4.应用现代化的教学手段和信息技术 5.各种媒体应用合理娴熟，变化自然

表 4-1 尽可能列出了对教师的教可评价的要素，全部采用正面描述。从理论上说，如果教师的教越与这些要素相符，其教学效果就越好。但教师的教是一个整体，整体的效果往往并不是各个要素的简单叠加。教师是具有个性化的人，在实际的观评课中，不论是在教学技能方面还是在教学设计方面，教师的长处、特色都是值得肯定的。针对教学过程，一般可重点把握以下几点：

第一，把握教师教学目标的达成情况。因为评目标的达成情况与评学生的学习效果是一致的，这点我们在下面再具体分析。

第二，评价教师的教学内容和结构是否遵循科学性原则。科学性原则不仅仅是知识准确无误，而且要求重视讲清概念提出的必要性，重视概念、规律建立的事实依据，凭空灌输则不符合科学性原则。也可以评价教学内容的直观性，是否使用了实验、动画、视频、图片、模型等直观性教学手段，这些内容是否有创新，是否体现课程思政。还可以评价教学的结构方面，如教学内容的呈现顺序、各部分教学内容所用时间的把控、重点是否突出、是否有恰当的应用等。这些评价的是教师对教学内容的理解，即对教材的分析和处理。表 4-1 中"教学内容"栏的评价要素体现了这一点。

第三，评价教师在教学过程中创设情境时是否提供了感性材料，从而有利于学生有意义建构知识；或者是否激发了学生的认知冲突，从而有利于学生带着强烈的学习动机进行探究。这些都是以学生为主体的体现，表 4-1 中"学生"栏的评价要素都是以学生为主体的体现。

第四，评价教师在教学过程中体现出的教学理念，如有恰当的应用，体现学以致用；教学中恰当渗透物理学史，或学生的探究式教学，甚至在教师的讲授中都可以渗透体现科学本质的教学。表 4-1 中"教学思想理念"栏的评价要素体现出了常用的教学理念。

这里不再展开教学技能方面的评价。在具体的观评课中，有些点是融合在一起的。另外，以上各点只是可评价的要素，而对每个要素的评价应遵循前面所述的观评课原则，从专业的角度展开深入评价。对整个一堂课的评价一般要做到有点有面：点的评价要具体、深入、透彻，做到有理有据；面的评价要总揽全局，尽量客观、合理。

2. 评学生的学

学生的学主要解决学生和教学内容之间的矛盾。评学生的学主要评价学生的学习是否符合其认知规律，学生是否能进行高效、深度学习，学生学到了什么，教师对学生学习的作用，学生是否清楚各种学习互动的目标，学习方法和学习状态如何，等等。根据这些内容总结出的学生的学可评价的要素如表 4-2 所示。

表 4-2　学生的学可评价的要素

评价维度	关系维度	评价要素
教学过程	教学内容	1. 经历了知识形成或方法总结的过程 2. 教学内容的呈现方式易于理解，学习效率高 3. 学习知识的同时掌握了思想、方法 4. 学习知识的同时领悟到科学本质 5. 学习知识的同时感悟到做人做事的哲理 6. 学习知识的同时感受到民族自豪感和责任感

续表

评价维度	关系维度	评价要素
教学过程	教师	1. 对教师有亲近感，愿意与教师交流 2. 思维受到教师的启发、引导 3. 受到形成性评价的激励，引发高阶思维 4. 学习动机和兴趣受到正面、积极的影响 5. 学生自主程度和教师的指导程度恰当
	学习目标	1. 明确各个教学环节的学习目标 2. 体会到达成目标的成就感、愉悦感
	学习方法	1. 善于倾听，能独立思考，积极回答问题 2. 主动学习，敢于提问、质疑 3. 善于与教师、同学交流，参与合作学习 4. 参与探究学习，具有严谨认真的态度

表4-2尽可能列出了对学生的学可评价的要素，同样全部采用正面描述。从学生总体角度上来说，学生的学习越与这些要素相符，其学习效果越好。当然学生是具有个性化的人，每一个学生的学习都有其独特性。不是这些要素叠加，学习效果就是最好的。以上这些点只是可评价的要素。实际观评课不可能都涉及所有要素，只能对一些特征比较突出的要素进行分析和评价。这时的评价仍然应遵循前面所述的观评课原则，从专业的角度展开深入评价。在实际教学中，学生的学和教师的教是互动生成的。因此，观评课时教师的教和学生的学也可能融合在一起，评价教师的教的同时也就相应评价了学生的学。这里不再对表4-2中各栏进行分析，重点分析学生学习目标的达成情况，也即教学目标的达成情况。

评价学习目标首先要明确学习效率的问题。学生学习目标是否高效达成是首先应该分析、判断的问题。观评者在这个前提下评价学生物理观念的形成过程和结果。在物理观念形成过程中评价对学生科学思维能力、科学探究能力、科学态度、责任感的养成，以及科学本质的理解；而观念形成的结果主要表现为能灵活应用物理观念。如果探究仅表面热闹，却不能应用知识解决实际问题，就说明教学是低效甚至无效的。学习目标除了物理课程目标外，还有个性品质的培养问题，比如让学生学习积极、乐观，善于表达、交流，等等。观评者在这些方面也可以给予关注，从而给予评价。

3. 提教学建议

提教学建议是在对教师的教和学生的学分析和评价的基础上，根据学生的实际情况、教学内容的特点、培养目标、先进的教学思想和理念等，对教学过程中存在的问题、不足，或存在多种教法选择的教学过程，给出合理的改进方案或可选择的方案的过程。提教学建议是观评课的重要环节。在教研活动中，提教学建议主要是为了与授课教师交流问题解决办法，改进教师共同体的教学实践；在作为对教师考核的观评课活动中，提教学建议主要是为了考查听课教师发现并解决教学问题的学识和能力。

在提教学建议方面可以本着先教学内容后教学方法的原则，也就是先对教了什么和学了什么中存在的问题提出建议，然后再对怎么教和怎么学提建议。如果教学内容出现了科学性错误、逻辑性问题、思想性和方法类的谬误，或教学内容不符合学生的经验和认知规律，就毋庸赘述授课教师采用何种方法进行教学了。对于教学内容方面的问题，观评者一般在知识形成的过程和逻辑方面要提出改进建议。

对于高中物理教学来说，教师一定要先从知识本身出发，了解学生可能的想法，特别是要深入理解学生初中所学内容，不仅要熟悉初中课程标准、教科书，还要熟悉学生在初中所做的练习题目，基于学生已有观念设计有效的教学内容。在教学内容和逻辑都无科学性错误的前提下，观评者可以从上面这些方面提教学建议。当然，教学内容方面还有很多提教学建议的点，比如，学生提出的问题或者学生的回答超出了教师的预期，教师却不予理会而去提问其他学生以得到自己预期的回答等，都是不合适的，观评者对这些都可以提出适当的建议。

在教学方法方面，提教学建议首先要理解“教学有法，教无定法，贵在得法”这句话的含义。“教学有法”的含义是教学是有规律的，教学的规律就是遵循知识本体的特点和学生的认知规律，教师对所教知识理解有深度和高度，教学内容内在逻辑才能清晰，对课堂问题也才能准确把握、游刃有余。至于用讲授法，还是用科学探究法，并无必然的规定和固定的模式，教师可以根据学生的实际情况、教学的实际情况采取适合自己的教学方法，即所谓“教无定法”。关键是教学要有效和高效，能启发学生的思维，激发学生的创造性和主体性，让学生的价值观得到发展，因此，教学“贵在得法”，也就是要追求真正的教学效果。教学建议一般在于教学手段应用的改进方面的建议，比如实验仪器的改进，或某种直观化教学手段的应用，等等，而不在于建议用某种方法和某种模式。另外，教学方法体现了师生的相互作用和相互关系。观评者在教师处理学生的自主性和教师的指导性的关系方面也可以提出具体的建议。

第四节　观评课中如何评教师的教

在观评课中，观评者首先要明确课的类型。在一般情况下课堂教学分为新课教学、复习课教学、讲评课(或习题课)教学和实验课(或实践活动课)教学四类。在观评课时观评者要针对不同类型的课采用不同的方式来评价教师的教。

一、新课教学的评价

新课教学的评价可以从以下几个方面来考虑：

一是教学目标达成程度。评价学生是否能够掌握课程中的重要知识点和技能，并能够运用所学内容解决相关问题。可以通过课堂表现、作业完成情况、考试成绩等来评价。

二是学习态度和参与度。评价学生在课堂上的积极参与程度、主动提问的频率、对教学内容的兴趣和热情等方面。这方面的评价可以通过课堂观察、小组讨论、学生问卷等方式进行。

三是学习效果和进步情况。评价学生在课程中的学习效果和进步情况。可以比较学生在课程开始和结束时的表现，看是否有明显的进步；也可以通过定期的测验或者作业来评估学生的学习效果。

四是学习能力和创新思维。评价学生的学习能力和创新思维是否得到提升。通过分析学生的解决问题的方式、思考角度、找寻新知识的能力等来评价。

五是学习质量和表达能力。评价学生对所学内容的理解程度和表达能力，可以通过作业的质量、口头报告、写作或演讲等方式来评价。

以上内容只是一些常见的评价方式。具体的评价内容要根据不同的课题和教学目标进行调整和补充。

二、复习课教学的评价

复习课教学的评价可根据以下几个方面来考虑：

一是知识回顾和理解能力。评价学生对之前学过的知识点的回顾和理解程度。可以通过学生对之前所学内容的回顾及完成相关练习情况等来评价。

二是知识联系和应用能力。评价学生能否将不同知识点联系起来，进行综合应用。可以通过给学生提供相关情景或问题，看他们如何用所学知识解决实际问题来评价。

三是总结和归纳能力。评价学生对所学内容的总结和归纳能力。可以要求学生用自己的话总结所学知识或制作思维导图等，通过学生总结或制作的情况来评价。

四是解决问题的能力。评价学生解决问题的能力。可以通过提供一些挑战性问题，观察学生的解题思路和解答过程来评价。

五是参与度和讨论能力。评价学生在复习课中的参与度和讨论能力。可以观察学生是否积极参与复习课的讨论，能否提出问题或分享自己的想法。

六是团队合作能力。评价学生在复习课中的团队合作能力。可以通过小组讨论、合作解题等活动来评价学生的表现。

需要注意的是，复习课的评价主要以学生对之前所学内容的回顾和理解为主。评价标准可以根据具体课程和教学目标进行调整和补充。教师应注重学生的主动参与度，提供及时的反馈，帮助学生加深对所学知识的理解。

三、讲评课(或习题课)教学的评价

一是成绩分析。让学生明确考试定位和努力目标。第一，通报分数段、优秀学生，让每位学生清楚自己的位次，进而清楚本次考试情况。第二，要表扬优秀学生，激励成绩不理想的学生，提出下次的考试目标。

二是考试分析。分析学生在考试中存在的问题。学生存在的问题可能是基础知识的问题，也可能是方法、技巧、规范、能力、习惯上的问题。教师要进行深入细致的分析，找对、找准问题所在。这关系到本节课的教学目标和学习目标，也是备课的依据。学生看到自己丢分的原因所在，在课堂上也有了学习目标，有利于学生解决问题。

三是集中讨论。试卷上的每一道题，教师不可能逐一讲解。错误率较高的重点题目需要教师讲评。对错误率较低，出错较为分散的题目，最好的方式是让学生自己解决。教师可以先把需要自发解决的题目告诉学生，让学生集中讨论解决。集中讨论可以是学习小组讨论，也可以是前后座位同学讨论。让成绩优秀的学生给成绩稍逊的学生答疑解难，既能帮助成绩稍逊的学生纠正错误，又能使成绩优秀的学生获得增强能力的机会。给其他同学讲题的过程，也是一个熟悉基础、理清解题思路、锻炼表达能力、加深印象的过程。

四是重点讲解。重点讲解主要由教师来主导，不能就题论题。把试题讲解清楚是基本要求。在此基础上，教师还要进行变式训练，回顾基础知识，总结规律，等等。重点讲解也不是教师把持着课堂，一讲到底，需要引导学生思考和反思，不断发现问题、反思问题。在这个环节，教师要把机会让给学生，让学生来展示，教师只在关键点进行点拨。这个关键点就是学生知识的盲点和薄弱点、思维的障碍点。

五是小结。讲评结束以后，教师需要根据课堂教学目标进行总结和归纳，让学生能整体把握知识结构，从而加深印象。

六是布置作业。讲评结束并不意味着学生学习的结束，也不意味着学生出现的问题真正得到了解决。要想真正解决问题，还需要学生在课下进行整理、思考和强化练习。教师布置作业需要讲清时间、任务、要求三个要素。让学生知道课后应该做什么、做到什么程度、什么时间做完。

四、实验课(或实践活动课)教学的评价

评价实验课(或实践活动课)的要点和注意事项如下：

一是实验设计和目标。评价实验课的第一个要点是了解实验设计和目标。关注教师是否清晰地传达实验目的和预期结果，以及实验步骤逻辑是否合理。

二是安全和实施。评估实验课的安全性和实施过程。注意教师是否有效地引导学生遵守实验室安全规定，是否提供充足的安全措施和装备，并确保学生适当地操作实验设备。

三是实验说明和指导。评价教师对实验内容的说明和指导。考查教师是否能够清晰地讲解实验步骤、操作方法和仪器使用方法，以及是否提供足够的实验资料和参考文献。

四是学生参与和团队合作。评估学生在实验过程中的参与度和团队合作能力。注意学生是否积极参与实验操作、记录数据和观察现象，以及他们是否能够有效合作、交流和分享实验结果。

五是数据分析和结果。评价学生对实验数据的分析和结果的准确性。关注学生是否能够正确解读实验结果、总结规律，并得出合理的结论。

六是实验报告和反思。评估学生的实验报告和反思能力。考查学生是否能够准确记录实验过程和结果，并能够对实验过程中遇到的问题和困难进行反思和总结。

七是教师引导和反馈。评价教师在实验课中的引导和反馈方式。关注教师是否能够及时给予学生指导和反馈，帮助学生解决问题和提升实验技能。

八是实验应用和拓展。评估实验课对学生实际应用能力和拓展思维的培养。评价学生是否能够将实验所学应用到实际问题中，并能够运用发散思维，提出新的实验方案或改进措施。

综合以上要点，可以全面评价实验课的教学质量和学生学习效果。同时，还要注意重视实验过程中的安全，确保实验室操作环境的安全和学生的身心健康。

第五节　观评课中如何评学生的学

在听评中要评价学生在课堂上是如何在教师指导下进行有效学习的，可以先从五个视角进行判断：第一，观察学生的课堂准备；第二，观察学生的倾听情况；第三，观察学生的互动情况；第四，观察学生的自主学习情况；第五，观察目标达成情况。然后再从以下几个方面结合课堂教学内容进行具体评价。

一、从学生在课堂上的情绪状态评价

学生的情绪状态直接影响着教学效果，如学生在课堂上的情绪是否饱满，学生是否保持良好的注意状态，学生的学习兴趣是否浓厚，学生的热情是否高涨，等等。如果一堂课中学生对知识的渴求始终保持着较高的热情，那么这堂课中师生之间必能形成良好的氛围，情感双向和谐交流，从而达到教学共振效果。

二、从学生在课堂上的活动广度评价

学生的活动广度可以从以下两个方面来理解：一方面是指学生的每一种感官都能积极、主动地参与到教学活动中来。一堂课中我们要关注学生的全面发展，这不仅仅是他们的读、写、算能力，还有观察能力、情感体验等方面的全面发展。另一方面是指学生的参与度，如会回答问题、研讨问题、实验活动、交流互动等。

三、从学生在课堂上的活动时间评价

学生的活动时间即看一堂课属于学生自己的时间。传统的教学是灌输式的教学，学生被动地接受学习内容，很难有自己发挥的空间。而以主体发展为价值取向的课堂则恰恰相反，它鼓励学生拥有较多的自主学习时间，这样就可以发展学生的自主学习能力，还有助于小组合作学习的开展。

四、从学生在课堂上的参与方式评价

看学生的参与方式是否多样。一堂课学生的参与方式可以是独立学习，也可以是小组学习，还可能是多种学习方式的混合。这样既可以形成良好的课堂氛围，又可以促进学生的多种能力的协调发展。

五、从学生在课堂上的参与品质评价

学生参与教学活动的品质是极其重要的，它是价值观的显现。具体表现如下：学生是否善于倾听、理解他人的发言，并能及时抓住重点；学生能否很好地与他人沟通；学生是否具有问题意识，能质疑发问，发表不同的意见；学生是否具有较强的动手能力；等等。

六、从学生在课堂上的活动认知水平评价

评价一堂课的成功，一项重要的标准是看学生的认知活动水平。传统的课堂是接受式、再现式的认知活动，是低水平的认知活动；当今的课堂应该是高水平的认知活动，即是发现式、探索式的认知活动。

七、从学生在课堂上的学习效果评价

评价教学效果应从以下几点来看是否有95%以上的学生通过努力达到了教学目标的要求，学生是否具有较强的学习主动性，等等。

新课程观评课评价是依据现代教育评价理论，在一定观念的指导下，对课堂教学活动状态和价值所进行的判断。理念是判断标准的内核，标准则是理念的外显，二者互为表里，不可分割。因此，在评价的具体实施过程中，评价者首先要有对评价理念的体悟和认同，否则，即使是同样的评价标准，不同的理念也会产生迥异的评价结果。

第六节　观评课中如何评教学效果

一、现场观摩课教学效果的评价

教学效果是评价教学质量的重要手段，评价的结果可以用于改进教学。评价一节现场课堂的教学效果，常用的方法有：

(1) 学生满意度调查。采用问卷调查等方式，了解学生对教学内容、教学方法、教学流程和教师授课质量等方面的评价。

(2) 教学成果测评。通过考试、作业、论文、实验、项目等方式，对学生的学习成果进行测评，并与教学目标进行比较，衡量教学效果。

(3) 教学观察评估。通过观察教师授课情况、学生反应、课堂互动等各方面，对教学过程进行评价。

(4) 同行评估。让其他教师或专家进行课堂观摩和评价，以获取更客观的教学质量评价。

(5) 学生绩效评价。对学生的学习能力、参与度、作业质量、课堂表现等方面进行评价，反映实际教学效果。

教学效果评价不是简单的数据求和，而是需要综合多方面的信息，进行分析、比较和评价，从而为教学质量的提高提供有效的指导。

二、录像课教学效果的评价

教师评价录像课中学生的学习效果可以从多个方面进行考量。第一，教师可以观察学生的参与程度、专注度和学习态度，以及他们在课堂上的表现和互动情况。第二，可以评价学生对课堂内容的理解程度和学习成果，包括他们的表达能力、思维深度和问题解决能力。

另外，教师还可以关注学生在课后的反馈和作业表现，以及对课堂知识的应用和延伸能力。通过综合考量这些方面，教师可以客观评价录像课中学生的学习效果。具体可采用如下方法进行评价：

(1) 观察录像课中学生参与和互动的情况。观察学生在课堂上的表现，包括是否积极回答问题、发表观点，以及与同学之间的互动情况。

(2) 观察录像课中学生掌握知识情况。学生对课程内容的理解和掌握程度可以通过学生的讨论、展示、作业完成情况等进行评价。

(3) 观察录像课中学生的学习态度和自主学习能力。关注学生的学习态度，如是否认真对待课堂内容，有无自主学习的表现，以及对学习的自我管理能力等方面。

(4) 观察录像课中学生学习成果的展示。观察学生在课后所展现的知识应用能力，包括作业完成情况、提问和问题解决能力，以及可能的课外延伸表现。

通过综合考量这些方面，教师可以更全面地评价录像课中学生的学习效果，为学生个性化学习提供有益的指导。

第七节　观评课中如何提教学建议

课堂教学是教育教学的主阵地，是提高教育教学质量的关键所在。而观评课是围绕上课展开的。教师通过观评课，不断汲取他人的经验、改进自己的教学方式，从而更有效地促进课堂教学质量的提升。观评课中提教学建议可以从学生的学入手。总的原则：一是本堂课要让学生"学什么"，针对教师在落实教学目标时有什么好的做法或不足来提建议；二是本堂课让学生"怎么学"，针对教师在运用教学方法和手段方面有什么好的做法和不足提建议；三是本堂课让学生"学得怎样"，针对提升学生思维能力、拓展知识和技能的深度和广度、掌握知识和规律的效果方面提出教学建议。具体来讲，可以结合教学课题根据如下几个方面的评价结果提出教学建议：

一、教师是否重视学生的主动参与

对学生主动参与情况的评价可以从以下几个方面进行：

(1)学生是否参与了高水平的认知活动，即学生是否能够将所学知识应用到新的情境，主动质疑，创造性地解决问题。

(2)学生主动参与的时间和广度。

(3)学生与他人合作的时间、数量和质量。

(4)学生情感投入的程度。

二、教师是否重视学生创新能力的培养

对学生创新能力培养的评价一般采用观察法。可从以下四个方面考虑：

(1)能否从多角度思考问题。

(2)答问是否有新意、有独创性。

(3)分析问题是否深刻。

(4)表达是否流畅,意义是否丰富。

三、教师是否重视学生高尚情操及审美情趣的养成

在片断教学的整个过程中,教师有没有做到:①引导学生认识美;②启发学生欣赏美。

四、教师的教学设计是否具有创造性

教师教学设计的创造性水平,以及在教学设计中对教学内容思考的深度和广度,是衡量教师教学质量的重要指标。富有创造性的教学设计能以丰富的知识和灵活多变的教学方法吸引学生,充分调动学生参与学习的积极性和主动性,使学生获得较多独立思考、创造性思维的机会,从而增强学习效果。

总之,观评课要善于抓住主要矛盾。无论何种类型的课,都应从目标、过程和效果三个主要方面进行具体评价。

第一,要看教学目标是否正确,能否在教学过程中贯彻落实。

第二,要看教学过程是否科学合理,能否正确处理教材与教、学的关系,能否正确处理知识与能力、一般与个别的关系,能否既面向全体学生,又因材施教。

第三,要看教学效果是否显著。

观评一节课,要站在全面的、发展的高度进行,把学生参与学习效果、创新能力的培养、审美情趣的养成及教师教学设计的创造性四个方面内容纳入评价标准中,在评价中提出既体现现代教育理念,又能结合本节课教学内容的合理化建议。

附录 高中物理核心素养的演变及对应的能力要求

一、学科核心素养的提出

物理学科核心素养是学生在接受物理教育过程中，通过学习物理知识与技能、思想与方法，逐步内化形成的适应个人终身发展和社会需要，具有物理学科特征的必备品格和关键能力。物理学科核心素养充分体现了物理教学育人价值，指向物理教学的根本目标，指导物理教学过程的有效实施。

教育部2014年印发《关于全面深化课程改革 落实立德树人根本任务的意见》(以下简称《意见》,教基二〔2014〕4号)，确立了以发展学生核心素养为目标的课程改革方向。核心素养从学习结果界定了未来人才形象，《意见》明确提出各级各类学校要从实际情况和学生特点出发，把核心素养和学业质量要求落实到各学科教学中。

为落实党的十八大、十九大关于立德树人要求，进一步深化基础教育课程改革，教育部组织260多位专家对普通高中课程方案和语文等14门学科课程标准进行了修订，2016年9月，《中国学生发展核心素养》总体框架正式发布。《中国学生发展核心素养》是新一轮高中课程改革的指导思想，它科学地回答了教育"培养什么样的人"这一根本性的问题。以它为指导，历时4年各个学科教育的核心素养也相继全部完成，经国家教材委员会审查通过，于2017年年底印发。新的课程方案和课程标准中，各学科首次凝练提出学科核心素养。中国学生发展核心素养是党的教育方针的具体化、细化。为建立核心素养与课程教学的内在联系，充分挖掘各学科课程教学对全面贯彻党的教育方针、落实立德树人根本任务、发展素质教育的独特育人价值，各学科基于学科本质凝练了本学科的核心素养，明确了学生学习该学科课程后应达成的正确价值观、必备品格和关键能力，对知识与技能、过程与方法、情感态度价值观三维目标进行了整合。学科核心素养是学科育人价值的集中体现，是学生通过学科学习而逐步形成的正确价值观、必备品格和关键能力。

二、高中物理学科核心素养

物理学科核心素养是学生在接受物理教育过程中逐步形成的适应个人终身发展和社会发展需要的必备品格和关键能力，是学生科学素养的重要构成。物理学科核心素养主要由物理观念、科学思维、科学探究、科学态度与责任四个方面构成。

1. 物理观念

物理观念是从物理学视角形成的关于物质、运动与相互作用、能量等的基本认识，是物理概念和规律等在头脑中的提炼与升华，是从物理学视角解释自然现象和解决实际问题的基础。物理观念主要包括物质观念、运动与相互作用观念、能量观念等要素。

2. 科学思维

科学思维是从物理学视角对客观事物的本质属性、内在规律及相互关系的认识方式；是基于经验事实建构物理模型的抽象概括过程；是分析综合、推理论证等方法在科学领域的具体运用；是基于事实证据和科学推理对不同观点和结论质疑和批判，进行检验和修正，进而提出创造性见解的能力与品格。科学思维主要包括模型建构、科学推理、科学论证、质疑创新等要素。

3. 科学探究

科学探究指基于观察和实验提出物理问题、形成猜想和假设、设计实验与制订方案、获取和处理信息、基于证据得出结论并作出解释，以及对科学探究过程和结果进行交流、评估、反思的能力。科学探究主要包括问题、证据、解释、交流等要素。

4. 科学态度与责任

科学态度与责任指在认识科学本质，认识科学、技术、社会、环境关系的基础上，逐渐形成的探索自然的内在动力，严谨认真、实事求是和持之以恒的科学态度，以及遵守道德规范、保护环境并推动可持续发展的责任感。科学态度与责任主要包括科学本质、科学态度、社会责任等要素。

三、物理学科核心素养解读

物理学科核心素养是在发展学生学科核心素养的基础教育课程总目标的框架下提出的，是对物理教育领域关于物理学科教育价值的长期研究和实践成果的总结概括，发展学生的物理学科核心素养引领着基础教育阶段物理课程的方向。

学生物理学科核心素养的发展不是一蹴而就的，而是一个循序渐进的长期发展过程，需要通过初中和高中两个阶段物理课程的学习来实现。义务教育物理课程作为科学教育的组成部分，是以提高全体学生科学素养为目标的自然科学基础课程，是学生物理学科核心素养发展的初级阶段。此阶段的物理课程不仅应注重科学知识的传授和技能的训练，而且应注重对学生学习兴趣、探究能力、创新意识、科学态度及科学精神等方面的培养。

基于高中物理学科特点及高中学生的认知发展水平，参考已有研究成果，高中物理课程标准从物理观念、科学思维、科学探究、科学态度与责任四个维度界定物理学科核心素养，这一界定既体现了物理学科本身属性所特有的物理观念、科学精神的追求，又呈现了物理学科对培养学生的学习能力与思维能力品质的具体要求。四个维度分别如下：

(1) 物理观念是学生在学习物理知识的过程中，逐步内化的从物理学角度出发对客观世界的概括性认识。

(2) 科学思维是以物理学视角认识客观事物本质属性、内在联系的方式；是基于经验事实的抽象概括，具体运用推理论证等科学思维方法的过程；是基于事实证据和科学推理进而提出创造性见解的能力与品质。

(3) 科学探究是学生在类似于科学家探索自然规律的探究行为过程中形成的综合性能力，因而其表现在学生进行探究活动中，并在活动中得到发展。

(4) 科学态度与责任包含两层含义。第一，能认识科学是基于证据的解释，随着证据的不断更新迭代，科学随之动态发展，树立正确的科学本质观，形成应有的科学态度；第二，科学态度与责任是在理解物理与技术、社会、环境关系的基础上形成的科学态度和社会责任感。物理学与日常生活联系紧密，推动着现代技术的发展，极大地改善人类的生活，但也随之带来了一系列如温室效应、能源危机等问题。

四、物理核心素养在高考中的能力要求

全国高考物理命题委员会在比较各学科特点及其对学生素养和能力发展贡献的基础上，根据学科的特点和需要，从中学物理教学和高考命题的实践经验出发，结合物理核心素养对物理能力提出了五个方面的要求：理解能力、推理能力、分析综合能力、应用数学处理物理问题的能力及实验能力。高考物理在考查知识的同时注重考查能力，并把对能力的考查放在首要位置。通过考查知识来鉴别考生能力的高低，但不把某些知识与某种能力简单地对应起来。2017 年教育部制定的《普通高中物理课程标准》、2018 年教育部考试中心编制的《普通高等学校招生全国统一考试大纲的说明》(以下简称《考试大纲》)及 2019 年的《中国高考评价体系》中明确阐释了五种能力，对其具体含义理解如下：

1. 理解能力

《考试大纲》关于物理学科要考查的理解能力是这样叙述的：理解物理概念、物理规律的确切含义，理解物理规律的适用条件及它们在简单情况下的应用；能够清楚地认识概念和规律的表达形式(包括文字表述和数学表达)；能够鉴别关于概念和规律的似是而非的说法；理解相关知识的区别和联系。

(1) 要弄清楚公式中各物理量的准确意义，而不是只限于知道它们的名称和符号。对于各物理量的定义，应准确理解其内涵、外延及相关的实际背景。

要在理解题意和相关物理过程的基础上，准确应用所学物理公式。只写出诸如 $F=ma$，$F=qvB$ 等普遍公式，却没有与试题所给的具体情况相联系，既说明考生对试题尚未分析清楚，又说明考生对公式中物理量的准确含义没有清楚地理解。

(2) 为了准确理解概念和规律的含义，必须弄清楚其适用的条件，也就是说，要区分哪些规律或公式具有普遍意义，哪些只在某些特殊条件下才成立，而不是死记一个公式或硬背一段叙述；同时，对于相关的概念、规律的联系和区别必须有清楚的认识，以具有鉴别似是而非的说法和错误观点的能力。

(3) 实际的物理问题有时比较复杂，需要从不同的角度或用不同的方法进行处理，要求考生有灵活应用所学物理知识处理物理问题的能力。提高这种能力的基础在于把物理学中的一些基本概念和基本规律理解透彻，对相关知识之间的联系融会贯通。

2. 推理能力

《考试大纲》关于物理学科要考查的推理能力是这样叙述的：能够根据已知的知识和物理事实、条件，对物理问题进行逻辑推理和论证，得出正确的结论或作出正确的判断，并能把推理过程正确地表达出来。

推理能力是学习物理、研究物理过程中不可缺少的一种重要能力。在推理思维过程中往往会发现问题、提出问题，从已有的理论出发，进行合乎逻辑的推理，可以得出尚未被人们发现的重要结论，结论一旦被实验证实，可变成新的发现；若得出的结论被实验否定，则有可

能修正原有的理论,甚至提出新理论。这类例子在物理学的发展史中是很多的。物理学中推理的每一步,都要以理论和事实为依据,同时进行逻辑思维,绝对不能凭空臆造或作出不合逻辑的推理。因此,深刻理解和熟悉各种基本概念和基本规律,认真分析事实,是进行推理的前提和基础。重视推理能力的培养将有助于对物理内容的理解。

根据已知的知识和条件,对物理问题进行推理,得出正确结论,以及把逻辑推理的论证过程简明正确地表达出来,都是推理能力的一种重要表现。

3. 分析综合能力

《考试大纲》关于物理学科要考查的分析综合能力是这样叙述的:能够独立地对所遇到的问题进行具体分析、研究,弄清其中的物理状态、物理过程和物理情境,找出起重要作用的因素及有关条件;能够把一个较复杂的问题分解为若干较简单的问题,找出它们之间的联系;能够提出解决问题的方法,运用物理知识综合解决所遇到的问题。

(1) 在处理物理问题时,要对具体问题进行具体分析,弄清所给问题中的物理状态、过程和情境,找出对问题产生影响的各种因素,区别各因素的地位和作用。

(2) 对于复杂的问题,要在分析的基础上,找出各要素之间的联系,综合应用多方面的知识和方法进行解决。

4. 应用数学处理物理问题的能力

《考试大纲》关于物理学科要考查的应用数学处理物理问题的能力是这样叙述的:能够根据具体问题列出物理量之间的关系式,进行推导和求解,并根据结果得出物理结论;能运用几何图形、函数图像进行表达、分析。

物理学是一门精细科学,与数学有着密切的关系。从物理学的发展史看,物理学的发展是离不开数学的,有了一种适合表述物理的数学工具,不仅能有力地促进物理学的发展,还能使物理规律以更加清晰、简洁的方式表示出来。不论是在学习物理的过程中,还是在应用物理知识解决问题的过程中,或多或少总要进行数学推导和数学运算。处理的问题越高深,应用的数学一般也会越多。凡是中学阶段学到的数学,如几何、三角、代数、解析几何,都可能成为解高考物理试题中的数学工具。

(1) 能根据具体的物理问题列出物理量之间的关系,能把有关的物理条件用数学方程表示出来。

(2) 在解决物理问题时,往往需要经过数学推导和求解,或进行数值计算;求得结果后,有时还要用图像或函数关系把它表示出来;必要时还应对数学运算的结果作出物理上的结论或进行解释。

(3) 能够运用几何图形、函数图像解决物理问题,要能够对物理规律、状态和过程在理解的基础上用合适的图像表示出来,会用图像来处理物理问题。

5. 实验能力

《考试大纲》关于物理学科要考查的实验能力是这样叙述的:能够独立地完成考试内容与要求中所列的实验,能明确实验目的,能理解实验原理和方法,能控制实验条件,会使用仪器,会观察、分析实验现象,会记录、处理实验数据,并得出结论,对结论进行分析和评价;能发现问题、提出问题,并制订解决问题的方案;能运用已学过的物理理论、实验方法和实验仪器处理问题,包括简单的设计性实验。

实验能力的要求主要体现在两个方面，一是考试内容与要求中所列的实验，必须独立地、认真地、带有研究性地做过。通过亲手做实验，能培养动脑和动手能力，从对我国中学生的现状来看，培养动手能力显得更加重要。但实验的目的绝不是仅仅培养动手能力，实验的思想、方法是实验的灵魂，在做实验的过程中必须清楚地理解实验的原理、思想和方法；熟悉并掌握实验仪器的工作原理、使用方法；了解某些实验中可能存在的系统误差和消除系统误差的方法；要知道某些实验中误差的主要来源，会用多次测量求平均值的方法减少偶然误差；会记录实验数据和处理实验数据并得出结果。特别强调学生应独立、认真地完成考试内容与要求中所列出的各个实验，这是因为自己认真做实验与看别人做实验和听别人讲实验所得到的感受和经验是不同的。尽管全国统一的高考只能以笔试的方式考查考生的实验能力，但物理高考中的实验题还是非常注意尽可能区分哪些考生认真做过实验，哪些考生没有认真做过这些实验。二是能灵活地运用学过的理论、实验方法、仪器去处理、分析、研究某些未做过的实验，包括设计某些比较简单的实验。这不仅要求考生认真地、独立地完成考试内容与要求中列出的实验，而且在实验过程中有所体会，能从具体的、个别的实验中悟出某些共性的东西，可以把它们迁移到别处，用它们来解决没有做过的实验中的某些问题。

另外，已经学过的演示实验也属于实验考查的一部分要求，要通过演示实验仔细观察现象和产生该现象的条件、环境，对观察到的现象进行思索，发现问题，提出问题。

后　记

《高中物理片断教学案例参考——“导、研、展、练、评”五段教学模式的运用》一书主要以高中物理(鲁科版)必修一、必修二和必修三教材内容为主,针对片断教学进行阐述,是一本可供教师专业成长借鉴的工具书。该书的正式出版,得到了福建师范大学物理与能源学院部分教师和研究生、陕西理工大学教师、泉州市高中物理“张鹉”名师工作室成员和研修人员的大力支持和帮助。本书的出版还得到了陕西理工大学任亚杰教授、福建省晋江市科学技术协会、晋江市东石镇教育发展促进会的大力支持和帮助。编者在此深表感谢!

编者